宁波帮人文系列

本书系国家社科基金重大项目：近代宁波商帮史料收集与整理研究 (17ZDA201) 成果

近代宁波帮
金融史料汇编

宁波博物院（宁波帮博物馆）编
丁悠初　陈名扬　孙善根　编著

上海社会科学院出版社
SHANGHAI ACADEMY OF SOCIAL SCIENCES PRESS

宁波帮人文系列丛书征编委员会

主　任：应建勇

副主任：陈彩凤

委　员：（按姓氏笔画顺序）

安　康　李　军　李忠学　李怿人　杨　丹　张　亮　施小蓓

《近代宁波帮金融史料汇编》编辑委员会

主　编：张　亮

副主编：施小蓓　李忠学

编　辑：丁悠初　陈　茹　康京京　徐克天　马如杰

编纂说明

一、包括钱庄、银行、保险、证券信托业在内的金融业是近代宁波帮从事的主要行业领域之一,在近代宁波帮经济活动中具有举足轻重的地位。本书辑录《申报》《银行周报》《钱业月报》等近代报刊有关近代宁波帮金融业的报道与记载,以努力展示当年宁波帮金融活动的状况与真实面相,比较直观地反映了近代宁波帮在金融领域的作为及其成就。

二、本书所称宁波帮金融人物是指以金融为其主要事业者,如秦润卿、宋汉章、盛竹书、胡孟嘉、胡咏骐等;偶尔参与者,如虞洽卿以从事航运为主,尽管也有一些金融与投资活动,但不能视为金融人物;宁波帮金融企业是指由宁波帮人士发起并占据主要股份或主要由宁波帮人士经营的金融企业,如四明银行、福源钱庄,其中后者为近代上海最著名的钱庄,尽管为苏州程氏所有,但一直由宁波商人秦润卿主持经营。

三、为便于阅读,本书将相关报道与记载分为访谈与调查篇(即宁波帮金融人物接受报刊访谈及进行调查研究的报道与记载等)、人物篇(有关宁波帮金融人物的生平事迹、言论与履历等)、企业篇(宁波帮人物在钱庄、银行、保险及信托证券等行业的企业活动)、团体篇(主要为以宁波帮金融人物为主的金融业同业团体活动)、社会责任篇(主要为近代宁波帮金融人物与团体参与的各类社会活动与慈善公益事业以及造福乡人、参与家乡建设等活动）、其他（有关宁波帮金融人物轶事等）六大部分。

四、全书编排按内容分类，以时间为序进行，每一则史料编排顺序为标题、正文、报刊及其出现时间。

五、为保持史料的原始性、真实性，本书均以原始史料为准，对原文中不一致之处，包括对旧政权与人物溢美之词均不作更改，如"俞佐廷"有时为"俞佐庭"；至于"账""帐"与"义赈""义振"等混用，也一仍其旧。

六、对原文中的繁异字，一般以现行《通用规范汉字表》为准；有些古体字，则保留原字。

七、对原文中因字迹模糊而辨别不清的字用"□"表示；其他符号则为原文所有。

八、为帮助读者对相关内容的了解，本书对有关人物、企业与团体将进行适当的注释；同时为增加可读性，丰富相关记载的内容，本书将配置若干图片与相关报道的影印件。

目 录

编纂说明 / 1

引 言 / 1

访谈与调查篇
访 谈 / 4

调 查 / 22

人物篇
生平与事迹 / 38

言论与主张 / 85

人物剪影 / 106

企业篇
银行业 / 126

钱庄业 / 247

保险业 / 258

信托证券业 / 318

其 他 / 354

团体篇
钱业公会 / 360

银行公会 / 400

保险公会 / 418

其 他 / 449

社会责任篇
社会事业 / 468

家乡情结 / 502

其 他 / 531

附 录 / 542

引言

一幅近代宁波帮金融领域创业创新活动的全景图

通商互市甬江东，货殖竞豪雄。中外金融业的历史表明，贸易催生金融，素以贸易著称的港城宁波就是最先诞生中国本土金融的地区之一。到明清时期，以钱庄为枢纽的宁波已成为中国东南地区的金融中心，走遍天下不如宁波江厦的称誉不胫而走。尤为重要的是，近代开埠后，领风气之先的宁波商人与时偕行、奋发有为，不仅突破传统金融的瓶颈而推动钱庄业步入近代化之途，从而在各地社会经济生活中互通有无、财源广进，而且纷纷发起创办和主持银行、保险、证券、信托等现代金融企业，并励精图治、开拓进取，使之发展成业中翘楚，进而长期主持上海等地金融业各同业团体，引领行业发展与进步，大批金融业巨子与业界精英脱颖而出，成为推动近代中国金融业发展与进步的一支引人注目的力量。正如时人所称：甬人在我国商业界握极大之金融权。1934年浙江兴业银行的一份调查报告更是披露了一个公开的秘密：全国商业资本以上海为首，上海资本以银行为首，银行资本以宁波人为首。凡此种种，宁波帮在近代中国金融领域的作为与地位可见一斑。金融乃百业之首,更是社会经济活动的血脉所系。近代宁波帮金融业的发展不仅有力地推动了宁波商帮的崛起与现代转型,而且成为推动中国经济社会近代化的强大力量,特别是为近代上海金融中心地位的形成与巩固做出了重大贡献。与此同时,近代宁波帮金融企业家与相关团体具有强烈的家国情怀与责任担当。他们积极参与社会的变革与进步事业,尤其热心社会公益与慈善事业,是推动近代中国慈善事业的重要力量,特别是他们情系桑梓,为家乡的发展与进步做出了巨大贡献而广受赞誉。

本书将全景式地展现近代宁波帮金融活动及其对宁波帮乃至近代上海与中国的价值与意义。

访谈与调查篇

访　谈

调　查

访　谈

1. 交行行长盛竹书之谈话 / 5

2. 秦润卿谈钱庄法 / 7

3. 宋大班之俭德 / 8

4. 钱业公会昨晚招待新闻记者 / 9

5. 宁绍人寿保险公司访问记 / 11

6. 记钱业元老秦润卿先生 / 13

7. 与金宗城氏座谭 / 16

8. 秦润卿先生访问记 / 18

访 谈

1. 交行行长盛竹书①之谈话

交行经理盛竹书君，昨因有友叩以今后所持之经营方针，兼询及其经历，盛君当即畅述一切，今记其谈话于左：

交通银行为国家银行，因历史沿革，其中不免带有党派色采，此人所共

盛竹书

知，固无庸讳言也，然鄙人与交行历史上，自信毫无瓜葛。鄙人素办商业银行，此次坚邀转长沪行，而鄙人并即允其所请者，实因交行内部完全改组，其原来之党派色采，不难袪除净尽，此后营业方针，当专从商业入手也。此事固非旦夕可以做到，但总行对于今次十一年公债事，并未参与发行，则其宗旨已可了然矣。交通历史上所受痛苦，兑换券办法不善亦是一因。关于兑换券准备公开一层，交通津行已于十月一日实行，此举为鄙人素所主张。今后交通各行之方针，当不难推想。鄙人唯一之心愿，即希望将来交通银行之全体，共同奋勉，庶几与东邻之横滨正金银行，交相媲美，犹如正金银行与彼邦之

---

① 盛竹书（1860—1927），名炳纪，镇海城关人。早年曾在四川、江苏等地担任幕僚，中年后转而从商，从事银行业，曾任浙江兴业银行总行、交通银行沪行总经理，三度担任上海银行公会会长，广受好评。他热心公益，曾任中国红十字会议长，发起创办镇海旅沪同乡会等。

日本银行，其营业方针虽各有趋向，实则登峰造极，异途同归，想亦为识者所表同情者也。至鄙人在兴业之经历，曩于辛亥年六月间，担任汉口浙江兴业银行总理之职。当时新屋方始落成，正待迁移，适因八月间武昌起义，全镇闭市，各友星散。鄙人处于枪林炮雨之中，因职守所在，未敢稍离。其后军事稍平，所幸行中尚无寸草损失，新屋亦差幸无恙。迨及翌年之民国元年，军事粗平，重复营业，惟旧日所放出之款，无法催收，准备薄弱，尤为焦点，益以未兑钞票，为数尚多，此中苦况，实难言状。幸各户存款仍属不少，竭力弥缝，勉能周转。因念汉口为通商大埠，洋商进出口交易，虽在大乱之后，仍属照常，前之从事金融业者，难免受其影响。鄙人爰即利用时机，不避艰险，设法进行，藉维市面。兼以是年适当选汉口总商会协理之职，处理会务，尚餍众望，而各帮商人，对私人感情，亦日形浃洽。即当时兴业银行之营业，亦因此幸赖各方之赞助，俾得锐意进行，兴业银行之声誉及利殖，亦未始非肇端于此也。即以纯利而论，自民国初年以迄于今，逐年递增，或非无故。当此之时，董事会尚未有总办事处之组织也，迨及民国四年底，总办事处因有整顿事宜，嘱余以汉行总经理名义，来沪帮办申行事务。然余以汉行业已渐有成效，虽非坐镇时代，但亦正可稍事休养。况是年适当选汉口总商会正会长，鄂省当局及商帮均纷相挽留。为个人计，当时殊不欲舍汉而就沪，但以迫于公义，未能自图安逸，因即改就申行。至于自任申行总经理以来，既赖总办事处之督率，复倚诸同事之匡助，差幸无所陨越，事实俱在，原无庸鄙人之表白也。惟此次转任交通，回想当年在兴业银行之际，今虽能无为而治却亦费去精神心血不少。或有谓鄙人近年在兴业高拱无为者，固由外人之昧于事实，不悉内情，但亦不禁感慨系之，并不忍有所欲言矣云云。

《申报》，1922年10月20日

2. 秦润卿[①]谈钱庄法

仍希望政府另行订定

秦润卿

关于钱业请另订钱庄法事，经立法院议决，认为无另订专法之必要，将来可于银行法施行条例中，酌加补充云云。新声社记者昨因此事，往访钱业领袖秦润卿，叩以对于此事之意见。据云：银行与钱庄，性质上实大同小异。银行以抵押放款为主，钱庄以信用放款为主，虽银行亦有信用放款，钱庄亦有抵押放款，但系少数。银行均为有限公司组织，而钱庄均负无限责任。且银行资本，规定最低为五十万，现本市七十余家汇划钱庄，最大资本亦不过四五十万，大多数均为十万左右，而每年营业在七八十万以上。因此股东必须随时垫款，不能预定数目。江浙各地钱庄资本大都在五千或一万，而营业每年亦有数十万者。银行历史至多只四五十年，钱庄已有三四百年。马寅初先生系银行家，对于钱庄不免有隔膜之处，所发表之意见，或系就一方面观察，本人仍希望政府另订钱庄法，现俟钱业公会各委员到沪后，即将开会详加讨论，陈述理由，以便再行呈请立法院另订云。

《申报》，1931年6月20日

---

① 秦润卿（1877—1966）江北慈城人，长期在上海从事钱庄业，曾担任上海钱业公会会长近20年，是民国时期上海钱业的领袖人物，在当时的金融界具有举足轻重的地位。热心公益，有"邑中善人"之誉。

3. 宋大班之俭德

有一天,《新闻报》内载着一段小新闻,题目叫做"家中没有老爷"。原文如下:

家中没有老爷

小记者
宋汉章先生的笑话

　　节俭救国,是大家公认的吧,可是说起来便当,做起来就不容易。

　　我记得有一次,我的朋友,去访前中国银行经理现任中国银行常务董事的宋汉章先生,碰进门去,有一位女人出来开门。我的朋友就随口问道:"你家老爷在家么?"不料那位女人立刻回答着说:"我家并没有老爷。"倒使我的朋友愣了一愣。原来那位开门的,就是宋太太。她是躬操井臼,不假手于娘姨的,自然,没有娘姨,就没有老爷了。

　　到现在宋先生还是坐着蹩脚包车,比驶的那辆车子还要桂花,穿的是布衣,那种节俭力行的精神,值得我们钦佩。大家都节俭救国,他老先生实在是一个"模特儿"。

　　以汉章先生声华德望如是之尊,不料治家如是勤俭,真益令人起敬,不仅可为本行同人的模范。汉章先生除了这种节俭力行的精神之外,还有乐用国货的习惯。最近他有时改穿西装,却都用国货的质料,并在亲友之前,竭力提倡国货。本行合作社所进的南通土布,经汉章先生的介绍,做了不少生意。他看见汪楞伯先生穿了一套振兴厂国货米色雪花呢的西服,当时立刻就要照办。无

宋汉章

奈该厂货色所出不多,销售一空,无法购得。该厂经理顾锡元君,看见他老人家求购之殷,不得已将自己所留下的几码样子卖给他,同时他又找出卞白眉先生,送他的天津海京公司出品一件国货西服料,交给裁缝裁制西装。那个裁缝要想格外逢迎讨好,替他配上一个漂亮的洋货夹里,不料汉章先生见了,大为不怿,非令改制不可,并亲自跑到中行别业内合作社去,购选了一种国货夹里,一定要叫那个裁缝重新配制。裁缝没法,只有汗流浃背遵照而行。像汉章先生这种躬行实践毫不苟且的精神,实足为现代社会上一般人士的表率。汉章先生的嘉言懿行以及其他前辈可为我人效法的地方一定很多,可惜我们不能完全知道,容改日慢慢的来谈罢。

《中行生活》第1卷第3期,1932年

4. 钱业公会昨晚招待新闻记者

对废两改元问题

再三致意须郑重

本市钱业同业公会,于昨日下午七时,在宁波路公会内,为废两改元问题,招待新闻记者。到各报馆各通讯记者四十余人,由该会主席委员秦润卿主席,并由常务俞佐廷、傅松年、胡熙生等相继报告,直至四时始散。并将详情分志如下:

秦润卿报告:首由该会主席秦润卿报告云,今日敝会邀各报记者一叙,承不避溽暑熏蒸惠然莅临,非常荣幸。此次财政部有

钱业公会昨晚招待新闻记者

废两改元之决定，敝会对于原则无不赞同，惟改元以后，首要问题，即须币制统一，庶不致因一利，而兴百弊。故于日前将意见电请财政部采纳，但外界不明了者甚多，以为钱业反对废两改元，其实钱业曾一再说明于前，所要求者，即整顿币制耳。然钱业情形，与其余金融界稍有不同，历史已有数百年，向以放信用款为主要营业。若商店办货等，乡人必须现洋买卖，故必须信用款方能贸易。至于将来币制之优劣，宋部长曾说过，将来中央造币厂成立后，对于新币之成色，必须研究一公平之估价，果能如此，硬币方能统一。但最危险者，还是纸币，若基金准备不足，一旦因政治关系，发生恐慌，其为害社会，必有不堪设想者。故敝会为社会普遍着想，不得不先求统一币制，在座报界诸公，均社会上之舆论家，希望主持公道云云。

俞佐廷报告：俞佐廷报告云，统一币制，创之于逊清，迄今数十年，迟迟未能实行，言之痛心。虽因内乱频仍，而多半由于发行之不统一，私立银行，皆有发行权，政府复不过问，究竟各银行发行准备，是否遵照法定？一二八沪变发生，内地各钱庄，照常营业，而发行均不克兑现，吾人怀抱疑虑。废两改元之真谛，非如近今，借其名而推广其实。要知中国之发行，如昔年平津汉口之中交停兑，危害商市，近年如东三省之东票江钱吉帖，市价一落千丈，而山东山西河南直隶等三省银行票，几不值一钱，物价腾贵，农商破产。上海之叠次事变，尚可稳渡者，实以现银码头。若一日废两改元，硬币不敷，势必软币代之，一遇市面变化，窃恐小而蹈平津汉口等之覆辙，大则步俄德之后尘。且上海自一二八以来，市面纷乱，金融未复，不景气状态已波及全国，形成社会国家整个贫困之际。若骤改弦更张，引起人心浮动，市面恐慌。如果实行废两改元，应请政府必先统一铸币权，统一发行权，再行仿照英美十足准备，徐图统一币制之政策，使市面不致摇动。

《申报》，1932 年 7 月 12 日

5. 宁绍人寿保险公司访问记

本埠江西路五十九号宁绍人寿保险公司，为沪上著名巨商所创设，股本完全华资，准备殷实，信用卓著，开办迄今，仅一载有余，实招保额，已近三百万元。似此短近期间，又值国内多故之秋，得此成绩，实为华商寿险事业无上光荣之一页，兹将一年来业务发展之经过及未来计划，详记如后：

营业总额已近三百万元

本公司去年度营业成绩打破其他公司开办初年之记录。在国难方殷之鼓鼙声中，建立巩固坚实之经济壁垒，不特华商同业多加称许，而洋商同业亦表讶异。本年度营业进行，又突飞猛进，正如旭日之初升，迄今有效保额已近三百万元。现尚锐意训练营业人才，秣兵厉马，致力于对外之发展，预料本年底以前之营业总额，当更有骄人之伟绩。由此可知国内人士对于本公司之影响，已有极度之信仰。良以华商保险事业之服务，能驾于洋商公司之上，故克博得公众热烈之提倡。本公司同人愿益加奋勉焉。

却保总额六十余万元

本公司处理业务，悉以科学方法为依据。因寿险事业以信用为枢纽，本公司受保户付托之重，又荷国人期望之殷，除对于投资方面力求稳健，保费方面力谋克己外，而于检验方面又为郑重将事，以资保障保户之权利。开办迄今，仅一年余，总计因验体不及格而被本公司拒绝承保以及延期承保者，约有保额六十余万元。本公司处理业务之严格，观此而益可征信矣。

赔款总数二万一千元

人寿保险为信用事业，如遇保户事变，其赔款之付给，自应力求迅速，本公司开办迄今赔款已有五起，莫不立即如数照付，纵有领款人移居远方，亦必苦心访求，务使贯彻保户身前所定之志愿为止。今将身故保户之姓名地点列后。

保户姓名	地　　点	投保日期	赔款日期	赔款数目
丁克昌君	上海四川路怡顺印刷所	民国廿年十一月廿八日	民国廿一年七月十九日	一万元
柳笏汀君	长沙潮宗街三九号	民国廿一年七月六日	民国廿一年八月廿九日	二千元
孙荣齐君	保户居住常熟东河（领款人居住北平广安门外大街一五三号）	民国廿一年六月十五日	民国廿一年二月二十四日	二千元
何逸云君	上海帕克路合兴里三十七号	民国廿一年七月廿七日	民国廿二年二月四日	五千元
郑安心君	上海闸北盘记路郑福兴号	民国廿一年六月二十八日	民国廿二年六月十日	二千元

外埠成立分公司经理处

本公司营业区域，以全国为轮廓，以上海为中心。来日之发展，或须推及海外，以冀无远弗届也。现在已经开办者，计于宁波、青岛、杭州、长沙、九江、汉口、平津、南京、无锡、广州等处，其中尤以广州公司规模最为宏大。盖按照广东省财政厅颁行整理保险事业暂行条例之规定，凡在该省设立分公司者，须经核准登记，并缴保证金毫洋五万元，方可开始营业。该公司当即依法申请，并缴具相当证品，已荷财厅核准登记。以故在该公司投保寿险者，无异大厦之围以重墙，避险就夷，舍此莫属矣。

一年来之宣传工作

本公司为近代科学化之组织，以故推广营业，创用教育方法，如公开之演讲，已有数次，听者为数极众。文字之宣传，如现在发行之《人寿》季刊，此项宣传之目的，为唤起国人认识寿险为人生之需要，使（一）未投保者早日投保，（二）已保寿险者不致中辍，（三）增加本公司营业人员之智识与兴趣等等。观乎人寿保险之定期刊物，以本公司为首先创行，亦即可知该公司推进业务之工作，常在于最努力之地位也。

今后之发展

（一）举办海上特别寿险，以资保障航海员工之身家幸福。

（二）努力推进团体保险，使职工无身家后顾之忧，一心一意于谋求事工之进步，消泯劳资间一切不幸之纠纷，以期吾国生产事业得以发皇与成功。

（三）举办职工保险，使月入微薄之劳动阶级亦得身家保障之机会。

《时事新报（上海）》，1933年10月10日时事新报·国庆纪念特刊

1939年宁绍人寿保险公司成立八周年纪念合影

6. 记钱业元老秦润卿先生

"不图私利，不会失败，个人如此，事业如此。"这是访问秦润卿先生以后，深印在我的脑海里几句警世名言。这里我把这几句话首先提出，为的是希望青年们加以格外的注意，接受事业成功者的处世良言，奉为圭臬。虽然我是流着汗跑上几层大理石

楼梯，我觉得这个代价是很可宝贵的。

在南风微拂的一间纯中式的客室里，见到红木的器具和秦先生办公桌上的水烟袋，不由得使我油然而生"予生也晚"之感，可是同时又想到像这样整洁而富有古意的幽美环境，自也弥觉其可爱。

秦先生很谦和地说：予幼年在蒙馆入学，家境清寒，十六岁即离原籍慈溪而来沪就业，后来于学问之道，虽加研练，但仍常感求学的重要，因此十几年前就在慈溪创办普迪小学，冀使一般无力求学者得有读书机会。近年复搜购古今典籍，在慈溪筹设抹云楼图书馆，现在已有书籍，计古本约一万二千册，近代书籍亦万余册，即可公开阅览。现决定将这部分藏书归诸社会。于此可见秦先生关心文化教育之热切。他说：他生平无特殊嗜好，如果要说嗜好，也只有访求书籍一端而已。

他回忆着童年来沪习业的一切，说是到现在匆匆已四十八年了，对于生活程度的高涨，繁华市面的发达，他虽不加可否，可是语气之间，对于一切的现状是含有无限的感慨。只有他"敬业与乐业"的情绪，表现出他的乐观和兴奋。他在谈话中仿佛把苍苍白发遗忘了，而回忆到天真的青春的童年时代。他是始终在昔年的协源，即现在的福源钱庄执业，不但毫不厌倦，而且对于本业的服务，久而弥笃。我想，这是秦先生成功之道，同时也是目下青年们见异思迁的当头一棒。

他生平为钱业兴革致其全力，民国十一二年聂云台先生和他担任上海总商会正副会长，他竭力主张要成立图书馆和商品陈列馆，终以由他们两位手创观成。他在钱业界是唯一的元老。同时对于钱业的公益，也是无役不与，这是大家都知道的，在这里是无庸赘述了。

银行事业勃兴以来，钱庄业似乎因为业务大致相同，不免遭受了业务发展的限制。这点感想，我是在未访问秦先生以前希望提出来和秦先生研讨的，见了秦先生以后，觉得福源的组织保管库等等的设备，或者资本较浅的银行，还没有他的规模，于是钱庄自有存在的理由。这个思想在我的脑海中，勃然长大起来，继续的我就拿钱庄的前途，希望秦先生加以阐述。

秦先生首先叙述上海钱业盛衰的简史。他说：在太平军兴以前，上海钱业最发达的地点是在南市，因为那时外埠的船只，都是帆船，停泊在十六铺一带，所以商贾都荟集在这个地方。后来太平军进入东南，那时上海地方也是成为游资集中之区。到光绪中叶，上海钱庄设在南市的四十家，设在北市的五十家，但营业范围也很有限，每家全年的收付，不及百万银两；因为当时利息较厚，开支较省，所以多数都有盈余。就拿当时薪给来讲，钱庄经理每年不过二三百元，普通职员每年十元或数十元。嗣经甲午、庚子两次军事，钱业乃呈中落之象。宣统初年，受橡皮风潮的影响，继之以鼎革之役，上海南北市钱庄在数量上就减少了一半。民国以来，在十一二年的时候，为钱业最发达的时期。十六年以后，银行逐渐增加，钱业因经几次变故，发展较难。民国二十四年政府实施白银政策，钱业因受地产抵押的关系，愈觉较前减色。到现在钱业本身都能确保信用，巩固业务，这是值得欣慰。

秦先生继续谈到钱业的前途，他确信钱业是决不会失败，理由是钱业已有百余年的历史，是夙以信用放款为主要业务，凡是各业资金不敷周转，大都赖钱业调剂。百余年来工商百业之以少许资本，成就伟大规模者，所在皆是，或者不幸营业失败，钱业是抱定苟可为力，无不尽量扶助，因以起衰振微，重复旧观者，也常有所见。中国的经济组织，幼稚落后，无庸为讳，凡百行业，全赖信用贷款，以资挹注，故钱业所经营的业务，就中国工商经济状况而言，前途仍极有望。

凭着他经营钱业成功的历史与经验，他相信，钱庄如果专心在业务上努力，断不会遭受挫折。其所以挫折的原因，都是因私人情感的关系，或者放账太滥，或者个人兼营其他事业，因为受了不可预料的影响，以致使钱庄连带受累。就是职员个人，如果专心于本业，处处从本业利害上着想，是决不会有出乎意外的挫折发生。他的结论，是不图私利，不会失败，个人如此，事业如此。这真是经验之谈，不可磨灭的。

最后秦先生对于本报，表示诚挚的爱护，与关切的勖勉。他说：我是爱读申报的，希望申报能多多供给社会上一般需要的材料，而加以指导。

《申报》，1939 年 7 月 11 日—12 日

7. 与金宗城①氏座谭

金宗城

金宗城先生是一位富于热情的人，他待人非常谦恭而律己很严。他对于社会上公益事件，凡是有价值的，无不唯力是视，尽量协助，要是稍涉假公济私，图一己利益的事情，他却不肯徇情曲从。他的意思是认为这种事情，影响于个人者小，而欺骗社会的责任却非常之大。

所以金先生所担任的职务，必经过再三考虑，是否有益于社会，是否有害于大众，如果前者的答案满意，他方肯肩承下来，一经担任，便认真地去干，丝毫不肯苟且。

他个人的生活，近年来格外简朴，非但毫无嗜好，连卷烟都不肯上口。他平日服用的东西，以国货为主，甚至于最起码的东西，也得研究一下，若是有可疑之处，情愿弃而不用。

我们知道金先生的为人有独到之处，足为青年人的楷模，曾两次去函，约期访晤，可是金先生的覆函是逊谢了。他说，他个人不慕虚名，尤其在这个时候，宁愿多做工作，不讲空话。

前天晚上，笔者在一个宴会上遇到金先生，当时不愿强人所难，以访问二字相絮聒，可是在一小时的光阴中，零零碎碎地谈了许多问题。金先生对于事业的期望心很大，他告诉我关于新新公司改进的经过，尤其是关于新都饭店。金先生是新新公司的董事长，一切计画，他都亲身体验的。

他说：新新公司的营业宗旨，以推销国货，服务社会，薄利多卖，招待周到为一

---

① 金宗城（1897—1989），镇海蟹浦人，长期从事银行业，曾任著名的上海商业储蓄银行营业部主任、襄理、五洲银行董事长等。1949年移居香港，其后人多从事保险等，并卓有成就。金家是著名的金融世家。

贯的政策。我们的商场和新都饭店，新新酒楼里，夏季有冷气，冬季有热风，可说是冬温夏凉，四季皆春。创办存款购货部，因为保障的稳妥，手续的简便，可以取货，更可兑现，顾客都认为便利。设立绿宝剧场，改良话剧，以有益世道人心为原则。他如货物和人才的充实都很注重，抱着随时随地改善的精神，运用科学管理的方法，更庆我们的总经理李泽先生，年富力强，他有新颖的头脑、创造的精神和办事的毅力，与鄙人志同道合，事事合作，因此一切计划，都能够顺利的进行著。

我们都知道新都饭店，就是屋顶花园改建的，但是既有了新新酒楼，为什么还要设立新都饭店呢？

金先生说：我们把屋顶花园游乐场由低级趣味的游艺，改为高尚场合的动机，远在八一三前。后来因战事影响，迁延到现在，才能实行，但是当进行这个新计划的时候，有许多人以为做游艺场，年年都可赚钱，比较其他事业有利得多，何必再耗人力财力，来更张改革。这种普通心理，原来是很不错的；不过他们多数只知其一不知其二，因为新新游艺场的面积，比不上其他的游艺场，虽然空气较同业为充足，但是容纳的人数不多，如果经营收费便宜的游艺场，内容低劣，成了水准以下娱乐场合，不免藏垢纳污，遗害社会，岂不与合理化的营业宗旨，大相径庭？同时觉得社会人士很需要高尚的正当娱乐场合，这种种都使我们抱定改革的决心，不惜人力、物力，逐步筹备，创立这所新都饭店。

"关于改建工程经过如何？"我问。金先生答道：经营一桩新的建筑，当然是有不少的困难，想把旧房子改建成新的场合，更不是容易的事。我们六七楼做了十多年的游艺场，受着时代的推移和环境的变迁，使它逐渐成为低级趣味。所以这次决计从事改建，所有工程和各种设置，不下十余万元；而一切的规划，完全由我们李总经理亲自担任。两个月来，会同打样设计专家，督率工匠，日夜工作，才能把这破烂醍醐的场所，转换着簇新的面目，完成最高尚的饮食和娱乐的胜地。又费了一万余元，装设玻璃广播台，诚然是清歌妙舞，绘影绘声，怡情悦目，发创远东电台的新纪元。其他娱乐方面，应有尽有，布置尤极富丽。七楼花园，更请园艺专家计划布置。

以上所说的，是关于新新公司，我们可以看到金先生办事的认真和有远大计画。

其实金先生除了是一个社会服务者外,他的基本工作,是致力于银行事业,因为在青年的时候,训练成一个刻苦耐劳和富有涵养功夫的人,到现在,他把平素累积的经验和学识,充份发挥出来,所以能够为社会去服务,为大众谋福利,这些绝非一朝一夕之功,我想青年人应该效法的。

金先生很谦虚,不肯和笔者谈私人问题。上面所写的不过是我从他的言语举止中体会出这一点来。

倘是认为笔者的观察不很错误,读者当一致表示钦崇的,我想。

《申报》,1939年8月22日

8. 秦润卿先生访问记

新潮社记者衣人

(慈溪通讯)是一个影子困在脚下,寒暑表升到九十度以上的晌午,记者第一次爬过高得像一条山颠的慈溪德兴桥,去到南郊体仁善堂采新闻。在那里,凑巧碰到名震全慈久欲一瞻风采的大慈善家、中国垦业银行董事长、上海钱业界领袖秦润卿先生,可惜当时要开会,不能多说会外的话,经征得秦翁同意,准于下午七时到他家寓所——保黎医院去看他。

秦老先生岁居古稀高龄,但精神奕奕,目光闪烁,牙齿完整,听觉清晰,言语洪亮,一如当年无异。他说起话来不兜圈子,是那么直率、简要……

秦翁有男女公子六位,都受过高等教育,其女公子秦则贤小姐,还是美国留学生,现在重庆工作。在慈溪城里空巷东路,有中西房子各一幢,中式房子在小菜场旁边,他的大公子就住在那里。西式房子叫"抹云楼",在学宫对面,现在是章县长住着,他虽有这样一个幸福家庭,但他并不过分去照顾这些。这次回家(上海回慈)也像过往一样,还是住在保黎医院里。"公而忘私,国而忘家"八个字,只有秦翁当之无愧，万山响应，慈溪善举之多，独步浙东……

我们谈了些浮文之后，天已黑下来，记者知道他的养生法之一是"早起早睡"，把话题转入正轨，取出预先摘好的一张要点，请他解答：

问：你私人学习经过，可否告诉我？

答：有什么不可呢？我是个贫家孩子出身，小时候只有在私塾里面念过几年书，要问我什么地方毕业，那只能说是"社会大学"。

问：事业奋斗经过怎么样？

答：完全靠勤俭起家，数十年艰苦奋斗，惨淡经营，始在钱业方面有小小的成就，但是政局动荡风雨飘摇的今日，如何把握着轮舵，安度险境，还是个重大的课题。

问：你抱的是什么人生观？

答：不置私产，营利所得尽数用之于桑梓慈善事业，做到人生以服务为目的。

问：慈溪哪几项慈善事业是你所主办的？

答：主办与协力不能很清楚的分开说，因为我们所做的都是集体性质，只有出钱出力的多寡，而没有个人包办的，慈溪每一个慈善团体，差不多我都参加，同时也兼了许多董事长，像云华堂创办于道光年间，保黎医院则为钱吟苇先生等所创办，我不过事后加入，多尽点力而已。此外体仁堂、保善堂、救火会等，谨居襄助地位。至于复兴委员会推我当主任委员，则又是官办善后工作，现已募起数千万经费，正在积极展开工作。

问：普迪学校的内容如何？

答：此校创办于民国四年，民国十三年又添办二校，乃我生平心血所结晶。内部组织分为普迪学会、学务监督、校长三部，我担任的是第一部，负责筹集经费。第一位学务监督是钱吟苇先生，第二位是林黎叔先生，第三位就是现在的周聘三先生。他们介于学会与校长之间，督理学务。第一位校长是谢缄三先生，第二任就是现在的陈中坚先生，他连续担任廿五年，校长的职掌则为秉承学务监督，遵照政府法令，处理全校行政事务。

问：沦陷期间，普迪校舍损害颇厉，校具散失殆尽，如何规划整修？

答：据工程人员估计，初步修建校舍，一校需款六百万，二校四百万，此项工程将于暑假期内全部完工。至充实内部，限于财力，尚待分期着手。

问：普迪学校为何不收女生？

答：因为我们是救济性质，不但不收学费，而且还供给书籍用品，救济的目的在于授予贫寒子弟以就业必需之基本知能，俾能立足社会，自谋发展。而现阶段的女子，无可讳言地，还是以操作家务为主要出路，其需要教育程度，不若男子迫切，如若兼收女生，难免影响男生就学机会，况城区兼收女生之学校甚多，正可改投他校肄业。以上的话，理论上固然说不通，实际上却有非此莫属之苦衷，这是要请社会人士谅解的。

问：返乡半月，观感如何？

答：满目疮痍，百废待举，欲恢复旧观，非十年不可，一时无力全做，惟逐步进行云耳。

问：半月来出席哪几次会议？

答：各界茶话欢迎会，清道观善后会，普迪中城两校毕业典礼，任士刚先生追悼会，云华、体仁两善堂董事会以及中国垦业银行宁波分行复业开幕典礼等。

秦翁不但是个慈善家、银行家，而且也是教育家。他在上海某高级商校里当过教师，也著过《钱庄学》一部书。他不但博古，而且通今，诚如上次胡绳系先生所说，他的书架，新出的书报杂志多得很，连茅盾新著《霜叶红似二月花》也有，他对国事尤为关切，现在抄一段发表在第十三期《文萃》上《反对实施警管区制之意见》如下：《警员警管区制》施行起来一定弊病很多。我认为这些制度有利也有弊，政府要实行，自然一定有它的好处，但于人民是不利的，

著名书法家沙孟海为秦润卿题词

妨碍老百姓居住自由，这是政治不民主的现象。

他说到当局救济物资的配发，更不胜感慨。他说我在上海时，有救济人员来看我，谓将有大批医药器材病床之类，供给保黎医院应用。结果呢？但闻楼梯响，不见人下楼，我们实际所得的，只是微乎其微一点点。

一阵凉风掠过，震得玻璃窗咯咯作响。这时我突然发觉面前的一杯茶，已不知在什么时候喝干了，而他老人家的一杯，仍是满腾腾的，"你不该在长者面前不礼貌！"仿佛有一种声音在我耳畔这样警告我，心一窘，再也坐不下去，就找了张信纸，请他题上一个名，在月光皎洁之下，辞出保黎医院。

《慈溪报》，1946年7月16日—18日

调　查

1. 盛竹书青岛游行记 / 23
2. 秦润卿调查北方金融 / 25
3. 北游漫谈 / 25
4. 胡詠骐港粤视察归来 / 28
5. 南行视察业务回忆录 / 28
6. 西行之回忆 / 30
7. 赴日考察感言 / 32
8. 保险专家胡詠骐视察华南 / 34

调　查

1. 盛竹书青岛游行记

余（竹书自称）为交通青岛新设支行前往有事接洽，适值南方溽暑薰蒸，藉以避暑，勾留将迅两星期，而游览各地步行时居多。因该地气候与他方不同，虽在大暑时节，赤日当空，亦不甚炎热。马路泰半由山岗开辟，形势不无高下，而路平如砥，徐步缓行，亦几忘其为高下，且道旁树木由林务处管理，其树之整齐之葱□，饶有清雅之致。两旁人行路之宽敞之清洁，纵横一律，即上海南京路亦难与比伦。询诸久居该地各商家云，自收归中国管理后，工程局对于道路力图整顿，其成绩不亚于德国、日本时代。又森林畅茂，尤为青岛特色。屈计大小公园十有一处，园内树林之荫翳，花草之争妍，虽由气候土质所玉成，然非林务处管理得法，培养合宜，曷克臻此。旅舍别墅依山建筑，朱甍垩壁，掩映于绿树之中，遥望非常妩媚。夏日在此避暑，固属相宜。即平时憩息其间，于卫生亦大有裨益。

旋即考察商业，该地交通便利，货栈林立，一二万吨轮船亦可傍岸，兼之沿胶济路一带，内地土产丰富，若他日高徐济顺两路延长线告成，全国内地出产可由青岛运销外洋，而舶来外国货物亦可由青岛运销内地，将来可推为全国第一通商大埠。德国、日本时代，我中国商民小本经营居其多数，其大种商业因在外人势力范围之内，不易发展。现收归中国，日人已纷纷回国，向为外人所束缚者，今则可以自由矣。向为外人所专利者，今则可以公开矣。且闻官厅对于我中国商人保护提倡不遗余力，警厅于治安问题尤为特别注意。近来地方非常平静，商民亦得安居乐业，非若曩日时有风鹤之惊。电话乃商场通讯总枢纽，于商务大有关系。该处电话机器均系新式，日本时代接线均用日本女子。自归中国接办后，改用中国女子，手腕敏捷不亚于日人，可知办事只求经理得人，莫谓新法营业专让美于外人。其他各公共机关办理均井井有条，对于商界亦极联络。若官厅再将收回官产，标令商人或承卖，或承领，处置公道，本省绅商捐除畛域成见，凡归商办公共事业，务令利益均需公诸大众，将来各省富商云集，商业发达，固在指顾间，而本省天产品价格增高，劳动家生计有赖，于鲁省亦有莫大之利益。

惟往来轮舶只有英法德日等国公司，而日本公司尤占多数，我中国商轮迄无问津。每月统计百数十艘轮舶进口，不见有五色旗在青岛港中飘扬，殊为缺憾。近闻港政局议有优待中国商轮方法，以示招徕。全埠各商界亦亟盼我中国商轮来青行驶，因外国公司轮船趋重装货，多半不能乘客。即有乘客舱位，种种不甚方便。中国商轮如能常川来此，旅青商人或乘客或装货，无不争相援助。想我中国商轮公司对于航权上营业上，当不至永久放弃也。又调查胶济铁路情形，所闻与所见大不相符。查该路自我中国接收后，即接续开车，并未停驶一次。日本时代均系日人管理，归我中国接管全路改用华人。虽由各路调用，均属经验有素。然路线不同，未免诸感困难。但自接开车以来，并未大遭损失。二月间黄旗堡南流桥坍塌，亦因德国当年经营青岛，其注重在于军港，胶济路线。当时商业尚未兴旺，不过备作运轮，并不注意，是以沿路桥梁工程不甚坚固，前次出险实不能咎于当局管理之不善。现在该路车行，凡过桥梁，非常谨慎。虽亦惩前毖后之意，然究非永久保全之策。所希望当局将该路收入款项，尽先修筑桥梁，俾图久安而利行人，且于该路营业上亦大有关系。旋又参观该路工厂，其设备之完美，材料之丰富，实为各路工厂之冠。内部办事人员自厂长以下，均系欧美毕业回国。专门名家共督率工匠，有条不紊，比之德国，日本时代有过之无不及。又查该路营业状况，本年上半年度共计收入四百五十余万元，比较去年上半年度日本时代，溢收六十余万元。二月间因修理桥梁，收入尚属减色，五月份本系淡月，收入亦有七十余万元，较比去年五月份溢收二十余万元。就该路收入上，观察该路营业，颇抱乐观。而该路各部当局办事上之精神，亦可慨见。惟该路既归民有，凡我人民对于赎路款项，固宜积极筹备，而该路收入款项，尤宜严行监督，庶不负华盛顿会议列席诸公之毅力之苦心。而我中华民国人民之人格之程度亦得为列强所尊重矣。总之，青岛之优点固在天时与地理，而港之深、码头之巩固、一切建筑物之精工，非其他各商埠所能企及。至民情朴质，风俗敦厚，劳动家之耐苦，尤觉不数数遘也。其商业如蕊含苞，如日初升，方兴正未有艾。倘经商国内及侨商外洋之资本家实业家，闻风兴起，亲往考察，共图发展，不独为青岛一隅商业前途幸，并为我中华民国全国商业前途幸也。

《申报》，1923年7月31日—8月1日

2. 秦润卿调查北方金融

沪钱业公会长秦润卿到平，住东方栈店，平银钱行排日欢宴。秦此来调查北方金融，及设垦业分行事。

《申报》，1929年7月17日

3. 北游漫谈
胡詠骐 [①]

余此次为考察保险业务，作华北之游，往返行期，虽仅两旬，但颇有可歌可泣之

[①] 胡詠骐（1898—1940），上海保险业地下党的创始人之一。字志昂，浙江鄞县人。1929年，在上海宁绍商轮公司任职，后任上海宁绍水火保险公司总经理。1931年发起创办上海宁绍人寿保险公司，任总经理。1933年起，连续被选任上海市保险业同业公会执行委员。1935年秋开始他又连续担任同业公会主席一职。1935年参与筹建中国保险学会，任常务理事。1938年，上海市保险业余联谊会成立，胡詠骐被聘为顾问。

胡詠骐

价值。爰特濡笔而为之记,以留鸿爪。

行程纪略:十月四日由上海搭新铭轮,计四十八小时抵烟台,十月五日下午五时三十分由烟台乘宁福于次晨三时至大连,十月九日下午九时由大连乘南满铁路车于次晨七时过奉天,下午二时抵伪都长春,十月十一日由长春乘中东路车,于下午二时到哈尔滨,十月十二日由哈尔滨回奉天,十月十三日奉天搭轮至营口,十月十五日由营口乘轮往天津,十月十七日搭车往北平,十月二十日由平回津,十月二十二日乘津浦车南下至济南,二十三日由济南回上海。

烟台:烟台为华北通商口岸之一,地频滨海,消夏胜地,沿海风晨,尽映眼帘。市廛虽不甚广,但人民之购买力则颇不弱。商贾多营花边业,每年出口之数甚巨。本公司烟台经理处设于北大街中市路北,乔皇华夏。经理人张舜臣君,办事能干。同事数人,亦均精神焕发,颇能称职。

大连:大连与旅顺二港,为华北门户,其重要可知,所惜均被日政府租借,以故该地已成日帝国主义者对我华北侵略之策源地。在大连登陆时,检查极严,无一幸免。尤以际兹东北风声鹤唳之秋,凡自华南而来之我国同胞,搜查尤甚。当地无熟人者,不便登岸。余此次前往时,幸有大连华商李君偕往,以故尚无留难。全市人口约二十万之谱,地旷人稀。我同胞约占百分之九十,而泰半系山东籍,俱能勤俭耐苦劳。人民教育初中以上,皆采用日文。由此可见日人对我文化麻醉之野心,深为我国粹摧残之虑,凡在该地经营任何一种保险业者,须缴具日金十万元之保证金,以故同业中在该地设立分支者,可称凤毛麟角,只有联保水火保险公司一家,良以深恐得不偿失耳。

长春:长春为伪满洲国建都所在,日人之暴戾特甚,市况萧条。诸凡巨大事业,均为日人所操纵霸占。我同胞为生活所迫而流落该地者,每多忍辱负屈,奔走下层工作,良深慨叹,日人对于伪满建设之野心,暴露尤烈。最近大兴土木之工,雇工约七八万人,进行不已。伪国在长春郊外,划地建都,规模颇为伟大。人寿保险业务,可谓绝迹。盖彼地处于日人铁蹄之下，民不聊生，朝不保夕，遑论身家之保障矣。

哈尔滨：哈尔滨原为俄国租借地。自苏俄赤色政府成立后，无条件归还我国。九一八后，复遭日人窃夺。全市状况，如上海法租界之霞飞路，白俄盘居者颇众。人寿保险业务，华商几近绝迹，而洋商公司亦无甚生气。当余到哈之日，适值日俄风云紧急之时，战机迫在眉睫，无异惊弓之鸟。友朋中多以从速离哈相谏者，以故惴惴而返奉天。

奉天：奉天（又名沈阳）为曩日东三省总署所在，亦即关外之重要省城。张氏父子，蛰居最久。一切机关，虽在城内，而显富者则多营屋于城外之日租界。由此可见华人托庇于外人之观念，相袭已久。而如张学良之不负保土之责，不抵抗而拱手让人者，毋怪失卸保障人民之心，已非一日矣。余此次抵奉之时，目击大好河山，遭人蹂躏，不竟沧桑之感焉。

营口：营口为我国通商口岸之一，曩昔为华北对外贸易之唯一喉舌。最近因日人经营伪满，以大连为门户，因此市况迁殖，一落千丈，今昔之慨，油然而生。全市仅大街一条，约长十里。民风古朴，墨守旧道。寿险业务，知者极鲜，以故经营乏人且颇不易云。

天津：天津为华北最大商埠，其市面亚于上海，民众教育，颇为发达。寿险业务大可有为。本公司现正设法推广，由华北区代表主持进行。

北平：北平为历朝（除明代）及军阀时代建都之处。自革命政府成立迁都南京后，一般依靠宦海之营业，突告消沉，惟自东北事变以来，三省富庶，泰半卜居于此。以故北平屋院，竟有人满之患，市况因此不致衰寝。本公司华北区代表，即坐镇于干面胡同七十四号，营业人员，均为饱学之士。良以周君曾任清华教授，桃李盈门，更以平津学校林立，智识阶级众多。因此业务推展，无异水到渠成也。

济南：济南为山东省府，民气厚朴，古道可风。主席韩复渠氏，励精图治，不遗余力。以故社会安辑，民乐于业。微闻鲁省府对于惩治火患，订有专条，民间火灾，大见消杀。因此火险同业之赔款，自上春以后为数极鲜。本公司寿险业务，委请齐鲁大学教授许慕贤君为济南经理。许君年少英隽，更得其令岳张达枕先生（现任济南青年会总干事）之助，尤能扶摇直上，不愧为后起之秀也。

　　余此次因公北游，为时虽极匆促，但所得感想殊多。东北之失，旗帜易色，三省人民，日处于水深火热之中。日人以日文迷醉我儿童，使国粹无形毁灭。苟此而往，东北三省数年后之幼年同胞，将不知国文矣。且复放纵吸食鸦片，其用心之毒，为害之烈，岂非使我三省人民，入于万劫不复之地位乎。目前苟不惕然猛醒，更待何时。故望全国上下，戮力同心，各自奋起，作生产之救国，作科学之救国，作杀之敌国。庶几失土璧还，雪我大耻，是则作者所馨香祝祷之耳。

《人寿》季刊第 4 期，1934 年

4. 胡詠骐港粤视察归来

　　本埠宁绍人寿保险公司总经理胡詠骐氏于上月二十五日乘胡佛号轮赴港粤视察金融状况，已于昨日回沪。据胡君云：现银澎涨，社会金融畸形发展，已成为我国一般状态。港粤方面，普通银行利率仅三厘之谱。现款集中过剩，无法投资，于此益可明信。至港粤工商事业，仍在蒸蒸日上中，并未受不景气之影响。今日该公司同人，将在大陆商场宁绍寿险俱乐部为胡君洗尘，届时当有港粤视察报告云。

《申报》，1934 年 10 月 10 日

5. 南行视察业务回忆录

　　胡詠骐

　　余此次为视察本公司华南业务并慰问南方同志计，虽当溽暑薰人之候，仍觉精神

愉快，感奋殊多。按行踪所及，为广州、汕头、厦门等埠。兹将各该埠最近情况，就见闻所及，濡笔而为之记。

西南自经中央政府统治以来，凡事均见步入维新之境。广州为粤之省会，气象尤为显著，人心较前安定，事无巨细，莫不日上轨道。例如余在粤之时，适逢政府大员莅止，制定毫券换率，以一四四折合国币，此乃国内币制统一之重要史实。按粤省之毫券，在昔每见涨跌无定，我工商人士，因汇水上落而受其亏者，此后可不复有此弊矣。盖毫券换率，既经法定，且以粤省各银行之通力合作，以故毫券一经银行收进，不再流入社会，更以粤省民众热烈拥护中央，欢迎国币，以是毫券一项，不久即可灭迹，自明年一月一日起，将概以国币为唯一之流通币制矣。广州人口约有一百卅余万，民间经济素称富庶，且以欧风之濡染较早，故于身家保障之人寿保险，信仰较多。本公司两广分公司设于长堤一二九号，适为先施百货公司之对面。经理赵甘霖君，早年负笈美国，曾任广州中华基督教青年会干事有年，操守忠诚，信望极孚。本公司两粤业务，在赵君主持以下，已觉日起有功，盖我公司事业五年来已深入粤中社会，而获得各界之美评也。

汕头为我国华南巨市之一，追忆四年前曾遨游斯地，此次重来，益觉道路宽旷，两旁绿树成荫，市政建设之孟晋，令人钦佩。汕市流通之币制，除国币为当然外，尚有商库证一种，其性质与毫券相似，现闻亦在讨论改革之中。

本公司汕头业务，由谢春悟君主持，按谢君有为青年，勇于任事，在汕市商场，负有时誉。谢君原为本公司保户之一，因由自身感及人寿保险之需要，随而毅然置身经营，顾其服务之动机，洵合君子推己及人之风也。汕头岩光中学校长林天铎君，系本公司保户又为余之同学，对于本公司在汕事业，赞助殊力，实为可幸之事。

厦门为闽省重要商市，贸易鼎盛，当地人士，颇多经商域外，拥巨资以归，而为南面之富翁者，不知凡几，且民风朴实，人心醇厚，故于经济互助制度之人寿保险，将为各界所欢迎。本公司厦门分公司，设于中山路二二二号。闽省经理缪闻达君，亦驻厦发展业务，并将开辟泉漳各地营业。厦门经理谢绍曾君字传集，曾任厦门市公安局分局长有年，政誉优良，社交甚广，饶有能为，且有闽省协理白嘉祥君，与缪谢两君，协同推进业务，以是人才众多，实力雄厚，展望前途，自甚乐观之至。

余此行华南所得影象，深觉一般政治经济教育交通情形，俱觉蒸蒸直上日进无疆，民心一致拥戴我国领袖蒋委员长，新生活运动极见盛行，各地公民训练，莫不认真办理，人民之体格日臻强壮。总之，我中华民族已步入复兴之阶梯，此乃不特国人所共知，即国际人士亦乐为称道也。

本公司为纯粹华资事业，以教育方法，推进业务，备受各地人士所嘉许，而华南各处，对于我公司之事业，尤有良好之评议。观乎国运已入佳境，各地市况兴盛，一般之购买力增强，且提倡国货之心理，震荡于全国，是则本公司所营之人寿保险，亦将与国家民众，同赴繁荣强大之域，此乃余所深信者也。

《人寿》季刊第18期，1937年

6. 西行之回忆

胡詠骐

前年余因考察保险业务，曾作华北华南之游，去年十一月下旬，以沪事稍暇，乃就宁绍轮西行至鄂之汉口，复乘车至湘之长沙。往返行期虽仅两旬，惟所得影象之美满，初非余在沪时所能料想及此，故特濡笔记之。

船行长江，濒窗眺览，心旷神怡，农村已藏秋收，田家之乐，尽映眼帘。年来农村破产，青黄常有不继之虞，际兹秋收之后，稍苏民困，澈望郊野，红枫翠柏，相映生趣，月白风寒，点缀深夜，时序已告隆冬，寺钟暮鼓，峭壁传音，此景此情，皆非处身都市者所能频频领略也。

船行四日，已抵汉口，当即雇车至分公司小作憩息，以涤蜷伏舟中之劳顿。翌晨搭湘鄂车，车行十四小时始抵长沙。长沙市况，与苏之吴垣，浙之宁波相似。我公司经理处，设于北门麻园岭廿六号，经理凌志扬君，为美国南迦省大学经济学硕士，谦行好学，擅长体育，以是三湘人士，均知有运动家凌志扬君者，兼以其尊翁子贞先生，历膺汉冶萍矿务要职，德高望重。本公司寿险业务，承凌君志扬之刻苦经营，由开垦而入于耕耘，由试验而已告成功，荷子贞之从旁赞助，益觉灿烂而辉荣焉。长沙湘雅医院为湘省有名之医院，该院院长王子玕君，医师刘南山以及教授唐宁康等诸君，均为本公司之忠实良友，平时承蒙提倡赞助，余此次前往，复荷殷勤招致，于公于私均应称谢，特此附志。

余在湘时，承凌经理面告，得悉湘鄂车蒲圻岳州相近之区，匪人出没无常，前因夜间肇事，故而夜车停驶。该车肇事期间，适有本公司保户盛群铎君，身临其境，虽甚恐怖，惟因其个人已经保险而得有恃无恐，处之坦然云云。余即请凌君转恳盛君，拨冗撰文，以饷国人，盛君大作，已见上幅。

三日后乘车回汉，本公司汉口分公司，设于河街念号。经理罗北辰君，为国立清华大学法学士，前任武昌中华大学教授及河北省立法商学院多年，副经理陈息无、游乐三诸君，均为当地负有时望者。罗经理主持汉口业务以外，并拟逐渐扩展长江流域，诸凡南昌、安庆、芜湖、宜昌等埠，均将次第拓植。罗经理长于演词，每于公余应社教机关之邀，作寿险之讲演，听者莫不动容，且逢人辄作雄谈，每论必谈寿险，其劝人谋取身家保障之一片赤诚，昭然溢于言表，实属难能可贵。而副经理陈息无，游乐三诸君，均属基本健将，柱石之材，富于进取，克尽厥职。本月份汉口分公司营业成绩，达六万余元，打破各地之记录，此皆出于罗、陈诸君之努力，余实不胜倚重之。

汉口闻亦齐医师为美国芝加哥大学医学博士，医理深邃，诊断精审，对于本公司业务，颇承赞助，而于检验寿险保户之技能，更有相当研究。余在汉时，诸荷优渥，亟应感谢。

余此行所得影象，最为欣快者，即承汉湘商学各界巨子，对于本公司事业，如聘用大中学及留学回国之学生为营业经理，用教育方法推广营业，专为投保人需要上着想，破除酬酢之旧习，以及注重服务，不作无谓之竞争等良规，称誉不止，允推寿险界中卓然不同凡响。由此可知本公司所采方针，幸无错误，私心颇慰。惟作者不敢自满，只以限于时间人力，不克作普遍之访求，缘假斯篇之余墨，敬望各界贤达，时锡鸿教，以作改进业务之宣传，俾得本公司事业，树立巩固不拔之基础，作者无似，亦窃与有荣焉。

《人寿》季刊第 8 期，1935 年

7. 赴日考察感言

俞佐廷 ①

俞佐廷

溯自我国受世界经济潮流之后，兼以频年灾馑，农村破产，工商衰落，金融凋敝，诚有岌岌乎不可终日之势也。而回顾各国，对此潮流之震荡，俱用全力挽救，冀渡难关。尤以日本，自明治以来，工业发展，商务繁盛，物质建设，文化进步，虽经济之危机未泯，而昭苏之现象已陈。密迩东邻，殊资借境。于是实业同仁，以私人团体资格，有赴日经济考察团之举，同行三十余人，推吴君达铨为团长，于民国二十四年十月六日赴日考察，各项经济组织。诚以经济为国家之命脉，举凡政治军事，无不攸关经济；苟中日经济能实行提携，不特舆情欢洽，即两国之邦交，何难化干戈为玉帛乎？

乃自东渡以后，遍历名城，参观各种工商机关，见彼邦人士对于本业之设施，精益求精；而于个人之学识潜修深诣，无论朝野市乡，工作均极紧张，朝气蓬勃，秩序严肃，国家之政策，莫不顺行，人民之福利，于焉是赖。以视我国之国势陵夷，民情

---

① 俞佐廷（1887—1951），镇海贵驷俞范人，钱业出身，长期在上海从事金融业，担任多个金融企业董事长、总经理等，曾任宁波总商会会长、上海市商会主任委员。

悲愤，朝多忍辱之士，野有饥馑之民，经济困难，险象环生，其相去何啻霄壤耶？按日本维新而后，物质文明，进展极速，嗣由研究而仿摹，渐臻发明而创作，孟进过程势驾欧美。推原其故，皆由政府实行保护贸易政策，奖励人民研究各业，苟有发明，虽资金缺乏，或成本过昂，政府亦不惜重金辅助，俾其事业之成功，而人民亦因政府之奖掖，不惮烦劳，孜孜奋勉，以求收效。是人民与政府发生密切之关系，而有此良果，此吾国人民与现今之政府亟宜注意之点也。

又尝与彼邦人士往还矣，见其勤俭耐劳，谦和礼让，蔼然可敬，尤以工商之组织条理井然，业务之步骤训练有素，衡以我国民多喜逸恶劳，工商则故步自封，业务则萎靡不振，清夜扪心，应加悚惕。其所以致病之由，实以彼邦教育普及，修养丰富，所以修身而后齐家，治国而后平天下者也。故欲求国基巩固，势非注重教育不可，倘能施以强迫普及之策，则扫除文盲，提倡礼教，殆为当今之急务欤！

亦尝考彼邦之宗教历史矣。知其对于宗教之信仰，与夫历史之观念，依然深入民间。政府又多方维护，纲常纪律，道貌俨然，世故人心甚殷维系，社会秩序之佳，良有以也。

近年以来，日本商业经济之发达，远超欧美。意大利首相墨索里尼，竟谓日本经济势力之西侵，亦即黄祸重临欧洲之实事。从此可知日本商业之大势矣。日本商品以生产费之低廉，其原价当比欧美为贱，是以能畅销世界。诚以世界经济惶恐之际，即欧美之购买力，亦形薄弱，与其购置昂贵之货物，莫若应用普通之商品，日货能迎合此需要之条件，故对外贸易数额上，在本年十个月间，输出共有日金三十一亿四千一百余万元，输入共有日金三十亿二千九百余万元，此出超一亿一千二百余万元之贸易，最高纪录，使欧美蒙其影响，于是有提高关税管理汇兑统制货物之抵制。而日本国内商业，亦因农村经济恐慌，不能如对外贸易之繁盛。故商业之组织，有日趋大资本独立倾向，百货商店之经营林立。都市中小商业，日趋凋敝，故当地商会，曾经讨论力谋改革，促成商业合作社之组织，节制商业资本之畸形发达，然此人为之统制，能否阻止商业经济自然之演进，未敢逆料也。

夫中日之政治文化地理，俱有历史关系，而于经济尤为密切。盖中日通商，远在古代，经济往还，较久于欧美。近年日本工商进步，资本主义之经济膨胀，势不能不向外发展。我国市场适当其冲。虽近数年因东北事变，日货对华输出，顿呈锐减。但我国对日贸易额仍占全贸易百分之二十。伪国成立后，东北贸易及投资几被日本所独占。所以中日经济更成为畸形进展阶级也。

中日两国经济之密切，实因两国国民，供需关系之复杂。彼此有无相通，各得其利。从两国贸易之重要商品中，而知彼此供需关系之实情。根据前年暨一九三二年之中日贸易状况，日货输入我国其最主要者，约有棉织物、精糖、水产物、毛织物、纸类、煤、陶瓷器、玻璃制品、铁、铜、铁制品、橡皮、机械、木材等十余种。至于日本需要我国货物，为豆类、采油原料品、牛油、皮类、棉花，其他植物纤维类、煤、锡、其他矿物、麸油、糟等十余类。是日本所需要我国货物几全为原料品。而日本输入我国者，大都轻工业品，以常识论，是利不敌害也。

中日之经济关系，不独国民之贸易而已，即政府与团体，对于我国政治，有直接间接之借款及投资，其数亦甚巨也。统计在我国北部投资之数，约有七亿三千三百万元。在我国中部及长江流域一带，约有十一亿二千七百万元。在华南各省，约有三亿九千三百万元。借款总数全部，约有七亿三千万元。目前日本积极开发华北，则经济之进展，更不容吾人忽视也，而我国留日之华侨，自从东北事变以后，经济势力之颓衰，大有江河日下之势，且散居日本内地之小资本商民，被逐归国者，已在百批以上，影响于我国之国民经济甚巨，中日政治之关系，不加彻底改善，而欲谋中日之经济平等发展是难能也。

《钱业月报》第16卷第2期，1936年

8. 保险专家胡詠骐视察华南

本埠北京路宁绍人寿保险公司总经理胡詠骐氏，为视察华南保险事业近况起见，

保险专家胡詠骐视察华南

△保险专家胡詠骐视察华南 本埠北京路华纶人寿保险公司总经理胡詠骐氏，为视察华南保险事业近况起见，将于本月十二日由沪搭轮赴香港、广州、厦门、汕头各埠巡行、按胡君为国内声望素孚之保险专家，现任上海市保险业同业公会主席、及中国保险学会常务理事，去年度复被选为本市市商会国民代表候选人，对于保险事业及社会事业，颇多致力，胡氏创办之宁绍人寿保险公司，尤以管理精密、业务发达见称云、

将于本月十二日由沪搭轮赴香港、广州、厦门、汕头各埠巡行。按胡君为国内声望素孚之保险专家，现任上海市保险业同业公会主席及中国保险学会常务理事，去年度复被选为本市市商会国民代表候选人，对于保险事业及社会事业，颇多致力，胡氏创办之宁绍人寿保险公司，尤以管理精密，业务发达见称云。

《大公报》(上海版)，1937年6月11日

人物篇

生平与事迹

言论与主张

人物剪影

生平与事迹

1. 没而可祭于社之费冕卿先生 / 39
2. 商界名人传：盛竹书先生 / 41
3. 甬绅盛竹书逝世 / 43
4. 盛竹书先生追悼会纪事 / 44
5. 严康懋先生之生荣死哀 / 46
6. 严康懋先生行述 / 48
7. 徐庆云逝世 / 49
8. 各界昨日追悼王心贯 / 50
9. 悼史晋生先生 / 52
10. 市商会等各团体昨开会追悼胡熙生 / 54
11. 三团体昨开会追悼贺釆唐纪 / 55
12. 贺釆唐君昨日领帖 / 56
13. 宋汉章先生在银行的"生活" / 56
14. 话旧 / 59
15. 中国实业银行总经理胡孟嘉昨逝世 / 62
16. 胡孟嘉昨大殓 / 63
17. 悼胡孟嘉 / 64
18. 十六年来 / 66
19. 保险界人物志：胡詠骐先生 / 72
20. 钱业前辈李寿山设奠 / 74
21. 保险界人物志：傅其霖先生 / 75
22. 保险界人物志：朱晋椒先生 / 76
23. 会计界人物志：金宗城先生 / 78
24. 鄞县胡詠骐先生传略 / 79
25. 记女子商业银行经理严叔和女士 / 80
26. 我所知道的秦润卿先生 / 81
27. 金融人物：银行界的耆宿——中国银行总经理宋汉章先生 / 82

生平与事迹

1. 没而可祭于社之费冕卿[①]先生

宁波总商会前会长慈溪费冕卿先生，于本年阴历九月二十三日逝世。经沪甬等埠各团体发起，于本月二十四日在总商会开会追悼，详志如下：

先期由各团体推定职员，筹备就绪，东门城门及彩章弄口、二境庙弄口皆悬柏树扎成追悼会字样之匾额，会场门首高搭彩棚，遍悬花圈白额，会场正中设灵座，四壁满挂诔挽，多至五百余件，布置极为整齐。至维持秩序则有巡防勇警察及青年会之童子军，分站头门，布满两街。到会之官厅团体及各界来宾为王镇守使、黄道尹、林厅长、姜知事、陈参谋长、道厅县各科长、三五分署杨顾尔署员暨宁波旅沪同乡会、城自治办公处、鄞县农会、鄞县参事会、鄞县教育会、宁波青年会、宁波商业联合会、宁波工商友谊会、宁波时事公报社、宁波四明日报社、宁波四名公所、宁波四明孤儿院、慈溪云华孤儿院、宁波总商会（以上为发起团全体）、鄞县劝学所、宁波学生联合会、宁波佛教孤儿院、浙江自治协会、鄞县地方自治协进会、宁波市政公会、鄞县市民公会、鄞县东部教育会、青年童子军、甲种商业学校、崇敬学校（均学生全体）、工

[①] 费冕卿，慈溪人，长期担任宁波四明银行经理，兼任宁波总商会会长。

商友谊会义务学校（学生全体）、鲜咸货公所、鲜咸货同志会、连山会馆、甘溪女校、丙庆女校、毛氏乐育女校、毛氏乐群学校、四明孤儿院（学生全体）、宁波四明银行、宁波救国十人团、温州四明公所、奉化县商会、黄岩县商会、宁波红十字会分会、慈溪县商会、柴桥镇商会、北号安庆公所、米业敦业公所、参业公所、钱业公所、新北号永安公所、糖行安澜公所、米厂敦义会、洋粉公会、八闽会馆、螟蜅公所、酱园公所、典业公所、永安救火会、拆兑业公所、棉业交易所、棉业公会、宁波证券花纱交易所、猪行静澜公所、第四中学校、第四师范学校、中工学校、洋布公所、绸业公会、水果公所、点锡公会、渔业公所、信局公所、履业公会、铁行同业及各界来宾，约千有余人。三时奏乐开会，首由主席梁廉夫报告开会辞，次由张纯馥宣读行状，次为官厅、团体、学校分期致祭，行鞠躬礼，读祭文或唱追悼歌，其次序：一、王镇守使黄道尹率阖城文武官员；二、总商会会长屠鸿规偕各团体代表；三、甲种商业学校学生；四、工商友谊会义务学校学生；五、四明孤儿院院生；六、崇敬学校学生。次为来宾演说：一、陈桐轩，略谓费君生平，大有过人之处，无论办理何种事业，无不精神充足，于辛亥国是改革之际，及丙辰溃军回甬之役，斡旋大局，保全桑梓，精神尤为显著云。二、董世桢，略谓莅会致祭者，官场而外，多为费君之亲友，或曾同费君办理公益及各种事业，若甲商、崇敬等校生及孤儿院生，且为费君所手自培植者也。第观诔挽之文句词意，可见人人同此哀悼。而某君诔词中有宽能容物等句，尤为切实。忆八年夏季，抵制劳怨，兼筹并顾，始终以和平为主旨。又某君诔词中有维善为宝等句，亦属信而有证。试阅沪甬各君乐善好施之事实以为材料，费君真不朽矣。三、汪订笙，略谓追悼二字之解释，追者追溯既往，悼者不胜哀悼也。费君已矣，诚属不胜哀悼，所愿后死者追念费君生平之急公好义，急起直追，以竟费君未竟之志也。四、胡詠骐，略谓费君接物办事，仁厚诚笃，确是社会上之明灯，一旦熄灭，亦令人思念其光明，吾人光力不及，则宜合千百小灯以成一明灯，以费君作模范，为社会服务云。次为家属代表费星奎致答谢词。末乃合摄一影，及至散会，已五时矣。

《时事公报》，1922年12月25日

2. 商界名人传：盛竹书先生

盛竹书先生，讳炳纪，浙江镇海人。年十三失怙，随叔祖蓉洲于京邸读书，学成归里，以郡试第一入邑庠。秋闱屡不利，乃援例捐中书，从伯父省传于四川学署。未几，伯父以忧归，先生始游幕江苏，先后在金坛、常熟、溧阳十五年，以清介自矢，人亦不敢干以私，惟于地方公益事则靡不力助之。盖先生生长忧患，每以实事求是自励，而于桑梓之事，尤殚心竭力。镇海僻处海滨，民智未开，先生以牖启之方，莫先兴学，于是创办养蒙、志成、简易公立诸校，为邑人倡。孙君燕秋，宰镇邑，以先生兴学著成效，约赴各乡劝导，不二年而公私校设立至七十余所。芦渎公学因捐肇事，先生处分公允，由是各乡以学务见商者踵相接。其初办公立学校也（现改为城立第一校），以孤寒之身垫款至五千余金，补助至十三年之久。百万措拄，卒成一邑小学之冠，其困难可知矣。若困勉东西校、城立一第校、樊氏便蒙学校，先生或任筹款，或任校长，至今未克卸肩。顾先生亦乐为之孜孜焉无倦容也。此先生在乡兴学之大略也。东门浦者，镇海城厢内外河流蓄泄之要口，成于五代，塞于明季咸同间。辛丑壬寅间，先生承父遗志，独任筹款并浚全城河道。工甫竣而款竭，事遂中辍。先生曰："此百年之利未可忽也。"比复约叶星海、周星北、史晋生，重为集款，为浦工河工岁修之备。樊时勋公益织布厂，向凤楼、周葆昌创公善医院，先生均赞助之。凡为地方公益贫民生计，苟力之所及，未尝后于人。先生五十岁时创办贫民借钱局，其事虽细，而十年来邑之人以庆祝筵资移助者岁必数起，由是贫民之受惠日益广焉。此先生在乡办公益事之大略也。岁丁未徇旅汉同乡之请，始赴汉口，就宁波会馆总董职。其时会馆之权为药业所揽，先生积诚劝导，始公诸众出其余力整理四明分所，以妥旅魂。办旅汉学校，以惠同乡子弟。又以烟毒危害之大，为立戒烟会。恐乡谊之间，为别设同乡会。百端并举，先生肆应裕如，不以为苦。他如浙之路争回路权，宁绍之自开航路，普益公票局之抗议取消。凡关于本省及旅客之有利益者，皆出热诚以图之。不因在远而遗，不因事繁而懈，其任事之勇，为谋之忠，乡人之侨居彼都者，至今称道不衰，此先生在汉口任家乡事之大略也。旅汉之次年，即被举为汉口总商会议董，踰年被举为协理，改选又被举为总理，固辞不获，则仍就协理。任事之初，适丁国变，商业耗损，汉口为最。事平之后，先生与宋渭润、姚荫生等数数走京师，为被难商民请命。舌敝唇焦，始允给三十年之公债票五千万元。国家任其本，地方任其息，而民心未洽，议格不行，于是十数万户之行号店铺，纠纷并起，仓促无善法，则议设理债处，以清理之。所有条例章程，悉出先生手，其间料量债务，裁抑债权，苦心规划，方得平允。各商始而争持，终归翕服。积二年之力，始克就绪，为国家节省数千万元，而朝野上下无知之者，先生亦不求人知也。招商汉局货栈所存货物值银一百二十余万两，兵起尽毁，无人负责。舆论大哗，设追赔联合会与局为难。先生时任协理，势不能袖手旁观。奔走调停，历三年，始由局减成垫款先偿，商德之。因绣像铸杯以旌劳，并出千金以偿旅费，既不获辞，则悉数捐入上海红十字会。盖先生律己甚严，以廉洁自守，以贞固干事自勖。固遇事愈难，历时愈久，而人愈悦服。凡在商会先后八载，不屑毛举细故，与众人争短长，惟务其大者远者，一以培养元气，开通智识为宗旨。其预民国元年之工商会议也，所提各案皆工商业之根本计划，惜无有起而行之者。又鉴于各省商会之不能融洽也，与宋渭润、王一亭发起全国商会联合会，被举为湖北干事，上海两次大会被举为审查长。会议之成效，仅仅修正商会法，于是慨投身商会，未能有益于商界，故去汉以后即谢绝不与闻其事，此先生在商会时之大略也。先生旅汉时尝创办汉丰面粉厂，总理其事，复受浙江兴业银行之聘，为汉行总经理。辛亥之变，全市成墟，汉丰当冲，悉为灰烬。先生昔于泰州创办泰来面粉厂颇有经验，故于汉丰尤为注意，一旦废去能不耿耿。任兴业事未一月，即遭兵燹，幸先生先事预防，未受损失。然出入枪林弹雨之中，至为艰险。越岁重开，尤费经营，信用既著，有一日千里之势。及代樊时勣来沪，其时适商会改选，又被举为会长。汉皋全埠无论识与不识，相率攀留，地方长官自督军以下敦劝就职，信使络绎于道。先生虑年齿渐增，不胜繁剧，恝然舍去。到沪后，历任浙江兴业银行总行、交通银行沪行经理，三度任银行公会会长。对于公会事业，几无不经。先生毅力兴革，并发起办上海银行周报。其他如关于票据法、票据交换所、征信所、建筑银行公会会所、银行俱乐部等，以及关于银圆，如造币厂借款、车辆借款、通泰五公司借票及代兑中法银行钞票等，或为先生所建设，或为先生所计划，或为先生所促进。此外先生事业，更不遑举，此先生到沪后办事之大略也。先生年高德劭，操守谨严，而心地光明，处事和蔼，为社会所钦服。先生于民国十五年冬，胃病大发，生前崇尚节俭，虽任银行行长，其家仍在乡间，自身寓诸行中，与普通行员同时兴居。自病发之后，四公子为侍奉汤药便利起见，迎归塘山路寓所，十六年乃投广慈医院医治。据云胃上生瘤，即胃癌。此种胃癌需用镭锭疗治，院中不便施手术，遂下居杜美路五十二号。不意仍于十六年二月十三日去世，享寿六十八。先生有丈夫子四，长公子在珩任浙江病院院长，次公子在瑁任汉口四明银行分行协理，三公子在璈任天津造币厂会计科科长，四公子在球任上海煤业银行总理。先生之死亦得谓福寿同归也。

《商业杂志》第 2 卷第 4 号，1927 年

3. 甬绅盛竹书逝世

本埠交通银行行长盛竹书先生，名炳纪，浙江镇海县人，前清举人，壮岁历充江苏各县幕宾，中年弃幕为商，晚年历任汉口、上海、浙江兴业银行行长，嗣即改任今职。先生急公好义，宁波同乡资为模范。甲子齐卢之战，曾向卢永祥屈膝请求罢兵，而卒不获邀免，由此灰心，不问世事。每日仅处理行事，家居休养而已。乃忽于前日寅时病殁于法租界杜美路沪寓，定今日大殓，总商会傅袁二会长，以先生为该会会董，于会务赞助尤多，拟于今日联袂赴盛寓往吊，藉表哀悼，先生儿辈亦颇有名于时云。

《申报》，1927 年 2 月 15 日

4. 盛竹书先生追悼会纪事

银行公会，钱业公会等团体，昨在西藏路宁波同乡会开盛竹书先生追悼大会。二时二十五分奏乐开会，励建侯司仪。首由主席方椒伯致词，略谓竹书先生在日，对于社会公益慈善等事业异常热心，各公团对于先生之死，极为哀悼，故有此盛大之追悼会。次胡孟嘉报告盛先生事略（详后）。（三）奏乐。（四）乌崖琴读诔文。（五）全体起行三鞠躬礼。（六）鸣钟静默三分钟。（七）奏追悼歌。（八）各团体代表演说。银行公会代表胡蕴斋略谓，竹老之言行实与中山三民主义中之民生主义，不谋而同，其手创之俭德会，尤足解决生活难题，又谓人之生命，当视其做事成绩如何，不能徒以年龄定修知，若竹老事业彪炳，享寿虽只六十八，其精神生命，直达百千岁云。钱业公会代表秦润卿略谓，三代以下，惟恐不好名，竹老实一爱惜名誉之人，本其爱惜名誉之心以行事，故能享此盛大之声名云。济生会代表伊竣斋略谓，本会推先生为经济科主任，先生不让，力任艰巨，本会会员出发救济各地水旱兵灾，皆其规划，救济需款甚巨，先生则百计筹募，不遗余力，本会会务之能发展，先生之功为多，今先生作古，实为社会之一大损失。陈良玉略谓，先生自奔走江浙和平失败后，对于国事常抱悲观，去年朱公葆三追悼会时，曾有先生去矣，我从君来之叹，白云苍驹，时局变幻，而先生遽归道山，不知其在九泉，作何感想也。（九）家属致答谢辞。（十）奏乐散会。（胡孟嘉君报告之事略并祭文均录后）

事略：竹书先生世居宁波之镇海，年十三失怙，随其叔父蓉洲先生居京邸读书，学成归里，以郡试第一入邑庠，屡赴秋闱不利，乃援例捐中书，从其同祖兄省传先生于四川学署，未几省传先生以丁忧归。先生始游幕江苏，先后在金坛、常熟、溧阳，十五年以清介自矢，人不敢干以私，于地方政事多所赞助，归里后尤致力于桑梓之事，创办养蒙、志成、简易公立诸校。时孙君燕秋宰镇海，以先生办学著成效，约赴各乡劝导，不二年而公私校设立七十余所。其初办公立学校也，以孤寒之身，垫款至五千余金，补助至十三年之久，可谓难矣。若困勉东西校、城立第一校、樊氏便蒙学校，先生或任筹款，或任校长，历年久无倦容，此先生在乡兴学之大略也。东门浦者，镇海城厢内外河流蓄积之要口，成立于五代，塞于明季，咸同间尊甫蓉川先生议开而未果，辛丑壬寅间先生承遗志，独任筹款，并浚全城河道，工未竣，款几竭，先生后约叶君星海，谢君星比，史君晋生，集款为浦工河工岁修之备，邑人至今赖之。樊君时勋创公益织布厂，向君凤楼，周君葆昌，创公善医院，先生均赞助之。凡为地方公益，贫民生计，苟力之所及未尝后于人。余如创办贫民借钱局，邑之人以庆祝筵资移助者几必数起，由是贫民之受惠日益广焉。此先生在乡办公益事之大略也。岁丁未，徇旅汉同乡之请，始赴汉口就宁波会馆总董职。先生出其余力，整理公所，以妥旅魂，办旅汉学校，以惠同乡子弟。又以烟毒为害之大，为立戒烟会，恐乡谊之或间，为别设同乡会，百端并举，先生肆应裕如，不以为苦也。他如浙路之争回路权，宁绍之自辟航路，普益公票局之抗议取消，凡关于公众之利益者莫不勉力为之，人士之侨居彼都者，至今称道不衰。此先生在汉口任家邦事之大略也。旅汉之次年，即被举为汉口总商会议董，踰年被举为协理，改选又被举为总理，辞不获已则仍任协理职。任事之初，适丁国变，商业耗损，汉口为最，事平之后先生与宋君渭润，姚君荫生等奔走京师，为被难商民请命，一面设理债处，以清理之。所有条例章程，悉出先生手，其间料量债务，裁抑债务，苦心规划，积二年之力，始克就绪，先生不自以为功也。招商汉局货栈所存货物，值银一百二十余万两，兵起尽毁，无人负责，舆论大哗，设追赔联合会，与局为难。先生时任协理，奔走调停历三年，始由局减成垫款先偿，众商德之，因绣像制杯以旌其劳，并媵千金，以偿旅费，既不获辞，则悉数捐入上海红十字会。其预民国元年之工商会议也，所提各案，皆工商业之根本计划，惜无有起而行者。又鉴于商会之不能融洽也，与宋君渭润，王君一亭，发起全国商会联合会，被举为湖北干事，上海两次大会，被举为审查长，此先生在商会时之大略也。先生旅汉时受浙江兴业银行之聘为汉行总经理，未一月，会辛亥之变即遭兵焚，越岁重开，尤费经营，及代樊君时勋来沪，其时适商会改选，又被举为会长，汉皋全埠，无论识与不识，相率攀留，先生恝然舍去，就任沪行。沪居全国要冲，又为各行之要汇，廓其旧基，宏以新制，调和因应，卒能事事循轨而巩其基础，至于今骎骎与国内外诸大银行齐驱而并驾矣，此先生在汉沪任事之大略也。旋由上海交通银行聘为行长，治事有声。其在金融事业，则三任上海银行公会会长，创办造币厂借款银团，通泰盐垦借款银团，创办银行周报社，提倡银行公会联合会。其在慈善事业则常任红十字会议长，中国济生会经济董事，四明公所董事，江湾妇孺救济会会董。其在社会事业，则曾办江浙渔业任会长，创镇海旅沪同乡会，任会长，维持南通盐垦公司及大生纱厂，提倡俭德会其尤著者。癸亥日本地震，华侨大受损失，死伤多人，其颠沛回国者，先生为之办日灾赈济会，朝夕视事，无微不至，人咸德之。甲子浙江开衅，先生于事前奔走和平，呼吁号泣，当道感其诚兵几可弭，旋为他故所尼，不果成，先生由是悔心灰志，一意经商，不问政治事矣。丙寅之冬，以积劳至肺疾，不料于丁卯正月十二日竟不起，乡之人识与不识，靡不痛惜老成，挥泪相告。呜呼可感矣，祖同生也晚，不获详知先生之行事，兹惟就其家属之行述与夫祖同年来追随先生之所闻，举其荦荦大者，为诸君告焉。

祭文（略）。

《申报》，1927年4月17日

5. 严康懋[①]先生之生荣死哀

今日上午八时发引　灵榇暂厝本宅花园
前日成主昨日领帖　沪甬闻人躬集祭奠
哀挽屏轴达万余幅　词句哀惋一字一泪
各界筹开追悼大会　先生好善因以感人

参与吊奠之闻人：本市巨绅严康懋，乐善好施，有善人之号，闾阎咸敬仰之。不幸于十一月四日逝世，享年仅五十有二，闻者惜之。今日为严氏出柩之日。昨日沪甬

---

① 严康懋（1878—1929），鄞县人，长期从事钱业，在沪甬等地设有多个钱庄并致"大有"；又"好义若渴"，大力举办慈善公益事业。曾任上海总商会会董。

各界纷纷至江东大河桥严宅吊奠。旅沪绅商如徐庆云，谢蘅牕，陈子埙，楼恂如辈，均亲自乘轮来甬致祭。市长罗惠侨，县长陈宝麟，公安局局长毛秉礼，以及本市各界领袖，亦均参与祭奠。远近来观者，络绎不绝。十余小时内，大河桥一带，车水马龙，挤得水泄不通。严氏生平慷慨，宜乎死后有斯哀也。

出柩行程及路祭：今日上午八时出柩，由严宅大门排队出西辕门，直到包家道头，过老会馆至后塘街，过奉化江老浮桥，弯宫前折后街，过小江桥，弯方井头，由南昌弄转弯，过糖行街，至钱行街经半边街，转弯过老浮桥，经百丈街，弯木行桥，直出铸坊巷弄，过五河桥，弯黑风弄，过乌龙碑，至府主庙散队。灵柩暂安于严宅后园。闻第一处路祭后塘街，西太保庙，第二处路祭天后宫，第三处路祭钱行街滨江庙，第四处路祭半边街慎生行，第五处路祭公安局三区署，又闻江厦钱业供香甚多，事前至严家接洽有十余家之多；并闻本市各界，集议定期在总商会举行追悼大会云。

哀挽文词之一般：严氏生前事业既多，交友亦广，官商各界，均多知交，因之哀挽屏轴达万余幅，庄严灿烂，琳琅满目，沪绅虞和卿，方掞伯，孙梅堂，袁礼敦，黄庆澜，闽省府主席陈培琨，津浦路局长孙如皋等，均有哀惋动人的词屏。惜均文长，兹录文词体贴之词屏数首如下：

乐俊宝君之屏：曾记当年同做客，虽非至亲却知音，缘何忽谢红尘去，老友无多痛更深。天道难知是也非，如君慨慷世间稀，况当梓里兼收甚，多少饥寒痛失依。记得今年九月秋，与君邂逅赴同舟，岂知此会成千古，噩耗传来泪暗流。年年几度赋归家，每到君门便下车，此后君门如再过，谁更留我一杯茶。

郁桂芳君之联：长于理财，善于用财，故生平之成就也大；宽以容物，博以爱物，宜死后之感泣者多。

严氏座师孙□之联：今观尔功名富贵等微尘，始觉浮生幻大梦；殊令我痛哭流涕长叹息，只因社会恸斯人。

陈子埙君之祭文：旧友数晨星，知交惟鲍叔，联

严康懋

袂作壮游，萍踪滞沪渎。君擅亿中才，令我惊且服，平生好行善，芳型更耳熟。老安兼少怀，孤寒饱义粟，叫嚣免催租，扮乡尤蒙福。夹袋储人才，商场广推谷，下至佣厮流，片长无不录。仁者必有寿，斯言何未确。抱病泣归舟，违颜一来复。我欲踵君归，讼偏兴雀角，弥留竟未面，闻耗陡痛哭。客秋丧我兄，今冬君又续，异姓若同胞，分离殊太速。挂剑践遗言，敢让廷陵独，挥泪抒哀词，聊当韭露曲。

《时事公报》，1929 年 11 月 9 日

6. 严康懋先生行述

蔡和铿

  君讳英，谱谓正英，字康懋，姓严氏，鄞县人。考讳文周，以商起家。君自少聪颖，读书倍常童，师甚爱之。年十五，文周公卒，君斩焉在疚，不问家人生产事，悉以委诸人。越数年，业渐不振，君奋然曰，吾可以终事笔砚间乎？先人遗业至吾身而失坠，何以为人子？遂弃儒服贾，游资上海。治产积居，量物度时，征贵征贱，家益增值，近且浸浸乎不已，列肆遍沪杭甬间，赀雄乡里，称素封焉。

  然君生有至性，雅不愿殖财以自封，尝分散于贫交疏昆弟。文周公昆季凡四，其三早弃世，遗孤皆尚幼。君推本所生，初无歧视，辅之携之，俾至于树立；又竟先人未竟之志，建女祀以崇配享；纂谱牒，以联族间；且捐金十万，置田千亩，办义庄，以赡族人之贫乏无告者；设学校于其旁，使寒酸子弟亦不至失教，其推恩于一本之亲，有如此者，表君之心，犹未已也。鄞城东南濒江，有浮桥二，其一建自外人，文周公既白诸当道，筹款赎归。君复厚其基金，周其设备；且立同善会，以司拯济葬埋事，邦人传诵；邑中故有养老堂，孤儿院，自君董其事，名额以扩，室庐以新，衣食以周，老赢孤稚如客得归；岁庚申，吾邑大水，米腾贵，君独设局平籴，又储粟于邻村，嘘枯吹瘠，全活无算；其他除道成梁施药疗疾诸善事，犹难以偻指数也。

君好义若渴,所得资财一以济物为功,终岁所入,自日用外,施诸人者,几什之五六。人或谓君所入几何,而轻财如是?君曰:天地生财,止有此数,吾既有财矣,敢扁钱以自私乎?平日与人交,相乎以诚,不事矫饰,苟有缓急,无不援手,虽千金不吝。亲戚故旧,无资地者有来干谒,则书其名于座右,悬诸心目,视其人之亲疏远近,为之汲引,必使之各得其所,而心始安;即佣、保、杂、厮,藉君之力,衣食于上海者,不知凡几。闻君捐馆舍,莫不垂首而归,怅怅无所之。曰:吾辈今日复何所赖乎?皆痛哭失声,呜呼!君诚一乡之善士也已。

君以民国十八年夏,正十月初四日卒,年五十有二。元配蔡氏,继配黎氏,侧室吴氏,葛氏皆先君卒,惟章氏尚存。子一纲骠,女四。长适蔡,次适李,三适倪,四适赵。孙一,同常。

《时事公报》,1929 年 11 月 9 日

7. 徐庆云[①] 逝世

大英银行华经理徐庆云,以白手起家,刻苦自励,曾手自创办大丰等三纱厂,乃以积劳致病,经日医断为胃癌,为之割治,徐君乃于九日预立遗嘱,十日晚间开刀,十一日晨身故。闻其遗产,计一百十万,其遗嘱以五十万举办公益,并请由虞洽卿、冯炳南、谢蘅牕三氏执行遗嘱,其戚友闻耗,咸为惋惜云。

徐庆云

《申报》,1931 年 11 月 13 日

---

① 徐庆云(1880—1931),慈溪人,长期担任大英银行华经理,并以经营纱业著称。曾发起创办华商纱布交易所,精于标金生意,投资创办多家钱庄。

8. 各界昨日追悼王心贯[①]

公赠私谥曰"通惠先生"

王心贯

镇海王心贯先生之丧，沪上各界，痛悼殊深，上海市银行业同业公会、宁波同乡会、镇海同乡会及中国通商银行、四明银行等各团体，特于昨日下午二时，假座西藏路宁波旅沪同乡会，开追悼大会，素车白马，极一时之哀荣，并由大会通过，公赠私谥曰"通惠先生"。兹将开会情形录后：

会场布置：会场门外高悬"王心贯先生追悼大会"白布横披，场内台中，扎有彩亭一座，内供王君遗像，桌上陈香花素果，白烛高烧，香烟缭绕，台上下置各界致赠之花圈数十事，四周树竹枝数十竿，上缀白花，情形极为悲肃，场内外哀挽等件，悬挂满遍，不下千余副。

到会人物：昨日到会者，计有傅筱庵、虞洽卿、许世英、张啸林、杜月笙、徐圣禅、俞佐廷、孙衡甫、袁履登、林康侯、朱子奎、傅品圭、厉树雄、谢光甫、谢伯芟、邬志豪、谢蘅牕、朱焕文、朱美田、卢少堂等共一千余人。

开会顺序：（一）奏哀乐，（二）公推主席，（三）主席致开会辞，（四）静默志哀，（五）主席献花，（六）全体向遗像行礼，（七）读祭文，（八）唱追悼歌，（九）报告事略，（十）演说，（十一）家属答谢，（十二）摄影，（十三）奏哀乐，（十四）礼成散会。

主席致词：奏乐开会后，公推虞洽卿为主席，主席致词，略谓，王君英年腾踔，才具优长，济困扶危，热心公益，久为社会人士所钦敬，不幸体质荏弱，天不假年，

---

① 王心贯，镇海人，长期任职于中国通商银行，曾任青岛分行行长。

哲人其萎，同深痛悼。王君接物以诚，待人以和，解衣推食，己溺己饥，求之今世，不可多得，且一生尽瘁实业，不事私人居积，造福社会，永垂不朽。吾人缅怀既往，情何以堪，今日开会追悼，聊伸哀忱于万一耳，抑世人以金钱遗子孙，而王君则以实业遗子孙，其利弊得失，自不可同日而语云云。

报告事略：次由乌崖琴报告王君事略，计分家世，事业，公益三点，大意谓王君幼而颖悟，十六七岁时，已在本乡社会上露头角，声名藉藉，自是不凡，旋受知于傅筱庵先生，始克展其长才，平日做事认真，克尽厥职，长袖善舞，宏猷焕发，博施济众，功在社会，孝思纯笃，尤不可及，遗有公子六人，皆恂恂儒雅，克绍箕裘，善人有后，差堪告慰云云。

演说摘录：许世英演说，谓王君才华卓越，不幸逝世，实为国家社会一大损失，盖棺论定，宜有以崇报，并提议由到会各团体及各界人士，公赠私谥，以资纪念。王晓籁演说，谓王君身体荏弱，五年以前，早有人料其将死，乃不死于五年以前，而死于五年以后，此不死即为长命，王君之不死，系从奋斗而来，非享福而得，人生以情感为最要，有情感虽朋友成骨肉，无情感则骨肉为仇雠，王君富于情感，故其精神不死。袁履登演说，谓王君存年仅四十有二，究不可以谓寿，追悼意义，一则追其既往，一则追其未来。王君十余岁时，即出而问世，苟天假以年，则其造就，更未可限量，不幸一朝溘露，痛悼何如，死者已矣，对于生者，应使其克绍箕裘，庶不虚此追悼。林康侯演说，谓王君精神奋斗，始终不懈，对于职务，极为努力，通商银行之蒸蒸日上，与有功焉，故以事业而论虽死犹生，较之安富尊荣，尸居余气之人，精神上长寿多矣。徐圣禅演说，谓当十五年北伐出师，武汉未下，军次鄂赣边境，前方接济，极为困难。王君受鄙人之托，设法将数百万巨款，陆续汇至军中，彼时在军阀势力之下，此项工作，极为艰难，乃王君从容应付，厥功甚伟，其后对于财政上多所擘画，得其臂助不少，故其有功党国，自有其不可泯灭之价值，今盖棺论定，用敢表而出之。邬志豪演说，谓人生寿之修短，应以事业为准则，如果享寿甚高，而无补于世，殊属无谓。傅筱庵演说，对于王君生平，发挥尽致，所有善后种种，允与诸友好熟筹善处。

公赠私谥：演说毕，由许世英提议，公赠私谥为"通惠先生"，全体鼓掌赞成，末由家属答谢，摄影散会。

《申报》，1933年10月23日

9. 悼史晋生①先生

史晋生

先生讳致容，字晋生，镇海人，以商世其家。年十七，即赴沪习商，敦朴纯厚，为叶澄衷先生所器重。年二十一，佐理义昌成号业务，旋入马尾船政局任事。年二十六，经理烟台顺记号业务。次年，奉委为烟台开滦矿务分局委员；后又奉刘总办委办运输，丁提督委任海军军需采办。

甲午，中东之役起，奉李文忠公委办粮饷。乙未，日兵扰烟台，商市停业，令号友南避，己则办理地方善后各事。丁酉，调任汉口顺记号经理，兼燮昌火柴厂监察。张文襄公委为汉口商务局总董。丁未，改商务局为商会，被举总理，辞不就；但仍极力赞助，如请当道拨地为商会会所之类皆是。

戊申，汉埠九九商捐风潮起，独力调解得无事。辛亥，武昌起义，市场纷乱。袁总统派令会同办理善后，壬子，汉口中国银行聘任为副行长，兼营业科长。甲寅，在汉开办宁绍商轮分公司。是年冬，就本行（指浙江兴业银行）之聘，为汉口分行总经理。

丙辰，京津中交钞票停止兑现，影响汉市，先生力主援沪例兑现，市面以安。戊

---

① 史晋生（1862—1934），镇海城区人，长期在汉口经商。1912年起相继担任汉口中国银行副行长、汉口浙江兴业银行总经理，曾任汉口银行公会会长。

申，北军与湘军战于鄂境，力请两军划定战线，保护商场。辛酉，汉口中交两行挤兑，力任维持，风潮以息。癸亥，代理汉口银行公会会长。

丙寅冬，国民军到汉，应付筹饷，应付工会，应付现金集中之救济，夙夜靡暇，心力交瘁。是冬，蒋总司令到汉，以先生熟悉地方情形，多所谘询。戊辰，李宗仁总司令主鄂政，为金融纠纷事，亦多商榷。此经商所至为地方大吏倚界之大略情形也。至商余为地方及桑梓谋公益事件，尤不胜举。

先生在烟台时，成立烟台四明丙舍，办理烟台义冢；及到汉，丁酉岁，自汉运米三万石，济宁绍之荒。辛丑，甬又荒，运米万石平粜，并请鄂当局以米捐半数三十万余两，留作劝工院及商务局基金之用；同时为四明公所添购厝地。

甲辰，四川被灾，为募赈捐巨万。乙巳，募捐改浙宁公所为宁波会馆。己酉，办宁波旅汉学校。癸丑，与樊时勋先生等，组织本邑公益布厂。庚申，直鲁豫旱灾，难民纷纷至汉，汉口设华北义赈会，任副会长，筹款五十余万，以为救济。

壬戌，置歆生路基地二百方，为宁波旅汉公学校址；是年年六十，以戚友祝寿醵金八千余，筵资三千金，移充疏浚本邑城壕河，及外埠本邑各慈善事业之用；己巳，购置马王庙地基，为宁绍轮码头。

地处汉口市中心的浙江兴业银行经营者长期为宁波商人

壬申，以七十寿，发起兴筑本邑东河塘之路；其余如本邑公善医院、塘工局、河工局、惠儿院，及便蒙、困勉、文泰、尚洁各校事业，靡不竭力倡导，足为热心公益之楷模。

至先生与本行关系，自民国五年冬就任汉口分行总经理，前后十有四年。一切设施，无不矢勤矢慎，公尔忘私。十八年二月，股东会选举为本行董事，联任迄今，在董事六年任期中，赞襄要务，裨益尤多。

方冀耆年硕德，长式同人，不图天不憖遗，本年十月廿三日遽捐馆舍，呜呼悲矣！爰撮述其平生，以志永悼，并垂法式。

《兴业邮乘》第 27 期，1934 年

10. 市商会等各团体昨开会追悼胡熙生[①]

本市市商会等十二团体，于昨日下午二时，在爱而近路绍兴七县旅沪同乡会开会，追悼钱业巨子胡熙生。到有市商会、钱业公会、中央信托公司、绸业银行、绍曹嵊路汽车公司、萧绍路汽车公司、余上永济医院、绍兴同仁医院、浙绍公所、永锡堂、五车堰希明学校、余姚旅沪同乡会、绍兴七县旅沪同乡会等各团体代表王晓籁、王延松、虞洽卿、陆文韶、宋汉章、徐寄顾、裴云卿、邬志豪、严谔声、秦润卿、诸文绮、俞佐廷、方椒伯、陈松源、徐乾麟等三百余人。公推王晓籁、王延松、秦润卿、裴云卿、严成德等五人为主席团。开会后，首由王晓籁报告云，今日为追悼余姚胡熙生先生之期，熙生先生一生服务于钱业，自事业以至被任为经理，事必躬亲，克勤厥职，而又热心桑梓，不幸逝世，与先生知交者，无不同深悼惜。以中国之多，如人人能如胡先生，则社会失业可减少，国家立可富强，任何困难事，均可迎刃而解。

---

① 胡熙生（？—1934），余姚人，继承祖业，长期从事钱庄业，曾任上海钱业公会董事、绍兴七县旅沪同乡会会董等。

如胡先生者,诚职业界之模范。继由严成德报告行略,及邵仲辉、王延松、秦润卿、邬志豪、徐乾麟等相继演说,词长不录。

《申报》,1934 年 2 月 5 日

11. 三团体昨开会追悼贺采唐[①]纪

中国通商银行、宁波旅沪同乡会、定海旅沪同乡会三团体,昨假法租界平济利路定海会馆,为已故通商银行协理贺采唐君,开追悼会。会场满悬挽联挽诗,景情状异常悲壮。到乡先生虞洽卿、俞佐庭、傅筱庵、张申之、方椒伯、邬志豪、朱琪祥及亲友朱子奎、张子湘等四百余人。下午二时,振铃,奏哀乐,开会,由陈良玉君主席,报告开会宗旨,继由陈翊庭君述行状,胡逸农君宣读定海同乡会主席刘鸿生君诔词,定海同乡会男女小学生二班,依次行礼。唱追悼歌毕,即由傅筱庵君述贺君与通商银行之关系,及与其个人之交谊,并提议上贺君私谥曰"通忠",当场一致通过。后由方椒伯君、邬志豪君、袁履登君、洪雁宾君、许庭佐君、张小耕君、乌崖琴君等相继演说,叙述贺君内行修洁,文学渊茂,及其热心公益,公忠职守,敬爱友朋,孝事老母,友爱兄弟等行谊甚详。邬志豪君且倡议搜集贺君文稿,不使散轶,并为其弟辈谋商业上之援助等语,满场一致鼓掌。末由家属贺其良致词答谢,迨散会已四时许矣。

《申报》,1934 年 12 月 10 日

---

① 贺采唐,定海人,长期任职中国通商银行,曾任协理等职。

12. 贺采唐君昨日领帖

甬商贺采唐先生，壮年掌理朱葆三先生记室，晚年从傅筱庵先生游，任中国通商银行襄理。贺君内行修洁，笃于友谊，多文士交。去年十一月三日，因病逝世，宁波同乡会、定海同乡会、中国通商银行等业于十二月九日，假定海会馆，开会追悼，曾志前报。兹其家人，又于昨日，假西藏路宁波旅沪同乡会领帖。大门口，扎有素彩；大礼堂内，南首设立灵位，北首讲台上，安放供桌，藉备题主；楼上下周围，满悬哀挽素幛诗文若袁伯夔、陈布雷、潘公展、刘鸿生、傅筱庵、朱子奎诸先生，皆有题赠，四壁琳琅，庄严肃穆。上午八时后，吊奠来宾，陆续莅至。计到绅商虞洽卿、傅筱庵、方椒伯、朱子奎、邬志豪、乌崖琴、谢继善等，文学家袁伯夔、王禹襄、张于相、谢梯青等，报界汪伯奇、张竹平、张康甫、孙弥卿、武廷琛等四百余人。午十二时，由袁伯夔先生题主毕，傅筱庵先生领导通商银行同人公奠。其知交戚友，则又依次祭奠。及家奠毕，已午夜矣。

《申报》，1935 年 1 月 14 日

13. 宋汉章先生在银行的"生活"
野　马

第十三期的本刊周年纪念号，承董事宋汉章先生拨冗写了一篇"我的经营保险事业之生活"。虽然着墨无多，却已能从字里行间把他生平办事实力毅力不畏难不偷安的精神，尽量表现出来。足为我们的楷模，而以宋先生事务之繁忙，光阴之宝贵，居然慨允本刊编者的请求，不吝珠玉，这是要请编者先生代表同人恳求致谢的。

宋先生年高德劭，凡是稍知中国金融界历史的，几于有口皆碑。"宋大班"三字

可算是上海滩上对于他老先生一致的尊号。常听宋先生说：他办这保险事业，因为鉴于上海方面保险事业的生意，大半被洋商攫夺而去，华商公司虽有二十几家，但是势力即异常薄弱，人才更感觉缺乏，绝对难与洋商争衡。所以虽逾花甲的高年，还要毅然贾其余勇的努力去奋斗，冀补救已破的漏卮，挽回外溢的利权。在一般不知宋先生的人，未尝不可以为这事只要借重他的声望和地位，就足以从容坐镇，尽可养尊处优，指挥若定了。殊不知宋先生的办事，是向来脚踏实地，认真去做，不但时常邀请专家，研讨保险的经络，更不惜纡尊降格向各方面去联络招揽。虽以宋先生的按部就班严肃为容，也不能不为之迁就。外埠的各经理处，都是委托本行各分支行处的经理主任分头担任，以期易收指臂之效，遇到各行经理主任来沪时，立即开会聚餐谈话，殷勤招待，剀切指导。希望大家同心协力，为中国保险事业打出一条新生路。在他那篇文章里，已可见一斑。这种精勤自励实事求是的精神，是很值得钦佩，足为后辈的楷模，尤其是宋先生的好学，老而弥笃。听说现在每天公余之暇，必要读国语国策，还要精心着意的做篇国文，去就正于所延请的名宿，作为日常的功课。即是宋先生在本刊周年纪念号中所写的那篇文章，据本刊编者说，曾亲眼见他坐在常务董事室里执笔为文，不移时已尽数纸。承他以草稿见示，一一讲给编者听，当时见了不禁咋舌。本刊编者颇想将此稿纸设法拿到手中，制成锌板登载出来，以为纪念。那时他老先生立即缩回手去说："我还要拿回去就正于我的先生，明日再送来吧。"其实明天送来的稿子，仍是如此，不过稍微更动几个字，其后送稿付印，他老先生尚刻刻来询问取回亲加点缀者数次，闹得排字的手忙脚乱。凡此可见其精神贯注，胸襟坦白，遇事不苟，更可见一个成功的人，自有他独到之处，非可幸而致之的。本刊第三期曾有记载宋先生俭德的稿件，在个人看来，那亦只是他老先生美德表现之一罢了。

上期宋先生的文章，只说了他经营保险事业之生活，对于经营银行的生活却未曾细述，可是讲到宋先生在本行多年的生活，一时也写不尽许多。然而他在行中为行务而受的"生活"（沪谚苦处），却有几件。今据所闻，略记如下。

当民元之初，大清银行告宣清理的时候，各方谋攫取民国国家银行者不乏其人，逐鹿甚烈。结果有中国银行之创建。宋先生在沪行时期，艰难缔造，煞费苦心，才奠定本行的基础。因此横遭疑忌,中间曾一度不获自由,尤困难的,是基础虽立,资金则分文无着,而政府发行军需公债七百余万,军用钞票五百万,皆责成银行照兑,无米为炊,况在萌芽时代,其应付之棘手,也就可想而知了。此宋先生第一次的"生活"。

迨民国五年洪宪帝制发生,京钞停兑,上海中交两行同时奉停兑之命,其时殖边银行停兑风潮未息,明知这是洪宪乱命,但是长江各埠,已经草木皆兵,恐慌万状。交行已遵命先停,惟本行照常兑现,其时行址在汉口路三号,由马路、门外,以及柜外,万头攒动,三日不息,岌岌乎有朝不保暮之势。这时候恰好张总经理在沪行副理的任内,同宋先生苦心擘画,力主照常兑现,总算转危为安,才能把东南半壁的金融市场维持到今日。然而在那兑现时候最初的一礼拜中,日夜焦思,几乎寝不安席,食不甘味。他老先生于此五日中,狂吸雪茄烟尽十二盒之多。可见辛勤忧虑之深。有一天公权先生讲到此事,尤觉谈虎色变,自称当时目击人民争先恐后拼命挤兑的情形,于以见银行关系人民经济如此之大,更觉办理银行者所负责任之重云云。此种映像,思之如在目前,而公权先生以其精神心力委于本行,力求造福于社会民众者,曾谓亦因感此映像而益坚。亦足见当日情势严重,责任艰巨了。这也就是宋先生第二次的"生活"。

还有一次重大的事件,就是民十一年的月里,总税务司安格联不知听了什么谣言,忽然要将本行各地分支行代收的关税款项,限于四十八小时之内,扫数解交上海汇丰银行。这一个天晴霹雳,真是不易对付,尤其是各行对于沪行向系存少欠多,一时哪有如许巨款代各行垫解。就是设法调汇,仓促间也没有这许多头寸,而且缓不济急,这是毋庸讳言的。幸亏宋先生在上海金融界信誉昭著,人缘极好,更难得的是外商的信仰。据闻他老人家当时去会汇丰的大班司梯芬君提出此项问题,并对他说:"你我全是办银行的,你看此事如何能办得到?"当时汇丰大班安慰一番,立即联合麦加利大班打电报致总税务司,大意说宋大班在职一日,敢担保绝不致发生问题。安氏见沪商对其如是信仰,于是复电允办。一天云雾,就此消除。倘非是象宋先生这样的诚信交孚,恐怕这严重的难关,不能如此地从容度过,这是他老先生第三次的"生活"。

上述的几件事,过后追思,还有点不寒而栗。要是措置稍微有点失当,那就不堪设想。这种"生活",实在有点令人吃不消,而宋大班能安然度过这种"生活",亦绝

宋汉章（前排左一）与张嘉璈（前排左二）等上海金融家合影

非一朝一夕所致。我们正应留心，师法其如何养成其精神、定力、道德、物望？才能临到大难，从容不迫，一些不慌张凌乱，才能解决重大的问题，担当重大的责任。以上不过仅仅是宋大班的银行"生活"的片段。至于本行有多年的历史，其间各位先进同仁经过的事迹，应付的苦心，一定也很多，盼望各地同仁就其所知，详实地写告刊编者，俾得随时刊布，以作公共的模范。

《中行生活》第 16 期，1936 年

14. 话旧

王稻坪[①]

国有史，家有乘，个人有日记，皆所以纪已往之事实，供未来之考证者也。事业之沿革，时机之幻变，其间荦荦大事，苟不笔之于书，则迨夫事过境迁后之人虽欲探

---

① 王稻坪，镇海人，长期任职于浙江兴业银行，曾任汉口浙江兴业银行总经理。

本穷源，因事制宜，亦将无所依据。故文字之纪述，为可贵也。

现代各银行，为灌输同人智识，增进服务效能起见，率皆创办刊物，或着为论说，或搜集国内外金融及工商各业之资料，汇为巨著。其发行时期，则或为月刊，或为周刊，或为年刊。言其功效，要皆不外供同人研究业务之实际取材，并以备异日考查之需耳。

本行发刊《兴业邮乘》即含有上述之意义。今欣值本行成立三十年初度，发刊专号，征文于余，爰就余记忆所及拉杂书之。

本行创立于前清光绪三十三年丁未四月，而于是年九月九日正式成立。初浙江全省铁路公司，为内顾路本外保商市起见，创办本行。当时总行设于杭州，嗣以浙路收归国有，本行所有浙路公司股份，悉数退出，乃另募商股，以补足之，此本行成为一纯粹商业银行之由来也。

余任职本行，始于丁未三月十七日。是时总行犹在筹备期中，所有各种簿记单据，均由商务印书馆承印，由余携带至杭。关署人员，不知银行簿据为何物，强行扣留，经向杭嘉湖道备函声明，甫允发还，亦可见当时对于银行认识幼稚。本行开业时，总司理为胡藻青君，外经理为吴毅亭君，内经理为孙慎钦君，而由倪君秋泉主任会计，孔君然斋主任收支，刘君达卿主任文牍，余则主办存款。当本行成立之日，正值重阳节序，余与各同人登城隍山，散布宣传品，随风飞扬，如天花舞，此情此景，犹历历如在目前。

本行成立之翌岁——戊申即创办汉行，余乃奉调充汉行会计主任。余于三月十七日由杭来汉，同行者有项兰生、朱振之、曹吉如、闻信之、朱益能诸君。四月二十一日，汉行开业，由汤梯云君任总经理，丁子山君任外经理，项兰生君任内经理。项君治事严明，与同人相处，恒以道德学问相砥砺，习勤习俭，靡不翕然景从，行纪之整饬，迄犹存其规模。"君子之德风"，洵不诬也。

辛亥余升任汉行内经理，承项君之乏，虽萧规曹随，无所建树，而兢兢业业，颇思以忠勤自矢。不幸是年八月十九日，武汉首义，政治鼎革，秩序紊乱。市面大变，现金骤绝，汉行发行之流通券，计二十六万余元，纷纷求兑。时总经理盛竹书君赴沪未回,外经理袁纪堂君先亦旋里,余以轻材,肩此重寄,寝食不遑,力谋稳定应付之策,如处惊涛骇浪中;而社会秩序,益见紊乱,北军开抵,形势更非,不得已遂暂停营业。第库存之券,尚达百万,若不设法迁置,瞬息可以发生意外。其时沪汉江轮,纷沓杂乱,几无隙地,乃与既济水电公司等,合租怡和公司之乐生轮船,将钞券簿册单据,种种紧要文件,星夜分装数十箱,装置该轮,升火待发。迨二十五日,汉市状况,岌岌可危,决然启椗,直驶上海,越二日乃告安抵,幸未遭受损失,抚衷稍慰。至停业及迁移经过,因时机迫切,间不容发,未及先向董事会请示,亦不得已而从权办理,所负责任尤重。汉行停业期间,存款及钞券,仍在申照付照兑,一时社会称便。武汉人士,对于本行信用,至今犹津津乐道者,良由于此。

民国建元四月一日汉行首倡复业,而中国、交通两银行,犹未闻开业之议。当时汉市商业银行之开业者,仅本行一家,营业发展,有一日千里之势,从此基础稳固,历年均获盈余。虽武汉地居冲要,举凡内战政变,金融恐慌,汉市无不首当其冲,几无役不受重大之影响,而本行营业始终安如磐石,岂亦所谓"多难兴邦"之谓欤?

民国十年余调任总行代理稽核部长者两年,旋又回汉任副经理原职。而目击汉市,已迥不如以前之繁荣。迨至十五年国民革命军会师武汉,工会勃起,劳资争端,日趋剧烈,而以工厂为尤甚。当时以劳资问题,牵及债权,因而迁怒及余,个人几濒于危。迄今思之,犹不寒而栗。民国十八年,余又调充总行副经理,兼赴外稽核,得以旅行南北,领略名胜,神怡心畅,惠我良多。二十二年,调任汉行经理,今又与朱君益能相共事,盖亦天假遇合之缘,存乎其间。

回溯余到行之年,年甫三十,而光阴荏苒,不觉寒暑更易,忽忽已

上海浙江兴业银行大楼

三十年于兹。此三十年中，迭经患难，两鬓已斑，碌碌半生，毫无建树，为求勤以补拙，俭以养廉，严公私之辨，竭愚者之虑而已。

《兴业邮乘》第 49 期，1936 年

15. 中国实业银行总经理胡孟嘉[①]昨逝世

金融界一致悼惜　龚仙洲主持行务

中央银行国库局长兼中国实业银行总经理胡孟嘉氏，于本年春初，以操劳过度，致患贫血症，经延医诊治历时数月，未见痊可，乃于五月二十二日，迁入北四川路福民医院诊治，住五楼十七号病房，当时经该院用 X 光检验后，并无其他症状发现，但其贫血症状，竟日见增剧，各情曾志本报，中间曾经过三次输血，三次注射特种盐水及注射五次强心剂，奈收效甚微，而其血压及热度，则逐日增高，致体力愈形不支，且曾一度发现小便失觉症，自五月二十八日起，病势忽又变重，救治罔效，延至昨日下午一时十分，竟尔逝世。当由其家属通知海格路中国殡仪馆，用汽车将遗体载送该馆，暂停西厅，施以手术化装，定六月五日上午十时大殓。本埠金融界闻耗后，咸表悼惜，并推举钱新之等出为主持身后事宜。按胡氏名祖同，孟嘉其字，昆仲五人，胡居长，年四十九岁，次名次良，三名叔韶，四名季平，幼名少青，现均供职于中央、交通及上海市兴业信托社。原籍浙江鄞县，毕业于英国伯明罕大学，得经济硕士位，并被选入为英国皇家经济学会会员。民国元年回国，应浙江杭州法政专门等校聘为教授及教务长，约八年始入金融界，先任浙江兴业银行副经理，继就北平交通银行总行副经理，民国十六年，该行南迁，胡即被任为总行总经理，与沪行经理，及两次被选为本市公共租界工部局华董。现除任中央银行国库局长暨中国实业银行总理两职外，

[①] 胡孟嘉（1888—1936），鄞县城区人，早年留学英国，回国后相继任职于浙江兴业银行、交通银行、中国实业银行等，被认为"我国有数之人才"，曾任上海银行公会常务委员、上海银行学会主席等。

并尚兼任交通银行常务董事、上海市银行理事、中国企业银行董事及国华银行监察人等职,生平廉洁自守,急公好义,尤乐于慈善事业,故身后积蓄无多,遗有五子六女,长男年方十九,肄业于位育中学,长女年二十一岁,方肄业于培成女校,最幼一女,年方六龄,夫人毕氏,年方三十余岁,一度曾为胡氏供应输血者,乃系胡之第二女公子,名一馨,现年十八岁,亦在培成肄业。至中国实业银行总经理一职,自得悉胡氏逝世后,已由该行董事会公推由董事长龚仙洲暨常务董事李季芝南下主持。龚李两君曾历任政界要职,且又为银行界钜子,将来该行业务,当必蒸蒸日上。惟以胡氏之学识,诚为我国有数之人才,兹竟仙逝,殊深惋惜。

《申报》,1936 年 6 月 4 日

16. 胡孟嘉昨大殓

金融界往祭者三百余人

中央银行国库局长兼中国实业银行总经理胡孟嘉氏,于三日逝世后,其遗体,由福民医院运至中国殡仪馆,暂停西厅并设灵位举行祭奠。胡氏生前亲友惊闻噩耗,均甚悼惜,纷往吊唁,昨晨十时大殓,前往致祭者,有陈行、吴蕴斋、胡笔江、李馥荪、叶扶霄、钱新之、张寿镛、谢霖、杜月笙、徐寄顾、刘鸿生、邹秉文、李钟楚、许修直、陈介、金问泗、徐新六、唐寿民及胡氏亲友同事等三百余人。

昨晨大殓:祭堂已移设正厅,门首满扎素彩,堂后悬素绣帐帏,正中悬遗像,以鲜花缀饰,前置祭桌,上供灵位及菜蔬祭品,地上满堆各界致送花圈等,棺柩停帏后,遗体在殓室化装后,即于十时正,举行大殓,仪式悉采其本乡习俗,胡夫人及男女公子等恭侍左右,号哭甚哀,殓毕,即行祭奠。

秋后安葬:胡氏灵柩,决暂厝该馆丙舍,俟今秋运归鄞县原籍安葬,闻胡氏生前操行澄洁,尤乐善好施,故身后萧条,正由胡氏友好,商议善后事宜,至开吊日期,现尚未定。

孔吴唁电：孔部长在京时，接得噩耗，即来电唁，原电云，胡夫人礼鉴，顷得沪电，惊闻孟嘉先生仙逝，曷胜惊悼，尚望节哀顺变，善慰高堂，为要，特电奉唁、孔祥熙江。吴部长来电云：胡夫人公子礼鉴，惊闻孟嘉先生逝世，曷胜恸悼，尚望节哀顺变，勉襄大事，特电奉唁，吴鼎昌支。而中央、交通等各地分行同事，均有电吊唁。

工部局唁函：胡氏于民国十九年至二十三年间，连任公共租界工部局华董多年，同时复任公用委员会及警备委员会等委员，服务社会，中外共仰。工商局总董安诺德氏，昨特以工部局董事会名义，致函于胡夫人，表示深切悼唁之意云。

胡孟嘉

《申报》，1936 年 6 月 6 日

17. 悼胡孟嘉

宋佩祺

举国同胞正在哀悼党国领袖胡展堂氏的时候，忽又报道经济学家兼金融界钜子胡孟嘉氏逝世了。值此万方多难需才正殷的中国，丧了这两位国士，真够我们心痛了哩！笔者因为职务的关系，在这两年来，时常有和胡氏见面的机会。所以关于胡氏的一切，知道较为详细，兹特介绍于本刊读者。

胡氏名祖同，孟嘉是他的号，原籍浙江鄞县。在英国的伯明罕大学卒业，得经济硕士学位，并被选为英国皇家经济委员。在满清推翻，民国建立的第一年，就是胡氏学成回国。回国之后，就任各学校的经济教授和各银行的经理等职。

胡氏在中国金融界，久有崇高的地位，在中国学术界，早具卓越的声誉不但是一位经济学家而且是"科学的社会主义"的经济学者。不用引胡氏的平时学说来证明，就是把他平时对待一班小行员的那种苦心孤诣的态度，就够明白了。本来一般的银行当局，和小行员接触很少，当然的对于小行员的一切状况就更谈不到"明了"二字了。可是胡氏则不然。他平时在行，对于下级职员的行动、思想、以及他的家庭状况，都要详详细细地去明了他一切。假使这个职员是忠实他的职务，同时有社会的思想，或者他的家境艰难的，或者他想升学而不能的，胡氏没有不多方接济，百般鼓励他们的。同时平日对待小职员的态度，不像其他银行老板那种冰冷的面孔，总是态度和蔼可亲，犹如慈母抚爱赤子的一般热情，所以有人说胡氏除了有金融资本主义的银行家地位之外，还有"大众的"学者立场，"大众的"国民观念哩！

说到胡氏病的起源，是这样的：上海中国实业银行，因为要图谋业务进展起见，一方面增加资本，一方面改组内部。总经理一职，当局就借重胡氏了。胡氏的个性，是一介不苟，肯负责的儒生。所以自从受了改进中国实业银行的使命以来，真是事无大小，总要自己动手，甚至于一纸便条，也要他老人家亲自提笔。到了今年入春以来，中国实业银行因为胡氏的擘画得当，行务也就蒸蒸日上，可是胡氏因为操劳过度，而贫血症也就天天加重了。然而还是一面延医诊治，一面来行办事。经过了两个月的挣扎，病势日渐危殆。于是在五月二十三日这一天入北四川路福明医院求治。当时经过了 X 光检查之后，并没有什么其他症状。后来经过了三次的输血、三次的注射特种盐水，和五次的强心剂，可是终于收效甚微。同时血压和热度，也就日渐增高，体力也就逾形不支，竟于六月三日下午一时十分与世长辞了，享年四十九岁。

因为胡氏是淡泊明志，急公好义，尤其是对于慈善事业的捐助，不肯落后的一个人，所以他的身后，也就无多储蓄。遗留下五子六女，长男十九岁，在位育中学肄业，长女二十一岁，在培成女校肄业，最幼一女，仅有六岁；夫人毕氏年三十岁，曾经一度供应胡氏输血的是次女，年十八岁，名一馨，也在培成女校肄业。遥闻寡妇孤儿，痛哭胡氏之声，真够我的凄惨了呢！

《礼拜六》第 644 期，1936 年

18. 十六年来

陈伯琴[①]

时辰钟一秒一秒的继续推移过去，月份牌一张一张的扯下来，时光飞一般的过去，在不知不觉中，我服务本行，已有十六个年头。——照实在算，也十十足足的十五年零七个半月了。

我是在民国十年二月五号进行的。我行在民国九年以前，还是沿用阴历，在民国九年阴历年底结束后，方始改用阳历。所以我虽然是二月五号进行，实在等于阴历民国十年开始的第一天进行，倒很可以算是我进行时唯一有价值的纪念。

我进行的时候，就派在稽核部办事。我行改用活页账簿，就是那个时候开始的。我在稽核部不过一个多月，我记得在整理装订民国九年账簿的时候，我就又被派到收支科办事。我的职务，是专管期票；但那时正值交易所勃兴，钞票收入，每天多至三四十万。这许多钞票，均须经过整理，所以我虽然是管期票，每天差不多十分之

陈伯琴

八九的工夫，却是帮同整理钞票。那时的收支主任，是刘策安先生。刘先生精明强干，的确是可以十分佩服的。他自己根本就不肯有一分钟的空闲，总是陪同大家，在一起忙，所以全班同事，都极其兴奋，没有一个肯稍微偷一点懒。每天钞票既然如此之多，整理下来，往往不免有缺少的事，而刘先生却从来不埋怨一句，总是由自己腰包里赔补出来。一次两次之后，大家更觉得不好意思，认为倘然偶不经心，变成要害刘先生赔钱，因此反而战战翼翼，更加小心。当然，一个人偶然赔五块十块钱，在金融机关办事的人，原是很不稀奇的事；

[①] 陈伯琴（1894—1942），镇海九龙湖人，长期任职于浙江兴业银行，曾任青岛支行行长、天津分行副行长。

不过一个人，偶然不能尽职，而担负责任的人，却不是自己，要他人代为受过，他心里的难受，绝非金钱的价值，可以弥补的。

是年十一月间，我由收支科调到营业科；不过一个月，又从营业科调到金币部——在金币部差不多有两年之久。我对于银行业务，能整个知道一点门径，的确完全是在那个时候得到的。我行的会计制度，几经改良，而金币部尤其改变得快。我只记得在民国十六年回到总行的时候，看看金币部的一切办法，大半已经无法措手。可见得样样东西，都在不知不觉中，日新月异的迈进，我们倘然不能跟从前进，是一种很可怕的事情！我在金币部的时候，胡漱岑君才刚刚进行。记得胡君刚进来的时候，也在稽核部办事，同稽核部长王稻坪先生，坐在对面。有一天，胡君偶然不小心打破了一个墨水瓶，当时吓得面红耳赤；呆想了半天，忽然问稻坪先生道："打碎了墨水瓶，是不是要寻保人赔的？"稻坪先生听了半天，才明白他的意思，不觉莞然。我想这种天真的表现，实在可以代表胡君是一个纯洁的小伙子。

在民国十三年春间，我调派赴郑州。那时郑州分理处，已经由筹备而开办了，主任洪雁膀先生，精明干练，我同他天天在一起，很得到不少益处。那时郑州分理处，是内寓在离车站很近的公兴存转达公司里面，仅屋三间。里面一间系洪君及会计傅公巽君的宿舍，除放了两只单人床之外，只有一张两个抽屉的小半桌，同一把椅子，地位已经觉得很拥挤。外面是两小间打通的一大间，临窗的一面，放了两张写字台。离写字台不过二三尺远，用屏风一搁；屏风前面，还要摆一个拷贝用的复印机。屏风里面，就是两位老司务的床铺；靠门的一面，当中放一个方桌，几张凳子，就是大家吃饭的饭厅；旁边再摆两个沙发，一个茶几，作为会客的地方。

其时分理处的营业，以汇兑为主要业务，郑州各银行钱庄，对于汇兑，都是固守陈法，根本不管外埠汇兑行市的涨落。洪君竭力的发展，很得到满意的成绩。洪君因为人手少的关系，每天早晨，完全在外面东跑西跑，拉拢一切。等回来之后，总是高朋满座，差不多都是早晨去接洽好的业务，饭后还要帮同会计，核对账目，同写号信。大约如果在没有应酬的日子，那么下午五六点钟，可以算是他一个休息的时间。洪君身体，并不十分强壮，自从我到郑州以后，从来没有看见他好好地吃过一碗饭。

到了后来，每餐不过一小碗稀饭，这就叫"食少事繁"，他的病原已非一日了。洪君对于做事情，无论如何忙，身体上无论如何疲劳，向来是不肯服输的。因为他同我处的很好，在我到郑州两月之后，他就同我商量，叫我每天下午一点到二点，七点到九点，到分理处去帮忙。他明知道我在豫丰纱厂的事情离不开，所以特地想出一个适当的时间。我们接触得很多，已经是无话不谈了。有一天，他忽然把他家庭的情形，详细告诉我。他向来是不喜欢谈家常的人，傅公巽君同他相处多年，感情极好，始终也没有听见他提起家庭两个字，因此我已经很觉得有点奇怪。洪君谈完他的"家庭状况"以后，马上就说他身体太坏，想请几天假休养休养。我看他的日常的情形，也认为有休养的必要，他当时打电报到汉口正式请假，并请派人代理。但是等到汉行正式代理人到郑州时，洪君已经病倒在床有四五天了。

洪君未病倒以前，刚刚有一笔放给豫丰纱厂的巨数押款，到期归还，连就地的存数，约共有现款三十余万元。郑州分理处根本没有库，也没有保险柜，现洋是放在洪君的床下，钞票就放在洪君卧床旁边两个抽屉的半桌里。记得有一次，我曾经自己压了五万现洋到中国银行去存账，好容易点完存进去之后，不料中国银行因为不愿多收同业存款，当天下午也送了五万现洋来存账，又要点，又要数，又要包，在这个住客极多的公兴存内，反觉得送来送去，更有意外的危险。洪君也没有别样的办法，只可以永远拿他卧床底下作为现洋库了。洪君病倒以后，神志非常清楚，他的家信，都是由我代笔，始终不肯说生病。我每天三五次地劝她，最好回家休养，他始终不肯。他说"母亲年老，他所以不愿意使家中知道生病就是怕老人记挂，信中都不愿提及；倘然抱病回去，岂不更伤亲心。讲到行李，这许多未了的事务，同这许多现款，一时无法交代；汉行派来代理的人，根本我认为不能担任这样的重任，始终不能得我的信仰。无论公私两方，都以不回去为妥。"洪君的病完全是心脏衰弱，胃部溃烂，常常呕吐出许多五颜六色的水汁，十分可怕。因为洪君始终吃不进东西，所以体力一天比一天弱，虽然在郑州较好的中西医都已请遍，仍然赎命无方，终于不治。在他临终的前一天晚上，我还是很诚恳地劝他回家，他在昏昏沉沉的状态中，很坚决地说："我不愿离开我的职守，我不愿离开我的职守！"接连说了三五遍。当时我对于他这种坦白忠诚的话，觉得非常的沉重，直到现在，常常想起，还觉得十二分的感动！

我在十五年九月间离开郑州，因为适值国民军与孙传芳军在九江一带开仗，航路危险，直到12月初，才回到汉口。一到汉口，又遇着武汉政府捣乱，中央银行纸币停止兑现。我在汉行管往来科，普通的时候，支票也极多，遇到月半月底比期，至少总有三四百张。等到大局一变，金融紊乱，百业萧条，一天到晚，不大有几笔进出。其时我行的钞票，信用极好，差不多知道一点的人，都拿我行钞票代替现洋，整千整万的存储在手中。甚至有许多人，托人设法收换；但是市面上非常少，加了价钱，还换不到手。

我后来到汉阳货栈代理过一个月左右。那时正在共产党活跃，一夕数惊的时候，颇觉得离开城市生活，在汉阳货栈幽静可喜。有一次礼拜日，行中照例到货栈检查账目，许多同事，都跟了来，乘便游览汉阳名胜。我仅仅预备了一碗炖肉，一碗白菜，大家很苦的吃了一餐饭；但是我化的代价，已经在五元以上，物价之贵，真可谓骇人听闻！我们等到货栈账目，检查全毕后，大家都出去很快活地游玩，在六点钟左右，方始回来，汉行已经接二连三，来了好几个电话，说史经理有事，嘱大家赶紧回行。我们很惊慌的在七点钟左右，一同回到汉口。据说夏斗寅的兵，已迫汉阳，当晚恐怕有特别变动，风声极急，叫大家特别小心。其时天已入夜，他们劝我今晚不必回汉阳。我再三思量，认为汉阳同事，有六七位，根本就没有知道这种紧急消息，货栈账簿一切，也都未设法妥存相当处所，货栈所存货物虽不多，但亦不便擅离职守。于是趁大家不留心的时候，叫了一个老司务陪我回去。汉阳的情形，汉阳的谣言，当然更比汉口紧，许多同事，正在张皇着急，幸而我回去，大家方始有相当心思，商量处置一切。而当晚虽然枪声凌乱，也居然安稳度过。次晨六时许，我们就留下一部分家住汉阳的同事，看守货栈，其余同事带了一切账簿单据，都平平安安地回到汉行了。

十六年八月下半个月，武汉政府已差不多到了末路，风声更是一天紧一天，人心更为惶恐。三十一号的早晨五点多钟，罗友生先生忽然到我房里，把我叫醒，说因为时势不好，行中押款项下的押品，须赶紧迁送总行，以免危险，命我当天动身回申。在当晚七八点钟，我已经在长江轮船上，小心翼翼的，看守了一个皮包，离开汉口了。

  我离开汉口之后，就调回总行，在押放科办事。在次年三月间，又调往天津。我到天津是十七年五月十七，而郭仲怀作弊的案子，是二十一日发觉，又赶上了一种很不开心的热闹。郭案发生之后，津行副经理朱益能先生，认为内部制度不健全，非彻底改革不可。以朱先生的毅力，朱先生的学识，破除一切困难，终于达到成功的目的。到现在津行办事手续上能臻于相当周密，对外也能有相当的敏捷，可以说是得益于朱先生的力量不少。其时我也是朱先生手下捐旗背伞的一个，所有的详细办法草案，均系遵照朱先生之计划及草稿，由我向各部分详细接洽规定的。

  朱先生改革的办法，第一是要把对外的手续，弄得特别简捷，可以增加办事的速率。津行的柜台很大，譬如一位顾客，要存一笔储蓄存款，要先把现款交到收款科，等收款科员点完，交给他一张"收款便条"，再拿上这张"收款便条"，连同收款摺子，送到储蓄科，交给办事员，登摺盖章发还。倘然顾客要支款，要先到储蓄科，把存款摺子交给办事员登摺，等内部的手续完毕，传票到了付款科后，方可到付款科去领款子。各科的办法，都是如此，所以收支科变成了存支款项的顾客必须经过的地方。如果收支科事情一多，往往要使顾客等许多时候。朱先生认为这种办法太慢，非改分收支制度不可。于是先将各科目事情的多少，性质的一样不一样，把柜上营业员平均分配成六个部分，每一个营业员，都要担任现款的支付，顾客来存款或支款时，可以不必东跑西跑。各营业员每天早晨，由收支主任照他们每天进出的情形，分别发给他们相当的现款。到了营业完毕后，再由他们把现款结出，交还收支主任。第二是注重防止弊端。津行从前开同业支票同划条，都是由管本埠同业的人员一手办理；各科收来的同业票据，也是交给管本埠同业的人员，送交同业收账。朱先生认为管本埠同业的人员，责任太重，因此完全把他的职务拆散：开支票划条等，改由营业员分别兼办，送交会计主任；应支用何家，亦由会计主任按照存放各同业数目分配。至各营业员在柜上收下来的票据，一律随时送交收支主任留底，送存各同业。其余支票、发条、汇票、存单同本票等，开出去的时候，有的用三联式，有的在存根上面另外有一小方块，经经副襄理签字后，就留下一联，或留下一小方块，放在一个小盒子里，当天一总交给核对员核对。所有存户印鉴，也一律由经副襄理在印鉴片左角盖章证明。手续上的严密，可以说想得十分周到。那时收支主任是屠兆莲先生，屠君适病，暂由我代理；而朱先生改革的第一天，适在我代理收支的任内。起先一般人以为柜台上的各同事，向来是从不碰一碰钞票现洋的，现在要他们担负辨认钞票真假，现洋好坏的责任，事实上恐怕很困难。至于收支主任又要兼办同业票据一部分，重要的事，在收支主任的立场上，他的关系，当然是处于最重要的地位。屠君本在行中修养，我不能不将一切办法，先与屠君商量；屠君亦不下断语，只是说："平常裁缝，强其作洋装衣裳，是绝对不可能的。"但是我在朱先生督促之下，也只能不顾一切，照朱先生的意旨进行了。我现在想起当时办事发生困难的时候，无论事情大小，朱先生总是拍拍胸脯，愿代同事担负一切责任。他这种有把握，有担当的神情，留在我的脑筋中，至今还没有磨灭。

十八年八月，我调管保管股。我不怕保管事务的繁忙，最感觉为难的，就是历来经手的人太多，过去的历史，头绪紊乱，很不容易整理一个大概。十九年一月，河北分理处开办，又调赴河北。在那年十一月，货栈主任袁皋鸣君病故，我又兼代货栈事务。津行从前的货栈，在法租界六号路，公事房很大，而堆货的地方，面积却不很大，建筑更是非常简陋。业务方面的事情，也并不很多。不过河北同货栈相隔很远，每天跑来跑去，跑了有四个多月，到二十年三月，方始脱离。是年八月，津行自己在河坝盖了一所三层楼洋灰钢骨的大货栈，因为便利顾客押用款项的缘故，附设河坝分理处，就近办理，我又从河北调到河坝。那时货栈主任是张次明君，我们每天坐在一个办公室里，样样事情，都是互相商量，互相帮忙，从来没有一点说不通的地方，我认为又是一个不可多得的忠实朋友。我在河坝一共有三年历史，直到二十三年七月，才离开天津，调到青岛。时辰钟仍然滴答滴答地走着，月份牌依然一张一张的撕着，眨眨眼不知不觉的又是二年工夫了。

19. 保险界人物志：胡詠骐先生

> 以社会服务态度来推进保险
> 以科学管理方法来经营业务
> 以合作为上政策来联络同业
> 以好学不倦精神来鼓励同人
>
> ——他是个新事业的模范人

"保险是一种社会事业，所以必须每一个保险从业员以信仰一种事业的心情来从事保险业务"。

胡先生时常以上述动人的演讲，来启发我们每一个保险从业员积极性与对自己职业的信仰。那是胡先生特有的领袖风度。然而胡先生决不是狭义的保险至上主义者，而同时，对任何有意义的社会事业也往往以最大的努力，给予无论是精神上或是物质上的帮助，我们只要一看他的略历，也就够明了他是怎样的一个人了。

胡先生是浙江鄞县人，现年四十二岁，一九一七年毕业沪江大学，曾任四明中学教员及宁波青年会第一任总干事，民十五留美哥伦比亚大学，专攻人寿保险及商业管理等科，并在纽约联邦寿险公司（United state life Insurance company）实习业务，回国后又任宁绍商轮公司董事会总务主任兼保险部总主任职。民廿创办宁绍人寿保险公司，自任总经理。他在本身业务范围之外，同时还兼任了很多社团职务，如上海沪江大学、中华基督教青年会全国协会及上海青年会等董事，国际救济会及中国保险学会常务理事，上海市保险业同业公会主席等。

"能者多劳"，我们在看了胡先生的略历之后，就感觉到上面这一句话的具有充分的真实性。虽然胡先生的工作非常繁忙，然而他仍旧是一个好学不倦的人，当他在百忙中略为空下来的时候，还是手不释卷，这真是应该作为我们年轻人的模范。

胡先生的身材很高大，与一般的人相较，差不多要高出一个头的模样，那巍伟的体格有些像国府要人冯玉祥将军，面上老堆着笑容，待人接物，和蔼可亲。记得他时常有一句挂在嘴边的话语："工作的时候工作，游戏的时候游戏。"那就是说，在工作完了的时候，我们彼此都一样，没有等级之分。同时，不畏任何劳艰，什么都十分热忱而且积极，是他特有的个性，至于办事及日常生活，皆有严密的秩序，目光长远，一切均从大处着想，这些，都可以代表胡先生的人格。因此，胡先生之能成为保险界之领袖，并不是没有原因的。

其次，我们也可以叙述一些胡先生在事工方面的成就，这我们可以从三方面来谈。

1. 关于发展宁绍人寿保险公司的成绩。2. 对保险事业之推进，及 3. 给予社会事业之贡献。

我们知道，宁绍人寿保险公司是由胡先生于民国廿年所创办的，到现在为止，差不多有八个年头了，在这不算长的时间中，胡先生已克服了创业的艰苦阶段，而现在，已经是踏上了他光荣的胜利的阶段了。关于这，我们不得不归功于胡先生的领导有方与管理方法的完善。

笔者由于业务上的关系，曾往宁绍人寿保险公司参观一次，觉得该公司一切的布置，都合乎科学的原则，管理得井井有条，而对于业务的推进，更是可观。据最近该公司一切的统计材料，去年一年之有效保额，达六百余万元之多，与其他先进公司相较，不愧为后起之秀。

其次对于保险事业之推进，尤其不遗余力，现在我们也可从几方面来叙述：

a. 民廿四年冬季，被选为保险公会主席，对该会之兴革事项，多所建树，力求该会成为推进保险事业之积极机关。

b. 关于保险立法方面，因感觉我国保险法之缺乏，廿四年底与廿五年初，联合同业积极研究保险法，草定大纲，贡献政府，并与同业数人，数度参加南京保险立法会议，对政府多所提议。我国保险法，保险业法，及保险业法施行法等，即于民国廿六年一月十五日公布，胡先生奔走促进之功，不可泯灭也。

c. 联络同业合作，如促成火险险折扣规章等。

d. 提倡保险教育，如主张呈请教育部通令各大书局编印保险教材于小学教科书内，请各大学及商业专门学校注意添加保险课程等。此外并联合各同业，创寿险联合宣导工作，使民众认识寿险之需要。

e. 对于保险业业余联谊会的帮助，无论于精神上或物质上，都给了我们最大的鼓舞，而保联之能发扬光大，首先就应该感谢胡先生的诚挚的扶持。

最后，胡先生对于社会事业之贡献，热心而且积极。就笔者个人所知，过去对于沪江大学之策划，更为努力，而于青年会事工之熟心，以及最近对国际救济会之积极等，俱为社会人士所推重。由于篇幅所限，笔者不得不使此文结束，但我们须要谨记胡先生的优良品性，对于一己事业的信仰和努力，及其对社会事业的热心等，都足使我们青年人，作为模范的。

《保联》第 8 期，1939 年 6 月

20. 钱业前辈李寿山[①]设奠

李君寿山，浙江慈溪县人，任顺康钱庄经理三十余年，为钱业中之老前辈，晚年致力于慈善公益事业，恒斥巨资，救灾恤贫，自谓愿贻后人以德，不愿遗后人以财。乃不幸于二月杪逝世，闻者莫不为社会惜斯人也。本月十日，在宁波同乡会设奠，来宾有虞洽卿、林康侯等七百余人，有公祭团体十五个，盛极一时。闻李君哲嗣楚源，向为福源钱庄襄理，今由顺康钱庄股东，聘任为该庄副经理。

《申报》，1939 年 4 月 12 日

---

① 李寿山（1876—1939），慈溪人，长期从事钱庄业，被认为是"钱业中之老前辈"，长期担任上海大钱庄——顺康钱庄经理，曾任上海钱业公会执行委员。

21. 保险界人物志：傅其霖[①]先生

数十年如一日不倦地奋斗
一位忠于保险事业的长者

远在民国纪元以前，即开始服务于保险界，直到现在，始终以保险为他终身事业者，除了过福云先生以外，要算这里介绍的傅其霖先生了。

五口通商的时候，保险事业也随着西洋文化流传到中国来。上海因为是中外贸易的总汇，所以洋商保险公司设立不久，国人亦开始筹设，上海方面最早的要算华兴水火保险公司。傅先生就在这公司里服务，这可是说傅先生进身保险界的起源。因天资聪慧，善于交友，又喜兼营其他副业如五金、草帽皮革等亦多成就，不久就升任华兴保险公司水险部主任，对于发展水险业务建树很多，深得该公司董事会之倚重。遂后欧战爆发，外贸航运大受打击，而我国航运乘机发展，傅先生联任三北、宁绍、鸿安三轮船公司及国营招商局扩大经营水险计划，成绩卓越，乃升任副经理。

傅其霖

当时因华洋保险同业未能合作，对于巨额再保险极感困难，傅先生乃创议同业合作，并邀集华商保险业领袖筹组保险公会，于光绪三十三年始告成立。傅先生被举为董事（即现在之执行委员），对于维护华商同业权益颇多贡献，深得同业推重。后华安水火保险公司经理沈仲理先生逝世，董事会慕傅先生才，延聘为该公司经理，对于公司内部管理，及业务开展，大加创新，经十余年的奋斗，公司基础日趋稳定，傅先生乃任该公司常务董事兼总经理，直到现在。

---

① 傅其霖，镇海人，长期从事保险业，被认为是"忠于保险事业的长者"，曾任上海保险公会董事等。

他对同业水火险合作方法，倡议实多，首先集合同业创导组织华商分保团，继后乃正式成立船舶保险联合会，傅先生任委员，延聘工程专家及验船师办理修理救助，此外复联络上海航政局，组织评判及审定船员之资格，深得各界所赞誉，复与华商同业组织华商联合保险公司，专营再保险业务，傅先生任常务董事及一度兼任董事长。傅先生除认定保险为其终身事业以外，参加其他事业也很多，如创办地毯厂、帆布厂、制革厂等，曾任中国通商银行监察。现兼任坤和进出口行总经理。他对社会事业，非常热心，保联会成立的时候，曾获得傅先生很大的鼓励，他对保联会期望很深，常常说"保险事业的前途，是非常光明的；所需要的是大量保险人才的产生，过去的旧法，已不适用于现代企业的管理，保联会的在学术上多多贡献，必定更能获得保险界赞助。"末了傅先生是浙江省镇海县人，他的年龄将近六十岁了，真是一位忠于保险事业的长者。

《保险月刊》第 2 卷第 1 期，1940 年 1 月

22. 保险界人物志：朱晋椒[①]先生

每一种事业的成功，必先有人力来推动，推动的主要因素，在乎各个人专长的特使，坚强的信念，和前进的精神，孜孜努力，乐而不倦，继能得到理想中的效果。上海是各种事业的总汇，保险业因和社会经济具有密切的联系性，自然也在充分的发展着。这里就所有先进和推动者中，介绍一位和蔼可亲的长者。就是现任中国保险公司业务部经理，和天一保险公司协理朱晋椒先生。

朱先生是浙江鄞县人，现年五十二岁，早年在原籍钱庄业供职，后来鉴于时代的需要，和个性的接近。到上海来受任汇通洋行保险部经理，在职四年，殚心擘画，建

---

① 朱晋椒，鄞县人，先后任汇通洋行保险部经理、中国保险公司业务部经理、天一保险公司协理等。1936 年发起成立保险业经纪人公会并担任主席。

树不少。民国十二年，禅臣洋行慕其才，聘为保险部华总经理，业务上突飞猛晋，为保险业放一异彩，可是朱先生感到诺大漏卮，滚滚外流，终蒙隐忧，所以一遇到公余之暇，常常不绝地发挥他挽回利权的意旨，差不多是华商保险业的警钟。民国二十三年中国保险公司董事长宋汉章先生商请先生为华商保险业服务，乃聘为中国保险公司业务部经理，这是朱先生服务华商业矫矢，也可说符合他个性理想，直接为国人经营保险业服务的开端。

廿五年五月，本市华洋联合委员会，有火险经纪人规章的改订。朱先生看到全沪保险业经纪人，多数还以个人业务为前提，缺乏团体生活的行为能力，所以着手组织保险业经纪人公会，旋即被推为主席。就任后，对于会务的改进，同业的福利，和会员的学术修养，几无时无地不在研讨之中，尤其是排纷解难，任劳任怨，数年如一日，这是值得称道的。同年十月，天一保险公司聘为协理，仍兼中国保险公司业务经理。

上面不是说过专长的特使吗，那么朱先生的专长特使，不妨就我所知的来约略谈谈。

（一）大凡任务繁重的人，和外界接触，也就特别繁忙，况且保险业从业员，站在社会经济的最前线上，当然学术以外，还要添加忠实诚挚几种美德来辅助。朱先生天生一副和蔼的姿态（见像），一望而知是个容易交谈合作的新型人物，所以无论何人，不论在保险范围内外的事来需要请教他，他会馨其所知，贡献你，指导你。不厌不倦，务求详尽。他常常对人说，保险是我的毕生事业，感到十分兴趣，十分口味，这可见朱先生信念的坚定和办事的乐观。

（二）对于修养方面，朱先生也特别讲究，平素六时起身，七时到公园，十余年寒暑不间。每日除必须工作以外，不吸烟，不喝酒，不打牌，笔者曾到他家里，看见琳琅书画，收藏很多，好像一位富有美术性的鉴赏家。他对于有为的青年，很肯提携。他说，"现代的少壮，如果头脑清晰，工作敏捷，个个可以造就为国家柱石"，这真多么耐人寻味。

（三）朱先生对社会事业、集团生活，也是热心参加的一员，不久以前，曾任上海青年会及宁波同乡会征求队队长，都有相当的成绩。碰到了慈善劝募，也是尽一己的能力，使对方人得到良好的满意。保险业联谊会前聘他担任名誉理事，曾以爱护的态度，建议改善，受惠不浅。这次保联第三届征求大会，复聘为总参谋，一定可以得到相当的效能。

末了，保联同人，始终希望朱先生拿忠实诚挚的专长特使来，作为我们的借镜。

《保险月刊》第 2 卷第 1 期，1940 年 1 月

23. 会计界人物志：金宗城先生

会计界人物志：金宗城先生

金宗城先生，浙江镇海人，早岁就学沪滨，于会计之学，独具心得。民国初元，服务于江苏银行，是为从事职业之始。民国七年，改进上海银行，由副会计而晋升至国外汇兑处主任。当是时也，华商银行中办理外汇者，尚属创举。先生不辞坚辛，外参海外金融组织之成规，内审国内商情之轨迹，期月而会计设制底成，推行所至，嘉誉交驰，运用称便，银行业务之效著大显。民国十一年，上海银行当轴派先生远赴美国欧芬银行实习，先生本其所学，躬历时务，触类旁通，益臻融会贯通之境。返国后，任上海银行国外汇兑处襄理，旋调任检查部襄理，现任上海银行业务部经理，对于上海银行之贡献，尤足多者。

先生敏思笃学，爽直好友，精治会计，既为士林所推重。爰于民国十六年向财政部领得会计师执照，兼摄会计师业务，各企业组织咸争聘先生为会计顾问或会计审核，纷来延致。先生既受委任，则检查严密，细微罔遗，在消极上既能揭示会计之错误，在积极上并能推及人事关系之调整，并建议会计制度之改革，以惠益于工商当局焉。后以银行业务日益繁剧，对于会计师业务多方婉辞。各公司行号以先生热心服务

社会，咸纷来推选先生为董事长、董事或监察，不下十余家，社会慈善事业之推进，赖先生之热肠倡导，尤属书不绝书。

先生豪爽好友，急公好义，待人接物，事事以和蔼为宗。自奉俭朴，处处以节约规励。先生居恒以"勤俭自励，忠厚待人"，为处事之格言，殊足为后学之楷模也。

《公信会计月刊》第3卷第1期，1940年

24. 鄞县胡詠骐先生传略

君讳詠骐，字志昂，世居吾浙鄞县，为先进懋堂公第六子。懋堂公以经营丝绸、发扬国产，在江浙商场中卓负时望。君生而歧嶷，年十九卒业沪江大学，得文学士学位。迩时沪上洋商竞设人寿保险公司，如雨后春笋，蓬勃新兴，君鉴于斯项事业攸关国计民生，华人实有自营之必要，以期挽回漏卮，遂于民国十五年负笈美国哥伦比亚大学，专攻人寿保险学及商业管理学，既竟所业，并在纽约联邦人寿保险公司实习年余。十八年回国，先任宁绍商轮公司董事会总务主任，旋就聘宁绍水火保险公司总经理。迨民国二十年，始本其所学创办宁绍人寿保险公司，自任总经理，得时则驾，聿展长才，宁绍人寿保险公司获有今日云蒸霞蔚之成效，微君殆弗克臻此。君年仅四十有三，似海前程，社会期望正殷，拒料天不假年，遽于本年十一月五日痛归道山。综君一生努力，个人事业以外尤热心为社会服务，历任上海市保险业同业公会主席、青年会全国协会、上海青年会、中国保险学会、上海国际救济会、上海民调节协会、沪江大学华美医院等各社团董事、理事等职，本年春后复应聘为上海工部局工务委员。夫人周氏亦四明望族，子三女一：长国城，肄业沪江大学；次国定、幼国安，均在中小学修业；女国美，攻读国立音乐学院，头角峥嵘，俱英英露爽、明德维馨，遗泽正未有艾也。是为传。

中华民国二十九年十二月三日　余姚宋汉章

《胡詠骐先生纪念册》，1941年印行

25. 记女子商业银行经理严叔和[①]女士

马克昌

严叔和

严叔和女士是南京路上女子商业银行的经理,她今年已有四十余岁光景,在银行界的历史是相当长久。最初是上海银行的职员,深得已故杨敦甫器重,就是陈光甫也另眼相看,于是这位女行员便一跃而为银行经理。

她自奉很俭,衣服朴素,从她的外表看来像一位女教师。

女子银行创办时候,目的纯粹是使一般妇女们把小货钿好好存入银行,不要浪费,到她那边去存款的,大都是广帮妇女。严女士做生意也很仔细,一向做做公债,做做地产,所以这家银行倒也相当稳健,房地产着实有一点,所以现在的女子银行,也是"殷户",这是应该归功于严女士的。

严女士对于处理家务很有兴趣,在公余之后,总是欢喜亲自到厨房去料理着菜肴,空下来时,总是忖想着怎样使家庭布置能够舒适和美化?在晚上,假如她看到屋里多开了电灯,她会亲自起来关闭的。在她公馆里当差的下人,据说除掉合理的待遇之外,是很少有外快的,从这几点看来,我们就可知道严女士的持家是很有规律的。

《今报(上海)》,1946年8月14日

[①] 严叔和(1885—1966),鄞县人,先是任职于上海商业储蓄银行妇女部主任。1924年与人发起创办上海女子银行并一直担任行长。

26. 我所知道的秦润卿先生

据最近调查，上海银行比钱庄多，钱庄仅有五十几家，经过当局的核准而设立。在这五十几家的钱庄中，福源钱庄就是很有信用的一家。

经营钱庄业似乎绍帮比宁帮多，但是福源钱庄的主持人，在钱业中却饶有声誉与实力，那就是本文所描述的宁波同乡先辈、秦润卿老先生。

秦润卿先生名祖泽，慈溪人，十四岁就服务钱业，到现在整整五十五年。所以不但在金融界中称为老前辈，我们同乡中间如果讲起"大老倌"来，也没有一个不知道秦润卿先生。

你说他有钱吗？钱当然赚得了不少。可是先生并不只管自己的享受，营利所得，几乎尽数用到公益慈善事业上去，坚抱服务为目的的人生观。不论在家乡、在上海，先生认为可做的公益，总是尽力去做，就我知道慈溪的普迪学校、保黎医院、云华堂、体仁堂、宝善堂、救火会等等，历年来出过许多资力，所以慈溪一县人无论老少男女，都敬佩这位秦老先生。战后慈溪的复兴委员会成立，他老人家虽常驻上海，仍被推为主任委员，他也当仁不让正在积极推展复兴工作，已募集了数千万元经费。

我所知道的秦润卿先生

秦先生常常对人说，勤俭二字是事业上奋斗的要件，自己能在钱业方面有造就，便在做到勤俭二字。先生平日生活起居，极有规律。每晨六时起床，晚十时睡觉，食有定时，无烟酒声色的嗜好，亲朋偶有宴会，他老人家先期进食，到席上不过浅尝而已。摄生有法，所以体力长保健康，如今年届古稀，精神奕奕，竟同壮年无异。你如果不相信，尽可跑去瞻仰瞻仰，见他的牙齿完整，目光闪烁，言语宏亮，听觉清晰，一定会佩服羡慕。

先生不讳言自己是贫家孩子出身，小时候只念过几年书，所以对于义务教育，极为重视。普迪学校就是他生平心血的结晶，七月里他回乡去，会着重的就在那普迪一校二校校舍的修理。

先生虽是一位商人，可是公余最喜欢浏览书籍。他的书架上，新出的杂志，搜罗颇多，可说他不但博古而且通今。先生佩服曾文正公（国藩），常劝后辈阅读曾文正家书，以为做事处世大可奉为模范。先生就同文正公一样，下笔很勤，对外重要文辞，大半出自亲笔，笔力遒劲，内家以为悉合法程。秉性直爽，应付宾客，接见下属，要言不繁，非比一般绅商以敷衍为手段，说话不着边际。

先生有男女公子六位，都受过高等教育，女公秦则贤小姐也是一位美国留学生。先生做过上海总商会副会长、钱业公会会长、宁波同乡会基金委员。现任福源钱庄经理、中国垦业银行董事长、银钱业票据交易处主任（社会上借重地方很多，如普迪学会会长等，记不胜记，恕我从略）。

我们对这一位急公好义的同乡领袖，表示异常的企慕敬佩！

《宁波人报》第九期，1946年9月11日

27. 金融人物：银行界的耆宿——中国银行总经理宋汉章先生
宇　乾

翻开我国一部银行史来看，论资格与历史的悠久，无有出于宋汉章先生之右，这一位于中国银行影形不离，数十年如一日的埋头苦干着，经几许沧桑，眼看我国银行业的成长，替中国银行树立百年不拔的基础，以服务银行为终身职志，老而弥坚，汉老可算是中国银行界的中流砥柱。

宋汉章浙江余姚人，现年七十五岁，精神仍旧那么健旺。如果要掀翻着古老历史的漩涡，远在废清同治年间，那位在帝制封建时代压制之下的宋汉章，已开始吸呼西

洋文化的气息，在黑暗中摸索到目为新奇事业的银行门槛。五十年前已开始了银行生涯，当时即服务在中国首创第一家的中国通商银行，不久在北京储蓄银行工作，清末返上海大清银行任经理，斯时已崭露头角了。

辛亥革命告成，前清户部银行及各地大清银行，因战事影响，相继停业，乃由大清银行商股联合会呈准南京临时政府，就上海大清银行旧址，改设中国银行。迨南北统一，中央政府将大清银行清理，由财部另拨股本，设中国银行筹备处于北京，该行成立迄今已三十四周年了。在中央银行未成立以前，中国银行居领导地位，且以商业银行地位代理国家银行之任务，达十余年之久，对我国金融的贡献至伟。而宋汉章先生始终蝉联着总行经理副总经

金融人物志：银行界的耆宿
——中国银行总经理宋汉章先生

理，——总经理，擘划着行务之兴革，潜心研究银行的理论，中国银行始有今日的地位。

在宋氏一生历史中最光荣的一页，是民五年洪宪称帝的时候，斯时袁世凯妄自尊大，命令上海中交两行停止钞票兑现，上海中国银行不受乱命，照常兑付，而主持此事的是宋汉章先生。一时风起云涌，南北中交分支行，一致抗命，造成我国金融史上树立第一次光荣的信用，同时奠定外人信仰我国纸币的先声。而宋氏个人由此声誉大振，以稳健踏实著称，蜚声于中外银行界。

据说宋氏早年失学，出身寒微，一生凭他刻苦自修锲而不舍的精神，遂于英文的造诣与银行理论的精湛，在同侪中罕有其匹，尤足为外人所称道。中年时，曾豪于酒，能饮烈酒五斤，并狂吸雪茄，每日五十根，为一生仅有的嗜好，迨至晚年，更立意戒绝。宋氏因终身提倡节约，现在所穿的一袭还是十余年前用国货原料所制成的，当中还夹着棉花，他一生淡泊可想见。

在这里，再举一则关于他俭约的故事，有一次有一位银行家去拜访宋氏，到他私邸叩门，开门迎接的是位女人，那位银行家说："你的老爷在家吗？"不料那位女人立刻回答道："我家并没有老爷！"倒使那位银行家愣了愣，原来开门的是他的太太，躬操井臼，不假手娘姨，自然，没有娘姨，也没有老爷了。

民国十八年间，宋氏鉴于我国保险事业操于外人之手，利权外溢，乃创立中国保险公司，自任董事长。挽回漏卮不少，规模之大，更为我国首屈一指。

《银行通讯》第 36 期，1946 年

言论与主张

1. 组织上海交易所之意见书与概略 / 86
2. 谢荪膆敬告上海煤业交易所股东文 / 88
3. 盛竹书之两宣言书（节选）/ 89
4. 新公会落成第一次常会秦总董演说词 / 90
5. 盛君竹书在银行学社之演说 / 92
6. 盛竹书提倡尊重商德 / 94
7. 盛竹书答辩造币厂问题 / 96
8. 严顺贞女士演讲女子职业 / 97
9. 银行公会欢迎新会长 / 98
10. 吾业经理应守之范围 / 98
11. 我的经营保险业的心得 / 100
12. 工商管理协会讨论会 / 102
13. 胡詠骐提议请参加学生国货年会 / 103
14. 沪大请胡詠骐演讲 / 104
15. 胡詠骐提倡民众保险学识 / 104
16. 我的兴趣 / 105

言论与主张

1. 组织上海交易所之意见书与概略

虞洽卿

我国商业程度渐有进步，而以沪地商界尤为各埠之冠，今商董虞洽卿[①]发起组织交易所，业已拟具意见书及该所之概略广为分送，照录如下。

意见书：上海交易所之发起创办，远在前清光绪三十三年。当时创办人为袁子壮，周金箴，周舜卿，郁屏翰，叶又新诸君，其组织悉仿日本取引所办法，只以当时清政府未有振兴工商业之诚意，而商界复淡漠视之，以为无足轻重，以致议而未行。迨民国二年工商总长刘公揆一颇有志于是，尝招集全国工商巨子开大会于北京，以提倡交易所之议，提出大会讨论。审查结果，以为设立交易所于商业之利有六，为商业中不可缓之机关，议决于通商要埠或商务繁盛之区酌量设立。民国五年冬，孙中山先生在沪与洽卿等鉴于上海

---

① 虞洽卿（1867—1945），名和德，镇海龙山（现属慈溪市）人，近代宁波帮领袖人物，经营领域广泛，涉及航运、贸易、金融等，曾任上海总商会会长并长期主持宁波旅沪同乡会，热心家乡建设与公益事业。

有设立交易所之必要，并知我不自设，外人将有越俎代我设立之势，反客为主，主权尽失，嗣后商业枢纽全为外人所操纵，故将组织上海交易所股份有限公司，拟具章程并说明书，呈请农商部核准，俾使集股开办。奉批略谓查所拟营业目的除物品交易一项应俟咨请江苏省长查复到部再行核办外，其证券一项系为流通证券起见，应准先行备案。一面并谘请江苏省省长转饬上海总商会，翔实查明呈转来部，以凭核办各等语。民国六年二月二十四日，总商会常会提交公议，金谓事经工商会议议决有案，似应依案照行云云，具复省公署转咨农商部。正拟逐渐入手进行，适因国会问题引起政争，国内战事渐延渐广，中山先生旋亦赴粤，事遂搁置。至今现在外人谋之甚亟，我不急起直追，力筹自办，则嗣后商业实权均将握诸外人之手，仰人鼻息，嗟何及焉。是以邀集诸君子拟集合群力速谋开办，一面公同具名，再向农商部呈请，速予核准，总以权操自我以保我商人固有之利益为宗旨，诸君子其不以斯言为河汉乎，愿从速起而图之。

　　概略：（一）名称，交易所在英国名曰爱克司穿治，在日本名曰取引所，吾国法律上定为交易所。（二）组织，交易所组织有两种：甲，股份组织，即招集资本以有限公司之规模组成是也。乙，会员组织，即仲买人组合而成，如吾国从前之捎客茶会是也。甲种资力雄厚，信用卓著，有酌剂盈虚发达社会经济之功能，而乙种无之。今吾人所拟组织者即甲种是也。（三）种类，交易所有证券交易，货物交易之分，而货物交易之中又可分为米谷交易，金银交易等若干种。吾人今日所组织者乃证券与货物并营，但货物中则指定棉花，棉纱，布匹，金银，油类，粮食六项是也。（四）性质，交易所性质能疏通一国之资财，能交换一国之物产，通有于无，哀多于寡，使货物流通迅速，而无壅滞剧变之虑。农工商矿得借此扩张其事业焉。盖吾人今日之最感痛苦者，非实业之不兴耶，实业之所以不能兴，其第一难题非招股之不易耶，招股之所以不易，其原因即在股票无流通之机关，并无真正公平之行市。是以股票一经入手，则资财即被呆搁而不活动，欲卖则行市无标准，欲押则金融界因不明公司之真相，无信用之可言。所以吾国商人视公司投资为应酬情面之事，而无踊跃应募之人。譬如吾人今日有十万资金，在吾国，则此十万金如购股分，即无再营别业之机会。若在外国则至少尚有二十万可以活动，八万，六万四千，五万一千，四万，三万二千，二万五千，二万，一万六千，一万二千，共三十四万，同是十万资金，而呆搁与活动不可以道里计，是可知资财流通之重要也。他若各种商品或供过于求，而价格低落则为之疏通，以广其销路，或求过于供，需用逼迫，则为之招来，以平其物价。此外若严订规则，为相对的禁止空盘，广通消息，为预防其垄断把持，此皆交易所应有事也。

《申报》，1918 年 4 月 1 日

2. 谢蘅牕[①] 敬告上海煤业交易所股东文

谢蘅牕

　　去秋同业受潮流激尽，纷议设立交易所，蘅牕曾发表意见，奉告同业，欲办交易所，似宜兼筹煤矿公司。凡购煤业交易所股份者，必须兼购煤矿股份，庶几产销相济，方足以垂久远。否则自身无产货后盾，虚拟价格，从事买卖，恐未能操有胜算。当时同业以煤矿事大，谆谆以交易所先行成立，再筹投资煤矿相属。蘅牕迫于众议，勉随诸公之后，集资组织，乃时未数月，趋势大变，恐无进行之余地，不幸言中，深为愧恧。此次交易所筹办半载，同业诸公勉黾从公，开支甚俭，所受损失，为数尚微。蘅牕尚有意见，贡诸公左右者，即请将交易所股价改附长兴煤矿股份是也。查长兴煤矿距沪密迩，煤质精良，蕴藏丰富，现在添招资本，用拓规模。今若乘此机会，将交易所股份改付该矿股份，扩张实业，宏启利源，实与同业根本上有莫大关系。试举其优点，胪陈如左：

　　（一）各号营业，均系贩卖机关，自身无产货之后盾，购甲售乙，所获甚微。近年

[①] 谢蘅牕（1875—1960），鄞县梅墟人，长期从事煤炭业，被誉为"煤炭大王"，曾发起创办煤业银行。长期担任上海总商会董事。他为人豪爽，热心公益，人称谢大炮。

以来，码头栈租日益增加，运沪堆存，利率奇重。市况滞销，不特无以图利，且恐大受损失。今若在长兴煤矿附有股份，可与长兴订明条件，所产之煤，即由同业代为推销，如此办理，实与煤业有互相维系之益，应请改附股份之理由一也。（一）我国产煤各矿，以山西、直隶两省为最富，均以相距太远，运费过昂。天津一埠，为运煤必经之地，陆运则车辆缺乏，水运则因大沽口浅，苦无相当轮舶。冬季需煤甚广，津埠封河，相率停运。有此原因，致未能运沪推销，此外则零星小矿，产额甚微，只足供就地之需。长兴煤矿地近而运道较易，费省而销路可推，资本既充，产额必增，推销既广获利自丰，应请改附股分之理由二也。（一）天下事难于开始而易于守成，我国虽地大物博，即使具巨大资金，欲择一煤质较优、含煤较丰、运道较易之矿，投资开采，必非咄嗟多能立办。长兴煤矿经营已久，成效已著，同业附股，其间必可大操胜券。应请该附股分之理由三也。（一）潮流二字，变迁甚速，只可目为投机，为一日计，非百年计也。今交易所之现状如此，诸公高明，亮均鉴及，中兴、贾汪各煤矿，每年获利为数甚巨。查上海航业、工厂，全年支出以用煤项为最巨，无论市况如何变迁，而煤矿绝不稍受影响，可见投资实业，无冒险蹈空之弊，应请改附股分之理由四也。以上四端，均于同业有重大关系，全赖通力合作，方能聿观厥成，管窥之见，是否有当，惟识者正焉。

《申报》，1922 年 3 月 16 日

3. 盛竹书之两宣言书（节选）

盛竹书就职交通沪行经理，对全体同人宣言云，启者，鄙人承本行总协理暨董事诸公推爱，以沪行经理之职相委托。鄙人自问老朽，曷克胜任，兼以对于兴行关系太深，又难骤离，是以一再固辞。嗣因总协理暨董事诸公一面向兴行董会坚请相让，一面向鄙人要求允诺，函电纷驰，情意恳挚。鄙人为金融大局计，为各方交谊计，只得勉力担任来就斯职。然鄙人自问生平足以自信，并得见信于人者，别无他长，惟无党见，无私心而已。在

兴行由汉而沪，十有余载，对于同事取舍悉秉大公，待遇无分畛域，为事谋人不为人谋事，材如可用，虽秦越何异一家？客果无能，即子弟岂容尸位。若论办事毫无成见，凡属同事如有献替，只求有益于公，无不虚心采纳，盖一人之心思耳目，能有几何？全赖广益集思，藉作他山之助。兴行成绩之优美，信用之昭著，亦全仗诸同事群策群力，和衷翊赞，得以玉成之耳，非鄙人一手一足之劳，所克臻此。况本行系中央银行，范围较广，事务又繁，幸承乏钱经理之后，得以萧规曹随。且有王胡黄三副理及全体同人之赞助，办事或不至竭蹶。然自维年逾花甲，精力就衰，思虑恐有未周，见闻或有不及，汲深绠短，时切战兢，惟望诸同事同心协力，随时匡襄，俾鄙人得以悉心规画，从容举措，庶不负总协理暨董事诸公殷殷罗致之意。鄙人幸甚，本行幸甚，盛炳纪竹书氏手启。

《申报》，1922年10月12日

4. 新公会落成第一次常会秦总董演说词

秦润卿

1923年落成的上海钱业会馆

自民国肇兴，以迄今日，吾业洵称鼎盛之时，此虽由于国内商业日渐发达（苟使政局大定，则进步当不仅此），半亦由于同业多才，经营得当，故能得此好现象。惟凡事听天任运，盛极必衰，若草木之发荣过甚，苟无人力以继之，枯萎可以立待。故智者恒谋定于事前，虑患于未萌。某也志愚，窃为吾业思之，殊有所喜惧焉。

回溯昔年，吾业市场租赁兴仁里住屋，黑暗而狭隘，拥挤而扰攘，苟有集议之事，亦仅有会商处。继而乃有公会，然借地于总商会，屋仅两间，地才寻丈。始于去岁迁入北市会馆，规模稍具。不一年而新宇落成，美轮美奂，高爽崇宏。并市场公会于一处，呼应既灵，秩序乃肃。且刊行月报，以为交换学识之机关，设备俱乐部，以为同业公余之游憩地。他如内园年久失修，今亦焕然一新，声誉既殊于昔日，观瞻迥异于当年，谓非吾业之光荣耶？此可喜者一也。

再则吾业人才，向虞缺乏，今则后起之英，佥为可造。虽夙以守旧自居者，亦一变而为特达开通之士，是老成英俊，兼而有之，相辅益成大器，相谋益展新猷。故吾同业团体当可日坚，信用自应益重，此可喜者二也。

他如营业方面，昔日但偏重于信用贷款，今则已注重于抵押贷款，且多自营堆栈，可见营业日趋于稳健，手续必求其完备，此又可喜者三也。

特是设施既备，开支必巨，倘无固定之源流，江海亦当虞溃涸，来日方长，或难为继，与其竭蹶于将来，毋宁预谋于今日，此则可惧者一也。

兼以近年华商银行日多，营业竞争，势不可免，计利必薄，自在意中。苟使存放各款，过于迁就，稍不经意，危险随之，此又可惧者二也。

自来各业对于洋商结解款项，佥用庄票，华商银行以有限无限之关系，素不我逮，是吾业之信用，故昭著于中外。设一旦因危险之发生，而贻人以口实，是不独自毁其令誉，且将累及同舟，此又可惧者三也。

然而世无中止之事，不进则退，有始无终，人所共讥，畏葸不前，懦夫之行。吾人固甘以草木自喻乎？荣枯任之天运，兴衰不假人为，不亦可羞之甚乎？夫既以为可羞，则及使图谋，自不能已矣。吾于是对于吾业乃有无穷之希望，兹姑述其大较如下。

一为上海钱业，素分帮派，宁绍苏固称鼎足而三，其他尤有镇江帮等，人数不为不众，支流自是繁衍。虽海通以后，国人之知识，已迥异昔时，而籍贯问题，终难大泯，同业每多嫉妒，同帮各有奥援，各利其利，各私其私，意见不无殊异，步趋或有参差，要为事实上所不免，而不可掩者也。须知同舟共济，乌可存歧路之心？合作而谋，自应具同情之慨。故亟希望团结团体，一德一心，毋贻笑于外方，毋徒有其名义。遇事固应谘询，逢危尤必相扶，庶几盟坚金石，谊比芝兰。读武穆传至"撼山易，撼岳家军难"，尝深感叹也。

一为吾业每有集议，倡者津津，听者唯唯，谓为赞同，颇有后祠，谓为反对，亦具同情。每于大庭广众，一若齐言，及至事后实施，又尝词费。抑知无论何事，必藉讨论，至情乃见，必有驳诘，真理乃明。与其既决议而生后悔，何如多辩驳而得便宜。掣肘者多，事必分歧，诚信之谓何？团结之谓何？是以西人集会，专注精神，遇事研求，必期透彻。亟希望在会诸公，对于集会时，毋守缄默寡言之戒，有疑必质，有见必宣，必融会和洽而后已。庶几有所建议，无不实施，窒碍既除，感情益笃。英人有言曰：吾大不列颠之民族，苟至一地，无不可以立足，初无他道，事必实践而已。吾侪其思之。

一为营业之趋势。吾业向无定见，此虽本贸易自由之旨，然而取绝对放纵主意者有之，取束缚主意者有之，过于猛进者有之，自甘退守者有之。过犹不及，等是失中，猛进者固多危险，退守者未免消极。放纵主意，故多不安；束缚过严，亦非所宜。折中之道，其惟谨慎。保守虽属老成，渐进乃为干练。庶几对于商业社会，既不失自来之优胜地位，且得循步渐进，更臻鼎盛。谚有之：得寸则寸，得尺则尺。虽未必登山而超极，亦不屑故步以自封。是又希望吾侪同人有以撝挂耳。

某也至愚，情殷本业，敢贡刍荛之见，尽吾忠告之忱，词虽愚昧，意实殷拳。我同业不乏宏才，尽多智士，敢请各抒所见，以匡不逮，则又某之大幸，同业之大幸矣。

《钱业月报》第 2 卷第 9 期，1922 年

5. 盛君竹书在银行学社之演说
健　生

银行学社于二月十一日改选职员，假座联华总会，举行第二次聚餐会。摄影之前，由朱社长博泉起立致词，欢迎上海银行公会盛会长竹书演说在银行之经过。颇多体察人情之言，且以身作则，感动心深，其不乐于遵从者鲜矣。爰略述其对于银行内部之处置，俾供参考焉。

首先谦逊，次叙履历。略谓十余年间所至各处，鲜发言论。今承贵社朱社长之邀，实未豫备贡献于诸位归自欧美负银行公司重要职务者之叙说。今既在此，又不能无言，以答诸位之诚意。吾曾入幕，谟利于国，改办实业。后应兴业银行之招，担任汉口兴业行长，旋调上海。初思银行簿记，未曾前见。营业手续，亦多未谙。不经办事员之阶级，更无论于经验。今兴业之发达，已为万目共瞻，有口皆碑。事虽不尽由己成，要非互助不为功。故每当接任之始，常有勉励同事之言。股东醵出资本，盖本行之主人翁也。然利不可以坐致，故银行之发达，端赖雇主致繁荣，则雇主可敬，当益甚于股东。然行员受理多数雇主之业务，其不能急就，常蒙错误之累。有不能因甲之催逼，舍乙以就甲，假如此言，其必受乙之责备，可断言也。而雇主之来，非专程存款支款也。人各有所事，又难久待以旷其职守，不免稍有烦言。行员当兹辛劳之余，突闻逆耳之言，无以抑其心，争端立至。存款人以钱存储，非有仰于银行者。银行得聚沙成塔，积少数之存款，转用于利殖之途。以隐助银行之进展者，遽遭轻蔑之言，其无可忍受之境，亦人情之常，不异于行员也。故于应对时，和蔼可亲，催促时，善言解慰，则雇主心怀喜悦，争先归附，盖已扩张营业于无形之中。谚云："和气迎祥，良有意也。"现款进出，稍有错误，必须照数赔补，办事员月薪有限，难塞漏卮。人之食于人也，莫不为衣食住也。常受赔累，将奚取于银行，故勉收支部以定。盖收支事务稍繁，即心神纷乱，难冀数目之适合。夫志气之帅，持其志，无暴其气，然后有定，定而后能而静。不顾柜外之喧扰声，而专心检点，必正确而后收付。庶几进出皆有明白之数目，无遗漏之虞矣。会计员与顾主无直接之关系，每日收付尽一日内以登记之。每期决算，尽一月半月之时间以编制之。不若营业部之逐项交易，皆须一时核定记账以完成也。故会计部勉之以精，盖账簿表单分员记载，可致意于一部分事务，数码说明，详细登记，按期公布，以便内部之复核，而示大众以至信，亦以应有精密报告为原则也。银行文书，关于营业，至要且重，素已期编订，以为成案，惟有事涉数年，及若无轻重之函件，偶有调阅之必要，觅一函而展览全部，殊失整理之方。故文书部勉之以整，贵有统系有条理之整理，分行同行既已行各一册，标名分列，随时可以检查。而杂信件等，亦当酌取往来函电较多各户，分别装订，性质相近之书类，汇编成帙，依往来要件之事由时日，于简要之摘由簿内，查悉目次，则取阅既便，又无临事慌忙找寻不得之苦也。

末复以个人意思为不足，征求众意，以为发展交通计划之商榷，其虚心下己，尤令人钦佩于无既矣。

《银行周报》第 7 卷第 8 期，1923 年

6. 盛竹书提倡尊重商德

先从俭学入手　砭俗之良药也　愿各业之继起

盛竹书致汉口银行公会函云，汉口银行公会同仁均鉴，径启者，第四届银行公会联合会议，鄙人提议尊重商德，拟请银行界首先提倡一案，辱荷各地代表一致赞同，并承函嘱鄙人将此项拟订，分致各地公会查照实行等因。窃自返沪以来，俗务倥偬，迄未偿此心愿，殊以为歉。日者草有银行俭德会试行章程一则，不求广泛，只取简质易行，惟仅管见所及，必多挂漏，用特寄请察阅，并乞匡正，分转各地公会，俾便施行，是否有当，还乞卓裁。

银行俭德会试行章程。"宗旨"俭乃德之本，欲崇尚道德，应先从俭字入手。本会以力从节俭，维护道德为宗旨。"组织"本会由银行界先行提倡，以各银行行员组织之。"会员"以各银行行员为限。"会所"各银行各自设立。"职员"本会正副会长由各行经副理任之，会计员由各行会计主任担任，文牍员由各行文牍主任担任，庶务员由各行庶务员担任。"经费"会员概不纳费，凡有印刷纸张等费由各行作正开支。"规则"凡关于节俭事项，分列如左：

（甲）情仪，凡各行本行会员有婚丧大事，应送情仪，经副理每人致送洋一元，各主任每二人合送洋一元，科员助员三人或五人合送洋一元，即本行经副理家有喜事等情亦照此致送。惟练习除有姻世谊由家属自送外，在行概不致送。甲行与乙行会员

即联行与联行会员，如遇婚丧大事，除各行经副理外，概不分送请柬。如关于个人有姻世谊不在此例，但送礼最多以二元为限。近来俗尚遇亲友喜庆等事，动辄以数人具名，情仪分福禄寿喜等级，分送填注，往往论交情并无喜字资格，论地位不得不填福字，殊与礼尚往来之义大相北谬，本会应请裁制。近今习惯，遇友人四旬，五旬诞辰，往往广集公分，同为庆祝。为友人藉诞辰作纪念，原无不可，但按诸惜财想福之义，究属不宜。本会规定。如遇会员中有六旬，七旬，八旬寿辰方可同伸庆贺，但亦宜在各地公会召集会员行公同设筵会宴，幸勿过事铺张。

（乙）宴会，各地同业重要人或与金融界有关系人莅临该地，由该地会员行名义，在公会公同会宴，其酒席如各地公会有常餐，即在常餐加特别菜四种，以表敬意。在各主人固可节省金钱，在各来宾亦可免多酬酢。至凡各会员普通宴会，亦宜规定以四簋四碟四碗饭菜为限。各银行逢节例酒或折给同人作为储蓄，或折充善举公同造福，由各行会员随时酌定，但勿可设席会宴，以有用之金钱作无谓之消耗。

（丙）服装，凡银行行员对于服装本甚普通，无规定之必要，但为节俭起见，亦有应请注意者：①弃旧更新亦颇耗费，羊子狐裘十年颇有深意，应取法焉。②近今服饰竞尚新奇，舶来品尤为盛行，为节费计，应用朴实国货，庶符俭德原则。③布衣暖菜根香，古有明训，晚近商界中人以布帛为奉身之具实不易觏，会员中如练习生应规定改用碗帽，布衣布鞋，俾得养成习惯，渐达俭德目的。

（丁）用品，银行行员用品分个人，银行两种，关于个人，凡消耗物品亟应概从撙节，其他如装饰品，设备品有必需时，亦宜务从朴质。关于银行凡公共用品，固宜爱护，即印刷品，纸札类，虽属应用之品，亦须格外珍惜。此外如俱乐部等事，除打弹，奕棋，弄琴外，最好概从革除，万不得已亦宜严加限制。以上所拟草章，尚属试行，多未完善，应请随时增修。

《申报》，1923年10月13日

7. 盛竹书答辩造币厂问题

答复浙民救国大会

本埠银行公会会长盛竹书君,因接浙民救国大会来电,于上海造币厂借款,有所责难,盛氏因于昨日发表宣言,答复该会,造币厂借款银团,亦将开会。宣言原文云,昨接浙民救国大会快邮代电(原电见昨报),鄙人亦系浙民一份子,初未闻有此团体,惟查该快电系用关防式浙民救国大会之印字样图记,并无住址,只得登报宣言。至上海造币厂银团借款历史,鄙人曾有意见登载各报,毋庸屡述。此次续借问题,由银团中银钱两业共同开会讨论,即使担保确实,认为可借,亦以须经几次审查,全称同意,方可成立,非鄙人所能恣意,尤非鄙人所能奸谋,奔走和平,本诸良心,所谓加祸江浙云云,稍有心肝者当不出此。鄙人虽属老朽,溯自束发受书以来,始而游幕苏省,继而经商汉沪,已垂四十余年,办理社会事业,指不胜屈,一秉道德良心,事实俱在,非自表暴。在汉时适值政体改革,党派分歧,言论尤杂,鄙人周旋其间,并未受人訾议,所能自信,并能兼信于人者,亦惟道德良心,并不为利所动耳。

上海造币厂外景

快电中称为浙民者，对于上海造币厂借款之性质，完全不明，种种误会，本可毋庸深辩，特电文中有云庐墓恐亦难保（今日报载无此数句，想由发表者删去）。鄙人究何开罪于浙民，而浙民竟欲加此重谴？民国成立，十有二载，扰扰攘攘，以致于今，固由政治之不良，实亦是非之不公，瞻念前途，殊深浩叹。特此登报宣言，还希全浙父老兄弟公判，以彰公道而存正义，庶于救国宗旨，亦能贯彻，鄙人幸甚，大局幸甚。

《申报》，1924年1月29日

8. 严顺贞女士演讲女子职业

上海女子职业联修会于昨日下午五时在靶子路女青年会举行常会，因当时有严顺贞女士演讲，故来宾被邀列席者有女青年协会及上海女青年会之全体干事。由会长邱丽英女士主席，宣布开会词，略谓欲求男女立于平等地位，必先女子有职业，足以经济自立。今上海银行女子部主任严顺贞女士与欧彬夫人等发起女子银行，以为提倡女子职业之基础，将来造福女界定非浅鲜。今请严女士发表其对于女子职业意见云云。次由严女士演说，略云女子职业为近一大问题，有职业方可谋自立，而不受男子之束缚，并可分任男子之负担。窃思现下女界中无论置身何种职业，究少完全之能力，故与女界诸同志组织一女子银行，一面奖励女界储蓄，一面并汲引后进，以造就商业上之人才，为女界谋经济上之独立。惟有可注意之数点为我女界告者：（一）服饰上宜朴素，宜洁净，不可争华斗丽。（二）精神上宜勤奋，宜刻苦，不可一得自矜。（三）态度上宜谦和，宜谨慎，当听先进者之指导。遵此而行，无论何种职业，自可达到成就之目的。鄙人自问于职业问题未必有真实之见解，仅据所知者为诸君陈述云云。

《申报》，1924年3月8日

9. 银行公会欢迎新会长

旧会长盛竹书之演说

本埠银行公会昨日中午十二时开会员大会，欢迎新会长及新董事。首由旧会长盛竹书起立致辞，略谓炳纪忝任会长两届，于兹以岁月计算，实四载有余。只以才疏学浅，自愧无所建白，尚幸诸公相助，为理不致有所隔越。今幸本届改选得人，克卸仔肩，炳纪得以会员资格追随诸君子之后，何幸如之。同忆炳纪两届会长任内，第一届副会长钱君新之，第二届副会长孙君景西，均有银行专门学识，炳纪得承时匡，获益多多。惟公共事业之进行，如票据法之起草，票据交换所及征信所，银币化验室之筹设，均未能见诸实行。他如造币厂之中途搁浅，暨公债票之延期，还本付息亦均待设法完成，或谋结束。虽亦有囿于事实未能措置自如，但抚躬自省时川歉然。因思银行公会为金融事业之公共机关，而本会实为全国银行公会之嚆矢。自成立以来六载于兹，久为各界所属望。将来会所落成，其所待于建设者方兴未艾。今会长倪君远甫为金融业之先进，并久任本会董事，孙君景西连任副会长，会务尤所谙悉。此炳纪有志未逮之事，而希望正副会长及董事诸公得以完成之也。今值移交之期，敢进数言云云。次新会长倪君远甫起立致答，谓当与诸君通力合作，共理会务云云。次即将各项案件交代而散。

《申报》，1924 年 9 月 19 日

10. 吾业经理应守之范围

秦润卿

语有之得人者昌，失人者亡。伊古以来，世运之隆替，治道之兴衰，罔不由此。所谓人存政举，人定胜天，于国有然，即一切之事业，亦何莫不然。

我业握金融之枢纽，剂商市之盈虚，平准货币，职责綦重。而营业成败全视乎各庄经理平日指挥督率之如何，一有不慎，非唯一庄一业之关系，或且牵动全市，影响外埠，举措之际，可不慎哉。营业方法，神而明之，存乎其人。谫陋如余，匪敢论列。所不能已于言者，则我业有数千年递嬗相承之历史，迄于今商业进步，规则日新，而尚能与资金雄厚规模弘大之银行业并驾齐驱，有相得益彰之美。此决非偶然而致盖我业实有不可磨灭之优点，各庄经理所当守兹勿失者也。

所谓我业累世相承之优点为何乎？以愚视之，厥有三端：一曰勤；二曰俭；三曰慎。为经理者，能尽此三者，则经营无疏忽之虞，声誉亦骎骎蔚起，业无不昌，事无不利。请条列而申论之。

一、何谓勤，即起居有节，督察必周是也。一庄之大，同事数十人，分职治事，各有所司，出入勤怠，于营业皆有关系。为经理者，平日先宜早起，以为一庄之表率，晚间宜节无谓之应酬，以十时就睡。即或携眷侨寓，亦以多住宿在庄为宜。一则与同事多晤对之机会，感情益趋亲厚，二则近世风俗浮华，嗜好诱惑日益繁多。若经理以起居有节，端一庄之表率，则同事自相与俱化而蔚成良好之风气，精神减一分无谓之消耗，即办事多一分振作之气象。语曰：民生在勤，勤则不匮。农工如此，商亦宜然。至于庄务上督察既周，流弊自少，同事间嬉游既简，短亏无虞，又必然之理也。

二、何谓俭，即服御中度，屏绝玩好之谓也。近来俗尚奢侈，物用腾贵，一餐之费，足供贫寒一家之饱，一裘之制，动耗中人一年之蓄。虽曰生活日高，积重难返，或以地位关系，未便过从菲俭。然平心论之，所谓风气，亦无非互相慕效而成，始也踵侈增华，继遂靡有底止。苟有豪杰之士，不为世俗所囿，衣服但求整洁，酬应唯求尽礼，固亦无取乎挥霍，而自能受人之尊敬。窃以为我业之中，应由经理倡率，以俭而中礼为平日生活之准则。游宴饮博，屏绝唯严，流连狎邪，相戒勿近，而衣食起居，亦常念物力之艰，勿涉侈靡之境。经理如此，则同事之生活程度，亦随而简朴而岁计有余，常人亦孰不勉为君子。昔贤所论"俭以养廉"，此中自有至理。曾文正曰：即奢之后，而返于俭，若登天难，随处留心，常记"有减无增"四字，便极好耳。又曰：要做好人，第一要在不妄取人手，能令鬼服神钦，则自然识日进气日刚。旨哉斯言，愿吾同业咸奉为立身处世之模楷。

三、何谓慎，即不贪得不徼幸之谓也。我业经理，综一庄之出纳，凡有经营，融通资金，所谓近水楼台，自较他业为便易。而近年投机风盛，交易不以实物，往往咄嗟之间，言谈之顷，巨富可以立致。苟非坚持定识，鲜不为暴利所诱惑。实则天下无不需代价之营业，利害实对待而相伺，投机弋利，其幸而成也。速则速矣，然聚沙成塔，筑之易其倾亦易，不幸而失败，则有若干之利，即有若干之害，往往罄其所有，犹不足偿市场之所耗。小之挪移挂宕，甘作不法之行，大之存身无术，永为市廛所不齿，失足一旦，贻恨千古，可不慎哉。我业经理，负股东付托之重，股东之身家性命，悉付之经理之掌握。矢勤矢慎，唯日孜孜，犹恐不及，岂宜歆慕意外，纷其志虑？况上有好者，下必甚焉。若经理从事于投机，将何以责同事之专于所业，其或相习成风，必至正当之业务日荒，公私之信用日隳。抚心自问，亦何以对股东客户付托之重哉？故愚以为不歆意外，力戒投机，尤为我业经理应具之美德，专精恒足，知足常乐，一德一心，终始所业，则德业日茂而利益亦随信用以俱进，岂不懿欤？

如上三端，理实一贯。唯勤能俭，唯俭能廉，唯廉而后绝贪幸之心，有戒慎之惧，所愿同业诸贤日以进德自勉，僭渎之识，所不敢辞矣。

《钱业月报》6 卷 10 号，1926 年 11 月

11. 我的经营保险业的心得
宋汉章

董孝逸君以《中行生活》本期将刊印周年纪念专号，要求不佞作文，来意挚诚，未便固辞。姑以现在经营保险事业之生活，撰成短文，藉以塞责。

按保险为经济科学中一种学问，意义甚为深奥，与银行之学相类似，若为水火险专家，在欧美大学必须专修三年，方能毕业，寿险则须专修四年，洵非易事。汉章猥

以菲材，承各方垂爱，委办中国保险公司之事，感愧并集！盖以汉章年逾花甲，两耳失聪，又于保险之学全为门外，诚谂所谓八十岁学跌打也。

汉章昔在银行服务，按部就班，指挥若定，盖以人来就我范围，严肃为容，尚无大碍。今则不然，保险一业，即以上海一处言之，洋商分公司以及经理处共计一百四十八家，每年常年保费收入平均以七万五千元计算，已逾一千万元，华商公司二十三家，尚不在内，此外保险经纪人等恃此为生者，更不知凡几也。竞争激烈，无庸讳言，而对于保户必须亲自过访，或派人代表，无异沿门托钵，尚需以信用、势力、感情、手腕，相维系之，而其事能否有成，亦难预卜。盖兜揽者众，往往恃亲谊凭势力者捷足已先登之矣。不特此也，保费价目，虽有规定，而折扣放大，无以复加。甚至保额千元，而净得保费有在二元以内者，较之银行存息至少每百元常年二厘，已大相径庭矣。

至保险公司承保水火险数量，原保公司本身应受若干，必须预订一种限度。但保额若定之过小，固无利益可言，反之又迹近投机，危险孰甚？固须视原保公司资本之大小及业务状况之如何为断，此外保品之优劣，亦须顾及，然后与分保公司订立契约，以溢出之限额，分与分保公司负责承保，并给予原保公司手续费。但本公司正在幼稚之秋，公积金分文无着，其大部分生意之所以分与分保公司者，实为慎重将事起见，有迫不得已之苦衷者也。

本公司创办时，曾与六家华洋保险公司订立火险分保契约。迨至上年年底，汉口民生堆栈失慎，损失约银十万两，本公司自身损失只有五千余两，余归分保公司分担，而不旋踵而有两家公司先后来信，取消分保契约。故为保险公司受保火险着想，最好祝融氏不劳驾，否则即使原保公司为谨慎计，本身部分减少，将大部分分与分保公司，以为粮台有赖，可无后顾之虞，而不知赔款数量，一旦较大，分保公司得不偿失，欲其合作，不可得矣。

他若水险问题，国外水险颇为保险公司所欢迎，盖以外洋船身坚固，设备完全，出事较少也。但保户皆依洋商，因国人向外洋定货，每每转托洋商办理，自行直接来往者，寥寥无几。故国外水险生意，均落在洋商保险公司之手。国内水险则常因航路崎岖，船手不良，动遭出事，危险难测，因之本公司对于水险，益觉履薄临深，不敢

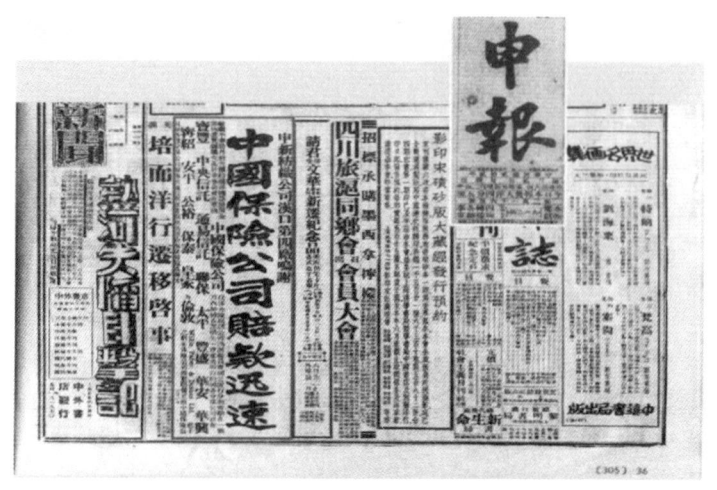

《申报》刊登通篇鸣谢中国保险公司启事

勇为。惟于无可奈何中，略为点缀，曾与两家保险公司订立水险分保契约。其他若人寿保险正在筹备之中，又汽车等险亦经添办。汉章办理此事以来，屈指一载有半，就我观察所得，虽并非因难而退，但审择保品，必须严格，要以上等者为目标，其次价格虽好，宜拒绝之，以免得不偿失。趁此机会，聊附数言，贡献于各经理诸君，当必同心协力，俾观厥成，不禁馨香俟之。

《中行生活》第 13 期，1933 年

12. 工商管理协会讨论会

中国工商管理协会于昨日中午假北京路联华总会开第五十一次聚餐讨论会，到有胡詠骐，沈九成，程守中，何清儒，屠哲隐等工商界领袖与学者二十余人，曹云祥博士主席。由宁绍人寿保险公司总经理胡詠骐先生演讲"团体保寿问题"，略谓团体人寿保险有数种特性，与普通保险不同。(一) 可免验身体 (二) 老死时候有保款可取 (三) 保费便宜。我们工商界很需要此种保险，可以使职员安心服务，而免意外之忧虑。现美国百人中有六十人保寿险，中国一万人中只有三人保寿险。自一九一一年有人寿保险以来，要以德国为最发达，他们遇到失业生病时候，都可去领保款，因此于社会秩序之安定，诚极关重要。希望中国工商界领袖与职员对此事多加提倡，则吾国今后寿险之发展当格外有效。

《申报》，1934年9月23日

13. 胡詠骐提议请参加学生国货年会

保险业同业公会常委、宁绍人寿保险公司总经理兼沪江大学校董胡詠骐为华商保险公司所发行之各种保险，无异纯粹之国货，而明年又为学生国货年，现在筹备宣传运动。胡君为促进国人认识向华商公司投保保险，亦为购用国货起见，特致函本市保险业同业公会，申请参加此种宣传运动。兹将原函录下：敬启者。顷阅报载，藉悉上海市教育局倡议明年为学生国货年，不日即将联合本市国货厂商举行宣传，开会展览，藉以激动同胞爱用国货之观念，俾资挽救利权外溢之狂澜。詠骐不敏，窃思我华商保险，以纯粹之华资，与外人作同样之保障服务，诚无异优美之国货。且向华商保险，利益尤多。我人正应参加此种盛举，以冀人认识，向华商公司投保保险，即为采用国货，且可将集合之保费，运用于国货之事业，较诸直接购买国货者，更有特殊之供献，际兹救国声中，实为要图。素仰贵会为我业领导，用特专函布达，是否有当，伏乞提议施行云。

《申报》，1934年12月30日

14. 沪大请胡咏骐演讲

沪江大学城区商学院为谋学生增进职业学识起见，特于日前由该校校长刘湛恩博士，暨商学院教务长慎征之硕士，聘请本埠宁绍人寿保险公司总理胡咏骐君演讲人寿保险之职业。在座者约四百余人，甚为踊跃。胡氏谓人寿保险事业在我国尚属萌芽时代，将来之发展，可与欧美并驾齐驱。今日人寿保险业经营方针，已由商业化而进于教育化，保险业在补偿不幸损失以外，兼重增进共同福利，因此其业日臻昌盛，以是国内寿险营业人才，尤感需要。沪大商院学生，泰半于日间均有职务，如能以一部分时间兼营寿险，既可增裕个人保障，更可为社会人群国家贡献服务等语。闻该院学生有意参加此种职业者，颇不乏人。

《申报》，1935 年 4 月 25 日

15. 胡咏骐提倡民众保险学识

保险业同业公会常委，宁绍人寿保险公司总经理胡咏骐氏因鉴于保险业务为保障个人家庭幸福，及工商实业复兴繁荣之要素，观乎欧美各国保险业务之发达，要皆由于民众认识保险之利益，而相率投保。查各国小学教科书中，泰半已有保险课程之编入，是以保险之效用，深入儿童之心理与脑海。惟我国坊间出版之教科书中尚无保险课程之辑入，实为保险效益批行尽利之障碍。胡君爰于日前致函本市保险业同业公会，请该会咨请邮政局简易寿险部，分别具呈教育部请愿，将保险学识编入小学教科书内，以冀我国民众有享受保障之认识，且闻沪上各大学如复旦，沪江等商学院均已遵胡君之请，将保险一科列入必修学程云。

《申报》，1935 年 7 月 18 日

16. 我的兴趣

秦润卿

吾人厕身社会，熙攘纷扰，意志靡定，为求身心愉快，及鼓励精神起见，平时在职业内或职业外，必有一种兴趣，以寄身心。不佞服务金融界四十余年，在职业内自以为颇具兴趣，足以鼓励精神。盖金融事业繁复错综，颇费研考。对内对外处理匪易。兼以近年来，世变日亟，经济界中变动频繁治事其间，非具恒心毅力，缜密观察，学理事实，相互参证，则鲜克有济，是以吾人从事于此，初则颇费心力，日久遂成习惯，弥感兴味，及事即用，自觉愉快，更足以鼓励精神也。

此外在职业外，如运动艺术等项，亦足引起兴趣。不佞对此虽未涉门径，但平时多事劳动，强其筋骨，以符运动之旨。公暇浏览载籍，修养身心，藉得开卷有益之助，他若教育公益等事，力所能及，勉力为之。一事既成，亦感兴趣。至于声色之娱，博奕之戏，素非所好，非矫情也，聊适我心而已。

《东方杂志》, 第 33 卷第 1 号

人物剪影

1. 善后局又借公债（武昌）/ 107
2. 中美实业联合之实验 / 107
3. 京师近事 / 108
4. 奉天大清银行经理北上 / 108
5. 谢纶辉居然有红督抚气概 / 109
6. 叶丹庭辞商会董与钱业代表 / 110
7. 中行总裁来甬 / 110
8. 两行长因借款海军署得奖 / 110
9. 交通沪行经理之更易 / 111
10. 盛竹书不就财政委员长　亦是国是会中要职 / 111
11. 盛竹书昨就交行行长职 / 112
12. 银行公会十五日改选 / 113
13. 杭州快信 / 113
14. 华威银行发展营业之新讯 / 113
15. 国府会议纪要（节选）/ 114
16. 鄂人请整理两公债（节选）/ 115
17. 市府函聘市银行理事监事 / 115
18. 交通银行经副理迁调讯 / 115
19. 秦润卿昨到交行就职 / 116
20. 秦润卿等昨竭晤蒋院长 / 116
21. 市民银行行长由沈日新接充 / 117
22. 金宗城任新新董事长 / 117
23. 复兴银行接收完竣 / 118
24. 宋汉章力劝潘久芬 / 118
25. 宋汉章与余姚帮 / 119
26. 本市简讯 / 123

人物剪影

1. 善后局又借公债（武昌）

鄂省善后局为财政总汇之区，所有各局厂经费均在该局动拨。近因汉阳针钉厂欠汉口瑞生洋行机器材料银八万余两到期，无款交付。该局司道当禀准杨护督，由该局出具印票，向汉口商家息借。嗣因各商现未开市，索利甚巨，故改向汉口交通银行借款八万两。业经善后局总办金峙生观察与该行总理卢洪昶[①]观察订立合同，每月七厘行息，分五年十期还清云。

《申报》，1910 年 3 月 3 日

2. 中美实业联合之实验

去岁美国实业家、资本家来华观光，业由各省商会优礼欢迎，实为中美实业家联合之起点。兹由两方面定议并经上海商务总会发起，各省商会合办合资创设中美轮船公司及中美银行。近闻制造新船业已

[①] 卢洪昶，又名鸿沧，鄞县城区人，长期在汉口经商，曾任汉口交通银行经理、汉口总商会首届总理。

下水，高悬龙旗，行驶欧美各洲，为中国航业第一次发现于大西洋、太平洋、地中海、印度洋之创举。旋由广东商会举郑君陶斋、汉口商会举卢君鸿昶来沪会集。初六日下午本埠商务总会柬邀寓沪绅商公议，推举一资望素孚品学兼优者赴京，到农工商部、邮传部禀请注册等事。继由众人公举沈仲礼①、苏葆笙两君为全体代表，克期起程赴部，禀商中美合办章程及中国国家保护法、特别奖励法及完全利益，为他日中美联合之模范，并经各绅商敦促沈君起行。故将公立医院事暂由王西星、王培元二君代理，赴东实业团筹备事宜由沈君门生朱君仲宾代理，定初十日乘新铭轮北上。

《申报》，1911 年 6 月 4 日

3. 京师近事

上海商会代表沈仲礼、苏宝森，广东代表郑陶斋，汉口代表卢鸿昶为中美银行事来京，与政府晤商一切，现已事毕，沈苏郑三君即于初五晨出都，卢君则已先行出都矣。

《申报》，1911 年 7 月 5 日

4. 奉天大清银行经理北上

甬商武君野苹向在上海义昌成承号为副经理，日前被选为奉天大清银行经理，已于昨日乘招商局新铭轮船北上矣。

《申报》，1911 年 7 月 25 日

---

① 沈仲礼（1857—1920），鄞县城区人，早年从事洋务，1902 年后从事保险等，1904 年发起创办红十字会并长期主持。

5. 谢纶辉[①] 居然有红督抚气概

斯人不出如金融何

商会复上海道函云：前准大移，属会集钱业全体，劝令谢董纶辉复充董事并仍为商会议董等因，当即照会钱业会商处，邀集同业公议敦请，旋接钱业同人复称，谢纶辉先生夙为人所钦仰，敝业咸深信服，如能复任董事，实于同业大有裨益。惟敝业前曾屡次敦请挽救市艰，未蒙允诺。兹奉前因，已由同业全体备函敦请，但未知获邀谢公允许，务乞贵会另行备函敦请，代为劝驾等语。弟等当即加函转致谢君，谆谆以俯顺众情，力顾公益为劝。兹接复信谓：纶辉前奉饬令退董，旋蒙贵会主持公论，查得实情，移复蔡前道复查得实，自行详请奉准销案。是在已则心迹已明，在人或已当共谅。今承刘道宪关怀商业，以纶辉为识途老马，移请贵会转嘱钱业再举纶辉为董事。伏念纶辉向列钱业，同业公事极愿力尽义务。无如近年以来衰态日增，即如经理通商行务勉力支持，时虞陨越，更何能兼顾钱业公事。陈力就列不能者止，古人垂训，与其贻误于日后，不若陈明于事前之为愈也。日前钱业诸董过临出示全体公函，殷殷相劝，纶辉当将私衷业已告复，并乞贵会鉴此下忱，分别转复等语。按钱业全体之于谢君素深信仰，闻已屡次公举，仍为业董，均坚辞未允。此次钱业同人遵命往劝，惟恐不谐，嘱由敝会代为推挽，乃复书谦让未遑，似有善刀而藏不再担任之意。弟等诚薄言轻未能感动，歉怅奚如。

《申报》，1911 年 10 月 17 日

[①] 谢纶辉，余姚泗门人，清末民初著名金融企业家、钱业领袖。

6. 叶丹庭[①]辞商会董与钱业代表

上海县商会会董叶丹庭系元春钱庄经理,兼南市钱业总代表。刻因该庄迁移北市开张营业后,叶君以年老力衰,对于营业事宜甚为繁琐,且南北往返不便,故对于县商会会董及该业南市代表等名义未便负责,特提出辞职书,向该会辞退会董之任,请于下届开会选举时勿再列入选举名单,并向钱业声请辞却总代表之职云。

《申报》,1920 年 3 月 12 日

7. 中行总裁来甬

宁波中国银行经理陈南琴君,昨日早晨偕同北京中国银行副总裁张公权君,乘宁绍轮来甬,旋即同乘早车赴余姚,展谒已故上海中国银行副行长胡穗芗[②]君之墓。胡君系张君契交,张君此次不远千里端为谒墓而来,亦可情深生死矣。谒毕后,仍同陈君即日乘二点半车回甬,至行留连片刻,即日趁宁绍赴沪云。

《宁波民国日报》,1920 年 6 月 20 日

8. 两行长因借款海军署得奖

沪南海军总司令公署苏总司令,前因部款支绌,积欠各舰队薪饷,无可周转。当

---

① 叶丹庭,余姚黄家埠人,继承父业,长期从事钱庄业,曾任上海南市钱业总代表。
② 胡穗芗,余姚黄家埠人,长期任职于上海中国银行,曾任副行长。

向本埠中国银行行长钱新之、通商银行行长傅筱庵①借款发放，得以维持，深赖钱傅二君之力，是以呈请海军部核奖。由部呈奉大总统核准，给予五等文虎章，以酬劳功业，由海军部填照将勋章令发到沪。盉总司令奉令后，当即派员分送钱傅二君收领也。

《时报》，1921 年 3 月 20 日

9. 交通沪行经理之更易

本埠交通行经理钱新之君自升北京总行协理后，经理一席虚悬已久，上月有聘本埠兴业银行经理盛竹书君之说，然兴业因盛君在行十余年，惨淡经营，成绩昭著，不允其他就。旋经交通方面再四磋商，兴业情不可却，愿为让贤，昨日已由其董事提议通过矣。盛君又为银行公会会长，在金融界极有力量。交通改组之始，得盛君经理之，营业发展当可立见。闻盛君因交代兴业之事，须至阳历十月方能任事云。

《申报》，1922 年 9 月 1 日

10. 盛竹书不就财政委员长　亦是国是会中要职

镇海旅沪巨商盛竹书君向在沪汉两埠，经营商业，现在沪上举行国是会议，其财政一部，拟先组织监督财政委员会，当众推定盛君为委员长。乃盛君以该委员会之主要，在于监督两字，是以委员长一席，必须举超然派充选。盛君现任浙江兴业银行总

---

① 傅筱庵（1872—1940），镇海城区人，时任中国通商银行董事长、行长。

经理，兼任上海银行公会会长，不特有职务关系，无暇兼顾，且对于政府发言，倘或因所处地址，发生误会，反于监督财政前途，诸多障碍，故已一再向该委员会坚辞委员长。据盛君云，伊之坚辞实于监督财政之实权，为积极之主张，非消极之推诿云。

《时事公报》，1922年7月14日

11. 盛竹书昨就交行行长职

本埠银行公会会长盛竹书原任兴业银行总经理，现因该银行董事会徇交通银行董事会之请，并得其同意，已于昨日交卸兴业银行总经理职务，就交通银行沪行行长之职。

《申报》，1922年10月11日

19世纪20年代上海交通银行外景

12. 银行公会十五日改选

各行仍坚推盛竹书会长

本埠银行公会定期本月十五日开会改选董事,闻该会董事共计九人,每三年改选一次,本届董事为中国、交通、盐业、中南、兴业、中孚、金城、实业等行。本届将仍于会员银行互选董事,仍可连任,再由董事互推会长。闻会长一职,各银行仍拟推盛竹书君连任,但盛君则以业务繁忙,已先期固辞。对于经手办理未了各事,则仍愿继续办理,但各银行当未允盛君辞不应选云。

《申报》, 1924 年 9 月 12 日

13. 杭州快信

杭州钱业公会因会长倪幼亭坚请辞职,开会另选,以副会长宓廷芳[①]当选为会长,李春枝[②]、倪雨亭当选为副会长,昨已通函知照。

《申报》, 1925 年 2 月 20 日

14. 华威银行发展营业之新讯

华威银行总裁刘君绚初原籍粤东,历在南洋群岛营业,富有资财,声誉卓著。该

---

① 宓廷芳,慈溪人,长期在杭州从事钱庄业,历任杭州钱业公会副会长、会长。
② 李春枝,鄞县人,长期在杭州从事金融业,曾任杭州钱业公会副会长。

行自刘君主政以来，业务蒸蒸日上，京津两行业经发行钞票，信用昭著。今闻沪行再以扩展，聘任甬商陈君筱舟为副行长云。

《申报》，1925年6月2日

15. 国府会议纪要（节选）

任定中央银行理事及监事　通过十七年金融公债条例

姚咏白

南京　国府委员会五日开九十九次会议。财政部长宋子文提议，特派宋子文、陈行、叶琢堂①、姚咏白②、王宝仑、钱永铭、陈光甫、荣宗敬、周宗良③为中央银行理事，指定宋子文、陈行、叶琢堂、姚咏白、王宝仑为常务理事，并特任宋子文为该行总裁，简任陈行为副总裁。又特派李铭、贝祖诒、秦润卿、虞和德、林康侯、徐陈冕为中央银行监事，贝祖诒、秦润卿、徐陈冕任期一年，请公决案。决议，除总裁由财长兼任，送请政会通过外，余照任命。

《申报》，1928年10月6日

---

① 叶琢堂（1875—1940），镇海路林人，银行家，长期担任中央银行常务理事、中国建设银行公司常务董事等。
② 姚咏白（1882—1935），鄞县城区人，早年留学日本，历任北京政府币制局局长、南京政府中央银行常务理事。为中国第一个诺贝尔科学奖获得者屠呦呦外公。
③ 周宗良（1875—1957），鄞县城区人，著名原料商，曾投资设立多个钱庄、银行。

16. 鄂人请整理两公债（节选）

汉口　汉银行公会派史晋生等赴京，向财部请愿依照颁布条例，实行发行整理财政金融两公债，偿还武汉新旧债款，汉商会亦定二十八日开二次执监联会，推举代表偕往（二十八日下午三钟）。

《申报》，1928年11月29日

17. 市府函聘市银行理事监事

本市市银行业已积极筹备，查市银行章程第七条内载，本银行应设理事五人，监事二人。兹悉市府已于昨日分函聘请钱新之、秦润卿、胡孟嘉、徐桴[①]、姚咏白等五人为理事，吴震修、俞鸿钧等二人为监事，并已分发聘函矣。

《申报》，1929年10月18日

18. 交通银行经副理迁调讯

交通银行经理一席，职务繁重，自唐寿民君调任后，由该行总理胡孟嘉君兼任。兹闻胡氏因总经理职务已极烦剧，迭向董事会请辞兼职，现已得董会同意，另聘秦润卿君为该行经理，梁晨岚为副理、赵叔馨为襄理，该行原有之黄卫两副理，则均调总

---

① 徐桴，镇海人，曾任上海财政局局长、上海市兴业信托社总经理等。

行担任其他重要事务，并闻秦君等已定十一日履新云。

《申报》，1931年7月9日

19. 秦润卿昨到交行就职

垦业银行福源钱庄仍负全责

交通银行新任行长秦润卿氏已于十一日上午八时半，到行履新。据秦氏表示，交行已改为实业银行，此后自当从实业方面着手经营，以扶植实业之勃兴。用人问题本人向取人才主义，凡旧有人员，材有可取者无不量材录用，不分畛域。秦氏并表示对于中国垦业银行总经理及福源钱庄经理仍旧兼任。据谓，交行董事会聘任时，已声明除每月上下午各二小时在交行办公外，早晚中午皆在垦业、福源办理各务，仍负全责云。

《申报》，1931年7月12日

20. 秦润卿等昨竭晤蒋院长

（南京）沪钱业公会主席秦润卿，商务书馆总经理王云五、张寿镛、新闻界汪伯奇、潘公弼、永安纱厂总理郭顺、纱布交易所穆藕初，地方协会黄炎培等，廿日晨到京，十一时三刻，谒蒋院长，并由蒋氏招待午餐。闻蒋氏对时局表示以整个国家为重，冀以诚信相孚，弭患无形，盼各界领袖转达各方，并垂询沪各业情形。下午分访实长吴鼎昌、铁长张嘉璈等。除穆氏因私事留京外，余均于当晚车返沪。（二十日去电）

《申报》，1936年6月21日

21. 市民银行行长由沈日新[①]接充

纪仲石辞职已照准　增聘李子璋为副理

（本市消息）津市民银行于昨日下午四时在单街子行址召开全体董事会议，计到王晓岩、马彦帅、卞白眉、王文典、傅正舜等，开会后，公推由王晓岩主席，决议（一）纪华恳辞行长一席，固留不获，业经市政府照准，递遗职务，拟聘现任河北省银行副理沈日新担任，决议通过。（二）为发展业务，增聘李子璋为副理，襄助进行一切，决议通过。迄至五时许散会，至新行长聘书，今日可送达，俾早日莅行视事，按照实际情形，策划推进业务办法。增加资金事，俟新行长莅职后，即可确定云。

沈日新

《益世报》，1937 年 3 月 10 日

22. 金宗城任新新董事长

南京路新新公司董事长一席，由陈炳谦君连任多年。自陈君逝世后，业由该公司董事会推举金宗城君继任，按金君为上海银行常务董事，兼营业部经理，及公共租界工部局地皮委员，为著名之银行家及实业家，对于社会事业，尤极热心，此次荣任新新公司董事长，该公司股东深庆得人。

《申报》，1938 年 11 月 25 日

---

① 沈日新（1904—2014），镇海人，长期在北方天津等地从事金融业，1937 年其南下上海从事钱业，1947 年任上海钱业公会会长。

23. 复兴银行接收完竣

20世纪40年代后期的包玉刚夫妇

本市市银行总经理周炜方,昨亦派员接收伪复兴银行总行,及愚园路分行,由朱慎微于上午十一时率领人员点收各部份档案、文件、财产目录,由伪复兴银行总经理孙耀东移交。总务部方面由朱慎微、朱禹仇两人负责点收。业务部方面之存款、放款、信托、证券、抵押、出纳事宜由包玉刚[1]、余方耀、李伯忠[2]、权家祚负责点收。事务部方面,由孔英、万健之、翁泽永[3]、李嘉惠负责点收。所有一切库存、抵押品、及契据等,均已点收完竣。对外方面业务,今日起只收不付,一俟内部组织规程及银行法规确定后,即行对外正式开业。

《申报》,1945年9月13日

24. 宋汉章力劝潘久芬[4]

银 探

中中交农四行,自复员后,对于留沪未内移之下级行员,间有择优任用者,惟级位及待遇则较自内地来沪者为低,此亦权宜办法,独从前留沪之高级职员,未闻有照原位置复职者,因格于定章,复员后之国家银行高级职员,非由内地行员不得任用之

---

[1] 包玉刚(1918—1991),镇海庄市人,当时为上海市银行副经理,后在香港从事航运业,成为世界船王。
[2] 李伯忠,湖南长沙人,后成为包玉刚妹夫,是包玉刚航运事业得力助手。
[3] 翁泽永,慈溪人,已故中共领导人乔石夫人翁郁文之兄。
[4] 潘久芬,余姚人,长期任职于上海中国银行,历任营业部主任、襄理等职。

故，如中行之徐维明、交行之李道南，均系由沪转入内地而擢升之人物。

前中国银行上海分行经理潘久芬氏，服务该行多年，深得总经理宋汉章氏之器重，廿六年国军撤离上海后，潘氏乃留沪主持行务，与敌伪周旋，煞费苦心，如大批中行行员之被伪特工枪杀，均经潘氏在极困难环境中，应付裕如，得继续维持营业，直至太平洋事变发生，中行被敌伪劫持始脱卸仔肩。中行自被劫持后，敌伪即百般威胁利诱，潘氏终不为所动，诚难能可贵。彼时曾有人劝伊内移，潘氏因年老力衰，惮于行动，未曾离沪，仍留沪度其清苦生活。此次中行复员后，由现任沪行经理徐维明来沪主持，总经理宋汉章曾劝其仍入中行效劳，潘因屈居副经理地位，与颜面攸关，坚辞不就。上月宋院长来沪，由宋汉章氏口中得悉潘之为人，深为器重，苦无安置之方，适中农沪行经理尚属悬虚，原为总行协理朱关生氏兼任，朱因须主持总行公务，仆仆京沪，深感不便，向四联总行处辞去兼职，宋院长便请潘久芬出任中农沪行经理之职。聘书既出，潘氏再三坚辞不就，最后由宋汉章，登门面谈始允就职。潘氏为银行界中老前辈，学识与经验均富，在金融界中，素有好好先生之誉，此番出任中农沪行经理之职，金融界人士均为该行深庆得人也。

《风光》，1946 年第 17 期

25. 宋汉章与余姚帮

余姚帮在上海是占有极大的势力的，尤其过去的四十多年中，在该帮的首领宋汉章领导之下，发展甚速。该帮以中国银行为大本营，而在上海每一个金融组织里，多少都与他们有直接或间接的关系。因为中行在央行未成立之前，其地位重要，任何商业银行都得有求于他。如调拨头寸，借贷款项，都需中行供应。而宁波路一带的小银行，大半均为该行高级余姚干部所开设。现在因为余姚帮势力日衰，也有出盘的，也有让出股份的。这许多小银行，如至中、光华、惠中、永亨、中和、大康等均是，中一信托公司，以及中国保险公司，更是有名的余姚帮的机构。

一、宋汉章为首领

余姚帮的兴衰，可以从宋汉章在中国银行的升降中看出。他在就中行董事长之日说："本人在中国银行服务，已有数十年，由经理而总经理，再由总经理而董事长，其间政治的变迁，真是感慨万千"。真的，他自从清末进入中国银行（当时名大清银行），这数十年来，中国政局的兴衰，金融的变迁，他都身历其境。在这个政海中，平静的度过了大半生，而且逐渐在上海的金融圈里，建立了一个余姚帮的小天地，现在他是受"政治的变迁"，而升任董事长。

宋汉章的出身，据北京北支那研究会所出版的大正七年（1918年）《最新支那官绅录》所云，宋氏系"前清上海中正学塾就读，曾任江海关监吏（Police）、英国 W. M. Kings 法律事务所办事员、中国邮报（China Post）记者"。但这一记载，恐不正确，因为"中国邮报"，上海根本就没有过这个报纸，他的进入银行，以中国通商银行为嚆始，他在《中国通商银行五十周年纪念刊》中云："鄙人在此五十年中，……以服务该行为起点，计有十载"，大概他当时是该行的练习生。后来据中央银行副总裁刘攻芸所办的《金融日报》说。他又入过北平的北京储蓄银行，就在这时认识了北平中国银行（大清银行）的高级人员，就介绍为上海大清银行的经理。以后他就一帆风顺，做了二十多年的沪行经理，大量引用同乡戚友。当时该行就有"余姚会馆"之名。民国十年倡中一信托公司，自任董事，十七年又被任为中行常务董事，并同时倡设中国保险公司，自任董事长，二十二年创设至中银行，二十四年兼任中行总经理，及新华银行常董。

二、余姚帮的主将

宋在任中行沪行经理期内，对其同乡，栽培不遗余力，且看民国二十一年的中国银行沪行经副理主任之名单就可明白：计开经理宋汉章，副理冯诵青、席颂平，襄理史久鳌、经润石，营业主任潘寿恒。

此六人即宋在中行的主要干部，其他次要者亦均为此数人的亲友，如程慕灏为潘的内亲，历任至中银行监事、中国保险公司监事、中国银行信托部副理兼沪行副理，现任中国银行储蓄部经理。严成德为宋的世交，原亦在中行，因受同乡间的排挤，宋乃允为集资开一"中一信托公司"，而由彼出任总经理，并兼任光华银行董事长。严氏外貌形似乡曲，然而心计多端，前年并发起组织上海信托业同业公会，派前中一信托公司信托部经理余姚人朱斯煌为秘书长，企图利用该会，以控制上海的信托业，然为中国信托公司的齐致（元老派李石曾的直系）所反对而成僵局。

现在再将中国银行的五主要余姚帮份子，作一介绍：

（一）冯诵青字仲卿，为宋的女婿，任中行沪行副理数十年，现任中和银行常董，永亨、至中（战前常董）、大康（现已出盘）、绸业（现已出盘）银行董事，因参加日人羽翼下的上海中国银行，而被排挤，致战后离去中行。

（二）席颂平原名德鉴，亦为宋的至亲，历任中行沪行副理，十七年改组后，更兼国外部副经理。

（三）史久鳌字海峯，为宋的内侄婿，战前任中国银行信托部副理兼沪行副理，现任储蓄部经理，至中银行常务董事，惠中银行（现已出盘）监事（其堂弟史久缘即惠中总经理）、中国保险公司监察人。

（四）经润石为宋的至亲，现任中行信托部副理、至中银行监事、中国保险公司副经理，战前任中行沪行副理兼总行国外部副理。

（五）潘寿恒字久芬，为宋的内侄，战前任中行沪行副理甚久，战后改任副总稽核及赴外稽核，并兼任至中银行常董、中国保险公司董事，战前又曾任惠中银行（现已出盘）监事。

同时余姚帮也出了许多金融及教育两栖的人物，如燕京大学法学院院长兼新华银行人事科经理严景耀、复旦大学银行系主任兼中一信托公司信托部顾问朱斯煌等。

三、改组后的式微

自从南京政府将中国银行改组后，曾不断的增强与 TV 宋（宋子文）有密切关系的贝祖诒的权位。当时贝除任中国银行董事（宋汉章为常董）外，又担任中行副总经理，国外部及信托部经理，及沪分行经理四职，把中国银行中的余姚帮势力压制了下去。

另一种压力，则为"老天津"卞寿孙。卞氏号白眉，江苏仪征人，现年六十五岁，上海震旦学院卒业，美国布朗（Brown）大学政治经济学学士，民国元年即入北平中国银行任秘书，二年改任发行局襄理，三年任总稽核。五年一度脱离中行，加入中孚银行，任董事，主任秘书，总稽核，及津行副理诸职。七年回中行，任津行副理，八年升任津行经理，以迄抗战。十七年与宋同任中行董事及新华银行董事（此事在二十四年），二十年任中国保险公司董事，又兼任大生（天津）银行监察人。二十六年受中行前任总裁王克敏及前任董事李宜威的指示，参加北平中国联合准备银行，任董事，二年后又辞职。太平洋战争爆发，间道入渝，以"自首"有功，升任中行副总经理，以迄于今，计卞氏在津服务前后达三十年之久。其弟"老关东"卞福孙，号仲荛，现年六十二岁，北平译学馆卒业，美国布朗大学政经学学士，民国四年任中国银行司库，六年任安东分行经理，及哈尔滨分行经理。前后在东北（关东），计二十年之久。二十六哈行撤退，得乃兄之保荐，出任上海总行储蓄部经理，战时留沪，三十一年九月一日，上海中行在日人羽翼下改组，仍任储蓄部经理，战后又以"保全行产"有功，改任中行检查室主任，这是表示卞氏在伪行势力日长，虽曾一度附逆，仍然如旭日高升。

反之，在余姚帮就不然了，他们除了"宋汉章"外，余人都曾出任日人羽翼下的上海伪行要职，和平后，就被排挤，其中潘寿恒及史久鳌两人，都因这种关系，而被渝行派来的徐维明，押至重庆，虽得宋汉章的说项，仍然有一时期，被流放至厦门，现在仍得回至总行，但是已经是"闲职人员"，并无实权，有许多余姚人也就在这种打击下离开中行了。再有一层就是中行现在已不采用同乡介绍的人事录用方式，而改用公开考试制度，进中行的人，也不再只限于余姚人。所以现在中行再也不是"余姚会馆"了。而与中行有关的其他余姚帮小银行，大多出盘的出盘，招收外股的招收外股，站得稳的，已经不多了。

这次中国银行改组，宋汉章升为尊而无实权的董事长，席德懋升为总经理。席氏在中国银行的历史不算太深的，以他在中行的资望而论，不及贝祖诒与卞寿孙，席氏升任总经理，似乎有点爆冷门，大概是因为席氏与四大家族的孔宋二豪门关系较好的缘故吧！

《经济通讯》第 3 卷第 20 期，1948 年

26. 本市简讯

上海市银行总经理黄金畤，日前已由市府真除，副总经理一职，则由业务部经理包玉刚升任。

《申报》，1948 年 4 月 1 日

企业篇

银行业

钱庄业

保险业

信托证券业

其他

银行业

1. 上海四明商业银行有限公司招股启事 / 131
2. 四明银行验资开办 / 132
3. 四明银行禀部注册 / 132
4. 官绅合筹巨款维持市面 / 133
5. 四明银行新屋落成 / 134
6. 四明银行发达之一斑 / 134
7. 四明银行股东会记事 / 135
8. 女子银行邀宴各界 / 136
9. 女子银行之筹备进行 / 136
10. 女子银行定期开幕 / 137
11. 女子银行创立会纪 / 137
12. 女子银行第一次董事会纪 / 138
13. 女子商业银行开幕 / 138
14. 亚洲银行昨开创立会 / 139
15. 通商银行奖励捕盗出店 / 139
16. 女子银行之新营业 / 140
17. 甬四明银行复业之电告 / 140
18. 中国棉业银行股东会纪 / 141
19. 中华劝工银行追索结束军队借款 / 141
20. 女子商业储蓄银行股东会纪 / 141
21. 四明银行继续发行纸币部批照准 / 142
22. 劝工银行催索漕粮押款 / 142
23. 财交两部杂讯(节选)/ 143
24. 女子银行股东会纪 / 143
25. 劝工银行续催清偿借款 / 144
26. 甬商创办渔业银行 / 144
27. 劝业银行允兑宁支行钞票 / 144
28. 谢光甫代理通商行长 / 145
29. 恒利银行即将开幕 / 145
30. 苏州国货银行之招股会议 / 146
31. 垦业银行总行昨日开幕 / 146
32. 中华市民银行昨日开幕 / 147
33. 中国垦业银行添设支行 / 147
34. 青岛明华银行发生风潮 / 148
35. 重整旗鼓之大来银行 / 149
36. 大来银行临时股东会记 / 150
37. 大来银行创立会纪 / 150
38. 大来银行昨日开幕 / 151
39. 女子储蓄银行迁移 / 151

40. 中国企业银行将开幕 / 152
41. 中国企业银行昨日开幕 / 152
42. 中国垦业银行兴建巨厦 / 153
43. 中国垦业银行股东常会纪 / 154
44. 中国垦业银行新屋工程积极进行 / 154
45. 宁波实业银行昨日开幕 / 155
46. 宁波实业银行新设施 / 155
47. 江浙银行昨日开幕 / 156
48. 统原银行创立会纪 / 157
49. 统原银行定期开幕 / 157
50. 统原银行昨日开幕 / 158
51. 中国垦业银行八仙桥支行定期开业 / 158
52. 兴业银行临时会纪闻（杭州）/ 159
53. 四明银行开兑状况 / 160
54. 中华银行招股 / 160
55. 上海中国银行之特色 / 161
56. 四明银行之情形 / 162
57. 三志中交两行之强弱（节选）/ 162
58. 四明银行之镇静 / 163
59. 四明银行处之泰然 / 164

60. 四明银行信用益坚 / 164
61. 四明银行之稳健 / 165
62. 组织商业银行之进行 / 165
63. 永亨银行定期开幕 / 166
64. 祝颂华孚银行开幕 / 166
65. 组织利华储蓄银行 / 167
66. 东陆银行开幕记 / 167
67. 东陆银行开办储蓄 / 168
68. 明华银行在沪设汇兑所 / 168
69. 东陆银行副行长之接替 / 169
70. 劝工银行创立会纪事 / 169
71. 劝业银行开幕纪 / 170
72. 通商银行添设分行 / 171
73. 中国通商银行分行开幕 / 172
74. 民新银行开幕纪 / 172
75. 棉业银行之筹备 / 173
76. 民新银行开幕 / 173
77. 民新银行申谢 / 173
78. 棉业银行之组织 / 174
79. 组织中之新银行 / 174

80. 煤业银行之组织 / 175
81. 棉业银行创立会纪 / 175
82. 明华银行开幕纪 / 176
83. 信通银行创立会纪事 / 176
84. 纱业信托银行宴请报界记 / 176
85. 明华银行宴客记 / 177
86. 纱业信托银行发起人会议纪 / 178
87. 上海日夜银行开创立会纪 / 179
88. 煤业银行开幕 / 179
89. 日夜银行开幕纪 / 179
90. 四明银行迁居新屋 / 180
91. 中法振业银行预报 / 180
92. 日夜银行股东会纪 / 181
93. 中华劝工银行开幕纪 / 181
94. 旧历辛酉年各业盈余之调查（一）/ 182
95. 大同银行开幕纪 / 182
96. 中华劝工银行股东会纪事 / 183
97. 民新银行股东会纪 / 184
98. 上海日夜银行春宴纪 / 184
99. 江南银行开幕志 / 185

100. 华一银行开幕纪 / 185
101. 华一银行清理后转移储金 / 186
102. 日夜银行选举会纪事 / 186
103. 美华银行之新组织 / 187
104. 美华银行开幕志 / 187
105. 四明银行将发行新纸币 / 187
106. 棉业银行股东会纪 / 188
107. 蒙藏银行沪行开幕有期 / 188
108. 银钱业再向部索还借款电 / 189
109. 中国棉业银行股东会纪 / 189
110. 女子银行增聘副经理 / 190
111. 国泰银行筹备消息 / 190
112. 大沪银行考练习生揭晓 / 191
113. 中国垦业银行办事处开业 / 191
114. 中华劝工银行经理易人 / 192
115. 大沪银行今日开幕 / 192
116. 中国通商银行新经理昨日视事 / 193
117. 大沪银行优待储户 / 194
118. 惠中银行明日开幕 / 194
119. 惠中银行昨日开幕 / 195

120. 中国垦业银行昨迁新址 / 195
121. 国泰银行创立会纪盛 / 196
122. 至中银行明日开业 / 197
123. 至中银行昨日开业 / 197
124. 中国通商银行南市分行经理
     易人 / 198
125. 中国垦业银行股东常会记 / 198
126. 中和银行举行股东会 / 198
127. 中国通商银行股东会 / 199
128. 亚洲银行昨开创立会 / 199
129. 中国通商银行厦门分行开幕
     电讯 / 200
130. 江浙银行建造大厦添设仓库 / 200
131. 通商银行大厦增高一层 / 201
132. 洪荆山辞宁波实业银行副理 / 201
133. 大中银行近讯 / 202
134. 宁波实业银行新发展 / 202
135. 中国通商银行南市分行添办小
     放款 / 203
136. 宁波实业银行宴客记 / 203
137. 宁波实业银行新行落成昨日开幕 / 205
138. 宁波实业银行迁入新行后营业盛况 / 206
139. 宁波实业银行营业新途径 / 206
140. 大来银行南市分行开幕志盛 / 207
141. 亚洲银行开幕志盛 / 208
142. 中国垦业银行近讯 / 208
143. 宁波实业银行新发展 / 209
144. 张伯琴任通商银行副经理 / 209
145. 南京路上海国货公司国货贩卖团
     成立 / 210
146. 宁波实业银行霞飞路支行明日开幕 / 210
147. 中国垦业银行救济农村 / 211
148. 中国垦业银行钞票信用卓著 / 211
149. 国信银行定期开业 / 212
150. 国信银行开幕志盛 / 212
151. 江浙银行股东常会纪 / 213
152. 中国通商银行昨开股东常会 / 213
153. 统原银行开董事会 / 214
154. 大沪银行昨开股东会 / 215
155. 宁波实业银行四周纪念 / 216

156. 中汇银行重新发展 / 216
157. 四明银行新总经理叶琢堂昨就职 / 217
158. 江南宁波两银行昨均宣告清算 / 218
159. 宁波实业银行复业运动第一声 / 219
160. 宁实复业运动会通告 / 220
161. 孔部长赞许宁波实业银行复业 / 221
162. 宁实复业筹备处成立 / 221
163. 宁波实业银行筹备复业呈财部文 / 222
164. 宁实复业筹备处拍卖大批细软皮货 / 224
165. 江浙银行昨日迁入新厦志盛 / 224
166. 宁波实业银行即日复业 / 225
167. 宁波实业银行复业筹备处月底结束 / 225
168. 中国垦业银行特设服务处 / 226
169. 大来银行昨开六届股东会 / 227
170. 四明银行增加资本 / 227
171. 宁波通商银行昨迁入新建大厦 / 228
172. 国泰银行解散清算 / 228
173. 四明银行增资办法 / 229
174. 国泰银行清算结束 / 231
175. 四明银行总经理由李嘉隆继任 / 232
176. 四明银行增资百七十五万元 / 232
177. 垦业银行白昼被劫 / 233
178. 大来银行昨开股东会 / 233
179. 四明银行董事长协理报告 / 233
180. 宁波四明银行存款在沪提取办法 / 236
181. 国孚银行正式开幕 / 236
182. 五洲银行开幕 / 237
183. 五洲商业银行开幕 / 237
184. 四明银行股东会流会 / 237
185. 惇叙商业储蓄银行杭州分行开业公告 / 238
186. 四明银行开董监联席会 / 238
187. 四明银行概况报告 / 239
188. 1949 年四明商业储蓄银行调查 / 243

银行业

1. 上海四明商业银行有限公司[①]招股启事

启者，鄙人等为维持实业起见，谨遵商部度支部奏定公司银行律，创办四明商业银行有限公司，兼办储蓄，以上海为总行，宁波为分行。定资本规元一百五十万两，以一百万两为整股，分作一万股，每股规银一百两，以五十万两为零股，分作五万股，每股规银十两，均先收一半，发给收条，其余开办后营业推广再行定期续收。除现由创办人认定一半外，不论绅商工学各界均可入股，整股定四月底截止，零股五月底截止。凡同志愿意附股者，请向代收股款处取阅招股简章及投股信约照章纳股。本埠代收股款处崇余庄，升大庄，和康庄，源丰润票号；外埠代收处宁波乾丰钱庄，源丰银号；北京，天津，福州，杭州，广东源丰润票号，汉口协成银号、顺记承号，苏州和丰庄。创办人袁联清[②]、朱葆三、吴葭窗、李咏裳、方樵苓、严子均、叶又新[③]、周金箴、陈子琴[④]、虞洽卿仝启。

《申报》，1908年7月9日

---

① 上海四明商业银行有限公司简称四明银行，1908年由在沪宁波商人发起创办，是近代最早创办的华商银行之一，也以宁波人的银行著称。
② 袁联清，慈溪人，著名钱业经营商，1889年发起创办上海北市钱业会馆并长期担任董事。1908年与李云书等发起创办四明银行。
③ 叶又新，字璋，五金大王叶澄衷第三子。继承父业，活跃于清末民初工商界，与同乡发起创办四明银行、宁绍轮船公司等多个企业。
④ 陈子琴（1858—?），名薰，镇海人。曾协助严信厚创办源丰润票号，1908年参与创办四明银行，为最大股东并任首届总经理。长期担任上海商务总会议董。

2. 四明银行验资开办

　　沪上甬商陈子琴、虞洽卿诸君创办四明商业兼储蓄银行，集股一百五十万两，以一百万两为整股，五十万两为零股。整股一百两，零股十两，均先收一半，业已招齐股本。于前日将所收股银汇存上海大清银行呈请验资。上海道蔡伯浩观察、商会总理周金箴观察、协理李云书部郎，于是日午后三钟赴大清银行，会同督办黎玉平京卿，点验资本，确实无误。黎京卿蔡观察均大加嘉许，谓两月间集成巨款，洵为神速。甬商实力之厚，可见一斑。周李诸君谦逊再三，皆颂黎京堂、蔡观察提倡之功。当即命驾各散。闻四明银行现赁定江西路大洋房取吉八月十六日开办，陈、虞诸君向以多财善贾著于时今，兹大业维新更当展其骥足，不难与欧美银行，齐驱并驾矣，不禁拭目俟之。

《申报》，1908 年 9 月 8 日

3. 四明银行禀部注册

　　上海四明银行禀请度支部注册给照。兹奉批示云，据禀已悉详阅，所拟商业兼办储蓄各章程尚属周妥，应即准予注册，俟该处地方官将该公司股本查验转报到日再行填给执照可也，章程二份、股票息单式样四张，注册公费库平银四百两均存。

　　示谕银行庄号赴部注册。沪道蔡观察昨日出示云，奉两江总督部堂端札开准度支部咨通阜司案，呈光绪三十四年正月间，本部厘定各种银行则例，勿论官办商办各种银行暨票庄、钱庄、银号凡有银行性质者均须赴部注册等因，奏准咨行在案。兹经按照则例详订注册章程，相应将刷印章程一份飞咨两江总督查照出示晓谕，并饬令此项官商各行号，按期遵章赴部注册，以凭核给执照。再查本部奏定则例，以前已经奏设之官银、钱号或官商合办之银钱号,并自奏准之日起作为本部注册之期,惟应分别遵照注册,章程内声明各节咨请补领执照,并希转饬遵办等因,到本部堂准此。查前准度支部咨送厘定银行通行则例当经刷印,分行遵办。嗣因江宁省城各商号并未遵例取结呈验资本,亦未报明度支部核准注册。若任令滥用银钱票殊与部章违背。又经札行江南商务局转饬商会查明,勒限禁阻,暨分行宁藩司、官钱局遵照各在案准。兹前因合就刷印章程札道查照分别办理,仍先出示晓谕,俾众周知等因,计发章程十本到道,奉此除移商务总会转饬遵办外,合亟抄黏章程出示晓谕,为此仰官办商办各种银行及票庄、钱庄、银号等一体知悉务各遵照后开章程赴部注册领照毋违(章程曾见前报)。

《申报》,1908 年 9 月 27 日

4. 官绅合筹巨款维持市面

商务总会总协理周、李二君以上海市面疲滞,银根奇紧,大有岌岌可危之势,议向大清银行商借产业一百万两,四明、交通两银行各借产业五十万两,转向汇丰银行押银二百万两,由上海道担保押出之银,交由商务总会转交南北两市钱业董事,分借各庄以平市面。刻已经三银行允许借给,计大清银行借出产业一百九十万两,四明银行五十万两、交通银行六十万两,合计三百万两,向汇丰银行做成三封月,押款元二百三十万两,同时由江苏藩库装到现银七十万两,上海有此三百万现银足济目前之用矣。

《申报》,1908 年 10 月 10 日

5. 四明银行新屋落成

四明银行新建之三层楼洋房（坐落英租界宁波路八号门牌），业已告成，规模甚为宏远。兹定于今日迁入新屋，下午四时，并须邀请中外绅商前往观成。该银行自开设以来资本充足，一切贸易储蓄为中国商业银行之冠。今兹迁地为良，必更日见发达也。

《申报》，1909 年 2 月 15 日

6. 四明银行发达之一斑

四明银行已于二十五日迁入新建屋片，请官商各界观礼等情已志昨报，兹悉是日储蓄柜收零星储款，洋银七万八千零零四元；商业柜收存储洋十三万零一百元，规元五万一千余两，一日之间而两柜之收入存储款项已若是其巨，则该银行之发达可操券矣。

《申报》，1909 年 2 月 17 日

1909 年发行的四明银行钞票

7. 四明银行股东会记事

四明银行于二十七日开股东会，股东到者二百余人，午后二时开会。秩序如下：（一）总董周金箴君报告开会宗旨。（二）总理陈子琴君报告帐略，并辞退总理职任，及担承清理前事已于本年二月间经董事会决议，请孙衡甫君庖代情形。又报告上年市面多故，各项押款难免损耗，已经董事会决议，本届盈余如数提存，以固根本，股东官利停发，当经多数股东赞成。（三）协理虞洽卿君以事务冗繁不暇兼顾，当众辞退协理之职亦担承清理前事。（四）旧董事袁联清、方樵苓、严子均三君来函坚辞，其余董事均届任满，照章投票公举新董九人及查帐员两人，并公举孙衡甫君续任，总理行务，众赞成。协理一席俟营业发达再议公举。当场有股东某君诘问新旧董事应否分清界限。周金箴君答云，以前各事均归前总理协理及旧董事担任清理，以后行事归新总理及新董事担承。（五）新总理孙衡甫君报告云，鄙人承各董事举为总理，实难胜任。惟以四明名义义不容辞，只得竭尽绵力，尚望各股东及各董事随时赐教，以匡不逮，以前滞呆，纠葛各款仍归前总协理暨总董担任其责，鄙人亦当帮同料理。（六）提议添招新股二十五万两，每股仍五十两，与旧股合足规元银一百万两，当场已认二千零五十股，计银十万余两，时已六钟遂散会。所有选举姓名权数列后。

董事当选九人，樊时勋四千七百零三权、朱葆三四千六百六十二权、虞洽卿四千六百三十一权、盛省传四千五百七十一权、李詠裳四千四百七十九权、冯吕卜四千零四十七权、周金箴三千八百七十一权、孙衡甫三千四百四十九权、严渔三三千二百九十一权。次多数十五人，李严孙一千八百权、傅筱庵八百九十权、陈子琴六百九十权、董杏生六百五十权、袁联清四百权、蔡赉民三百十权、方樵苓二百二十权、严子均一百五十权、倪宝田一百权、苏宝善九十权、沈洪来六十权、洪念祖四十权、刘梯青四十权、李云书二十权、朱说记二十权。查帐员当选二人倪宝田三千五百九十二权、傅筱庵二千六百九十七权。次多数二人，刘梯青一千三百六十六权、朱葆三五百八十二权。

《申报》，1911 年 5 月 26 日

8. 女子银行邀宴各界

劳敬修君之演词

女子银行发起者女界为欧彬夫人、严顺贞、张默君、黄琼仙诸女士,男界中为宋云生、邬挺生、黄家枬、刘宾南等,约共二十余人。原定资本额二十五万,后因投资者踊跃,扩充至五十万,故刻下尚有余额。前晚发起诸人特假某酒楼邀宴各界人物,总商会会董劳敬修即席演说,略谓余于二年前曾敦劝欧彬君发起一女子银行,从事提倡女子储蓄及商业,时欧君以无暇兼顾为辞,今渠已作古,而欧彬夫人果能联合各界发起此行,可谓竟欧君未竟之志,今赞助者既多,将来事业定能发展,余当尽力赞助云云。

《申报》,1924 年 2 月 27 日

9. 女子银行之筹备进行

各女校纷纷认股

欧彬夫人、严顺贞女士等发起女子银行,本定于夏历四月初九日开幕,现因新行装修尚未完竣,故拟展期,日内即将举行创立会,以期举出职员,负责进行。又该行宗旨颇注意在教育界,故在本埠各女校内,亦拟吸收股款,协作进行。该行发起诸人,曾赴中西女塾、圣玛利亚女校演讲"女子银行于发展妇女经济及职业之关系",颇得各女生之同情。中西方面,已认股至两万余元,圣玛利亚亦不在少数,而其他各女校,如清心、爱国、晏摩氏、务本、民立、裨文、爱群等校,亦正在分头接洽,闻上海女生颇多身家殷实者,故对于投资女子银行一事,颇为踊跃云。

《申报》,1924 年 4 月 22 日

10. 女子银行定期开幕

欧彬夫人、严顺贞女士等发起之上海女子商业银行，筹备已历半年，股款完全收足，南京路直隶路转角之新屋，亦已修理竣事，现定于本月二十一日正式开幕。今日（十四日）下午四时，将开创立会，选举董事及经理等。兹录其通知如下：敬启者，女子银行准于阳历五月十四号下午四时，在本银行楼上开创立会，届时务祈台驾莅止为荷，并希随带临时收据一纸，以凭入会，专此，祇请日祺。女子银行筹备处谨启。

《申报》，1924 年 5 月 14 日

11. 女子银行创立会纪

上海女子商业银行，于昨日下午四时，在南京路新行举行创立会。公推欧谭惠然女士主席，致开会词后，即由严顺贞女士报告筹备及招股情形。次讨论开幕日则，姚稚莲女士主张俟董事会成立后，由董事会表决，通过。次严顺贞女士提议，开幕后一星期内，对于各存户，在利息上应加优待，通过。次议决资本额暂定五十万元，先收半数，即开始营业。次对于章程内各条，颇多提议修正者。最后选举职员，当选者，计董事为欧谭惠然、严顺贞、黄琼仙、鲍咸昌、郁均侯、蔡伯良、楼恂如、乐俊葆、黄家枬等九人，监察为李芸苏、丁仲英、张默君等三人，至六时许茶点散会。

《申报》，1924 年 5 月 15 日

12. 女子银行第一次董事会纪

定本月二十七日开幕

上海女子银行,于昨日下午四时,在南京路新行举行第一次董事会,到董事欧谭惠然、严顺贞、郁均侯、乐俊宝、楼恂如、蔡伯良、黄家枬,监察李芸荪、张默君、丁仲英等十人。首由严顺贞代表筹备主任宋云生报告筹备经过及账目。次公推欧谭惠然为董事长,乐俊宝为副董事长,次推举严顺贞女士为行长兼常务董事,并定本月二十七日(即阴历四月二十四日)为开幕期,至七时许始散会。

《申报》,1924 年 5 月 17 日

13. 女子商业银行开幕

来宾达二千余人

上海女子商业储蓄银行中储券一百元票

上海女子商业银行,于昨日举行正式开幕礼,所受各界贺仪,计幛联镜框等多至六百余件。该行下层为营业部,二层为董事长室及副行长室,三层为寝室,是日一律开放。男宾茶点室另设于对面屋内。是日前往道贺者,有政、绅、学、报等中西男女各界人士,如盛竹书、方椒伯、陈光甫、劳敬修、王一亭、黄焕南、李平书、刘锡基、钟文耀、郭标、谭海秋、杨瑞生、沈仪彬、程婉珍、邱丽英、谭社英、舒惠桢等二千余人,均由该行董事长欧彬夫人、行长严叔和女士等,殷勤招待,参观各室,并款待茶点,尽欢而去。是日妇女团体前往者,尤为踊跃,计有上海妇女会、女权运动同盟会、

女子职业联修会、南洋女子师范商科学生、妇女辅助会等，对于该行，均祝为妇女加入商战之先锋，预料前途，必极发达。是日储款计五十余万元。

《申报》，1924 年 5 月 28 日

14. 亚洲银行昨开创立会

亚洲银行自筹备以来，积极进行，所有股额，现已悉数收集，故于昨日假香港路银行公会，依法召开创立会。到会股东徐伯熊等，共计三百九十八权，四千二百五十五股，社会局特派茅震初出席指导。下午一时开会，公推赵玉如君主席，赵叔豪君记录，并由筹备主任李声洪报告筹备经过情形。继通过银行章程。当选董事李声洪、朱燮臣、唐寿民、杨富臣、张景吕、潘志铨、童显庭、孙少甫、徐伯熊、郑赞庭、周景赓十一人。监察祝善宝、郑仁业、魏善甫三人。议毕散会，时已万家灯火矣。

《申报》，1924 年 6 月 25 日

15. 通商银行奖励捕盗出店

奖薪资六月

中国通商银行，于前日（八日）上午十一时，派出店绍典人秦阿三，携带钞票六千元，至麦加利银行兑现被劫一案，已志前报。兹悉该银行总理傅筱庵君对于该出店秦阿三，从公认真，奋不顾身，极为嘉许，昨特奖给该出店秦阿三薪资六个月，以示鼓励云。

《申报》，1924 年 7 月 11 日

16. 女子银行之新营业

抵押首饰　代收学费　经理旅行

南京路女子银行开幕以来，营业殊为发达，该行除经营银行普遍业务外，尤注意于下列四项营业：一、抵押资产首饰，该行鉴于各种企业，全恃金融活动，及将各种资产首饰前往抵押，均极轻利优待。二、代售旅行券，该行经售各埠轮船火车之车票船票，并代定舱位，以便行旅。三、代收学费，普遍学校于开学时，收集学费，琐屑周折，恒感困难，故该行可代各学校收集之。四、该行发售之礼券，既甚美观，且可随意储蓄或兑现，颇受社会欢迎，惟以前所发售各券之银数，均有定额，为图便利起见，可随各主顾之意，不拘多寡，随签缮其数额云。

《申报》，1924 年 7 月 21 日

17. 甬四明银行复业之电告

宁波旅沪同乡会前因宁波四明银行暂停营业，影响金融，人心恐慌，特派员至本埠四明银行总行要求复业以安人心，当由该行总理孙衡甫君面允即日复业。兹悉宁波旅沪同乡会昨接宁波总商会来电，该行已于十月初一日照常营业，请转知旅沪各同乡云。

《申报》，1924 年 10 月 31 日

18. 中国棉业银行股东会纪

昨日下午二时，中国棉业银行假钱业公会议事厅开第三届股东常会，到会股东共一万三千二百余股，已过半数以上。公推潘澄波君为临时议长。次由董事长秦润卿君报告上年营业状况，业务尚称平稳，净揭余银八万余元。次投票选举董事九人，秦润卿、孙月三、张纶卿、沈润挹、潘澄波、孙松年、薛文泰、顾文耀、许松春九君当选为董事，次多数为吴梅卿、冯味琴二君。次投票选举监察三人，夏仲芳、金益芝、孙仲康三君当选为监察人，次多数为潘志铨、孙劼庆二君，并议决旧历二月二十四日分发官红利云云，散会时已钟鸣五下矣。

《申报》，1925 年 3 月 9 日

19. 中华劝工银行追索结束军队借款

中华劝工银行去年徇上海总商会之请，曾借与款项，结束军队，言明以上海县冬漕作抵。现因限期已届，故特检送当时借款之清单，请商会追索。兹接复函，谓已函催，一俟拨到即行归还云。

《申报》，1925 年 3 月 20 日

20. 女子商业储蓄银行股东会纪

南京路女子商业储蓄银行，昨日下午二时在西藏路中西女塾旧址开第二届股东

上海女子银行大楼

常会，到会股事有二千六百三十三权。由主席欧谭惠然女士报告开会宗旨，总经理严叔和女士报告上年营业情形，监察人张默君女士报告上届账略。补选董事三人，陈光甫君二千二百九十五权，姚慕莲君二千一百七十权，张默君女士一千七百六十五权当选。改选监察人三人，李耘孙君一千八百四十九权，徐张智哉女士一千五百八十五权，丁仲英君一千四百八十四权当选。款以茶点，五时散会。

《申报》，1925 年 4 月 5 日

21. 四明银行继续发行纸币部批照准

本埠四明银行总理孙遵法前因该行继续发行纸币，曾呈财政部立案。昨日接到财政部批令云，该行沿袭前案发行纸币，应予照准。至所请免派银行监理官一节亦准予变通办理，仰即知照。

《申报》，1925 年 5 月 22 日

22. 劝工银行催索漕粮押款

本埠中华劝工银行因去冬由上海总商会介绍贷放上海县公署漕粮押款，早已到

期，仍未归还。昨特致函该会，请其迅函上海县公署严行催索，勿任再延，以保血本而维债信。

《申报》，1925 年 7 月 11 日

23. 财交两部杂讯（节选）
陌　鹤

财部小借款两笔

财政部昨向中国银行借十三万五千元，明华银行借八万元，均由十月份盐余拨还。

《申报》，1925 年 10 月 4 日

24. 女子银行股东会纪

昨（七日）日下午二时，为南京路女子银行举行第三届股东常会，由副董事长兼代理董事长姚慕莲君主席，报告欧董事长惠然女士逝世之后，由本席暂时代理，今届开会合应选出董事一人补足董额，并例选监察人三人云云。继由总经理严叔和女士报告十五年度营业状况。监察人李芸葆君证明十四年度账略及盈余支配案毕。选举董事及监察人，结果欧伟国君以最多数当选为董事，徐张智哉女士、杜梅叔夫人、李芸荪君三人当选为监察人，遂茶点散会。

《申报》，1926 年 3 月 8 日

25. 劝工银行续催清偿借款

中华劝工银行为闸北市公所于本年二月九日借用规银三千七百五十两,月息七厘,以三个月为期,现逾期已久,一再函催归还等情已迭志前报。兹悉该银行昨又致闸北市公所董事沈联芳、徐乾麟、陈炳谦、王彬彦函云(上略),贵公所在敝行所该款项,前因执事等具函保证,展期两个月,即经奉复遵办。现所展之期,业于九日到限,而该款未蒙惠下。查前来尊函曾经郑重声明,于限内无论何日交结清楚,且云限期不还概归执事等理楚。兹已逾限,应请查照前奉结单,扫数清偿,万勿再延云。

《申报》,1926 年 7 月 16 日

26. 甬商创办渔业银行

甬属渔民韩秉甫等发起组织渔业银行,业经召集渔民代表,迭开会议,并拟定简章。现呈实业厅,请求备案矣。

《银行杂志》第 3 卷第 18 号,1926 年 7 月

27. 劝业银行允兑宁支行钞票

沪总商会前准沪总商会函请转催劝业银行,将南京支行所获之钞票从速兑现等

情，呈志本报。兹悉劝业银行现已筹备现金，允兑现是项钞票，昨日已由该行总办事处通告持票人，请自本日起随时可往北京路上海劝业银行兑现。

《申报》，1926 年 11 月 5 日

28. 谢光甫[①] 代理通商行长

通商银行总理傅筱庵近因胃病，向该行董事会请假。董事会即根据 2 月 26 日议决案：凡行长有出外游历等事，准由副行长谢光甫代理。按谢为该行长前任经理谢伦辉之次子，人颇勤慎，服务于该行已有十四年云。

《申报》，1927 年 5 月 1 日

29. 恒利银行即将开幕

南京路贵州路口之恒利银公司，向以信用昭著，斐声社会，兹因营业日见发达，特加扩充，添招巨资，改组为恒利银行，迁移至宁波路三十一号，并择于六月三日正式开幕，专营存款放款、各种储蓄、汇兑贴现，以及一切银行业务。闻该行监察李济生，董事傅洪水、李咏裳、乐振葆，经理乐赓荣[②]。诸君俱为金融界斫轮老手，且以资本充足，办事认真，利息优厚，取佣特廉，故营业前途极有把握云。

《申报》，1928 年 5 月 30 日

---

① 谢光甫，余姚泗门人，长期从事银钱业，曾任中国通商银行副行长等。
② 乐赓荣，鄞县人，乐振葆子。

30. 苏州国货银行之招股会议

国货银行筹备会，派江肇周君来苏，与总商会银钱业及各界，筹商招股及设立苏州分行，昨日（七日）下午四时，假总商会开会，议决㈠通过苏州市招股处章程，㈡地点设总商会，㈢推定王引才、龙天笙、张云搏、刘正康为干事，㈣推定吴子深为招股总队长。

《申报》，1928 年 9 月 8 日

31. 垦业银行总行昨日开幕

中国垦业银行上海总行于昨日开幕，中外来宾，自上午七时起，陆续到行致贺者，如财政部次长张咏霓，工商部代表朱吾宾，市政府代表岑德彰，临时法院代表张伟夫，法公廨陈介卿，中央银行陈健庵、顾贻毂、李稚莲，中国银行宋汉章，李馥荪，贝淞孙，交通银行卢润泉，胡孟嘉，唐寿民，以及袁礼敦，虞洽卿，叶揆初，叶惠钧，施省之，陈良玉，徐寄庼，吴麟坤，顾稚一，楼恂如，谢蘅牕，戴畊莘，冯炳南，林康侯，王宪臣，孙景西等约千余人。该行为实事求是计，对于同业堆花，均经婉辞，闻所收存款，已达五六百万之多，是该行之信用，可见一斑，将来业务发达，当可操左券也。该行总理秦润卿，经理王伯元，董长秦润卿，监察徐补孙，常务董事王伯元，方巨川①，梁晨岚，赵仲英，董事徐寄庼，李馥荪，周

---

① 方巨川，镇海骆驼人，长期在沪从事金融业，曾任金城银行经理、董事，中国垦业银行监察人，大生纱厂董事、监察人等。

宗良，楼恂如，龚子谊，李祖华，总理秦兼，经理王兼，副理何谷声，董占春，王仲元。

《申报》，1929年6月7日

32. 中华市民银行昨日开幕

公共租界广东路十九号中华市民银行，昨日开幕，自上午十时至下午四时，各界来宾陆续前往道贺者，约计三百余人，由该行常务董事陆维镛①、总理吴希白、行长吴俊季诸君殷勤招待。室内悬列本外埠银钱两界及党国要人致送联幛，暨银盾银杯，琳琅满目，与新饰雅洁之屋壁相辉映，颇觉富丽。十一时行启幕礼，由该行名誉董事长褚民谊君主席，行礼如仪，旋致词，最要诸语，为希望在事诸君鼓勇奋斗力行本行预定营业计划中扶助市民生计之市民小借款，及各项业务，助行总理之民生主义云云。旋由银行公会常委林康侯君代表来宾致祝，林君本十余年来办理银行之经验，作种种有益之贡献。末有该行名誉董事陈介卿君代表钱敬人、国货维持会徐赓华两君祝词毕，摄影纪念而散。

《申报》，1929年7月11日

33. 中国垦业银行添设支行

本埠中国垦业银行为秦润卿、王伯元等诸君所组织，经呈请政府注册，并奉财

---

① 陆维镛，慈溪人，长期在上海从事买办与进出口贸易。1912年发起成立上海出口公会并担任会长。

政部核准发行钞票。自本年六月间开办以来，营业颇形发达。近该行鉴于沪地市面渐向西展，为谋顾客利便起见，又在静安寺路梅白格路口添设西区支行，专营存款、放款、储蓄、汇兑等业务，筹备业已就绪，择本月十六日开幕。闻已聘定陶子石君为该支行经理，因便于招待女界顾客起见，并请女行员多人，担任各科事务。

《申报》，1929 年 12 月 14 日

1929 年中国垦业银行开业时位于上海宁波路上的办公楼

34. 青岛明华银行发生风潮

青岛通信，本市中山路明华储蓄银行，基金充实，营业向分商业、储蓄、信托三部，该行储户约有三千余户，储款约二百余万元，平素信用昭著，年有盈余，此次

因日人造谣，遂于昨日（十八日）发生挤兑风潮，今日各存户前往提取储款者，仍甚拥挤，公安局恐有滋扰情事，特派警士数十名，在该行前后门维持秩序。凡取款者，须先由左近之警察派出所领取号牌，按号数进内提款，故秩序尚不紊乱。本市银行界暨总商会为维持市面起见，特于昨夜召开紧急会议，讨论维持办法，并遴派人员，赴该行清查账目，调查结果，毫无亏空，且有盈余数十万元。惟该行因办理信托，置有不动产数十处，故所存现款，不敷应付，当经各银行议决，自十九起，每日接济二十万元，即中国六万元、交通六万元、山左四万元、大陆二万元、中鲁二万元。除上开款项外，该行并由上海汇来大批现款，以资接济，计十八日提去现款约二十余万元，今日（十九）提去六十余万元，该行尚存款甚多，应付裕如，不至受何影响。市府方面，亦于今日发出布告，力为该行辟谣。兹录布告如下：据报告，本月十八日，本市明华银行各存户纷纷提取存款，略有纷扰情事，饬查原因，相传系闻上海总行有倒闭消息，致起恐慌。查该行在本市设立已久，信用素著，其上海总行并无不稳消息，各存户对于该行，尽可充分信任，弗信谣言，致起纷扰。（六月十九日）

《申报》，1930年6月23日

35. 重整旗鼓之大来银行

大来银行股额为资本五十万，早经该行发起者认足，原定六月四日开幕，不意于五月二十七日，忽受该行董事洪沧亭、何耿星二董，因一时周转不灵，竟致相继搁浅，故该行除股本受其影响外，尚有其他债务关系，因此不克如期开幕。现该行其余董事，如沈星德、刘同嘉、陈寿芝、竺梅先等，皆属在沪商界中之闻人，不因洪何而停顿，故于昨日，特开董监会议，讨论进行方针，所缺洪何股本，由各董监分认担任。当场经决议后，各董事日来正在分段进行，重整旗鼓，约不日即可召集股东，除报告经过情形外，并补选董监，再定期开幕云。

《申报》，1930 年 6 月 25 日

36. 大来银行临时股东会记

竺梅先

大来银行，于昨日下午一时，在宁波路该行，召集临时股东会议，到有股东一百数十人，极形踊跃。由主席竺梅先①君宣布开会宗旨，及报告经过情形毕，当经全体股东议决除原有股额外，所少股款，仍由各董监积极招募足额，希望于最短期间，即行开幕云。

《申报》，1930 年 7 月 13 日

37. 大来银行创立会纪

本埠宁波路大来银行，自重行改组以来，业已收足资本银五十万元，于昨日下午二时，在宁波旅沪同乡会召集创立会议，到股东徐圣禅、俞佐庭、史九成、胡森甫、吴岂汀等一百五十五户，共三行六百八十四权，公推应季审主席，报告开会宗旨由筹备员竺梅先报告改组以来种种经过情形，乃收足资本五十万元，分存各银行钱庄，当推出俞佐庭、胡森甫、应季审三人为检查员检查资本，并由主席将章程逐条通过，当

---

① 竺梅先（1889—1942），奉化人，早年从事服装业。1929 年接办大来银行，又先后创办民丰、华丰造纸厂。热心公益，1938 年竭尽全力在奉化创办国际灾童教养院。

场选出董事郑少坪、竺梅先、陈寿芝、周智卿、俞佐庭、徐圣禅、吴岂汀、刘同嘉九人，监察人金润庠、卜志坚二人。主席宣布公司成立，遂散会。

《申报》，1930年8月31日

38. 大来银行昨日开幕

宁波路四三八号大来银行，系徐圣禅、竺梅先、俞佐庭、吴岂汀、陈杏初等所创办，募集资本五十万元，呈请财政部核准注册，业经组织成立。昨为该行开幕之期，行内满挂各界致送之屏幛，银盾等礼品，密无隙地，财长宋子文氏亦有匾额一方。贺客到者，有钱新之、唐伯耆、周枕琴、秦润卿、徐庆云、褚慧僧、吴蕴斋、王延松、谢蘅牕等六百余人之多，由该行各董监等殷勤招待。闻该行昨日一日之间，收受各种存款有二百余万之巨，他日营业之发展，殆可操券云。

《申报》，1930年9月6日

39. 女子储蓄银行迁移

昨晚招待报界

上海女子商业储蓄银行开办以来，已历七载，信用卓著，营业发达。兹因原址不敷应用，定于明日迁至南京路四百六十五号新屋。昨晚该行假座一品香宴请沪上报界，由经理严叔和女士致词，略谓女子银行在沪上系属首创，该行有三种服务目标：（一）提倡女士在社会上服务，（二）扶助职业女子，（三）调济家庭金融，希望报界加以指导。次陈达哉代表报界答谢。再次女青年会总干事金毛韵琴女士演说。最后分致赠品而散。

《申报》，1930年12月7日

40. 中国企业银行将开幕

备有精美赠品

四川路六号中国企业银行,现已筹备就绪,定日内正式开幕,该行为实业金融两界巨子所创办,资本二百万元,经理范季美,协理叶起凤,均有声于银行界。内部采用最新式方法办理,储蓄部尤注重平民化,并闻开幕伊始,备有纪念品数种,赠送顾客。

《申报》, 1931 年 8 月 19 日

中国企业银行发布的儿童储蓄广告颇具特色

41. 中国企业银行昨日开幕

四川路六号中国企业银行,昨日举行开幕典礼,到来宾虞洽卿、王晓籁、张啸林、钱新之、贝淞荪、叶惠钧、穆藕初等约五百人,顾客亦甚拥挤,所有来宾及顾客

均由该行分送赠品，以资纪念。该行为刘鸿生、马竹亭、陆荫孚等所创办，行址四川路六号，为刘鸿生自建，资本总额为国币二百万元，分期缴纳，现已收足一百万元开始营业，董事长刘鸿生[①]，常务董事马竹亭、陆荫孚，董事张公权、徐新六、胡孟嘉、吴启鼎、张慰如、刘吾生，常务监察唐少侯，监察林兆棠、戴畊莘，经理范季美，协理叶起凤。该行除营一切银行业务外，兼营储蓄，尤以星期存款、展期加利存款、乐业储蓄存款及养老储金等，为该行所始创云。

《申报》，1931 年 11 月 13 日

42. 中国垦业银行兴建巨厦

由赵新泰营造厂得标　造价银卅八万二千两

中国垦业银行，为本埠金融业巨子秦润卿，王伯元，徐寄顾，李馥荪，周宗良，梁晨岚诸君所创办，一次收足资本银圆二百五十万元，成立迄今，已届三年，业务日臻发达，以致旧有宁波路房屋，顿感局促，不敷办公，爰经董事会议决，特在北京路江西路转角，购置基地一亩三分许，计价银二十五万两，由通和洋行设计，建筑八层大厦一座，于去年底招人投标，结果由赵新泰营造厂，以造价银三十八万二千两得标，目下工程已开始进行。该行预定底层及一二两层，均留作自用，一切设备，博采中外最新式各种银行建筑之长，务期本身与顾客，同感舒适便利，其余各层，悉作写字间出租云。

《申报》，1932 年 1 月 21 日

---

① 刘鸿生（1888—1956），定海人，著名企业家，有火柴大王、企业大王之誉，先后投资创办四五十家企业。

43. 中国垦业银行股东常会纪

王伯元

中国垦业银行，于六日下午二时，在宁波路总行二楼开第四届股东常会，共到股东数十人，代表股权一万七千一百七十权。由董事长秦润卿主席报告二十年度营业情形，及纯益数目。继由监察人方巨川报告账略。随由全体到会股东，通过纯益分配案。即照章改选董监事，结果秦润卿、王伯元、梁晨岚、龚子渔、周宗良、李馥荪、徐寄顾、楼恂如、何谷声九人当选为董事，方巨川，徐补孙，赵仲英三人当选为监察人。

《申报》，1932 年 3 月 7 日

44. 中国垦业银行新屋工程积极进行

中国垦业银行，收足资本国币二百五十万元，为本埠金融界巨子秦润卿、王伯元、徐寄顾、李馥荪、周宗良、梁晨岚等君所创办，成立三载，历在天津、宁波等处设立分行，本埠静安寺路梅由克路口设立支行，并在多处自设货栈，专以服务社会为宗旨，营业极为发达。该行前以规模日大，总行原址不敷办公，经董事会议决，特在北京路江西路转角，购置基地，自建八层新式巨厦，于今年一月间开始兴工，中因沪战发生，交通阻塞，工程稍被延滞，及后交通恢复，该屋工程，即已积极进行，务期仍按原定计划，于明年春间全部落成，正式迁入，藉以便行顾客。该行新屋图样如上。

《申报》，1932 年 4 月 23 日

45. 宁波实业银行昨日开幕

本埠宁波实业银行，昨行正式开幕典礼。上午八时，先行开门仪式，由常务董事邬志豪、监察郭永澜，暨经副经理、襄理等，亲自启门，开始营业。嗣于九时，邀请沪商傅晓庵君，行升旗礼，燃放鞭炮，全体董事邬志豪、何绍庭、邬志和、董仲修、卓雨亭、盛同孙、陈粹甫、杨□仁、曹国□，监察何绍裕、林康侯、郭永澜等，殷勤招待。各界来宾到者，宋汉章、王晓籁、虞洽卿、傅晓庵、秦润卿、贝淞孙、徐圣禅、张炯伯、朱子桥、许世英、屈文六、傅松年、傅洪水、方椒伯、徐新六、徐寄顾、陈掌文、吴蕴斋、冯诵卿、王心贯、袁礼敦、徐永祚、谢蘅牕、楼恂如、闻兰亭、张继光、殷杰夫、张之江、石芝坤、徐懋棠、厉树雄、黄延芳、张申之、朱吟江、魏伯桢、徐可陞等约千余人，门前车马络绎，殊称盛况。闻该行此次开幕，收到各界致送贺礼，已达一千余份，悬挂幛联，费时数日，并满壁辉煌，光陆万状，开幕日营业存款一项，共计收入三百余万云。

邬志豪

《申报》，1932 年 6 月 5 日

46. 宁波实业银行新设施

本埠宁波实业银行，自四日正式开幕后，营业甚称发达，全行职员，抱服务社会之旨，对于顾客，招待殷勤，一切手续，力求敏捷。现为便利各界起见，特将营业期间延长，凡星期日上下午，照常营业，所有各种存款，订息亦较优厚，自六月四日开幕日起，一个月内，优待存户，各种存款利息，概按定章加给一厘。闻该行另设特种往来，各界存入，尤为踊跃，所订办法，简便异常，凡存洋五十元或银五十两，即可开户领用支票，尚有宁波七邑免费汇款及国货流动押款等，现正积极计划，将来实行，非唯旅沪甬帮各界，共庆便利，即本国国货商家厂户等，均可赖以发展也。

《申报》，1932年6月12日

47. 江浙银行昨日开幕

四川路四十八号江浙商业储蓄银行，于本月二十二日，举行正式开幕，早晨九时，行开门仪式，由董事长吴启鼎、总经理周文瑞亲自启门，举行开幕典礼，并备茗点。由董事吴启鼎、杜月笙、张啸林、金廷荪、刘吉生、祝伊才、黄振东、徐伯熊、谭雅声、周文瑞，监察徐梦梨、徐椿林、张叔驯，经理洪芩西、副理魏晋三等，殷勤招待来宾。各界到者，有政界唐生智、朱守梅、徐可亭、宋子良、徐桴，银行界宋汉章、李馥荪、陈健庵、唐寿民、胡孟嘉、徐寄顾、徐新六、贝菘荪、吴蕴斋、胡笔江、林康侯，钱业界秦润卿、裴云卿、谢韬甫、李济生、赵漱艿、盛筱珊、胡熙生、王怀廉、楼恂如、俞佐庭，商界王晓籁、王延松、虞洽卿、刘鸿生、袁履登、王彬彦、盛颐等，约计千余人，车马络绎不绝，贺礼幛联盾鼎等器，陈列辉煌。闻开幕日，营业存款收入，共计八百四十余万，又闻开幕纪念存款存户，尤为踊跃，而该行职员，办事认真，手续敏捷，前途发展可预卜云。

《申报》，1932年6月23日

48. 统原银行创立会记

统原商业储蓄银行，于本月二十六日下午二时，在上海银行公会开创立会，到会股东一百九十八户，股数七千六百八十股，由社会局派代表王宝鉴君莅场监督。公推徐伯熊君为主席，由发起人陈润水君报告创立经过情形，及筹备费用。主席报告股款一百万元，业已一次收足，分存各钱庄银行，宣读公司章程草案，经众讨论修改通过，投票选举结果，当选董事九人，为余葆三、李祖荫、俞佐庭、徐仲麟、陈绳武、楼恂如、秦善富、秦善德、陈润水诸君，又当选监察人三人，为徐伯熊、姚德馨、向侠民诸君，当由当选董事监察人查核股款，存数符合，当场证明，遂摇铃散会，时下午六时矣。

《申报》，1932年6月28日

49. 统原银行定期开幕

定于八月十日举行典礼

统原商业储蓄银行，资本总额国币一百万元，业已一次收足，刻经财政部核准注册，颁给银字一二一号营业执照，将于八月十日举行开幕典礼，并定八月二日，先行开始营业。该行董事长余葆三，董事徐仲麟、余佐廷、秦善宫、陈润如等，均系实业界金融界之巨子，将来于银行业前途，定有相当贡献云。

《申报》，1932年7月29日

50. 统原银行昨日开幕

贺客盈门

昨日,天津路二十号新创统原商业储蓄银行,正式开幕,资本一百万元,专营商业储蓄及各种银行业务,利息优厚,手续简快,颇为社会所欢迎。组织者,系金融实业两界人物,经理陈润水君,副理秦善德君、陈春云君,皆蜚声金融界,该行地居适中,陈设亦精丽矞皇。来宾前往道贺者,皆海上闻人,如王晓籁、袁履登、贝淞荪、傅筱庵、徐圣禅、钱新之、林康侯、胡孟嘉、秦润卿、徐寄庼等诸君,计有千余人,车马盈门,至午后尚络绎不绝,颇极一时之盛,各项存款收入,闻自二日开始营业起,至今已有六百余万之数,足见该行信用卓著,前途盖未可限量也。

《申报》,1932年8月11日

51. 中国垦业银行八仙桥支行定期开业

中国垦业银行,近鉴于八仙桥一带,商业繁盛,人烟稠密,特在敏体尼荫路青年会隔壁设立支行一所,定名八仙桥支行,一切布置,业已就绪,昨日该行开董事会,经到会董事长兼总经理秦润卿,董事王伯元、李馥荪、徐寄庼、梁晨岚诸君议决,聘请姚德馨君为该支行经理,择于本月九日开业,所有支行职员,均考选高中以上程度之女士充任,以期提高服务效率,并于开业之日,备有精美赠品,分贻顾客,以资纪念。

《申报》,1933年2月5日

52. 兴业银行[①]临时会纪闻（杭州）

兴业银行为胡总理任满辞职事，于昨日午后假葵巷安定学堂开临时股东会。计到会股东三十六户，委托者五十三户，共五千一百九十股，于三点钟振铃开会。一述开会词，二推举临时议长，三研究总行总理问题。（甲）挽留胡总理续任。（乙）另选总理接办。四报告汉行总理接替，公推周湘舲君为临时议长，遂起述胡总理因任满辞职，经董事一再挽留，均登布各报而未蒙允许。此次开会或挽留或另选，请众股东各抒所见，以便进行。众谓挽留既未克达目的，似不如暂行另选，以免机关虚滞。议长言如另选，必须常住杭地，以便常川在行，且须素有声望之人，众赞成。遂议决用投票选举法，请郑岱生，孙硕甫二君为监票员，当举出沈新三君得一千七百四十六权，最多数当选；次多数王君达夫。沈君起而力辞，为年轻望浅，不克胜任，请以次多数当选。众谓既经举定，万无辞谢之理。议长及蒋海筹君亦谓责任虽重，请勉为其难，同人等自当协力辅助，勿再谦辞，遂通过。议长报告汉行总理接替事，盛竹书熟悉汉口商情，素著信用，接办诸事似属相宜，众赞成，遂议决请盛竹书担任汉行总理事务，以继叶君揆初之后。议至此，众以沈君本为本行董事，今既被选为总理，则董事中已少一人，又董事中有刘翰仪君，查账员中有张淡如君，均专函辞职，亦难挽留，应另行补举董事二人，查账一人。遂复行投票公举董事，第一票胡藻青得一千三百二十七权当选，第二票王达夫得一千七百八十七权当选，查账员章振之得一千三百三十九权当选，时已五点钟遂散会。

曾任上海浙江兴业银行总经理的镇海商人樊时勋

《申报》，1911年8月8日

[①] 浙江兴业银行，1906 年在浙江省全省铁路公司基础上成立，许多宁波人成为大股东，并且不少人进入银行高级管理层，其中盛竹书曾任总经理，除上海外最大的分行——汉口分行三任总经理均为宁波商人。

53. 四明银行开兑状况

本埠华商各银行前因现洋缺乏，兑付钞票应接不暇，公议暂缓兑付七天以资周转，今已届期。四明、信成两行，已照常发兑。昨有持四明钞票，向该银行兑换现洋者，见该行办理一切，颇有秩序门首广贴告白，标明发兑时刻上午十点钟起十二点钟止，下午二点钟起四点钟止兑票之人，始甚拥挤后有仅收零数，应用仍将苤数钞票持回者，又有将所持钞票属为结成银数存入该银行者可见人心，较前镇定云。

《申报》，1911 年 10 月 25 日

54. 中华银行[①]招股

中华民国军政府近有命令设立中华银行，十月二十日横滨开会招股，由甫经东渡之包达三[②]君会集华人千余人演说。略谓我国民起义以来，东南大定，西北各省亦闻风响应。今新政府聚精会神，扫荡满虏，而海内外同胞陆续寄来之捐款仅能济一时之急。故设立中华银行，以维持金融并辅助军用票之流通，俟国势大定后即改为中央银行。今派鄙人来东招募股本，想吾热诚之同胞必能一致赞同等语。次由任传榜、刘成禺、耶外峰等相继演说，语极恳挚，一时人心大为感动，当场定买股票三万股，计十五万元（按该银行资本五百万，每股五元）。

《申报》，1911 年 12 月 19 日

[①] 中华银行，1911 年 11 月在上海成立，推孙中山为总董，不久孙中山退出并改组为商业储蓄银行，宁波商人朱葆三出任董事长，林莲生任总经理。
[②] 包达三，镇海人，20 年代曾参与创办上海证券物品交易所。

企业篇｜银行业｜上海中国银行之特色　　161

位于上海北京路上的中华商业储蓄银行

中华商业储蓄银行储蓄盒

55. 上海中国银行[①]之特色

上海中国银行自滇事发生之后，即斤斤以保全银行为宗旨，所有政府存款除已存者得提用外，概不为政府垫款，钞票准备亦力求充足，是以上海幸无恐慌。日前该行股东召集全国股东创立中国银行股东联合会，要求南北政府维持已得同意。惟股东等因闻北京政府将发表命令，宣布停止兑现及提存等事（按国务院令已传达到沪，见今日本报论前广告），特开会议决，推举监察员二人到行管理全行事务，一面请古栢律师及村上律师代表股东接收全行财产，全权管理，所有准备金亦移交律师管理，以维钞票信用。至存户如浙江兴业、浙江、上海等各银行亦公请律师葛福来，会同股东律师共同管理，保护存款，全行营业仍归旧经理宋汉章、张公权主持。如此则执有中国

---

① 上海中国银行是中国银行最重要的分行，自改组前的大清银行起一直由宋汉章主持。

银行钞票及持中国银行存单者可以安然无虑，未始非金融界之幸福也。兹将股东会致商会信录左（略）。

《申报》，1916 年 5 月 13 日

上海中国银行营业部

56. 四明银行之情形

四明银行昨日亦有兑现者上午纷纷来兑，幸行中预备充足，自上午起至下午五点钟，共付十五万余。来兑者见付款甚便，因之来兑者反少，至下午已寥寥矣。银行中尤恐兑者不便展长应付长期，两点余钟并闻今日即属礼拜亦仍照常兑付云。

《申报》，1916 年 5 月 14 日

57. 三志中交两行之强弱（节选）

上海总商会近日迭开会议，其临时提出议案，约分数端，现录要点如下：

㈠南北市各钱庄一律通用中国银行兑换券，如收一氹数立赴该行兑换以资流通而免拥挤。㈠出该行分存现款数十万于南北市。曾经注册大小同行，其数约分三等：（甲）一万；（乙）五千；（丙）三千，以作为兑换之预备。㈠多银之户不得于此时吸收现款，因市面恐慌已达极点，社会上应公共维持。㈠四明银行资本雄厚，预备充足，凡商号不得于此时附和致扰市面。㈠殖边银行在纸币已收过半，应互相维系。㈠中外各银行之拆票于此时竭力顾大局，照常出入。㈠已受风潮各银行平时如有余力，凡遇市面银根吃紧之际，须各尽维持之责，以保沪埠商市。

《申报》，1916年5月16日

58. 四明银行之镇静

四明银行于前两日因受市面影响，小有挤轧。昨该行黏贴一条略云，本行为完全商股，卓立多年信用素著。年来，因鉴于市面诸从谨，饬平时现款充足储库以待。昔年本行曾受市面风潮丝毫未损，且本行票额无多，现金多过票额，诸君惠临，当宽放时间从容应付云云。闻该行自上星期连发现款数十万元，昨日已安静如常矣。

《申报》，1916年5月16日

上海四明银行大楼外景

59. 四明银行处之泰然

宁波路四明银行因筹备在先库储充足，故自沪市发生风潮后，该行即从容应付，且因向来票额无多。两日来业已收罄，及至昨日已无人往兑，照常营业。当此风潮剧烈之时，独能措置裕如，其信用益加坚固矣。

《申报》，1916年5月17日

60. 四明银行信用益坚

本埠四明银行对于此次风潮，因平时库储充足，故发出现款数十万，其信用反益坚固。闻前昨等日有多数存款之人知该行财力雄厚，纷纷将其他存款，拨存该行，为数甚巨。该行以存款充足,近来市面不易放出,只得酌量收拒,以免划兑之劳,亦可见该行之实事求是矣。

《申报》,1916 年 5 月 18 日

61. 四明银行之稳健

本埠宁波路四明银行当交通殖边发生兑现风潮时,该行亦遭波及,幸经理得人、库储充足,得以转危为安。现闻该行以前车可鉴,不欲多放纸币,所有前此收回钞票,主张暂勿放出,其已发出者日则于柜内堆存,现洋以待随时兑换,照常流通,至一切帐款往来均持稳健主义云。

长期主持四明银行的孙衡甫

《申报》,1916 年 6 月 13 日

62. 组织商业银行之进行

陇秦豫海铁路督办施省之君组织之商业银行,业已设立事务所,着手筹备,经纪前报。兹悉该银行自事务所成立后。所有前经认定之股份现已足额。地址亦经觅定后马路兴华银行基址,一切布置将次完备,业于前日将事务所迁移入内,并于昨日邀集各股东会议进行方法。当经各股东决定,行名为永亨,准于明年一月一日京津沪三处同时开幕,实行营业。惟正经理施省之君事务殷繁,无暇兼顾,决定推举杨汉汀[①]充任,而以徐宝琪副之。

《申报》,1917 年 10 月 25 日

[①] 杨汉汀,慈溪人,长期在上海从事银行业,曾任三北旅沪同乡会经济董事。

63. 永亨银行定期开幕

宁波路永亨银行定于阳历一月三号开幕，该银行纯粹商业性质，纠集南北巨商，资本五十万元，先收二十五万元，仿照洋商公司办法，不支官息，年终结账盈余，除开支及提出公积金酬劳金外，悉数按股匀派。以故投资者异常踊跃，时仅旬余，闻已溢额。未开幕前收入存款甚巨，该行所放押款、借款、贴现等已达数十万元，存放中外各银行各钱庄现款颇巨。总事兼总理系陇秦豫海铁路督办施省之，已先期莅沪预备举行开幕典礼，代理总理朱五楼系钱业董事，经理杨汉汀系前浙江银行宁波交通分行经理，副理徐卖琪系前任上海交通银行副理，其余行员均经验丰富之人。内部分营业、会计、出纳、文书四科，秩序井然。且闻其中外支票及存折凭券等品印刷颇为精美云。

《申报》，1917年12月24日

64. 祝颂华孚银行开幕

总商会会长朱佩珍、副会长沈镛，因本埠华孚银行定于本月十一号开幕，昨特致送匾额，并题颂词。其文录下：洪君念祖忠信笃敬，操海上金融者三十有余载，以钱业董事资格，为本总商会会董，历有年所。今者世界潮流以商业竞争为目的，操纵金融实具左右时局之能力。华孚银行乘时开幕，敦请经理洪君得挟其智慧，操其锱铢吾知，酌剂盈虚，时其出纳，不但巩固我国银行之信用而臻健全丰隆之盛，即工商业界亦于是促其进步也。敬上数言，以伸颂祷：炎黄启运，风气大同，辇致货贿，成市日中，惟兹歇浦，源头活水，操持金融，司我弃铨，爰有华孚，树帜春申，贪三廉五，裕国阜民，矧彼执事，计学专家，经之营之，秋实春华，一朝发轫，万古辉煌，恢张鸿业，邦家之光。

《申报》，1918年3月9日

65. 组织利华储蓄银行

上海总商会会长朱葆三、沈联芳等发起在沪组织利华储蓄银行，曾经会同该会各董及南市县商会会长等，筹足资本一百万元，现已拟订该银行储蓄等项章程，除分投招股外，特将简章呈请北京农商部及江苏省公署请为立案。

《申报》，1919年11月4日

朱葆三

66. 东陆银行开幕记

南京路抛球场西首东陆银行于昨日开幕，各界人士前往道贺者络绎不绝。该行总行设在北京，收足资本一百二十万，开办不过年余，获利达三十余万。乃力图发展，于去年秋间决议提拨现款五十万，设分行于上海，择南京路之中心，自行建筑三合土洋房一座，计高四层。一月前方始竣工，一切施设悉仿西式，门之右侧有客室一间，系供来行交易者休憩之所。入内经理室在焉，二楼前部为会议室，后部为行员之餐室。三层因赶于开张，尚未分间装饰。现时设有餐台多张，款待来宾。四楼后部计

方椒伯

屋三间，前为屋顶花园，楼上下满挂贺联祝词，统计有三千之多。上午八时开市，收入各类存款颇多。该行营业注重商业汇兑，而于各种储蓄致意尤力。闻该行行长为宁波旅沪同乡会坐办方椒伯云。

《申报》，1920年3月13日

67. 东陆银行开办储蓄

本埠东陆银行，自开幕后，因行长方椒伯，贺荇舫及营业长陆晓峰等，均商界中素有经验信用者，故营业颇为发达。兹闻该行为便利各界起见，于原有资本内划出二十万元，开办储蓄，规定各项章程内，有凡房金学费等储蓄，均可按期代付，生出子金云。

《申报》，1920年4月4日

68. 明华银行在沪设汇兑所

甬商董谨吾，曾游学日本，毕业经济科，回国后，迭任北京中国银行、吉林官钱局、东陆银行等要职，经验丰富，近复集资组织明华银行，已告成立。设总行于北京，在申设立汇兑所，业已开始营业。上海汇兑所主任为邵芷湘，系甬江资本家，向在沪甬开设钱业，于银行业务亦颇有经验云。

《申报》，1920年5月8日

69. 东陆银行副行长之接替

本埠东陆银行副行长贺荇舫，近奉总管理处调任京行行长，所遗之职，派林斗南充任。闻林君系甬人，历任钱业及宁波商业学校校长，前由中国银行总管理处副总裁张公权特聘为总稽核长，于银行业务，富有经验，已于昨日交替云。

《申报》，1920 年 5 月 28 日

70. 劝工银行[①] 创立会纪事

上海劝工银行自去岁由穆藕初、聂云台、黄任之等发起后，迄今已历半载，兹因所招股分已收满四分之一，特于昨日下午一时在香港路筹备处开创立会。到会股东有王儒堂、朱进之、穆藕初、黄任之、楼恂如、李咏裳等四十余人，共计一万一千三百九十八权。届时振铃开会，公举穆藕初君为临时议长，报告经过情形，略谓本银行之发起在去年八月，所以发起组织劝工银行者，盖吾国中银行均偏重于商，殆去年五四运动以后，余个人由工业方面实地调查，确知吾国实业所以不发者，由于工业界经济之不足。是以特创设此银行，筹备至今已招得股份三十万元，故特于今日开创立会。今日最紧要者即通过章程，选举职员云。次由主席宣读章程，请众讨论，全章修改者仅二条：（一）原章定监察人之当选须二百股以上者，经众改为一百股以上即可当选为监察人。（二）原章定红利，董事得百分之十五，行员得百分之廿五，经众改为董事得百分之十，行员得百分之三十。次投票选举董事及监察人，投票毕，由主席请王儒堂、黄任之、李咏裳三人为开票督察员。此时主席并请楼恂

[①] 中华劝工银行，宁波人占据重要地位，王儒堂曾任董事长，楼恂如、刘聘三则长期担任总经理一职。

劝工银行董事长王儒堂[①]

如报告行址,略谓本行行址已在南京路山东路对过租定,该处有地八丈四尺,租金一千一百两。本行已由该处划出三丈建设,惟尚须一礼拜后始能议定云。次主席请楼恂如、李咏裳二君检查已收之股份。由李君当众报告,谓已收股份为三十万三千九百八十元,共计一万九百九十九股云。次主席报告,谓本行筹备至今共用一千一百三十五元,均由鄙人处支取,此款如何处置请公决。议决由开办费内支还。至此坐待多时,至五时半选举票算清,结果以楼恂如得票最多,楼君为敦裕钱庄经理,对于银行学最为熟悉。选举毕又定于下星期三正午开董事会,讨论进行方法云。兹将当选姓名录后(董事九人)楼恂如一一三八七权,王正廷一一二一八权,吴麟书一一一七二权,穆藕初一〇九八五权,张兰坪一〇六一二权,李咏裳一〇六一二权,黄任之一〇一一八权,郑培之九四九九权,严裕堂八一〇九权;次多数二人薛文泰、刘星耀。(监察人三人)席永星九七一一权,陈学坚九六九二权,刘星耀七九三二权;次多数二人严裕堂、朱炳章。

《申报》,1920 年 7 月 18 日

71. 劝业银行开幕纪

上海劝业银行昨晨九时开始营业,一时贺客齐集,商界如朱葆三,聂云台,秦润卿诸君,及各银行钱业主任,各帮各业领袖,约七百余人咸往道贺;政界如何护

---

① 王正廷,字儒堂。

军使、许交涉员、徐警察厅长、沈知事均先后莅止，而兵工厂谢厂长为靳翼卿总理代表，海关姚监督为财政总次长代表，王道尹为农商总长暨江苏省长代表，亦次第到行致颂之辞。当由董事虞洽卿、行长张咏霓分致答词致谢。此外徐总统赠匾额一方曰丰财和众，黎前总统赠匾曰兴实殖财，靳总理亦赠匾曰雍容解阜，均先期派员送交该行悬挂。昨日自上午九时起午后四时止，共计存户有三百三十六户，计五百三十六万八千三百余元，而放出钱庄同行之款，计四百五十余万云。

《申报》，1920 年 12 月 17 日

72. 通商银行① 添设分行

中国通商银行洋经理麦卸尔君，现因营业发达，仅有总行一所不敷发展，爰特议定于虹口乍浦路天潼路口八号洋房内添设通商银行分行一所，华买办一席，由总行买办傅筱庵派王君前往担任，现已布置就序，约在下月初旬，即行开幕营业云。

《申报》，1921 年 1 月 15 日

中国通商银行钞票

---

① 中国通商银行 1897 年创办，为第一家华资银行，创办伊始就有多个宁波人入股担任总董，1919 年镇海商人傅筱庵长期担任董事长，高级管理人员也几乎清一色为宁波人，故该行被认为是宁波人的银行。

73. 中国通商银行分行开幕

虹口天潼路乍浦路转角中国通商银行虹口分行，于昨日（三十一日）行开幕礼，总行经理傅筱庵，分行主任王心贯、谢百受①，董事盛泽承、邵子愉、周金箴、陈辉庭、朱葆三、严渔三、徐冠南诸君，均亲自在该分行招待。来宾有财政部代表卢润泉司长、钱干臣代表徐恩元，及本埠各行政机关代表，苏省各商会代表，本埠各银行各钱庄执事等，约五百余人，均由该行职员，引导至各部办事室、银贷部、保管库等处。屋凡三层，满挂红幢对联，以及颂词祝词等，一一参观毕，又邀至叙餐室会餐，午膳后始散。计是日该行所收各存款，共有一百十八万三千余元，活期储蓄亦有二十五万数千元。

《申报》，1921年2月1日

74. 民新银行开幕纪

河南路民新银行昨日开幕，各界人士往贺者达数百人，由该行董事李志方、经理冯芝汀君等，殷殷招待。闻该行重要职员除上述二君外，董事长为李平书君，董事为张申之、蔡琴荪、薛文泰、盛筱珊，监察人为陈馥苞、魏伯祯，副经理为冯宋雨云。

《申报》，1921年3月17日

---

① 谢百受，字启涣，余姚人。历任通商银行虹口分行副经理、华义银行经理、美大火油公司董事长等职。

75. 棉业银行之筹备

中国棉业巨子薛文泰，沈润挹，许松春，孙松年等三十五人，以本国棉商素无金融机关调剂运用，以助棉业之发达，爰发起组织中国棉业银行。迭经集议讨论，已于本月十三日设筹备处于江西路中国棉业联合会，额定资本国币一百万元，业经各发起人，赞成人认足股本。昨开筹备会，举定薛文泰为主任，潘作楫为副主任，沈润挹，张纶卿，许松春，顾文耀，金益芝，孙月三，孙松年等为筹备员，现正积极进行。

《申报》，1921年2月18日

76. 民新银行开幕

民新银行于去年九月间组织成立后，即自行建筑三层楼洋房于河南路一八三号，经营数月，于本月初始告落成。昨日为该行开幕之期，本埠绅商各界到行参观者颇众，昨日各户存款，亦甚踊跃，计活期存款银二百五十六万五千六百两、洋四十五万五千元，定期存款银二十五万七千五百两、洋三十七万六千一百元。该行经理冯芝汀前任华孚副经理，信用颇著，副经理冯松雨为美国哥伦比亚大学经济科文学士，办事认真，尤精稽核，该行将来营业之发达，可预卜也。

《申报》，1921年3月26日

77. 民新银行申谢

敝行开幕，荷蒙诸公大驾惠临，吉词远贲，幸承雅教，兼锡多仪，祗领之余曷胜荣幸，端布申谢，不尽依驰。董事长李云书，办事董事蔡琴孙，张申之，董事李志方，薛文泰，盛筱珊，监察人魏伯桢，陈馥苞，经理冯芝汀，副理冯松雨谨启。

《申报》，1921年3月26日

78. 棉业银行之组织

棉业银行，新由沪上棉业各巨商组织而成，现已筹备就绪。闻该行聘请向在兴业银行任营业部主任之冯味琴君为行长，并推总商会副会长福源钱庄经理秦润卿君为办事董事，已得二君同意，允任斯职，故一切进行极速，大约下月可以开幕，并闻兴业营业主任一职，现以会计主任曹吉士兼充云。

《申报》，1921年4月2日

79. 组织中之新银行

沪上中西各银行营业，近年甚为发达，因而华商银行，已有十六七家之多，去年盈余，亦为各业中首屈一指。兹闻又有甬商洪承祁、盛玉华、周佩箴等，发起组织华商银行一家，牌名中易信托银行，共筹资本八百万元，业已筹集股本，正在繁要地点找寻房屋，一俟觅定，即饬匠装饰，积极进行云。

《申报》，1921年5月9日

80. 煤业银行之组织

甬商韩芸根、刘鸿生、杜家坤、何元增、刘吉生等，发起组织煤业银行，业已筹足股款五十万元，认股皆系煤业中人。前晚假法大马路鸿运楼开成立大会，来宾甚众，当场定韩芸根为总理，前庆丰银行经理郑声和君为行长，即择定北京路庆顺里庆丰银行房屋为行址，大约于下月间，即可开幕矣。

煤业银行重要创办人刘鸿生

《申报》，1921 年 5 月 23 日

81. 棉业银行创立会纪

本埠棉业银行于昨日午后二时，假总商会开创立会，到会股东计一万六千八百二十九权，先由筹备主任薛文泰①报告筹备经过情形，并收支账略及股款，分存细数，继由股东推举秦润卿为临时主席，通过章程，投票选举，计选定董事九人，秦润卿、薛文泰、沈润挹、陈纶卿、潘作楫、孙松年、顾文耀、许松春、孙月山当选，又选监察三人，计夏仲芳、金益芝、孙仲康当选，次多数董事胡益甫、曹启明、金益芝、潘调卿，次多数监察郑又侨、胡益甫，散会已六时矣。

棉业银行主要创办人薛文泰

《申报》，1921 年 5 月 30 日

---

① 薛文泰，镇海城区人，主要从事棉纱制造，1921 年发起创办棉业银行并担任董事长。

82. 明华银行开幕纪

明华银行为宁波巨商所创办，自去年北京总行成立后，营业极为发达，获利甚多，前日为上海分行开幕，当日收入存款数达五百万，本埠军政商学各界前往道贺者络绎不绝。

《申报》，1921 年 6 月 2 日

83. 信通银行创立会纪事

信通银行于昨日下午，在河南路信通公司开股东创立会，到会者计四千余权。当推举袁近初为临时主席，由筹备主任孙铁卿报告筹备经过情形，并陈认股逾额，减折摊派，异常抱歉，旋由股东通过章程，选举董事七人，孙铁卿得四千四百零五权，万应楼得四千三百四十权，胡涤生得四千一百七十五权，王鞠如得三千四百三十权，谢光甫得三千四百权，郭瑞生得二千八百八十五权，冯世昌得二千四百七十五权，为多数当选。又选举监察二人，史久鳌得三千六百十权，宋德宜得三千四百十五权，当选。闻不日即将开始营业云。

《申报》，1921 年 6 月 19 日

84. 纱业信托银行宴请报界记

上海纱业信托银行发起人徐庆云等，于昨日午刻，假座一枝香餐馆，邀请中西报

界及商业重要分子四十余人叙餐。宴次,由徐君起立致欢迎来宾词,并演说发起人发起上海纱业信托银行之宗旨及经过之情形,由冯炳南译成英文,谓棉纱为人之必需品,我国本富于棉产,现棉厂一业,已日臻发达,倘无相当之金融机关,决不足以资周转,且中外互市,经营方法,日进不已,倘无智识上之交换,尚何进步之可言。各国操商业胜算,其主要原因,厥在电信络绎,故能瞬息千里,我国于此项机关,尚存阙如,故敝行除棉纱业外,对于其他各项实业,亦负责辅助提倡调查责任。凡我国各地及国外大埠,每日之汇率,各物之价格,棉市之涨落如何,均应互通消息,务使我国实业界,追踵欧美,并使各国之经商我国者,了解我国商业及社会状况而有所着手者。敝行股份总额,定为五百万元,分作十万股,每股五十元,由发起人全数认足。第一期股款四分之一,现已收足,第二期股银,俟开幕时,当即征收,其余视营业上必要时,由董事会议决定收足之。此次附股于敝银行者,什九皆为敝同业人,故表面上,虽为一种普通之股份有限公司,而实质上,实为一种同业金融及精神合组之机关也云云。继由中西各报代表答词,致谢徐君等之邀宴,并希望该行及华洋贸易之发展。至四时,始散。

《申报》,1921 年 6 月 26 日

85. 明华银行宴客记

北京明华银行之上海分行,曾于上星期宴请同业。昨晚七时,该行复假座一江春宴请各界人士,到者三百余人。该总行行长,为童今吾,昨晚宴时,由该分行邵芷湘行长与童广甫、童汝馨等招待,至九时始散。

《申报》,1921 年 6 月 27 日

位于上海北京路上的明华银行

明华银行礼券

86. 纱业信托银行发起人会议纪

上海纱业信托银行发起人等，于昨日（二十三）上午十二时，假座一枝香餐馆开会。由徐庆云君主席，报告上届会议事项，及此后进行步骤毕，即散票选举董事及监察人，直至下午四时，始行毕事。兹将选出之董事、监察人姓名及权数列下：吴麟书九万权，郑松亭八万四千七百权，匡仲谋七万五千权，邵声涛七万零二百权，徐庆云九万权，李锦章五万八千七百权，闻兰亭七万九千五百权，边瑞馨七万四千七百权，俞福谦六万六千五百权，以上九名为董事；董仲笙八万四千七百权，冯炳南七万五千五百权，金锡之七万三千二百权，以上三人为监察人。董事之次多数者为王一亭君，得三万三千二百权，贾玉田君，得二万一千权；监察人之次多数者，为吴培之君，得一万二千权。并由各董事公推徐庆云君为董事长，兼办事董事，吴麟书君为办事董事。该银行之发起者，大半本埠纱业巨子，其经营方针，闻亦以辅助纱业发展为主要云。

《申报》，1921 年 7 月 24 日

87. 上海日夜银行开创立会纪

上海日夜银行股分五十万元，闻已全数收足，于昨日下午三时开创立会，选举董事及监察人。选举结果，张岱杉、徐辅洲、黄磋玖、杜枚叔、陈曜珊、包达三、叶山涛、狄楚青、高庆堂、陆竹坪、许鸿翯当选为董事，陈学坚、朱叔源当选为监察人，并由董事互推黄磋玖为总理，叶山涛为协理。闻定于阴历七巧日实行开幕云。

日夜银行主要创办人黄磋玖

《申报》，1921年8月2日

88. 煤业银行开幕

北京路煤业银行，于昨日行开幕礼，上午除军政两界各机关代表莅临外，商界如朱葆三、宋汉章、顾馨一、方椒伯、李馥荪、秦润卿、盛竹书、钱新之、徐冠南、谢衡窗、李云书、杨奎侯、倪远甫、王鞠如、龚丹庭、陈光甫、谢仲笙等到一百余人，经该行主任韩芸根、陈声和等招待，款以茶点。是日计共收入存款二百余万云。

《申报》，1921年8月9日

89. 日夜银行开幕纪

浙商黄磋玖等，以沪上银行无夜市，商人皆感不便，因创日夜银行于本埠爱多亚路，宗旨崇实，不务虚大，经理孙君慎钦，为银行界健者，夙以精细谨慎稳着，副经理王志远，亦此中老手。昨为开幕，来宾极一时之盛，除军警政界外，商界如朱葆三、秦润卿、宋汉章，均躬与盛会。该行组织，内容完备，秩序井然，规模亦甚宏大。闻是日拆出之现款，达三百万金之巨，将来营业发展可预卜云。

《申报》，1921年8月11日

90. 四明银行迁居新屋

上海四明银行于前清光绪三十四年创立为华商银行之先进，宁波、温州、汉口等处均设有分行。年来营业发达，故沪行原有房屋不敷发展，特在北京路江西路转角自行购地建筑新屋，择于昨日（即九月九日）迁居，官绅商学各界人士往贺者甚众，且有西商数十人亦往道贺，颇极一时之盛云。

《申报》，1921年9月10日

91. 中法振业银行预报

中法振业银行主要创办人钱达三

沪上银行，自民国后，逐渐增多，钱君达三在沪经理商业多年，名声卓越，今春亦纠集同志朱葆三、童亢龄诸君，组织中法振业银行，计股本洋五百万元，中法各半，在法使署验资注册。闻手续业已办竣，并于本年九月十一日领到营业执照，京行定期二十二日开幕，沪行设在英租界天津路，现正建造高大洋房，焕然一新。闻下月初旬即可竣工开业，总董张寿龄，总理倪幼丹，沪行行长即钱达三。想届时往贺官商，冠盖如云，必有一番盛况。而该银行闻须振奋精神，以经营业务，果尔则将于银行界中为后起之秀。

《申报》，1921年10月15日

92. 日夜银行股东会纪

上海日夜银行开幕以来，昼夜兼营，营业种类尤多创格，致营业非常发达。近由各董事提议，以原定股本不多，经营范围尚嫌太狭，亟宜添加资本，以期发展。于昨日下午复开股东大会。到会者四万六千一百股。当由各股东公决，由原定五十万资本改为伍佰万元，先收足一百二十五万元，俾合部章，呈请注册。当场由各股东认定股款，并将老股十元改为每股五十元，先收四分之一，凡老股一股得购新股一股，除□购者购认外，余由董事会认足云。

《申报》，1921年11月21日

93. 中华劝工银行开幕纪

昨为中华劝工银行开幕之期，该行之重要职员如次：董事长王儒堂君，董事吴麟书、穆藕初、张兰坪、黄任之、薛文泰、李咏裳、郑培之、楼恂如[①]诸君，监察人席聚星、刘星耀、陈学坚诸君，经理楼恂如君、副理刘

中华劝工银行经理楼恂如

---

① 楼恂如，鄞县人，长期从事金融业，曾任中华劝工银行首任行长。

聘三君。该行自建楼房于南京路中段，昨日中外人士往贺者约千人，颇极一时之盛。

《申报》，1921年11月29日

94. 旧历辛酉年各业盈余之调查（一）

华商银行　近数年来银行界甚为发达，且年盛一年，辛酉全年计四十家，内聚兴诚因总行在四川，盈余若干尚未明悉外，其上半年各银行共余二百四十四万二千元，下半年连中南盈三十三万元，共计二百八十七万四千元之巨，为通商之后最丰之年。兹将各银行全年盈余数调查列下：中国银行盈六十万元，交通银行盈三十八万，中南银行下半年开盈三十三万，上海盈五十万，盐业二十万零五千，金城十四万五千，浙江地方十四万二千，浙江兴业十七万，中国实业四万，大陆十二万，东亚十二万，东陆十三万，中孚十二万，广东十二万，新华七万五千，东莱二十万，四明四十万，永亨十二万，正利六万五千，中华六万五千，江苏十五万，华孚三万，华丰四万，懋业七万，汇业八万，华义五万，劝业二十万五千，明华十一万五千，民新十二万，淮海六万，华大四万五千，大丰五万，苏州五万，劝工下半年开盈二万，棉业盈三万，通易盈四千，日夜盈十万，丝绸盈三万，煤业盈二万。以上全年共盈国币五百三十一万六千元。

《申报》，1922年1月31日

95. 大同银行开幕纪

天津路干记弄口大同银行，昨日开幕，来宾道贺者，政界如何护军使代表孙梓琴副官、海军蒋司令、警察厅徐厅长、陇海线路施督办、兵工厂谢厂长、闸北水电厂冯厂长、总商会会长秦润卿，商界如朱葆三、傅筱庵、宋汉章、盛竹书等有六百余人，经总董陶希泉、董事孙衡甫、盛绳武、盛丕华，经理徐季风等一一招待如礼，车马盈门，颇极一时之盛。闻当日各种存款约收三百余万云。

《申报》，1922 年 2 月 8 日

96. 中华劝工银行股东会纪事

中华劝工银行于去年十一月间开业，昨日举行股东常会，公推王儒堂主席，报告上年营业状况后，即照章选举监察人，当选人为顾子盘、陈学坚、郑松亭，候补当选人为席聚星、陈青峯、徐静仁。是日到会股东颇多，佥以去年营业不满四十日，所得盈余除各项开支及摊提各项费用外，纯益金已有陆万余元，均非常满意云。

《申报》，1922 年 2 月 19 日

1949 年的大同银行支票

位于上海南京东路上的中华劝工银行

97. 民新银行股东会纪

昨日午后二时，本埠民新银行假座西藏路宁波同乡会开第一次定期股东会。共到股东七十九户，计二万四千二百三十五权。首由董事长李云书报告营业状况。略谓，本行以民国九年九月成立，十年三月二十五日开始营业，七月间筹设甬行，于九月十二日开业。本届终结，计沪行纯益十二万四千三百三十四元九角一分，甬行纯益四万三千三百零三元五角一分，除摊提建筑费及董事部开支外，共得纯益十五万二千一百八十九元六角三分。经监察人查核无误。次讨论纯益金分配案，决定提法定公积金二十分之一外，余分配如下：（一）特别公积金二万二千元；（二）股东红利每股三元，共九万元；（三）董事监察人酬劳一万元；（四）行员奖励金二万元；（五）剩余金二千五百八十元一角五分，共议决于三月内发给红利。次选举监察人，用连记投票法选出赵林士（二一五七五权）、陈馥苞（一九五九五权）二君为监察人，遂散会。

《申报》，1922年2月20日

98. 上海日夜银行春宴纪

上海日夜银行，自客岁创立以来，营业尚为发达，昨晚六时，该行在宝善街复兴园大开春宴，列席者如中西各银行、各种商业，与报界人士等，共约数百人，由黄楚九偕同人石枕流君等殷殷款待，宴叙至九时许，始尽欢而散。

《申报》，1922年2月22日

99. 江南银行开幕志

本埠江南银行（宁波路三十五号）于昨日正式开幕，绅商各界，均往道贺，政界如何护军使、蒋海军总司令、徐警厅长、许特派交涉员、杜杭关监督、兵工厂谢总办、闸北工巡许局长、李副官干卿、陆秘书达权，商界如宋汉章君、盛竹书君、钱新之君、傅筱庵君、谢蘅牕君、袁洽斋君以及各银行行长、各钱庄经理、各商号领袖等，约计九百余人，由董事长朱葆三、总理徐乾麟君、经理夏质均君、协理徐源镛君殷勤招待，济济一堂，颇极一时之盛。闻该行是日共收入存款二百八十余万元，零星储蓄约数万元，将来营业之发展，可操左券也。

江南银行总理徐乾麟

《申报》，1922年3月1日

100. 华一银行^① 开幕纪

昨为华一银行开幕之期，本埠军警各长官并政绅商学各界均往参观道贺，甚为热闹。该行总经理周德甫等招待来宾极为殷勤云。

《申报》，1922年4月29日

---

① 该行主要由镇海商人徐圣禅创办并担任常务董事。

101. 华一银行清理后转移储金

本埠华一银行因事宣告清理，其所接收赎路储金业已移送赎路委员会，改存他行。兹该委员会以此事必须征询存储本人意见，故特致函各本人云：径启者，兹因华一银行宣告清理，该行经收赎路储金，业经移送敝会，改存他行。兹特函询台端，所有尊处储金拟改存何行，请于三日内示覆并望将华一银行储金存折挂号送会，以便换给新折，不胜企盼云云。又该行储户计储记、光记、鹤记、聚记、曙记、生记、顺记、淮记、德记、枫记、震大号、施世彪、谨记户、张慎记、张开记、王荨记等十六户，计洋六十二万元云。

《申报》，1922 年 8 月 29 日

102. 日夜银行选举会纪事

新董事会成立　改名共发公司

日夜市两交易所及日夜银行大发公司四公司，合并入日夜银行后，昨日（十五）在大世界开股东选举大会。主席黄磋玖君报告四公司合并经过情形，并拟改定新公司名称为四合公司。嗣经各股东公同议决，改为共发公司，专营日夜银行及大世界两种营业。旋即投票选举，开票结果，黄磋久当选为总理，次多数赵芹波君。至协理则叶山涛君当选，次多数赵芹波、高价人君，另高庆堂、曹斌臣、王挥宾、伯庸、孙衡甫、卢筱嘉、杜枚叔、叶山涛、袁履登当选为董事。包达三、赵芹、曾桐孙当选为监察人。先是监察人中有朱君当选，后有股东沈君提出抗议，以朱君于被选举实格不合，表决作为无效，以次多数之曾桐孙君选补云。

《申报》，1922 年 10 月 17 日

103. 美华银行之新组织

英美华银行，现由甬商黄和卿君集资一百万组织，在纽约注册，黄君为总董，聘请陈正翔君为经理，其行基在河南路，迩日修葺，将次工竣，阴历新正，当可开市，并不招募外股，完全合资性质云。

《申报》，1922 年 12 月 17 日

104. 美华银行开幕志

河南路美华银行昨日开幕，中西人士往贺者四百余人，商界要人钱业领袖皆与其列，门外车马，为之塞途，来宾均由该行款以西式茶点，咸各欢饮而别。是日共收堆花百余万两，存款六十余万两，收藏本库。该行为甬绅黄君和卿创办，并请老于钱业之陈君正翔任行长，以二君之声望干能，提携经营，其营业之发达，可操左券也。

《申报》，1923 年 1 月 6 日

105. 四明银行将发行新纸币

北京路四明银行原有之银圆钞票因使用过久，破旧较多而随时销号，以致不敷供应。今已呈准财政部币制局，特向美国钞票公司及财政部印刷局另印新票，以补缺

乏。兹谓此项新印之钞票业已印就，式样庄严而又极美丽，定于本月三十一日（十二月十五日）发行，同时并将此次新票样本分送中外各银行及各钱庄存照云。

《申报》，1923 年 1 月 27 日

106. 棉业银行股东会纪

中国棉业银行，于四日在总商会开第一届股东会。到会股东一万零十六权，公推潘作楣为议长。旋由董事长秦润卿报告上年营业状况。略谓，本行自前年开幕，至年底仅四个月。除将官利按分外，未开股东会。故以今年为第一届股东会期。至本行营业宗旨，不做信交及他种厚利放款。去夏沪市商业冷淡，时局又不甚安靖，以致本行放款不多。去秋在汉口设立汇兑所，营业扩充，年底结账，得有纯益二万八千一百五十余两云云。复经酌定官利五厘，报告注册章程。投票选举金益芝，夏仲芳，孙仲康为监察人，王清泉，潘志铨为候补监察人。摇铃散会，时已夕阳西下矣。

《申报》，1923 年 3 月 5 日

107. 蒙藏银行沪行开幕有期

下月四日　蒙藏银行已于北京、天津两处设立，信用卓著，现为便利沪人士起见，特在本埠宁波路四川路首四百四十一号设立分行，内部布置行将就绪。各部职务分存款、汇款、押款、借款等，总理为袁述之君，协理余东屏君，驻行董事为蔡兼三君，经理杨汉汀君，副理邹颂丹君。闻经理杨君经营银行业已有多年，在金融界中颇

负时望，故将来营业之发达可操左券。定十一月四日正式开幕，现已柬邀各界届时前往参观云。

《申报》，1923 年 10 月 31 日

108. 银钱业再向部索还借款电

上海中国通商银行等电财政部云，王总长暨次长钧鉴：奉大部三二一一号公函敬悉。查十年秋节，大部向敝行等借款一百五十万元，除盐余库券抵还外，其所欠本款一百零四万五千元，前奉大部函电，虽有归入盐余借款案内，以八厘债券按八四作价抵还一部分之议。迭经银团会商，佥以此项借款，维持京师治安，实济部急，与寻常借款情形不同，决不能相提并论，且是项八厘债券，沪上既无市价，又无受主，万难受抵。无论部款如何支绌，总须筹还现款，曾于去年三月沁日、四月微俭等日、五月养日，先后电陈各在案。总之是项借款，既为维持救急，揆情度理，非归偿现款不可。抵还八厘债券，无论如何，万难承认，应请大部顾全信用，体念商艰，遵照前案，迅赐核办。日来沪市紧急异常，银拆每日七钱，暗盘又需七钱，总计日拆在一两四钱，实为历来所未见，甬上恐慌尤甚。银团际此金融危急之时，需款万急，立盼拨还现款，以济要需，无任感祷，代电再达，仍候电示，中国通商银行、四明银行、恒隆庄等册。

《申报》，1923 年 12 月 31 日

109. 中国棉业银行股东会纪

昨日下午二时，中国棉业银行假西藏路宁波同乡会演讲厅开第二届股东常会，到会股东共一万一千五百余股，已过半数以上。公推潘澄波为临时议长。次由董事长秦

润卿报告上年营业状况，略谓去年春夏市面平淡，秋冬之际，正凡百农产旺收时，银根忽然奇紧，相持几二月，为从来所未有。本行于一年之中业务，幸称平稳，净结余银九万八千余元。次投票选举监察人三人，夏仲芳君得九千七百七十六权、金益芝君得八千六百零三权、孙仲康君得四千六百七十五权，当选为监察人。次多数吴梅卿君得三千二百零二权、潘志铨君得一千五百三十五权。并议决阴历二月初十日分发官红利云云。散会时已钟鸣五下矣。

《申报》，1924 年 3 月 3 日

110. 女子银行增聘副经理

张公权令妹嘉玢女士

上海女子商业储蓄银行，在南京路中已有十载历史，经理严叔和女士、副经理谢姚稚莲女士，经营不遗余力，近年业务，益见纷繁，爰又加聘张嘉玢女士为副经理。张女士为宝山张君劢、公权二先生之令妹，历游英法德，通数国文字，在申经营有年，经验甚深，交游颇广，为女界不可多得之人才。又该行储蓄部，女界称便，存户常满，迁入自建新屋以来地位又感不敷，兹特辟其营业部西北首一大部专为储蓄办公之用。

《申报》，1933 年 3 月 14 日

111. 国泰银行筹备消息

旅沪金融界巨子孙衡甫、俞佐庭、王伯元、徐伯熊、刘聘三、郑秉权等，鉴于本埠银行业务，日趋发达，新近发起组织国泰银行，以经营存款、放款、汇兑、贴现，

兼办储蓄信托等为营业范围，额定资本国币一百万元，已由发起人分别认招，于八月一日起开始收股。其代收股款处闻为四明、垦业、劝工各银行，及四明储蓄会、福源、恒巽、益昌、寅泰、同庆、恒赉、鸿胜、晋泰各钱庄，其筹备主任，闻由郑秉权担任，林平甫为筹备副主任。郑林二君，历任钱庄经理，于金融界夙着声誉，现在驾轻就熟，办理银行，将来营业发达，定可操左券也。

《申报》，1933 年 7 月 31 日

112. 大沪银行考练习生揭晓

大沪商业储蓄银行自成立以来，由各方面介绍前来报告练习生者，人数已达五十余人，该行为甄拔真才起见，特于昨日（二十）假市商会商业学校举行练习生考试，聘请市商会秘书严谔声先生及该行监察李和卿先生为主试。闻当场评定分数，计录取张善琛、李镜涤、陆谦祉、冯有楣、王钟泽五人。

《申报》，1933 年 8 月 22 日

113. 中国垦业银行办事处开业

中国垦业银行为流通内地资金，扶助农村复兴起见，特在余姚虞宦街设立办事处一所，于本日（二十四日）开业，该行董事长兼总经理秦润卿，会同甬行经理俞佐宸亲自来姚主持揭幕典礼，各界道贺者络绎不绝。查余姚为浙东产棉重要区域，每年产额值银元一千万元。滨海一带尤饶渔盐之利，而妇女编织之草帽缏，亦为浙东出口品之大宗，年来内地金融呆滞，市面凋疲。该行今后极愿竭其智力，以助农村经济之复兴。

《申报》，1933 年 8 月 25 日

1933 年中国垦业银行全体职员合影

114. 中华劝工银行经理易人

中华劝工银行，成立十余年，总经理为楼恂如君，自创办至今，一手经理，营业蒸蒸日上，月前以积劳病故。昨该行开董事会，董事朱吟江、张兰坪、穆藕初、李咏裳、王云甫、黄任之、刘聘三诸君，监察胡筠庵、史久丰、李伯勤诸君均到。由李咏裳君主席，对于楼总经理之病故，一致悼惜，公推刘聘三君继任为总经理。刘君久任行务，自该行开创以来，夙着劳绩，并经公推陈尔梅君为经理，严春亭、袁孟琴二君为副经理，陈培生、向潜园、孙同钧三君为襄理，均就原有职员劳绩卓著者推升，驾轻就熟，莫不为该行庆得人云。

《申报》，1933 年 9 月 7 日

115. 大沪银行今日开幕

大沪商业储蓄银行，系沪上资本家及金融、实业界闻人所组织，董事长孙鹤皋，

常务董事张芹伯、潘鲁岩、江万平,董事杜月笙、张澹如、盛泽承、王延松、江一平、俞国珍、王咏春,监察人龚礼南、胡组庵、李和卿等均皆声誉卓著,信用素孚,经理俞国珍,尤为金融界斫轮老手,经验学识均皆丰富,故该行非特基础十分殷实稳固,即内部之组织及管理,亦均异常严密完备,自呈准财政部发给营业执照,并呈请实业部注册备案后,一切内部工作,业已准备就绪,定于今日举行开幕典礼,冠盖云集,当必有一番盛况。据访悉该行因来宾众多,为招待周到起见,特假该行对面之棉布公所所址为来宾招待处。又悉该行特由天津定制银质陈设品,如银花蓝银船、银钟、银鼓、银镶珐篮香烟罐、香烟匣及精美皮篋等,贵重纪念品多种,分别赠送定期存款客户,以志纪念。

《申报》,1933 年 9 月 20 日

116. 中国通商银行新经理昨日视事

金融界实业界领袖往贺者甚众

中国通商银行董事会,前经议决,聘任俞佐廷君为业务局理事,朱子奎君为沪行经理,俞朱两君,已于昨日上午九时,正式到行视事。俞君为钱业领袖,朱君亦为金融界闻人。本埠钱业全体同业,及金融界,实业界领袖,前往道贺者,有秦润卿、谢韬甫、盛筱珊等,不下

中国通商银行大楼

数百人。由该行董事长傅筱庵、董事徐圣禅、厉树雄及俞朱两君,殷勤招待,车水马龙,极一时之盛云。

《申报》,1933 年 9 月 22 日

117. 大沪银行优待储户

赠加存款利息一月为期
定期活期一律可得赠品

本埠四马路书锦里大沪银行,开办伊始,为优待储户起见,在开幕纪念期内,凡定期存款满一百元者,除照原定利息加给一厘外,再按存额分别赠送纪念物品,如上等男女应用皮夹及贵重银器等件。闻该行为增加储户兴趣起见,凡活期储蓄新立户名者,亦一律可得赠品,加息均以一月为期,藉答惠顾诸君之盛意。

《申报》,1933 年 9 月 29 日

118. 惠中银行明日开幕

金融界俞佐廷、何谷声、厉树雄、丁家英、邱彭年、史久鳌等二十余人,新创惠中银行,于天津路前上海市银行原址,修葺一新,业已筹备就绪,定明日(二日)正式开幕,遍柬各界观礼。届时车水马龙,必有一番盛况。闻该行资本雄厚,股东类皆巨商,信誉卓著,经理戚仲樵、协理虞仲言、俞树棠等,纯属觔轮老手,择奇计赢,营业鼎盛,可预卜焉。

《申报》,1933 年 10 月 1 日

119. 惠中银行昨日开幕

本埠天津路惠中商业储蓄银行，昨日正式开幕，贺客盈门，存户拥挤，熙往攘来，踵趾相接，几无容足之地。来宾中有中央委员缪斌，国库司长余梅荪，前财长李思浩，银行界宋汉章、陈光甫、贝淞荪、唐寿民、傅筱庵、叶扶霄、陈伟安、林康侯、王伯元、徐新六、胡笔江，钱业秦润卿、谢静甫、李寿山、裴云卿暨各界王晓籁、虞洽卿、杜月笙、王延松、袁履登、方椒伯、黄延芳、吴荨衡、乐振葆、谢蘅牕、邬志豪等数百人，济济一堂。由该行董事长俞佐廷，偕全体董事及经副理戚仲樵等，殷勤招待，宾主极尽欢洽。并有国府主席林森题赠"通财阜群"，考试院长戴季陶题赠"利用厚生"，军政部长何应钦题赠"惠工通商"，上海市长吴铁城题赠"同人大有"等颜额。门前车水马龙，天津路交通几为之断，其盛况为向所未有。闻该行是日收入存款共有三百余万之多云。

《申报》，1933年10月3日

120. 中国垦业银行昨迁新址

昨为中国垦业银行总行乔迁新屋之期，晨八时，全体行员，齐集新厦二楼议事厅，由总经理，常务董事，总行经理等相继训话毕，即由总经理举行升旗典礼，旋即启门营业。该行此次乔迁，不发请柬，不受贺礼，惟昨日各界人士前往道贺者，仍不稍减，如虞洽卿、陈光甫、穆藕初、林康侯、贝淞荪、徐圣禅、潘公展、唐寿民、胡笔江、卢润泉、袁履登、宋汉章、叶琢堂、徐新六诸氏，西宾如外滩各商业银行大班等，均各先后莅止，均由董事长兼总经理秦润卿，常务董事王伯元，梁晨岚，何谷声，王仲允，董监事李馥荪，徐寄顾，周宗良，龚子渔，徐补荪等殷勤招待，导至各楼办公处所，分别参观。来宾对于发行库建筑之伟大，保管库构造之坚固，业务部布置之宏丽，交相赞美。同时商业部储蓄处保管库，新旧主顾，纷至沓来，均由该行分别赠品，俾资纪念。又闻该行北平办事处，亦继余姚办事处之后，于昨日开业，归该行天津分行直辖云。

《申报》，1933年10月7日

中国垦业银行新大楼落成纪念章

121. 国泰银行创立会纪盛

国泰商业储蓄银行为银行界富有经验之巨擘所发起，定资本总额壹佰万元，已于八日借香港路银行公会开创立会，到会者达三百余人。公推王伯元君为主席，报告筹备经过之情形，及各股东认股者达三百五十余户，股款达八十余万元，次选举董事后散会。结果当选王伯元、俞佐庭、郑秉权、徐伯熊、刘聘之、陈绳武、徐可城、薛春生、孙劭卿、张朗齐、林干甫为董事，王仲允、冯斯仓、周永升等为监察。闻于十月二十日举行第一次董监联席会议，并选举董事长。

《申报》，1933年10月10日

122. 至中银行明日开业

宁波路新开至中银行（即前垦业银行旧址），为金融界领袖所组织，董事长宋汉章为银行界先进，其余董监事，均属银行业巨子。经理史久缘、副理陈子受任事银行界多年，经验宏富，操守廉洁，堪称杰出人才，兹已筹备就绪，择定明日（即二十五日）正式开业。查该行基础巩固，办事从实际上做起，各种设备，毫不铺张，可称为海上最讲实在之银行。预料开业之日，携款存储者，势必众多，是为银行界放一异彩也。

《申报》，1933年10月24日

123. 至中银行昨日开业

宁波路河南路口新设之至中银行，已于昨日正式开业，该行行址，本为垦业银行旧址，自经该行刷新后，美轮美奂，焕然一新。昨日适值开业之日，以该行董事监察均为金融界之巨子，经济学之专家，舆论素孚，声誉卓著，故登门道贺者，咸为本埠著名之工商各团体各机关以及国内外之一切重要人士，车水马龙，备极一时之盛。至于各界所赠送者，尤为琳琅满目，文绣增华，灿烂辉煌，荣光四溢。董事长宋汉章，与各董事监察以及经理史久缘、副经理陈子受等，咸能雍容揖让，款待来宾，喜气盈庭，一一如礼，至若存款之拥挤，营业之发扬，尤其余事耳。

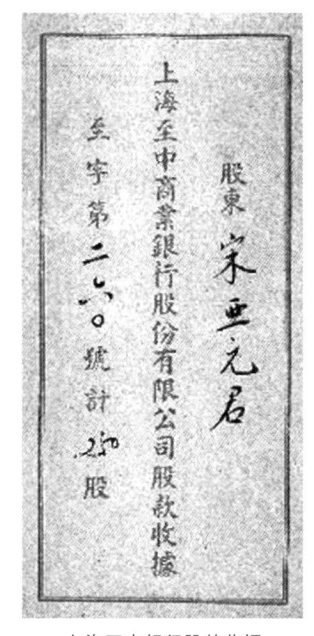

上海至中银行股款收据

《申报》，1933年10月26日

124. 中国通商银行南市分行经理易人

中国通商银行南市分行，开办已有多年，营业蒸蒸日上。原任总理刘君，擘画经营，颇著贤劳，兹因操劳过度，乞退休养。该行总管理处，固留不获，爰另任处中要职，所有南市分行经理一席，特擢升沪行襄理于寿椿君继任，并又调升崇明堆栈主任罗宏彦君为南行襄理，递遗沪行襄理之职，则由券务科副科长胡宸圭升任。闻于君毕业于沪江大学，服务银行界已有多年，定于今日履新视事，该分行前途益，行将益见进展云。

《申报》，1934年2月19日

125. 中国垦业银行股东常会记

中国垦业银行，昨日下午二时，在本行三楼议事厅，开第六届股东大会，出席股东人数，占全额二分之一以上，共计代表股权一万七千六百六十二权。当由董事长秦润卿主席，报告二十二年度业务进展情形，次由监察人赵仲英报告二十二年帐略，旋即讨论纯益分配案，均经到会股东一致通过，最后改选监察人，结果，以徐补孙、方巨川、赵仲英三君当选。

《申报》，1934年3月5日

126. 中和银行举行股东会

上海南京路中和银行，于本月十日在该行会议厅举行第三届股东常会，除讨论上年营业状况，报告及上年盈余分配等各案外，并改选董事监察人，选举结果，宋汉章、秦润卿、徐辅孙、盛筱珊、吴培初、冯仲卿、谢韬甫、荣宗敬、袁崧藩、郭竹樵、陈青峰十一人当选为第二任董事，张清笙、程少甫、李济生三人当选为第四任监察人。

《申报》，1934 年 3 月 13 日

127. 中国通商银行股东会

中国通商银行，于昨日下午二时，在该行三楼开股东常会，出席股东一百另三户，共计二万五千三百三十一股，合一万九千七百六十八权，由董事长傅筱庵主席，行礼如仪。主席致会词毕，由监察人傅其霖报告二十二年度账略，次由主席报告业务状况。后选举监察人，开票结果，以傅其霖，何少寅，谢继善，张伯琴得票最多，当选为监察人，议毕散会。

《申报》，1934 年 5 月 7 日

128. 亚洲银行昨开创立会

亚洲银行，自筹备以来，积极进行，所有股额，现已悉数收集，故于昨日，假香港路银行公会，依法召开创立会，到会股东徐伯熊等，共计三百九十八户、四千二百九十五股，社会局特派茅震初出席指导，下午二时开会，公推赵玉如君主席，赵叔豪君记录，并由筹备主任李声洪报告筹备经过情形，继通过银行章程，当选董事李声洪、朱燮臣、唐寿民、杨富臣、张景吕、潘志铨、童显庭、孙少甫、徐伯

熊、郑赞庭、周景赓十一人，监察祝善宝、郑仁业、穆善甫三人，议毕散会，时已万家灯火矣。

《申报》，1934年6月25日

129. 中国通商银行厦门分行开幕电讯

中国通商银行为便利汇兑起见，特在厦门升平路海后路口设立厦门分门，聘任该地著名巨商黄钦书君为经理，已于本月十四日开业。该行董事会，昨接到特派参与开幕典礼之代表朱焕文、乌崖琴两君来电，报告开幕盛况云：傅董事长钧鉴，今日厦行开幕，当地官长、各国领事、侨商及各界来宾致贺者，达五百余人，为厦地银行开幕所仅见，先此电呈，余函详云云。该分行前途之发展，自可预卜也。

《申报》，1934年6月16日

130. 江浙银行建造大厦添设仓库

四川路一百四十九号江浙银行，自开业以来，三载于兹，业务颇称发达，信用极佳。近闻该行以现有行址不敷应用，特于江西路天津路转角，自购基地，建筑九层大厦，式样极为新颖，其内外铺设，均用大理石，尤觉富丽堂皇，估计约一年有余，方可竣工，定备最新式保管库，伟大坚固，堪称独步。又闻该行新近，于杨树浦浦东等处，添设仓库三所，仓房宽敞，交通便利，货物堆放，极为相宜。又该行备有大宗现金，经营货物押款，取息颇为低廉云。

《申报》，1934年7月24日

131. 通商银行大厦增高一层

中国通商银行因现有外滩行址，不敷展布，特斥资二百万元，在江西路福州路口工部局对面，自建最新城堡式、十九层楼大厦，奂轮矞丽，气象巍峨，与都城饭店及汉密而登大厦相鼎峙，而其高度、外观及一切设备，则更驾而上之。是项伟大工程，系由建兴建筑师设计，另由通和洋行参加顾问，一切进行极为慎重，现已由陶桂记营造厂承包，开始兴工建筑，预计十八个月，可以全部工竣。闻该大厦因坐落地点关系，原为十八层楼，现经商得工部局同意，再增高一层，故已为十九层高楼之大厦云。

《申报》，1934年8月12日

132. 洪荆山辞宁波实业银行副理

并辞苏州分行经理

宁波实业银行开办迄今，已历三年，初聘傅生贵、孙纫兰为经、副理，未几先后辞职，今年改聘曾国华为经理、洪荆山为副理，讵未数月，忽又同时告辞，迭经董事长邬志豪、常务董事陈粹甫等挽留甚切，均属无效。兹录洪君辞职后该行覆信云，迳启者，本年七月二十五日接准台端，七月二十四日来函内开，迳启者，前奉钧处函开聘荆山为沪行副经理，就职之初，当言明以三个月为试办期，兹因办事困难，且一切未得当局谅解，自七月底止辞去沪行副经理及苏州分行监理等职，务乞照准，实纫公谊等情。准此。查台端供职本行，辛劳倍著，正赖盘才共济，以图发展，奈台端忽萌退志，迭次挽留，未蒙首肯，殊甚怅惘，兹既辞意坚决，只得姑如台命，应予照准，尚希不遗故旧，时予指教，毋任盼祷，此致洪荆山先生，宁波实业银行管理处启。

《申报》，1934年8月19日

133. 大中银行近讯

移沪选定职员

大中银行成立有年，办理银行一切业务，信用卓著。兹该行为刷新业务起见，将总行移沪，又改选董监事总经理协理，以张慕先君为董事长，俞佐庭君、徐季凤等为董事，李皋宇君等为监察人，李赞侯[①]君为总经理，孙仲山君为协理，均属驰誉于财政金融二界，将来调剂金融，救济农村，于社会生计，定有极大之裨益云。

《申报》，1934年8月19日

134. 宁波实业银行新发展

在昆山设立堆栈以经济扶助农民

宁波实业银行，自创设以来，本发起人之宗旨，以扶助实业为主，专营工业、商业、各种渔业抵押放款，及国货流动押款，嗣以业务发展，于宁波、沈家门两处，添设分行，专以经济力量，扶助渔业，如渔民贷款、渔业汇款，及其他种种业务，均使渔业发达，颇著成效。该地渔民，悉受其惠，渔汛放款，到期还清，银行渔民，两得其便。至上海总行，则专营工厂货物押款及国货流动押款等，工业赖以发展，国货得以推销，一方联络同业，以经济扶助国外贸易，俾本国国货，得参加芝加哥博览会是也。本年苏州添设分行，聘银行前辈吴颂鲁君，主持一切，营业亦深发达。近又在昆山设立堆栈两所，先办农民抵押放款，俟有成效，再行扩充其他业务，该地农商各界，莫不庆幸云。

《申报》，1934年8月26日

[①] 李赞侯，慈溪人，长期在北洋政府盐政与财政部担任要职，有"不倒翁"之称，后从事银行业等。

宁波实业银行一楼门面

135. 中国通商银行南市分行添办小放款

中国通商银行南市分行，近鉴于社会经济衰落，中产阶级尤感周转不灵，需要相当调剂，异常迫切，故特添办通商小放款，以服务社会，调剂急需，辅助事业发展为主旨，借款金额，自五十元起，至五百元止，以后逐月平均摊还，取息低廉，手续简便。凡有正当职业，正当用途，并有相当保人者，可向该行商请借款，既可获得资金之周转，复可养成储蓄之习惯，详细办法，该行备有章程，欢迎各界索阅云。

《申报》，1934年9月4日

136. 宁波实业银行宴客记

新行址落成暨三周年纪念

宁波实业银行，因新行落成，定于十月一日迁入，举行开业典礼，昨晚六时，该行假座西藏路一品香大礼堂，宴请本埠各界领袖，到吴市长代表李大超，虞洽卿、林康侯、俞佐廷、秦润卿、袁履登、褚慧僧、张继光、胡桂庚、何绍庭、何绍裕、潘公展、屈文六、沈田莘、胡纯艿、傅其霖、薛春生等一百余人，由陆祺生、洪雁宾、谢企亚等招待，当由邬志豪起立，略谓，本行宴请各界，蒙诸公惠临，曷胜荣幸，夫国家社会之组织，非政治经济实业人才，互相合作不为功，观夫每年入超八万万，所以白银出口，无法限制，敝行三载以来，承各界领袖同乡父老，竭力赞助合作，专为实业界服务，无如限于范围，不能普及，希望各界领袖，共同补助，即国家与社会均蒙其利，外货进口，可以减少，国内实业，即可发达，敝行抱服务社会之旨，追随各界，提倡国货，如扶助国货事业，发展国外贸易，协助芝加哥博览会，中华产销公司等，举办国货流动押款，国货公栈，次第设立，自维才力有限，尚望各位源源协助与指教，使敝行得以遵循进行，毋任盼感，又考查欧美各国，关于金融事业，莫不与农渔工高交通矿业等互相合作，故其国家实力充足，银行事业集中社会经济扶助社会生产，俾供求相应，断不能偏于一隅，若经济集中于都市，共谋近利之事业，而放弃循环式之利益，此则不可，比如实业发达，则银行事业，亦必随之而进展，反之，则断难独立而存在也，助人即自助，利人即利己，此敝行所抱之宗旨也，兹乘宴会之前，宣布斯旨，请各位予以指教云，虞洽卿演讲，略谓，鄙人旅沪五十年来，环观世界大势所趋，非仿效欧美各国，发展各种实业不为功，昔年，鄙人发起四明银行，宁绍轮船公司，物品交易所等，均为发展国内实业，国际贸易之要旨，昔年志豪先生与鄙人及同乡诸公，创办宁波实业银行，其主义与鄙人相同，该行三年内，计划与毅力，奋斗精神，实堪钦佩，现该行基础稳固，成绩可观，将来该行发展，定无限量，尚望同乡诸公及各界领袖，共同赞助，并望同心协力，共谋实业之发展，即非特宁波实业银行之成功，亦国家社会之福也，兹借主人杯酒，为诸公敬祝康健，褚慧僧演说，银行能扶助实业，实业亦可扶助银行，生生不息，为不二法门，当入超年计八万万银元，白银出口，经济衰落，非大家共商办法，不能补救，须用政治力量，救济国民经济，如国家经济统制，实为一最有效力办法，国内生产发展，外货输入减少，国家前途，无量进展云，潘公展演说，今天蒙宁波实业银行东召宴会，得聆各界鸿论，毋任欣快，考经济原则，银行事业，本以调剂金融为主义，与实业各界同共合作，使国内经济富裕，民生日阜，农村复兴，工商业发展，故银行与各界，关系至为密切，现宁波银行与上海各大银行，均能扶助实业，诚系银行界之实做者，愿嗣后进一步之努力，预祝成功云，永安堂胡桂庚演讲，南洋侨胞热心爱国，乐用国货，惟经济与运输，均感不便，又缺乏考察与调查，深望国内各界与侨胞共谋合作，使国际贸易发达，指日可待，又华侨所发起南洋国货展览会，望各界赞助，以广于成，林康侯演说，鄙人忝为该行董事，对于宁波实业银行，较为关切，该行三年以来，经过许多奋斗精神，一切已告安妥，譬如三岁小孩正在保养之期，规模初具，种种计划进行，端赖各界领袖暨同乡父老，予以竭力赞助之，各人演讲毕，已届八时半，欢尽而散。

《申报》，1934 年 9 月 30 日

137. 宁波实业银行新行落成昨日开幕

宁波实业银行成立以来，已达三载，专为社会服务，扶助渔农工商发展实业为职志，该行因业务扩展，于昨日迁入南京路新行址营业，举行开幕典礼，各界道贺者，计到虞洽卿、傅筱庵、秦润卿、俞佐庭、袁履登、杜月笙、徐懋棠、张继光、梅哲之、王晓籁、王伯元、陈光甫、吴蕴斋、竺梅先、金廷荪、张慰如、张竹平、许廷佐、徐采丞、裴云卿、王文浩、魏伯桢、张申之、徐新六、朱吟江、章荣初、朱学范、张子廉、徐寄顾、陈继武、黄延芳、徐景祥、楼怀珍、施春山、刘聘三、乐赓荣、沈田莘等三百余人，当由该行董事长兼经理邬志豪暨庄崧甫、洪雁宾、陆祺生、谢企亚等殷勤招待，并为酬答各界盛意起见，除在迁移一月期内，各种存款利息加厚，及另备赠品外，道贺来宾，并赠送开幕纪念册及购买国货优待证各一份，以答雅意，是日交易往来，各种存款，极为踊跃，自朝至暮，顾客如市，该行职员等，办事

手续敏捷，酬应极为周到。闻该行经理等热心实业，提倡国货，嗣后仍当本发展实业初衷，积极努力，尤盼各界尽力赞助，共谋合作云。

《申报》，1934 年 10 月 2 日

138. 宁波实业银行迁入新行后营业盛况

宁波实业银行，因扩充业务，于十月一日，迁入南京路新行址营业，各情已志本报，兹闻该行自新行址开幕以来，每日交易往来，以及抵押放款，各种存款等，拥挤异常，职员应付，极为周到，足证该行办理业务，深入社会人心，诚为服务社会之银行，该行营业主旨，专为辅助实业，鉴于我国生产落后，缺乏经济扶助力量，故创立以来，即以调剂实业界经济为首先使命，如办理工厂货物抵押款、国货流动押款等，使实业发展，以副责志，现该行特辟行内二楼，设立国货市场，加入国货工厂已有五百余家，将与中华国货产销，共谋合作，该行各埠分行，其营业要旨，均顾及分行当地工商业起见，如苏州分行办理旅苏宁波同乡免费汇款及苏沪工商业各帮交款等务，昆山分行，特设农民押款仓库，专做棉花、粮食、稻谷押款为营业，沈家门分行，对渔民堆栈贷款渔业小借款，积极办理，宁波分行，发展本乡各种工商业务，该行成立三载，故在苏、沪、甬、昆、沈家门等处，均有相当称誉，嗣后该行进行方针，闻拟打破银行旧习观念，竭力与人民谋经济合作云。

《申报》，1934 年 10 月 5 日

139. 宁波实业银行营业新途径

宁波实业银行，自迁移新址后，业务极为发达，现悉该行为辅助各工厂计，与上

海国货公司暨中华国货产销公司，订立国货流动押款特约，在该行一楼设立国货市场，推销国货，该行营业，特辟新径，国货前途，利赖匪浅。兹觅得该行国货流动押款章程列左：本行为扶助国货工商业便利产销合作起见，特设国货流动押款一种，其办法如左。一、以纯粹之中华国货得向本行押借款项，其所押之货，既得本行之同意，仍可自由销售，名为国货流动押款。二、凡所押国货，均须市上通销者为限，而其价值，须照现行之市价为标准。三、以货物价值之上落，定押款之折扣，如遇市价低落，应向押款人增加抵押物品，押款利息及期限，双方面议之。五、凡委托上海国货公司门市部或中华国货产销公司批发代理销售者，由上海国货公司出立存货单证明，其存货单可作本押款之抵押出品。六、存公司未销出之剩余货物，应由押户限期赎还，倘须继续订借者，则由本行酌定之。七、押款货物均须保险，其保险单，须交存本行并过入本行名义。八、流动押款，均应觅具妥保。九、到期不能售完之货，如押户不能取赎者，本行有自由拍卖之权，押户自愿抛弃先诉抗辩权，倘拍卖不足，应由担保人负清偿本息之责。十、本章程由本行随时修改之。

《申报》，1934 年 10 月 17 日

140. 大来银行南市分行开幕志盛

本埠宁波路大来银行，为甬商竺梅先及现任市商会主席俞佐廷、福建财政厅长徐桴、财政部统税署长吴岂汀等所创办，开业以来，已近四载，营业向取稳健主义，以故日有起色。现闻该行因南市方面客户甚多，为便利各户收付起见，特在法租界新开河附近民国路中，设立南市分行，延聘出身钱业富有经验之冯安曾君为分行经理，该分行于昨日开幕，各界前往道贺者甚多，车水马龙，盛极一时。

《申报》，1934 年 10 月 17 日

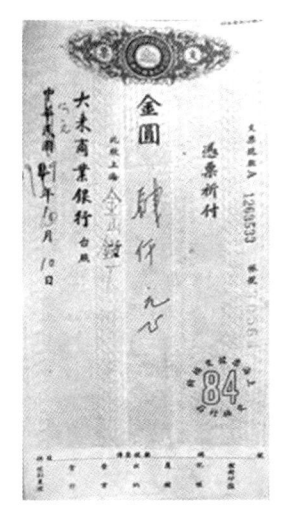

大来银行票据

141. 亚洲银行开幕志盛

亚洲银行为金融界巨子所组织，份子纯正，实力维厚，历经呈准财实。两部分别给照营业，于昨日上午九时，在宁波路八十九号举行开幕，首由该行事长徐伯熊揭幕，次为升旗剪彩开幕摄影，各界前往道贺者，计有秦润卿、宋汉章、俞佐廷、杜月笙、孙卫甫、刘晦之、斐云卿。等九百余人，车水马龙，盛极一时。由该行全体黄监事，暨经副襄理李声洪、周佩璋、沈宣甫、赵玉如、袁雄之、赵宗远殷勤招待，甚形忙碌。旋复领导各界参观各部，皆称组织设备，俱具科学精神。该行所收各方礼品，如极联、银盾、银屏、绣屏、丝袆等数达千余，分别陈列于礼堂、经理室、营业部及董监办公室、会客室等处，琳琅满目，美不胜收。该行专营存款、放款、汇兑、贴现、仓库，以及其他一切商业银行业务，手续力求敏捷，管理务期严密，而运筹帷幄，悉取稳健，依此方针进展，该行不独能树立稳固之基础，即于社会经济，亦有相当之贡献。昨日开幕后，各界存户前往交易者，颇形拥挤，统计全日共收存款洋四百八十余万元，亦可谓踊跃矣。

《申报》，1934年11月2日

142. 中国垦业银行近讯

浦东仓库业已成立　霞飞路支行昨开业

中国垦业银行为扶助农村经济复兴起见，特与恒大纱厂恒源兴轧花厂合作，在浦东杨思区直街设立仓库三所，专堆各种籽花花衣，由中国天一保险公司承保火险，仓租保费均极低廉，并由该行低利承做仓单押款，连日已放出数十万元。此举于农村经济裨益，当非浅鲜也。该行近为便利霞飞路一带市民起见，特于华龙路附近设立支行一所，业于昨日开业。到各界来宾甚众，均由总经理秦润卿，常务董事王伯元，梁晨岚，何谷馨，王仲允，该支行经襄理等殷勤招待，全日共收各种存款百余万元。

《申报》，1934 年 11 月 11 日

中国垦业银行上海总行大楼

143. 宁波实业银行新发展

宁波实业银行，自廿年十月开办成立，经呈财实两部颁给注册营业执照，开业已来，已届三周。前于七月间，迁入南京路新行址后，营业甚为发达。现该行鉴于我国实业幼稚，经济落后，外货倾销，影响本国国货，爰本国货救国之旨，举办国货流动押款，并辟三楼全部，免费供给三十家大工厂合组国货临时商场，于昨日举行开幕。同时该行举办提倡国货储蓄一种，除依据储蓄法规定办理外，专以经济力量，扶助国货事业发展为宗旨，深得工业各界之赞许，现有百余家工厂，以精美之出品，赠送该行，转赠提倡国货储蓄各户。闻昨日提倡国货储蓄存款存户，极为拥挤，国货前途，获益非浅云。

《申报》，1934 年 11 月 17 日

144. 张伯琴任通商银行副经理

中国通商银行董事会，于日前委任张伯琴君为沪行副经理，张君原任该行监察，

所遗监察一席，则由候补监察戴承志君递补，张戴两君已于十日到行供职。闻张君为奉化望族，旅沪有年，才调干练，有声于海上金融及实业界。

《申报》，1934 年 11 月 17 日

145. 南京路上海国货公司国货贩卖团成立

宁波实业银行创办平民借款
宁波同乡会同时举办职业介绍所

南京路上海国货公司总经理邬志豪君，因鉴于市面萧条，经济恐慌，为维护平民生产，推销国货计，特组织国货贩卖团，以资补救，并商准宁波实业银行，创办平民小额借款，俾一般告贷无门者，得所问津，一方贷款，一方贩卖，周流不息，冀卜平民经济之生存，并探悉西藏路宁波旅沪同乡会，原有职业介绍所之组织，此次逢该公司发起国货贩卖团，经派员向该公司邬经理接洽，拟应该公司招请团员之需要，同时进行职业介绍事务，一般失业同乡，望于一月四日起，前往该会登记，幸勿失之良机云。

《申报》，1935 年 1 月 1 日

146. 宁波实业银行霞飞路支行明日开幕

南京路宁波实业银行，为旅沪甬商巨子联合金融各界人士所创办，专以扶助实业，服务社会，提倡国货，及培植渔农工商经济，为经营业务之主旨，颇为社会人士所赞许。现为对于西区人士服务便利起见，特在霞飞路巴黎大戏院西首分设支行，定于本月十七日开幕，聘请宁波商业领袖史春芳君公子史纯培君为经理。史君为前宁波

商会会长屠鸿规君得意门生，对于金融事业富有经验，为人尤和蔼可亲，预料业务前途必极美满云。

《申报》，1935年1月16日

147. 中国垦业银行救济农村

拨款二百万元受质农产物
本外埠共设置仓库计九所

中国垦业银行，向以扶助工商业为职志，对于国内国人经营之棉织，毛织，面粉，电器，玻璃，水泥等大工业，莫不分别贷款，尽力维护，最近又为致力农村复兴起见，特由董事长兼总经理秦润卿氏，在常董事会议席上提议，决于本年内，增加农产物为质之放款，其数以达到二百万元为度。一面增设仓库，除已于上海设置四所，天津二所，宁波一所外，新近复在浦东杨思区，设立棉花仓库两所，共有十四号栈之多，目下已堆置各种籽花花衣等二万余包，值价百余万元，分别由该行受质，其利率最低时，只有月息六厘五毫。同时该行复鉴年来浙江内地公路建设，一日千里，交通日便，决先就鄞，慈，姚一带，择要建筑农村仓库，尽量以低利受质各种农产物。至华北方面，该行对于皮毛棉花等产品之出口押汇及押款，承做极多，对于利息汇水手续等，无不予生产者以无上之便利云。

《申报》，1935年1月29日

148. 中国垦业银行钞票信用卓著

春假期内照常十足兑现

中国垦业银行，为沪上银钱业诸领袖集资设立。董事长兼总经理为秦润卿氏，其营业方针向采循序渐进政策，十分谨慎，故数年来，声誉卓著。该行发行钞票，准备十足，检查公开，流通市上，远近称便。乃一部份人，为某（日文报）新闻所惑，因此以谣传讹，多有持钞票向该行兑现者。虽不旋踵真相大白，谣风顿息，但该行鉴于时届春假，各银行须休业四天之多，为服务社会起见，特定自二月四日至七日春假期内，无论日夜，一律照常十足收兑本行钞票，以资便利。按该行在一二八一役，炮火连天，各地交通断绝之际，该行钞票，仍能到处兑现，最为国人所称道。此次春假期内，照常兑现，犹不过服务社会之小端耳。

《申报》，1935年2月3日

149. 国信银行定期开业

经部批准立案　资本百万

国信银行业已筹备就绪，地址汉口路四二二号，即证券交易所内，董事长张寿镛，总经理张文焕，经理沈仲豪，副经理邹驾白、陈彭仙，资本总额为国币一百万元，已如数收足，十四日开业。兹录通告云，本行专营一切银行及储蓄业务，业奉部批准立案，并发给营业执照在案，兹定二十四年三月十四日开始营业，敬请惠临指教，实深荣幸，恕不另柬。

《申报》，1935年3月11日

150. 国信银行开幕志盛

汉口路四二二号国信银行，为金融家及海上闻人所发起，组织稳健，实力充足，专营一切银行业务，兼办储蓄，自筹备迄今，将及半年，现已呈准财实两部注册，并奉到执照，昨日上午九时正式开幕，各界前往道贺者，计王晓籁、徐可亭、梅哲之、李馥荪、宋子良、陈光甫、陈行、李调生、唐寿民、贝淞荪、秦润卿等一千三百余人，由该行董董事长张寿镛，董事杜月笙，张啸林等，暨总经理张文焕，经理沈仲豪等殷勤招待，并导观各部，无不深加赞许，直至下午四时，宾主尽欢而散，门前车水马龙，盛极一时，并闻是日收到存款，共达五百六十余万之多。

《申报》，1935 年 3 月 15 日

151. 江浙银行股东常会纪

本埠四川路一四九号江浙商业储蓄银行，于昨日下午三时，在该行内开第三届股东常会。行礼如仪后，首由该行董事长吴启鼎致开会词，并报告二十三年份营业概况，及建造行屋情形，次由监察人徐梦黎报告账略，次分配去年盈余，并议决于四月一日起，发给上年股利，遂票选董事及监察人。计得票最多者为祝伊才、陆健庵、盛苹臣、张啸林、刘吉生、吴启鼎、周文瑞、徐伯熊、朱孔扬、杜月笙、金廷荪当选为董事，次多数祝伊孚、傅品圭、甘月松为候补董事，陶润之、沈养盦、徐梦黎为监察人，祝伊孚、傅品圭、洪苓西为候补监察人，散会时已钟鸣六下矣。

《申报》，1935 年 3 月 25 日

152. 中国通商银行昨开股东常会

傅筱庵等十一人为董事　傅其霖等四人为监察人

中国通商银行，于昨日下午二时，在外滩七号该行三楼，召开股东常会。计到股

东二百余人，代表股数二万六千二百七十股，合计股权二万一千四百五十九权，公推徐圣禅主席，行礼如仪。首由主席致开会词，略谓，本行在国内银行界，有悠久之历史，及卓著之信用，四十年来，以各股东之和衷共济，与各职员之勤慎稳健，故业务日隆，信用日著，前途发展，更未可限量，望各股东一本初衷，各职员黾勉始终，于稳健中力谋进取，发扬光大，共策进行云云。次由主席报告二十三年度营业概况，复次由监察人谢继善，报告二十三年度账略毕，继由股东厉志山临时提议，本行为顺应潮流，积极前进起见，应于最短期间，在国内各大城市，添设分支行处，以调剂社会金融，救济农村破产。主席付表决，全体起立通过，嗣并议决关于添设分支行处问题，俟新董事会成立后，由新董事斟酌情形，负责办理，务于最短期间，一一实现。后即选举董事及监察人，选举结果，傅筱庵、徐冠南、徐圣禅、孙衡甫、杜月笙、张啸林、朱子奎、谢光甫、盛泽承、盛苹臣、周高卿等十一人当选为董事，傅其霖、俞佐庭、朱焕文、傅品圭、黎润生、厉树雄、张伯琴等七人为候补董事，傅其霖、何少寅、谢继善、戴承志等四人，当选为监察，蔡立青、夏晋东、金里仁等三人，为候补监察。选举毕，即宣告散会，时已钟鸣五下矣。

《申报》，1935 年 4 月 15 日

153. 统原银行开董事会

统原银行前日开董事会，因前董事长余葆三君及董事李祖荫君，已于去年辞职，曾于三月十七日由股东补选李霭东、任侠民二君为董事，并于昨日莅新，原任董事为俞佐廷、徐仲麟、陈绳武、秦善福、秦善德、陈润水诸君，改选监察人为姚德馨、毛廉甫、徐伯熊三君，公推李霭东君为董事长。新猷焕发，可为该行得人庆。

《申报》，1935 年 4 月 19 日

154. 大沪银行昨开股东会

金润庠等当选监察

本市大沪银行，昨在本行三楼会议室开第三届股东常会，报告营业，改选监察，兹分志如下：

会议情形：到会股东计竺梅先、骆清华、郑筱舟、沈金甫、郑泽南、邬志豪、李积卿、俞国珍、干鸿赍、马少荃、边崇贤、林逸宴等七十八人，股权二五四二权。由俞国珍主席，行礼如仪后，首报告营业状况，次由监察人李和卿报告账略毕，即改选任满监察人。当选监察者李和卿、金润庠、邬志豪三人，顾振民当选为候补监察人。

营业报告：本行开业之初，适于沪战之后，商市金融均呈衰颓之象，迨至去年，更因受美国白银政策之影响，银根奇紧，岁阑将届，深具历史信用之银行钱庄倒闭者，层见迭出，而本行营业迄今，为时仅岁序三更，独能屹立于惊涛骇浪之中，措置裕如，稳渡难关。虽由于本行向来稳健政策，得社会之信仰，要亦上叨股东诸公指导之功，下赖诸同仁协助之力，此后市面稍有转机，则本行业务之开展，自不无希望，此则堪为股东诸公告者一也。本行去年以来业务渐盛，收付频繁，原有山西路行址，不足以敷展布，爰择址于南京路五一〇号，鸠工兴材，至去年十二月一日始克迁入，以交通便利，行基宏伟，业务遂大见兴旺。年终决算时，所有本行资产总值、储蓄部总分部资产总值，均较上年度增高，此则堪为股东诸公告者二也。本行第二届第三次董事会议决，设立杭州分行，遂着手筹备，于去年九月三日开幕，营业时间为时仅三个月余，而各项存款之收受，已达十余万元。如能给以相当期间，则业务之得逐渐开展，自在意料之中，此则堪为股东诸公告者三也。本行以本埠各重要区域，各银行均遍设分支行，业务方面，竞争甚烈，爰为避重就轻起见，择内地商业繁盛之县市，设立分办事处，以期多得服务农村之机会。因鉴于浙属平湖县，交通便利，居民殷富，而该县除有旧式钱庄执金融枢纽外，新型银行组织，尚未见设立，遂择址于该邑东门大街，以极简省费用，设立平湖办事处，于四月十五日开始营业，深荷当地人士信仰，尤得平湖舆论界之好评，此即堪为股东诸公告者四也。本行此后营业方针，自当一秉向来稳健进取之旨，努力向前，并仍当择商业兴盛之内地县市，而为他行所未及注意者，逐渐设立分办事处，以扩大本行服务社会之金融网，而有以仰俯股东诸公之雅望焉。

《申报》，1935年4月29日

155. 宁波实业银行四周纪念

创办国货仓库

南京路宁波实业银行，为旅沪甬商金融实业两界领袖所创办，向以提倡实业扶助渔业农业之发展为经营业务之主旨。沈家门支行所办渔业放款，昆山支行所办农业耕牛押款，成绩皆极美满。本埠总分行，自去年起，除经营普通一般银行业务，尤注意于扶助国货，因有国货流动押款之举办。此项押款，在各工厂获得抵押后，不但可得经济上之协助，并可使押货陈列市场，不致呆滞，而有随时出售之机会，各国货工厂界无不称便。兹因该行举行四周纪念，并办国货仓库，以为扶助国货进一步之努力，各国货工厂，对于该行此种设施，极为赞许，认此为金融业国货业切实合作之先声，特选各种精美国货出品，以资庆贺，而该行仍将各种国货赠品，规定办法，转赠各存户云。

《申报》，1935年5月15日

156. 中汇银行重新发展

杜月笙任总经理

爱多亚路中汇银行，自上年新建大厦落成后，营业益见发达，近以内部事繁，亟须扩大组织,已由董事会议决设立总管理处,筹划进行。由董事长杜月笙担任总经理职务,分设总稽核,总秘书二部。聘定现任经理傅品圭担任总稽核,黄延芳为总秘书。其经理一职,由董事徐懋棠担任,常务董事改推张蔚如担任,行见该行业务日益进展。

《申报》,1935 年 5 月 19 日

157. 四明银行新总经理叶琢堂[①]昨就职

孔财长深为该行庆得人

叶琢堂

四明商业储蓄银行总经理孙衡甫因病辞职,经董事会议决,聘叶琢堂继任,业经财政部核准,叶氏于昨日九时,由该行经理徐仲麟、副经理陈仰和陪同到行就职,并无仪式。各方前往道贺者,有俞佐廷、徐可亭、贝淞荪、秦润卿、杜月笙、傅筱庵、傅松年、席德懋、张佩绅、胡梅庵、胡孟嘉、朱博泉、许伯明、王怀廉、向凤楼、徐宝琪、钱新之、竹森生、李伯涵,西人司比门、端纳、发诺等。至叶氏中央银行常务理事、信托局筹备主任、中国银行常务董事,均仍兼任。

财政部长孔祥熙昨晨语中央社记者云、四明银行为国内大银行之一,规模甚佳、其实力亦极为充足,惟因该行总经理孙衡甫先生,近来精力衰弱,为修养计,爰于昨日向该行董事会辞职,当由董事会照准,同时即推举叶琢堂先生继任,叶君原为中

---

① 叶琢堂(1875—1940),镇海路林人,著名银行家,历任中央银行董事、中国建设银行公司、中国银行常务董事,中央信托局局长等。

央、中国等行常务理事，在金融界素负重望，于四明银行前途，尤庆得人，业由该行董事会呈部备案，已照准矣。

《申报》，1935年6月2日

158. 江南宁波两银行昨均宣告清算

财孔昨召银钱业救济

废历端节已届，各业从事结账，银钱业为调剂金融之枢纽，年来因百业凋敝，致蒙受影响，除钱业得财部拨发二十四年金融公债二千五百万元接济，已形稳定外，昨日上海江南银行、宁波实业银行相继停业，而上海国货公司等，亦因之宣告清理，万国储蓄会储户，纷纷以储单抵押，特延长办公时间，渐趋平息，钱业划头，骤涨至七角。财政部长孔祥熙，特召集银钱业领袖会商救济市面，已议有办夫。兹分志详情如下：

金融会议出席人名：财政部长孔祥熙，于昨日下午四时三十分，在中央银行三楼理事室，与沪金融界会商，计到财政部高等顾问张寿镛、中央银行副总裁陈健庵、业务局经理席德懋、中国银行沪行经理贝淞荪、交通银行业务局经理张佩绅、四明银行总经理叶琢堂、中国实业银行总经理胡孟嘉、上海银行总经理陈光甫、中南银行总经理胡笔江、浙江实业银行总经理李馥荪、浙江兴业银行总经理徐新六、金城银行沪行经理吴蕴斋、大陆银行总经理叶扶霄、盐业银行沪行经理陈蔗青、国华银行总经理瞿季刚、钱业公会主席秦润卿等，会商救济银钱业，安定市面，已有具体办法，直至下午六时始散。

孔氏谈话平靖风潮：财长孔祥熙氏于召集银钱界救济会议之后，即在中行接见往访之各报社记者。发表谈话概括可分为三点：孔氏首谓，（一）今日（即昨日）召集银钱业会议，系救济钱业目前之难关，平靖不安定之恐慌金融风潮，以二千五百万政府公债现金抵押分配。兹对分配成数已决定：（二）政府对银行钱业决进行清理，在不出正轨或溢于涉险范围外，自予援手与救济。其有发现舞弊行为或越出轨外者，即予以取缔，并由财部通知，在未清理前，每一银钱业之股东经理应负无限责任。（三）今后一般人民应注意储存时，该银行是否准备金充实，信用可靠，若不此之虑，一味贪图利率高厚，则未来风险在所难免云云。最后孔氏尚慎重声称，政府对目前市面金融之救济，决尽力所能及，设法救济，使趋安定。唯政府救济只能救饥，而不能救贫耳。

《申报》，1935 年 6 月 5 日

159. 宁波实业银行复业运动第一声

已组织宁波实业银行复业运动委员会

宁波实业银行经蒋委员长电准，着与孔部长洽商复业，前途已有曙光，现由袁端甫、陈粹甫、曹国华、邬志豪、俞国珍、杨诵仁、郭学序、林康侯、何绍裕、何绍庭、汪北平、陈忠皋、张子廉、王鸿来、项继武、王伯元等，组织复业运动会，发表宣言。兹将宣言原文录之如后：一，宁波实业银行者，吾甬人事业之一也。创办以来，以扶助实业，提倡国货，调济金融为宗旨。主持人邬志豪君，吾甬人事业领袖中之佼佼者。宁行之暂停收解，初非投机失败与夫营私舞弊者所可同日语也，就此，吾人对于该行之搁浅，不胜其惋惜矣，用是乃有复业运动之发动。发动之机有三：曰维持债权利益也，曰保有吾甬人事业上之信誉也，曰同情邬君之国货救国也。在此三端，乃进而研讨其复业之可否，于是有三因矣，昭示吾人以复业之可能者。三因维何？一、查该行复业不难，负债不过七十一万元，倘能复业，债务资产，共计一百三十万元，除前董资本五十万元不计外，以对折收账，可得六十五万元相差，欠人六万元；二、蒋委员长曾电孔部长救济复业在案，想吾同乡领袖，理合拥护委员长之愿望，共同参加复业，以存救国救民之心；三、查该行债权，以宁属商政为多数，对于复业主体，富有情感，该行停止收解，已过月余，债权人态度，一致同情复业，爱护乡谊之心，实出于吾意料之外。有此三点乃引起吾人对该行复业运动之热忱，于是集同志成运动会，而以该行董监为主，而以各界领袖及债权人为宾主者，移其应负之责，以为复业之基实者，各竭其能而助其成，分工合作，异途同归，一致于此。甬人实业之总汇，提倡国货大本营之宁波实业银行，复兴光明在望，左券可操。负责之董监，热忱之债权，与夫急公尚义之各界领袖，如不以吾言为不信，其速加入，此告。并附参加认股之说明：一、该行全体股东监董，（甲）为股东者，保全已亏血本计，加认新股，以保前益，（乙）为董监者，承认维持复业而卸责任保全信誉也；二、宁属领袖同乡诸公，为维持吾甬人事业信誉计，认股助成复业而全光荣；三、该行债权人，为保护自身计，认股协助，致其复业，所有存款，作为现金投资免致吃亏，而利复业之进行。以上三点，本会备印认股书，向各方募认后，当召集认股人会议讨论，如有成效，组织复业委员会，进行复业事宜，如无相当成效，而无复业可能，所认之股，均作无效。本会暂设筹备处于西藏路宁波同乡会内，发起人袁端甫、陈梓甫、曹国华、邬志豪、俞国珍、杨诵仁、郭学序、何绍裕、何绍庭、汪北平、陈忠皋、张子廉、林康侯、王鸿赉、项绳武、王伯元（王、项二君以同乡资格加入）、周永升同启。

《申报》，1935年7月15日

160. 宁实复业运动会通告

宁波实业银行复业运动会，通告债权人云，查本会成立以来，从事于宁波实业银行复业运动，奔走兼旬，已启复业之门，复业办法，亦经拟定，多数债权接洽就绪，现正着手银行内部整理工作，复业之实现，仅属时间问题。凡该行及各分支行未向本会接洽之少数债权，不论存额多寡，请于五日内，驾临西藏路四八零号宁波同乡会四楼本会办公处，商洽一切。事关债权人切身利益，务祈勿延是幸。

《申报》，1935年8月3日

161. 孔部长赞许宁波实业银行复业

昨函该公司希望努力　迅定办法　乐观厥成

宁波实业银行复业运动会，自本月一日起，开始登记以来，每日赴该会登记者颇为踊跃。各债权人来函，自愿认股及探寻复业办法者，亦不在少数。并由陈忠皋等，向本埠甬籍商界巨子，连日奔走洽商复业情事，均允赞助。昨日复业会接得孔部长来函云："志豪先生大鉴，台函诵悉，宁波实业银行停业以来，社会疑虑甚多，自应迅定办法，以谋解决。台端拟向各董事及同乡筹集资本，准备复业。果能实现，不独可恢复银行自身之信用，亦可祛除债权人之责难，甚善甚善。尚希努力进行，迅定具体计划，本部自当乐观厥成。专复，顺颂筹祉。"

《申报》，1935年8月10日

162. 宁实复业筹备处成立

宁波实业银行，自暂停收解后，经甬同乡及第三者极力呼号，复业声浪，几播全国，并组织复业运动会于宁波同乡会内。该会成立以来，进行颇为顺利，各债权人签认股款，亦甚踊跃，已达债权总额十分之七。该会发起人认为运动时间成熟，日前假四马路中央西菜社召集第四次发起人会议。议决，即日起，成立宁波实业银行复业筹备处，所有复运会各发起人，一律继续连任为筹备委员，并另推常务筹备委员五人，积极办理复业增资各事，一俟债权认股告竣，即可定期复业。对于复业增加股本，已订定增股简章，由该处负责人，分头经募，复业之期，当在不远矣。

《申报》，1935年8月26日

163. 宁波实业银行筹备复业呈财部文

宁波实业银行复业事宜，近日正积极进行，闻离复业之期不远。兹觅得该行昨呈财政部文云，呈为呈报宁波实业银行停业清理及筹备复业经过情形事，宁商银行受市面不景气影响，金融周转不灵，不得已于本年六月四日，宣告暂停营业，由具呈人委托徐永祚会计师清查帐目，并请其会同余华龙、林克聪律师等封存行内契据文件。当时因各董事监察人散处各地，直至七月二日，始得在甬召集一部份董监会议议决，委托徐永祚会计师等为清理人，并代表召集股东会。各清理人为审慎计，函由部派监督清理员罗，呈奉部令，须分向其他董事联名签署委托，以符法定人数。乃复于八月十一日，由罗专员召集新旧两届董监会议议决，追认上届董监会议，并添聘张学文会计师、赵仲鼎律师为清理人，连前共计清理人五人，公推具呈人及董事周永升，根据议决案，代表致函各会计师及律师，委托清理，并代表召集股东会，而由罗专员据情呈准备案。至九月五日，各清理人就任后，现正积极进行清理事务，在此停业期内，因各债权人利害关系，即于六月八日，召集债权人联合会，筹商保护债权利益，安定社会金融办法。旋即办理债权登记以期集中力量，并分向各界领袖、甬籍同乡，要求援助。时亘三个月，会议十三次，各债权人均为自身利益计，均一致主张复业，因此甬籍同乡及商银行债权人关系人等于七月廿日，召集复业运动会。为维护债权利益保存甬商信誉起见，公决筹划复业办法，及其进行步骤，两个月间，开会六次，并与债权人联合会，商得具体办法，除请甬商领袖招募新股外，各债权人愿以债权额十分之五充作股本，十分之三作为定期两年之存款，十分之二于复业后，发还现金，众意签同。爰于九月九日，由具呈人与债权人联合会，签订和解据，以资信守。该会代表之债权额计银六十八万九千四百五十三元七角一分，业经签具复业认股证者，计银六十六万二千五百三十四元（截止五月十五日）。查办银行所有存款，共计银八十七万五千六百十五元零三分，同意复业而认股者，已达债权总额四分之三以上。其余四分之一弱之债权，当亦能赞同复业，签具复业认股证。赖社会各界之扶助，及债权人等之谅解，使商银行得以转危为安，继续营业，深为感幸。所有债权人联合会及复业运动会进行情形，及复业方案，迭经该两会函呈罗专员，请予转报有案。以上系商银行停业清理及筹备复业之经过情形也。商银行自停业以来，迭奉钧部训令，督促清理，造报表册，并限期分别偿还储蓄存款，及其他债务，各等因，自应遵照办理。关于造报表册一节，上海市内总分行之帐册，已经徐会计师审查告竣，将表册送由罗专员呈部有案。外埠分行帐册，拟仍由徐会计师继续清查完竣后，转交清理人核办，惟调集簿据审查汇报，尚须时日。兹先由具呈人责成各分行自行造表汇合，编成总表及总分支行分表藉明资产负债之总额，及细数。此项总表及分表合订一册，今特随文附呈。关于偿还存款一节，除和解据订定，以存款十分之五，充作新股，十分之三，改作定期存款外，其余应还之现金二成，现正催收欠款，处分财产，已集得相当成数，俟复业手续办理完竣后，即可按户偿还，以资结束。至于召集股东会一节，一俟新股招收足额，即可集会报告，以符法定程序也。综上所陈，具筹备复业，即为清理结束之一种，各方有利的简捷方法，大都维护金融无微不至，对此债权债务双方同意之办法，当邀鉴许，理合检具附件，沥情呈报，伏乞察核备查，实为行便，谨呈财政部部长孔。附呈资产负债总表，及总分支行分表一册、和解据副本一份、债权人签具认股证详表一份、增资复业简章一份、复业认股证样张一纸。具呈人宁波实业银行董事长兼经理邬志豪。

《申报》，1935年9月20日

164. 宁实复业筹备处拍卖大批细软皮货

宁波实业银行复业筹备处，于本月五日，开始在西藏路宁波同乡会内，核发各存户二成现金，均依部批及该筹备处所定之复业办法办理。现闻该筹备处，对于四十元起至二百元止储蓄存户，发给二成现金，已过半数。其第二批，自二百元以上至五百元储蓄存户，已在办理查德对通告之中，财部特派员罗宗孟，亦常驻该处监督，亲自核对盖章，秩序井然。少数未经认股存户，临时前往认股者，非常踊跃。同时该筹备处，将银行债务人抵偿各种细毛皮货时新绸缎衣着，削码之外，再打对折，货价低廉，存户选购极其拥挤云。

《申报》，1935年11月11日

165. 江浙银行昨日迁入新厦志盛

上海市银行业同业公会会员江浙商业储蓄银行，资本总额三百万元，向以稳健著称，业务异常发达，因嫌原址不敷应用，爰斥巨资，购置江西路天津路口基地，自建新式九层楼大厦，此高耸入云之一座美轮美奂新建筑物，经两年之工程，现始完工。昨该行已由四川路迁入江西路新屋，照常营业，各界名流陈光甫、徐寄顾、沈叔玉、张慰如、吴蕴斋、叶扶霄、林康侯、刘鸿生、周守良等前往道贺者极众，由该行董事长吴启鼎氏及董事杜月笙、张啸林、陈健庵、金廷荪、周文瑞，监察沈翊青诸氏等殷勤招待，来宾对于该行新屋之建筑新颖，布置美妙，均同声称赞。闻该行所发行之长兴纪念储蓄存单因格式新创，利息优厚，故所收受之存款，为数颇伙。其新添之保管库，已租出不少，因此江西路畔，车水马龙，终日不绝，颇极一时之盛云。

《申报》，1935年11月24日

166. 宁波实业银行即日复业

筹备处迁至银行二楼办公

宁波实业银行,自上年六月间,暂停收解后,因主持者走避,负责无人,由第三者会同债权人,组织复业运动会,为保护债权利益,拟定复业办法,举行登记,并成立复业筹备处,进行以来,为时已久,所有依照该处规定办法,具领者已达债权总额十分之八以上,而特种往来,亦已核发将竣,尚有少数未曾前往具领者,该处已发出通知函,限于八日前结束,原有该行行址(南京路山西路口)已由筹备处直接向房东订立租约,定于本月八日,迁至原行址二楼办公。惟因银行复业,尚需时日,办理核发存户及整理工作,为节省开支计,将银行楼下全部暂改为商场,利用时机,以求进益,闻该商场定名为便宜商场,现在装修中,定于本月十日开幕云。

《申报》,1936年3月5日

167. 宁波实业银行复业筹备处月底结束

定期复业

宁波实业银行,暂停收解后,经该行债权人会同甬籍同乡,组织宁波实业银行复业筹备处,进行复业工作,非常顺利,依照复业办法,发还存户,已达全部债权十分之九以上,惟尚有少数存户,因地址不详,或迁移未告,致该处无从接洽,顷闻该处接奉财部限期复业之训令,对于未到该处办理手续之存户,经议定限于本月底止,一律前往办理,逾期未办者,将呈部备案,即银行复业后,该项少数存户,仍应遵照复业办法办理,以免歧异,俾全体债权利益,顿以保全,社会金融,得以安定云。

《申报》,1936年3月24日

168. 中国垦业银行特设服务处

制作精美的中国垦业银行储蓄广告

中国垦业银行，专办商业储蓄银行一切业务，历年以来，本其服务社会之宗旨，处处为其顾客谋利益。最近该行又特设服务处，凡其顾客以下列各事委托者，均可代为办理，所有各种费用，或予以减轻，或完全免费，以示优待。兹将服务各项摘录如下：一，代付各种款项，凡房地产，捐税，房租，自来水，电灯，电话，自来火，保险，学费及其他款项均可代付。二，代收款项，凡各种票据，证券，股票本息，各种经常收益，均可代收。三，汇款，凡汇往该行分支行所在地者，一百元以下汇费免收，其他各地从廉。四，保管事件，凡以债券股票单据等委托露封保管代收本息，保管费手续费免收，租用保管箱，另予优待。五，保证事件，凡各种信用上之事件，均可代为保证。六，代理事件，凡房地产租金，买卖房地产，建筑设计代收股款，买卖另整额债券，各项保险，均可代办。七，投资及置产之指导，凡对于资金之运用，难于解决者，均可洽商。八，其他各种委托事件。以上各项，均极繁复，人人无不视为畏途，今由该行出为服务，自将为其顾客，便利不少。闻该行特延专家主理其事，先由本埠总行及各支行着手，俟有成绩，再推广于各地分行云。

《申报》，1936 年 3 月 26 日

169. 大来银行昨开六届股东会

大来商业储蓄银行昨开第六届股东会议，出席股东竺梅先，陈寿芝，徐圣禅，孙鹤皋，俞佐庭，郑少坪，周智卿，王文翰，金润庠等二千人百余股，共计二千七百余权。公推主席周智卿，报告开会宗旨后，即由经理竺梅先报告二十四年度营业状况，及监察人宣布上年度收支帐略，所得纯益为十四余万金。末即改选金润庠，王文翰为本届监察人，至五时散会。

《申报》，1936 年 6 月 13 日

170. 四明银行增加资本

优先由旧股东认股

四明商业储蓄银行创于前清光绪三十四年八月十六日，实收资本为二百二十五万

1932 年由四明银行投资兴建的"商品房"——上海四明村

元。自经第一次股东大会提议，增加资本一百七十五万元，连前合为四百万元后，业经六月二十一日之第二次股东大会通过，交董事会办理。先由旧股东认股，如未足额，再向非股东招认。

《申报》，1936年6月28日

171. 宁波通商银行昨迁入新建大厦

本埠通商银行自购基地，建造水泥钢管新式六层大厦，业已落成，于昨日迁入。黎明四时鸣炮升旗，董事长杜月笙，董事傅筱庵、徐圣禅相偕莅止，杭州周市长即海上名流王晓籁、乐振葆、金廷荪、张继光、俞佐庭、黄延芳、项仲儒、竺梅先诸君及当地绅商各界咸往道贺，车水马龙，极一时之盛。该大楼地处江北外马路23号，为当时宁波最高也是最雄伟的建筑物。

《时事公报》，1936年6月29日

172. 国泰银行解散清算

昨开股东会通过

国泰商业储蓄银行，鉴于市面凋敝，资金运用困难，经董事会议决，对于欠款则陆续催收，对于存款则随时发还，并经八月九日召集临时股东大会，假决议解散清算后，昨日下午二时，在宁波路钱业公会，再召集第二次临时股东大会，到股东一百九十二户，计五千一百七十七股，合四千四百六十六权。由董事长王伯元主席，报告到会股东及权数，已足法定数目，当宣告开会。首由主席报告八月九日第一次临时股东大会假议决案，继由总经理郑秉权报告该行资产负债状况，旋即开始讨论，对第一次临时股东大会假议决解散清算案，议决，通过，并委派全体董事王伯元，徐可城，俞佐廷，徐伯熊，张朗斋，郑秉权，林平甫，孙劼卿，薛春生[①]，刘聘三，陈绳武等十一人为清算人。至下午四时许始散。清算人王伯元等，准今日即举行清算人会议，办理清算，对于定期及活期存款，即日起一律发还，对于各项放款，由清算人催收。

《申报》，1936年8月31日

173. 四明银行增资办法

先俟旧股东公认

四明银行经五月二十四日股东会议议决增加资本一百七十五万元，连原有资本二十五万元，合四百万元。授权董事会办理后，董事会所定增资办法，经六月二十一日股东会通过，八月一日起，已将办法抄发各股东，限于九月二十五日以前答复。兹录四项办法如下：（一）关于修改原有股份资额事宜，查原有股本每户之股额，系偶数者按二比三之比例，每二股增改为三股，又一户所有之股额。系奇数者，其余剩股资之五十元，应请股东于出让及让受两项任择其一，声复本会，汇齐办理，其声请让受者，应另缴国币五十元，凑得旧股一股。声明出让者，得收回国币五十元。俾得原有一万五千股之股份总额，增改为二万五千五百股，适符原有资本总额国币二百二十五万元之数。（二）此次增加股份资本一案，案据公司法（第一百九十条）及本届股东会决议，应先俟旧股东分认，如有余额，始得另募，自应遵照办理，兹以本行现有股本二百二十五万元，与议增之新股东一百七十五万元，相较系九与七之比

---

① 薛春生，薛文泰族人，长期在沪从事金融业。曾任国泰银行董事等。

例，按此计算，凡旧股东原有九股者（系按此次修改后每股国币一百元计算）得分认新股七股，其按九与七之比例计算，不足一股者四舍五入（例如原有十股之旧股东得分认新股八股）。（三）再查本届股息六厘，既承股东会授权本会连同增资案一并办理，经议定凡旧股东每户原有股份总数应得之本届股息满百元者，照给新股一股，其每户应得之股息未满百元者，应请股东于出让及让受两项择其一，声复本会，汇齐办理，其声明让受者，应另缴款凑足一百元之数，得新股一股，声明出让者得收回上项未满百元之款。（四）以上办法，统容于此次开会后尅日详具通过，并附表单分致各股东察酌办理。

《银行周报》1936 年 8 月 11 日，1936 年第 20 卷第 31 期

成立于 1919 年的汉口四明银行大楼（正侧面）

174. 国泰银行清算结束

存款八百万元本利清偿　尚有二千元公告催领

本埠国泰银行，经临时股东会议决，为解散之清算后，该行即开始办理清算手续，现已告一段落。兹志详情如下。

组织内容；国泰银行，系于二十二年八月成立，资本一百万元，一次收足，地点在天津路二二四号，董事长王伯元，常务董事郑秉权，徐可城，董事俞佐廷，薛春生，孙劫卿，张朗斋，徐伯熊，陈绳武，刘聘三，林平甫，监察王仲允，冯斯仓，周永升，总经理为郑秉权，经理为林平甫，副经理为楼耿如，冯启钧，襄理为郑曙帆，张耕生。

清算情形；所有该行各项存款，包括各种储蓄存储在内，无论已未到期，一律发还，其利息均算至提取前一日止，本息悉数清偿，现在存户尚有未来领取者，总数并计不满二千元。虽经连续登报公布公告多天，催请领取，现仍设立清算处于北京路一五五号业大楼，以待零星各户提取此千余元之本息，以资结束。在该行繁荣时代，适当沪上金融恐慌之际，彼时存款，总额约为八百余万元，均于此一年余中，将放款陆续收起，即以之付还存款，现在尚存实产，及尚未到期押品确实之资产，约六七十万元，均将陆续付还股东资本。

催领公告；敬启者，本行经本年八月三十日第二次临时股东会议决议通过，为解散之清算，暨委托董事会全体董事为清算人各在案，所有商业部储蓄部各项定期活期存款，无论已否到期，均请存户即日来行，将本息一概算至提款前一日为止。特此登报公告，敬希各存户携带存款单折，依照平时约定取款手续，前来提现，至为翘盼。

《申报》，1936 年 10 月 27 日

175. 四明银行总经理由李嘉隆继任

李定明日就职

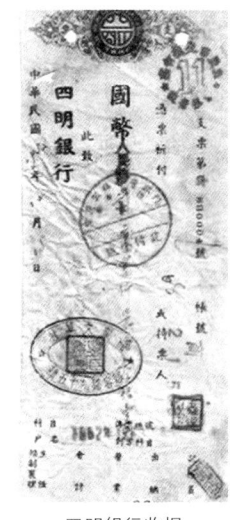

四明银行收据

　　四明银行自开办迄今，二十余年，信誉素著。去年该行为扩展业务，曾经聘任现任中央银行常务理事叶琢堂氏代理总经理职务，营业益见进展。嗣叶氏复受政府命令，担任中央信托局局长，势难兼顾，商请辞职。该行经董监联席会议议决，冯清李嘉隆君继任总经理。闻李君定于本月二十九日到行就职。李嘉隆君字润生，为现任中央银行南京分行经理，富于金融学识经验，此次兼任四明银行总经理，深为该行得人庆云。

《申报》，1936 年 10 月 28 日

176. 四明银行增资百七十五万元

新总经理今晨就职

　　四明商业储蓄银行，创立于前清光绪三十四年八月十六日，自废两改元后，资本改为国币二百二十五万元。今年股东常会议决，为增加实力起见，增资国币一百七十五万元，连前共计四百万元，先由各旧股东招认，业已足额。至于总经理叶琢堂氏，以中央信托局事务繁忙，势难兼顾商请辞职，经董监联席会议议决，聘请李嘉隆氏继任，李氏已由京抵沪，准今晨到行就职。

《申报》，1936 年 10 月 29 日

177. 垦业银行白昼被劫

昨向公会报告　由会函请法捕房严缉

自中国垦业银行八仙桥支行为盗劫后，沪市各银行，以白昼盗劫银行，为近年所罕见，均甚重视。该行总经理秦润卿、常务董事王伯元，昨特向银行公会报告，当由该会函法捕房严缉劫盗，以保治安。

《申报》，1936 年 12 月 30 日

178. 大来银行昨开股东会

大来银行于昨日下午四时，假宁波路民来造纸厂举行第七届股东大会，计到一五三四权，主席陈寿芝，首由总经理竺梅先报告营业状况，及监察人金润庠报告账略，次即讨论分配官股红利案，议决，定于六月一日起分配。继改选竺梅先、陈寿芝、孙鹤皋、王文翰等九人为董事，金润庠李泉才二人为监察，至六时散会。

《申报》，1937 年 5 月 6 日

179. 四明银行董事长协理报告

八一三后四明银行业务经过情形

兹谨将中日战争发起，以迄现时止，所有本行业务经过情形，扼要陈报，敬祈鉴核。

一、准备之筹措。本行自董事会改组以后，在董事长常务董事指导之下，行务日见进展。同时，为扩充业务起见，添设苏州、杭州、绍兴三支行，又在本埠设立霞飞路办事处，上述三支行开幕时，收入存款共达百余万元之谱。若市面稳定，前途尚有希望。讵意战事突起，市面陷于停滞状态，致种种计划悉告中止。一方面遵照财政部安定金融办法应付存款，一方面立即停止已订未用之往来透支，以维现状。其时，北京路行址，因流弹横飞，为主顾安全起见，奉命暂将总行及南京路支行移设西区支行，又将南市支行、西门支行并入霞飞路办事处，分别继续营业。在此人心惶惶之时，惟有谨慎小心，应付柜面。至于各存户所处境遇，本行亦应顾及。因时局关系，大都收入减少，不得不提用历年积存之款，以维持生计，于是首当其冲者乃为银行。本行总行及本埠各分支行活期存款至七月三十日止，共计一千三百十七万元。外埠各分支行活期存款，共计六百三十五万元。两共一千九百五十二万元之巨。即使遵照财政部安定金融办法，每一星期亦须准备应付存款一百万元，而其时本行固有之准备金，为存放同业（除同业存款冲抵外）及库存二项，本外埠合计不过一百九十一万元，就外埠各行而言，其准备平时本不甚宽裕，盖遇有需要，可由总行随时汇拨接济。值此非常时期，准备数目遂觉得薄弱，因将公债票向贴放委员会贴放二百一十万元，继因利率太高，变更方针，减少贴放六十万元，改向银行业联合准备委员会拆放汇划八十七万元。就事实论，以上准备应付本埠，尚属裕如。因本埠提支存款趋势尚为缓和。同时，外埠各分支行为环境所迫，提支存款，反较本埠为巨，总行只能源源接济。因此，本埠准备亦逐步短绌，稍现窘象。适李总经理于战事起后，即赴南京，以致遇事须函电请示，稽延十日，且行务机要，深虑泄露，不得不请准财政部提前拨还借款，计先后拨还三百五十万元，并因京行所收存款以政府机关为多。各机关均奉令离京，提支存款不免较巨，继又商准财政部拨还三十五万元，转拨京行以资应付，时为十一月中旬，人心最为浮动，亦本行准备最感拮据之时，而行务应付自董事长主政，与常董诸公共同筹划处理行务以后，内外安定。旧存款虽续有提取，新存户亦源源而来，新陈代谢，业务稳固，准备亦因此逐渐充实。

二、存款趋势。查上年六月三十日止，本行全部存款连储蓄在内，共计总数四千一百零六万元，至七月底止，为四千零六十三万元，此一个月，计减少四十三万元，约占全部七分之一强（详细情形请阅附表）。

三、添设沪行。战事迁延，国立银行纷纷计划将总行随政府迁移内地，本行虽属商业储蓄银行，因官股较多，亦不得不预有准备。奉董事长命将总行暂移法租界，为对外维持现状起见，添设上海分行，至于本行组织规程，并不变更，仅将属于商业及普通存放各款划转上海分行处理。凡属政府机关存款存放各款及重要财产仍留在总行账上，并为处置过剩准备起见，将存放同业科目中数目较巨之中央及中国农民银行二户划归总行。经此转账之后，总行结欠上海分行数目太巨，又将旧账内三北公司各户欠款转归上海分行。一转移间，账面上，总行与上海分行既显然分立，存欠数额亦获平衡。在总行仍留上海之时，处理事务，仍如旧观，以免徒耗开支。

四、放款趋势。在此非常时期，以前所放出之各项放款，预计原可如期收回者，均不免发生困难，除已收回若干户，约计有二十七万元外（财政部款在外）。大结束前（即阴历年第），势有若干户延至来春，再行相继收回。所幸战事之爆发，适在淡月，商业透支尚不为多，若在旺月，各业用款必较增加，受损自当更巨。

五、开支增减情形。查二十六年上期六个月，共计各项开支二十八万二千元，下期六个月，共计各项开支三十五万一千元，其中除因非常时期捐款、迁移、津贴等额外费用，约计二万元。又添设支行办事处四所费用二万元外，实际上二十六年下期之

20 世纪 30 年代发行的以四明山为图案的四明银行钞票

经常开支，仅较上期增加二万九千元。

以上各条，均就事实而言，至详细数字，均详本行账表，敬祈。

上海档案馆藏，卷宗号：Q279—1—432—1，1938

180. 宁波四明银行存款在沪提取办法

宁波四明银行为便利存户计，故托上海四明分行代向内地提取，并先行垫付。惟资金汇申，汇费损失不赀，除由该行担负贴补一部分外，不得不向存户每百元扣收汇水十三元零四分（即每百元存款付沪钞八十六元九角六分）。此汇水率系根据甬地事变前一日之汇率，以资挹注。按照实际汇水尚属相差甚巨。如存户欲在内地提取，则可开支票，不收任何汇费，一律平付。

《申报》，1941年10月24日

181. 国孚银行正式开幕

北京路五二二号国孚商业储蓄银行，自开业以来，深为社会所信任，业务至为发达，昨日正式开幕，各界前往道贺者计袁履登、金宗城、裘云卿、刘聘三、张景吕等五百余人，车水马龙，盛极一时。该行董事长胡益卿、总经理童显庭，及全体董监经副理等，殷勤招待来宾，甚形忙碌，而营业部全体职员，对于往来收付，大有应接不暇之势，全日存款，共计二千余万元之巨，亦云盛矣。

《申报》，1942年5月13日

182. 五洲银行开幕

江西路一二四号五洲商业储蓄银行，定于今日正式开幕。该行董事长为金宗城君，其他董监暨经副理等均系金融实业两界巨子。金君事业繁多，为社会人士所共知，五洲银行即其手创。

《申报》，1942年9月2日

183. 五洲商业银行开幕

江西路一二四号五洲商业储蓄银行，为本市金融实业两界巨子所发起，组织周密，资本雄厚。昨日上午九时举行开幕典礼，本市银钱业及各界名士前往道贺者，络绎不绝。当由董事长金宗城君，经理游西璋君，副经理郑子荣君，暨各董监等亲自招待，济济一堂，备极欢洽。该行营业之发达，定可预卜。

《申报》，1942年9月3日

184. 四明银行股东会流会

四明银行昨在该行二楼召开胜利后之第一次股东常会，到会股东计三八八七权，由董事长兼总经理吴启鼎主席，报告九年来之营业经过状况后，即有股东纷纷提出质询，官股代表主张否认在渝时期四明保险公司增资原案，主席要求俟报告营业决算各案后再行表决，旋又有股东提议，就股东质询各点，选任检查人依法检查，并有要求参加查账，其时已有若干股东离席，于是又引起在场股东不足法定权数问题，经在席股东提议流会。

《申报》，1946 年 6 月 24 日

185. 惇叙商业储蓄银行[①]杭州分行开业公告

本银行经呈奉财政部京钱戊字第六八〇二号批示，核准在杭州地方设立分行。兹择本年三月一日在杭州中山中路二九一号开业。除呈报财政部及杭州市政府备案上，特此登报公告。惇叙商储蓄银行启。

《申报》，1947 年 3 月 1 日

186. 四明银行开董监联席会

四明银行昨开董监联席会议，出席者秦润卿、陈布雷、（李叔明代）俞飞鹏、孙鹤皋、俞佐廷、李叔明、吴从先、洪岺西，监察人宋沅、杨庆春、赵棣华、金廷荪、（杨庆春代）徐玉书等。当场互选陈布雷、俞飞鹏、俞佐廷、秦润卿、李叔明五人为常务董事，赵楼华为常驻监察人，并公选俞佐廷为总经理云。

《申报》，1947 年 6 月 23 日

[①] 惇叙商储蓄银行，1921 年由鄞县潘火桥蔡氏旅沪同宗会创办。1936 年在宁波设立办事处。蔡仁初长期担任董事长，蔡松甫任行长。

四明银行营业柜台

187. 四明银行概况报告

一、股权沿革及分析。本行系由甬人袁鎏、朱佩珍、周晋镳、陈薰、虞和德等所发起，成立于清光绪卅四年八月，设总行于上海宁波路。至宣统三年，由孙遵法主持。民国十年九月，迁入北京路二四〇号自建行屋。股本原额规银一百五十万两，陆续增设各分支行处。民国廿二年，废两改元，资本改为国币二百二十五万元。同年五月，呈准政府发行兑换券，设立专库保管。廿四年十一月，实行法币政策，遵令停止兑换券之发行。因缴交发行准备，用转困难，廿五年冬，经股东会议决增资，将旧有股本奉令一五折减值，改为卅三万七千五百元，并由财部加入官股三百六十六万二千五百元，以复兴公债票面三百六十六万二千五百元抵缴，合为资本总额法币四百万元，遂为官商合办之商业银行。三十七年十一月，遵照前财政部令颁商业银行调整资本办法之规定，资本总额调整为伪金圆券二百万元，其中半数一百万元以上海分行行屋基地升值，余以现金按股额比例，分别增缴伪财政部，计缴伪金圆九十一万五千六百廿五元，商股增缴伪金圆八万四千三百七十五元。上项股款共计四十万股，分为三四四户，以股款金额论，属于官僚资本者，占百分之九五·四八七五，纯粹商股，占百分之四·二五八〇，其他性质不能判明部分，占百分之〇·二五四五，详细股款股权分析数字，见附表一（该报告所附表格均未见于卷中，疑已散佚。）

二、组织。甲、组织系本行设总行于上海，总揽全行事务，由总经理承董事会之命，综理行务，并设副总经理一人，协助总经理办理一切事务。总行下设总务、稽核两处，业务、储蓄信托两部。各处设处长一人，各部设经理一人，各处部视业务之繁简，酌设副处长副经理，各部并得酌设襄理，各处部按工作需要分科办事。本行分支行及办事处，均直隶总行，但因事实上之便利，支行办事处得由指定分支行视事务繁简，得酌设副理、襄理，并得分股办事，办事处得分系办事。所有组织系统及部门分类情形，详见附表（二）。乙、分支机构。本行现有上海、南京、宁波、汉口、重庆、成都、西安七分行，苏州、杭州、绍兴、兰州、郑州、徐州及上海西区、林森路、虹口、南市十支行。除重庆、成都、兰州外，余均解放。上海各分支行及储蓄信托部已照常营业。上列各行分布情形，见附表（三）。总行储信部设上海南京路，对外营业。该部并附设仓库于本市曲阜路、保管库于总行及南市支行。

三、人事。本行共有职员五一九人、工友二八九人，内沪区职员三三〇人、工友一七四人。各行各级职工人数，详见附表（四）。本行沪区总分支行职员之教育程度，以中学程度为最多，占百分之六八·七九，大学次之，占百分之一八·四九。详见附表（五）。本行沪区职员服务年份，以不满五年者为最多，占百分之四五·一五，满五年至十年、十年至十五年、十五年至二十年三部分人数，相差不远，服务二十年以上者，亦有十五人。详见附表（六）。本行沪区职员工作，属于总务性质者，计三十五人，会计性质者，一五七人，营业性质者，一三八人。就其能力及工作情绪评定等级，则中等最多，占百分之五五·七六，上等占百分之三四·二四，下等占百分之十。

四、业务。甲、业务重心及经营特点本行业务方针，向以普通商业银行姿态，稳健经营，以吸收存款贷放予工商业为业务重心，汇兑、票据承兑、代理业务、保管箱、仓库代理、买卖证券等辅之，故收益以利息为主体。至房地产，虽为本行重要资产，因扼于过去不合理之租赁条例，经租收入仅以维持地产科自身开支而已。关于经营特点，可分列如下：1.近年来本行收受星期存款，为沪上各同业之冠。2.严格甄选放款对象，资金呆滞情形极少，并无暗帐。3.放款利息接近市息，力图增加收入。4.经办代理业务，如代收税款等，均占沪上同业首位。5.时时受反动国民党政府不合理法令管制，发展困难。

乙、未结损益计算。本行自本年一月一日起至五月三十一日止，全体未结损失计人民币一百三十四万二千三百三十一元五角二分，惟因外埠各行报表邮程阻隔，多有稽延，无数字，仅依据其送达总行之最近表报为限，故五月底实际损益未尽准确。详见附表（八）。

丙、沪区存放款对象之分析。本行沪区各行，截止五月二十四日，计存款三十万有零，共一万一千七百七十一户。就存户而论，以私人为最多，占百分之六五·七四，商号次之，占百分之二九·一一，工矿业。第三，占百分之三·八一。以金额比较，则工矿业为首，占百分之五三·七三。盖工矿业范围较大，每户存额较多，其他官僚企业，及伪公务机关，户数及金额均少。详见附表（九）。沪区放款，自四月份起，因战事关系，业经收缩，故就三月份情形加以分析。该月放款户数，共一千零四十三户，金额合人民币计四万余元。无论户数及金额，均以商业为首位，户数占百分之六八·七四，金额占百分之五四·一三，其次为工矿业。至官僚企业，则为数不多，伪公务机关并未贷予。详见附表（十）。

丁、仓库。本行仓库所有物资，均系客户所存，截至五月二十八日止，以伪国家行局户名存入者，计有：中央信托局（大中美果厂货）西果十五件中央信托局（大华航空公司货）飞机翼及杂件三十四件。上海市银行（大纶棉毛织厂货）棉毛车六件。国货银行（金山公司货）颜料一件。交通银行（亚浦耳厂货）电料二件。中国银行（国丰造纸公司货）书面纸二十六件。查上列货物之原主，当时因与伪行局有贷款关系，故均过入伪行局户名，事实上并非行局所有。其余均系普通厂商，存货内容大体如下：工业机件一六五件、工业原料一七五件、出口货物三十五件、纺织品二十七件、书籍文具纸张七十三件、油墨颜料四五七件、西果二十一件、食物一六四件、烟酒九九二七件、其他三八〇件。

五、重要资产。本行现有资产，以房地产为主，其他证券及金银外币，均不占重要地位。各项资产多集中上海，外埠分支行，除房地产外，流动资产亦微，不足重视。兹择要分别叙明如下：

甲、房地产部分。本行原有房地产一千二百余幢，抗战时毁坏三百余幢，现计有九百六十六幢，占地三百四十余亩。全部房地产以上海为最多，汉口、宁波次之。

乙、有价证券及生产事业投资。本行有价证券及生产事业投资之来源，或系押品转入，或系敷衍情面购入，种类虽多，价值极微。兹将在本市解放前有市价或虽无市价而其企业情形较良好者，列附表（十二）。至债券部分，有旧法币债券约二百六十余万元，购粮美金储券票面美金八万元，其他美金债券约九万元，伪中储券债券三十余万元。

丙、金银外币。本行于抗战胜利之初，结存外币约合美金五十余万元，嗣为伪中央、中国银行陆续收购，仅余尾数港币九百二十五元四角，仍存港处前负责人处。自本年四月二十二日起，因鉴于伪金圆券币值暴落，为维持同人生计起见，以储粮准备名目，购备黄金银元，并有信托部、虹口支行之承受质押品、过户费等项下移来黄金

四明银行股票

美钞。除历次发薪出售外，尚余黄金三十九两四钱五分七厘，美钞二百九十五元，银元一一九枚。详见附表（十三）。其中黄金、美钞部分，已移存中国银行，作为借款之押品。

综观上述，本行虽为官商合办，而业务悉仍属普通商业银行性质。惜以官僚资本侵入以后，不合理之政治因素从而潜入，以至人事浮滥，旧习深重，所有流动资金在伪政府管制下荡然无存。在业务上，与正当工矿业接触亦少。惟本行历史悠久，号召力极强，昔日举办星期存款及此次收兑伪金圆券，成绩均优，加以不动产资力雄厚，如将来房地产有活动余地，积极整理经营，前途极有可为。至于职工本质，大体尚属优良，如励行人事制度，加强学习，则均可造成有用之才。

上海档案馆藏，卷宗号：Q279—1—119，约 1949 年 5 月

188. 1949 年四明商业储蓄银行调查

一、简史。该行由甬人袁鎏、周晋镳、陈薰、虞和德等所发起，成立于清光绪四年八月，设总行于上海宁波路，民国十年九月迁入北京路二四零号，自建行屋，股本原额规银一百五十万两，陆续增设各分支行处，民国二十二年废两改元，资本改为国币二百二十五万元，同年五月，呈准政府发行兑换券，设立专库保管，二十四年一月实行法币政策，遵令停止兑换券发行，二十五年经股东会议决增资，将旧有资本一五折减值改为三十三万七千五百元，并由财部加入官股三百六十六万二千五百元，合为资本总额法币四百万元，遂为官商合办之商业银行，抗战军兴，总行迁至重庆，陆续在内地增设分支行处。胜利后，将收复区原有各分支行先后分别接收复业，总行亦即迁返上海北京路原址，三十六年八月将南京路支行迁至四川北路一三六六号，改为虹口支行，同年十月，总行储蓄、信托两部迁设南京东路四七零号。

二、地址。总行：上海南京东路四七零号；电话：一五五零五；电报挂号：零

九三六；前清光绪三十四年八月成立。

  总行储蓄信托部：上海南京东路四七零号；电话：九零零六六；三十六年十月迁设。

  上海分行：上海北京路二四零号；三十六年十一月成立。

  南市支行：上海民国路台湾路口；电话：八一五零八；二十一年七月设立。

  西区支行：上海南京四路七六四号；电话：三零八九九；二十三年八月成立。

  虹口支行：上海四川北路一二二八六号；电话：六一六三六；三十六年八月迁设。

  林森路支行：上海林森中路四一九号；电话：八一二四四；二十六年八月成立。

  宁波分行：宁波外马路五十三号；宁波挂号：二四九四；宣统元年七月成立。

  南京分行：南京中山东路二零三号；电报挂号：零九三四。

  汉口分行：汉口汉江路；电报挂号：零九三四。八年四月成立。

  重庆分行：重庆陕西路二三三号；电报挂号：三九四一；三十年九月成立。

  成都分行：成都春熙路二号；电报挂号：六七六九；三十二年二月成立。

  西安分行：西安东大街四五九号；电报挂号：零一零一；三十二年一月成立。

  苏州支行：苏州观前街一三八号；电报挂号：零九三四；二十六年五月成立。

  杭州支行：杭州开元路三七号；电报挂号：零九三四；二十六年七月成立。

  绍兴支行：绍兴大街；电报挂号：零九三四；二十六年七月成立。

  兰州支行：兰州益民路；电报挂号：三八八三；三十二年八月成立。

  郑州支行：郑州钱塘路；电报挂号：零九三六；三十五年十一月成立。

  宝鸡办事处：宝鸡中山西街三七三号；电报挂号：五八八七；三十二年十一月成立。

  徐州办事处：在筹备中。

  三、资本：法币四百万元，每股一百元。

  四、负责人

  董事长：俞飞鹏、浙江宁波、粮食部长

常务董事：俞佐庭、秦润卿、陈布雷、李叔明

董事：孙鹤皋、徐继庄、宋子安、刘鸿生、洪苓西、吴从先

常驻监察人：赵棣华

监察人：杨庆春、宋沉、金庭荪、徐工书

总经理：俞佐庭

副总经理：吴从先

业务部经理：徐瑞章；副理：杨谦五

储蓄部经理：蒋谓五；副理：程蘭孙、钱崇注、顾乃登；襄理：罗开缓、吴承树、朱在勤、孙元埰

总务处长：陈　阳，副处长：田耀华

稽核处长：杨锡山

上海分行经理：林荣生，副理：胡锡安、蔡锡园、万艮飞、严章远

虹口支行经理：方汝成，副理：沈淇然

南市支行经理：洪聘良，副理：葛逢时、洪钟尧

西区支行经理：陈堃堂

林森路支行经理：葛子声，副理：葛润如、桂　民

宁波分行经理：俞佐宸，副理：李纪堂

南京分行经理：毛恭祥，副理：朱润身、洪葭管、严圣华

汉口分行经理：叶启章

苏州支行经理：徐首明，副理：周廷栋

杭州支行经理：何创夏，副理：周兆熊

绍兴支行经理：章恩长

重庆分行经理：范松卿

成都分行经理：李景翰

西安分行经理：朱启芳，副理：郭图英

兰州支行经理：张嘉熙

郑州支行经理：陆怡霖

宝鸡办事处主任：简怀益

五、员生总数：五三零人

六、存款总额：三十六年六月底共，一八、四一一、九零零、零零零元。

七、历年盈余：三十四年盈余，四、三二二、七九四.四三元。三十五年盈余，四三、五九零、六一零.八三元。

上海档案馆藏，卷宗号：Q78—2—14005

钱庄业

1. 南市又多一钱庄 / 248
2. 益昌钱庄开幕纪 / 248
3. 旧历辛酉年各业盈余之调查（一）
   （节选）/ 249
4. 新组织之钱庄 / 250
5. 泰昌钱庄开市 / 250
6. 福源钱庄新屋落成 / 251
7. 福源钱庄革新后近讯 / 251
8. 新汇划庄同庆开幕 / 252
9. 福源钱庄 / 252
10. 钱业改进业务 / 255
11. 钱业改革会计制度 / 256
12. 钱业中之新事业 / 256
13. 鸿祥钱庄复业 / 257
14. 安康钱庄奉令更改名称为安康余钱庄股份有限公司紧要启事 / 257

钱庄业

1. 南市又多一钱庄

南市钱业十二家上年交易俱有盈余,最巨者数万金,少亦数千不等。今届洞庭山码头弄内新开一家,取名元孚,系宁波巨商方氏所发起。刻已组织就绪,即日上市。

《申报》,1917 年 1 月 26 日

2. 益昌钱庄开幕纪

沪市金融界近年颇见发展,本年南北两市汇划钱庄均有新开,现北市又有一汇划庄创设牌号。益昌系完全甬商组织,经理为徐伯熊,已于昨日(即二十五号)上市,南北各巨商钱业董事及同行绅商各界到者甚众,同行堆花银多至三百余万(按沪市同行堆花即各庄拨入之存款),股东方面及外来存款二十余万。据闻沪上钱庄上市同行堆花银两多至此数,为近数年来所仅见云。

《申报》,1918 年 4 月 26 日

3. 旧历辛酉年各业盈余之调查（一）（节选）

钱业　　辛酉年度北市钱庄同业尚称稳健，虽有交易所之风潮，而钱庄均无关系，盖缘春夏时有金燊记等所设之未入园，庆康庄因投机倒闭，因而汇划各庄皆预抱审慎主义，得有此良好之结果。惟小除夕有渭源庄受挤轧，已由股东出银五十万维持，得以渡过。兹将大同行盈余牌号列后（北市汇划六十三家，计盈余二百五十二万九千两）：永丰盈十二万两，信成十一万两，滋康十万零五千两，安康八万两，安裕七万两，顺康六万八千两，宝昶六万五千两，信裕六万五千两，益大六万五千两，晋安六万一千两，益昌六万一千两，福康六万两，福源六万两，恒隆六万八千两，汇昶五万五千两，益丰五万五千两，瑞昶五万三千两，鼎康五万两，庆成同上，承裕同上，大成同上，衡通同上，兆丰同上，志丰四万三千两，鸿祥四万二千两，恒祥四万一千两，赓裕四万一千两，振泰四万两，大德同上，茂丰同上，庆祥同上，聚康同上，祥裕同上，德兴三万八千两，信孚三万五千两，泰康同上，鸿胜同上，恒兴三万二千两，鸿赟三万一千两，怡大同上，宝丰同上，宝兴三万两，存德同上，鼎盛二万八千两，五丰二万七千两，润余二万六千两，同余同上，元盛同上，义生二万五千两，志诚同上，永余同上，鸿丰二万两，仁亨一万六千两，选康同上，均泰一万五千两，瑞泰同上，元甡同上，长盛一万三千两，信元一万二千两，同泰一万两，慎益五千两，渭源平平，光裕平平。（北市未入园者十四家，共盈余二十一万四千两）信康盈二万八千两，同德二万二千两，隆泰同上，惠兴二万两，敦余同上，同丰一万七千两，致和一万八千两，源和一万三千两，长源一万两，鼎大同上，鼎甡同上，裕源同上，元顺八千两，同益三千两。（南市汇划十二家共计盈余十八万四千两）致祥

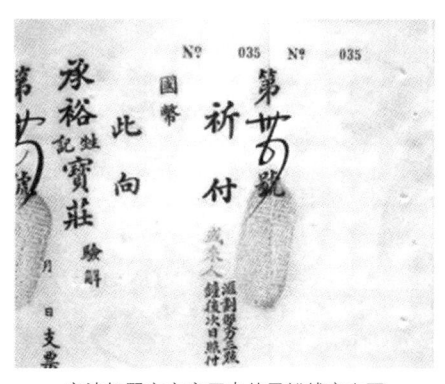

宁波相墅方方家开办的承裕钱庄支票

三万五千两，衡九三万两，义昌同上，德昶二万两，源升一万七千两，乾元一万一千两，征祥一万五千两，均昌一万五千两，晋德一万两，益康同上，源裕六千两，益慎平平。（南市未入园者计九家，共盈余六万两）：成源二万两，德丰一万两，义源一万两，正康七千两，元发三千两，志成八千两，生大二千两。

《申报》，1922 年 1 月 31 日

4. 新组织之钱庄

近年来钱庄营业日益发达，兹又有组织新庄牌号亿成，资本四万两，经理范寿臣，股东万建生、秦润卿、锺飞滨、邵燕三、盛筱珊、赵文焕、李济生、谢套甫、王鞠如、范寿臣各一股云。

《申报》，1922 年 12 月 2 日

5. 泰昌钱庄开市

长期经营宁波方氏益康钱庄的方稼荪

甬绅薛文泰君等近集合巨资创办泰昌钱庄，庄设本埠北京路，定本日开市。聘沈君文书为经理，陈君正翔、俞君殷臣为协理，皆金融界有历练者。陈君旧岁任本埠华美银行行长，该行营业近日见发达，陈君之力为多云。

《申报》，1925 年 1 月 31 日

6. 福源钱庄新屋落成

本埠福源钱庄，为上海著名之汇划钱庄，创立至今，已数十年，业务极为发达，近因扩充营业范围，旧址不敷应用，特在宁波路江西路转角自建五层大厦，业已工竣，于今日迁入营业。闻该庄营业范围，除经营原有一切钱庄业务外，并添设存款、放款、受托·三部，办理存款放款及受托保管事宜。其中受托部包涵出租保管箱，房地产经租，代收学费、股款，代保各险等各种事项。规模尤为宏大，其保管库系钢质建造，由专家设计，采用最新管理方法，坚固安全，足称上海保管业务界中后起之秀，并闻该庄各部，均备有精美彩印章程及说明多种，分赠各界。

《申报》，1933年1月30日

7. 福源钱庄革新后近讯

本埠福源钱庄，自迁入宁波路七十号新屋以来，营业大加扩充，除经营原有业务外，并添设存款部、放款部、受托部及完税关金科等情，已志各报。闻该庄自革新后，营业甚为发达，连日前往存款者，络绎不绝，小工厂方面，请求放款者，尤为众多，经该庄派员调查确实，认为合宜，当准开户往来，闻已有数十家矣。并闻该庄之受托部，所有保管箱，半月以来，定租者已达半数以上，其余委托代投保险代理经租，因手续简捷，取费低廉，亦颇繁忙。各庄闻风兴起，已经实施者，有寅泰庄，此诚金融界之好消息也。

《申报》，1933年2月14日

8. 新汇划庄同庆开幕

沪埠金融业年来以时事多故，营业上甚感棘手，故今年钱庄新创者，几如凤毛麟角，查今年新创者，只同庆庄一家，开设于宁波路一八〇号，资本雄厚，股东纯属商界巨子，经理为夏圭初，协理为李瀛生，襄理为朱海初等，皆为金融界矻轮老手，筹备已久，业于前日（十五日）开幕营业，沪上闻人往贺者，如张公权、贝淞孙、胡孟嘉、秦润卿、袁松藩、冯仲卿等数百人，车水马龙，盛极一时，当日收进存红达四百余万，并闻该庄现亦有特别存款，手续简单，与福源、寅泰等庄相类似云。

《申报》，1933年2月17日

福源钱庄支票

9. 福源钱庄

南 桥

本年初，上海最著名的一家钱庄——福源——在迁入新屋的时候，扩大营业范围，改换业务方针，这是一件非常可喜可贺的事！

何以是一件可喜可贺的事呢？钱庄在吾国金融市场上，已有了很悠远的历史背景，其组织及业务性质，确能持久而不变，钱庄之所以能立足，公众之所以信任钱庄，皆在于此。此次福源钱庄，毅然决然的打破数十年

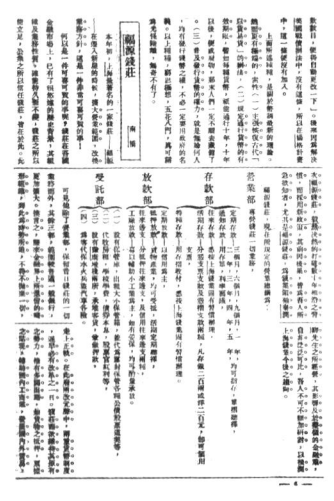

福源钱庄

相沿之习惯，而采用新政策，其前因后果，皆为吾人所急欲知者，尤其是福源钱庄，为钱业领袖秦润卿先生之所经营，其影响及于整个的金融业，自非泛泛可比，吾人不可不细加探讨，以推测上海钱业今后之趋向。

福源钱庄，现在所规定的营业总纲为：

营业部：专营钱庄一切业务。

存款部：（定期存款）三个月，六个月，九个月，一年，二年，三年，四年，五年，均可指存，单折听择；

（通知存款）用存单，利率面议；

（往来存款）悉按上海钱业固有习惯办理；

（活期存款）分凭支票支款凭折支款两种，凡存银二百两或洋二百元支票，即可领用支票；

（特种存款）用存折收付，悉按上海钱业固有习惯办理。

放款部：（定期放款）以信用为主；

（抵押房款）货物产业，均可受抵，活期定期听择；

（往来透支）分抵押往来透支及信用往来透支两种；

（工厂放款）专以辅助小工业为主，如有妥保，均可酌量承放。

受托部：（一）设有保管库，出租大小保管箱，并代为露封保管各种公债股票道契等；

（二）代收房租、学校学费、债券本息、股票官红利等；

（三）设有豫康堆栈两所，承堆客货，兼做押款；

（四）为客代保水火兵盗汽车各险。

可见他除了营业部保留昔日钱庄的一切业务而外，其余三部，范围较普遍一般银行更加扩大。换言之，历来金融界上所遗留的畸形组织，到此为时势所迫，不得不抛弃一切，走上正轨。在此废两改元声中，两重货币制度迟早必有改革之一日。钱庄而欲维持其原有之势力，惟有多辟出路，如货物之抵押，票据之贴现，辅助国内工商业，发展国内外贸易，努力于社会服务，否则决无侥幸之理。

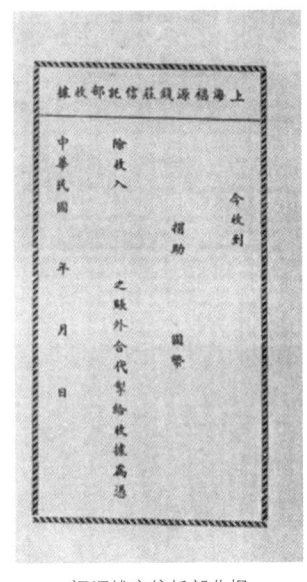

福源钱庄信托部收据

福源钱庄之新政策，确是向着正当轨道上走去的，预卜其成功之日，全市钱庄将惟马首是瞻，从事于革新运动，此后钱庄之与银行，必并驾齐驱，不但能并驾齐驱，其势力或能超出银行之上。这是银行界所不可不自相警惕而勖勉的。

何以在这新局面之下，钱庄势力或将超出银行之上呢？第一，在营业方面，钱庄吸收存款，此后既无须熟人介绍，或将比银行为易。因钱庄庄票向有"金蝴蝶"之称，历来中外商人出货，概用十天期庄票，银行支票对此迄今仍有向隅之感。存户在庄上开户以后，便可将本人的支票，换成庄票，一举手间，庄票种种利益，均能享受。其余如手续方面，钱庄向较银行为简，顾客安得不趋之若鹜呢。

第二在服务方面：钱庄因历史和习惯上的关系，与一般工商业最多私人之接触。大抵钱庄顾客，都从密切交情中得来，不如银行只办业务上的手续，有时并且无暇顾到双方友谊上的关系。依照从前办法，钱庄服务的机会，固是不多，然而现在福源之受托部，却应有尽有，再加上接待的殷勤，招徕的周到，其营业之发展，必可计日而待。银行界对于服务一点，向来视为无足轻重，不过此后对于顾客，恐不能如今日板起面孔，专注意于手续，而不问其他一切了。

总之，转换方向中的钱业，已做到了"舍己之短，取人之长"八个字。

所以吾们说：这一件事是可贺的，因为在吾们同业中，有人能认清目标，向前猛进，巩固了整个金融事业。这一件事是可喜的，因为我们银行界，在废两改元的过程中，又逢着了一个劲敌，而他们在服务方面，确有可以为我们"借镜"的地方，因此不能不惩前毖后，改进吾们平常的营业态度。

《海光》杂志第 5 卷第 3 期，1933 年

10. 钱业改进业务

福源滋丰等革新后收效　庆大等庄计划仿效改革

新声社云，上海钱业同业公会，为改进业务起见，每年分春夏秋冬四季，举行经理会议，并组织钱业业务研究会，今福源、滋丰等庄，均已革新，仿照银行制度，庆大等庄计划仿效。兹志详情如下：

钱业衰落：钱庄历史悠久，以信用放款为主，自银行业务发达后，营业大受影响，以上海而言，在十年以前，市面流动之票据钱庄占十分之八五，银行占十分之一，其他占十分之〇五，五年以前，市面流通之票据，钱庄占十分之五，银行占十分之四，其他占十分之一，目前市面流通之票据，银行占十分之七，钱庄占十分之二，其他占十分之一。例如去年之钱庄营业盈余最多者，仅福源五万余元，而平平者占同业半数以上，今年上市之汇划钱庄，仅四十八家。

改进业务：钱业同业公会为改进业务起见，除设业务研究会，分春夏秋冬四季，举行各庄经理会议，共同集议研究外，并成立钱业联合准备库集中准备，今又筹设钱业票据承兑所，各钱庄营业，素以信用放款为主，今则侧重抵押放款，因信用放款在此各业凋敝之际，危险异常，抵押放款，因有货物抵押，可减少危险性。

革新成效：革新后之钱庄，为福源、滋丰等，颇收成效，兹录福源业务如下，一、营业部专营钱庄一切业务；二、存款部，分定期、通知、往来活期、特种等五类；三、放款部，分定期、抵押、往来透支、工厂等四类；四、受托部，分保管、代理等二类，附设堆栈，承

秦润卿主持的福源及福康、顺康钱庄广告

堆客货，兼做押款，并建保管钢库，办理露封保管公债股票及保管箱出租，与银行业务相同，今庆大等庄已计划仿效云。

《申报》，1936年3月12日

11. 钱业改革会计制度

钱业对业务上兴革事宜，每年分春夏秋冬四季，举行各庄经理会议研究之。今已通告各会员钱庄，自明年起，一律改用新式会计（仿照福源钱庄办法，与银行办法相同），对于庄票亦改用新式加"或来人"字样，以符票据法之规定，每庄并设会计主任一人，并规定改革会计制度，各项详细办法，昨已通告会员钱庄遵办。

《钱业改革会计制度》1936年12月29日

12. 钱业中之新事业

本市钱业公会会昌钱庄，今年有增资及更换股份，（一）均昌庄原有资本十六万元，增加资本四万元，合计为二十万元。（二）义昌仁记庄改为信记，股东改为瞿鹤鸣二股半，乾坤和号代表张桂联二股，倪晋良一股半，陈有虞一股，陈子源一股，刘荧台一股，徐寿昌一股，共计资本为二十万元。（三）赓裕庄黄庆丰代表黄仲长一股半退出，改为黄季玉一股，盛筱珊半股。（四）同润庄黄德潜二股改为一股，王伯元自三股改为四股。（五）征祥庄方文年一股拆出，归原有股东瞿鹤鸣、胡 儒各加半股。

新组织股份有限公司其昌钱庄择定北京路三三零号营业，该庄一切票据均委托仁昶庄代理交换。

永隆钱庄来函声明，该庄已于一月十七日举行创立会，特此声明。

《申报》，1941 年 2 月 22 日

13. 鸿祥钱庄复业

鸿祥钱庄为战前上海汇划钱庄之一，现经财部核准，定一月六日复业，总经理冯作舟，系金融界前辈冯受之先生之哲嗣，学识经验，均极丰富，经理罗文吉，副经理吴渭滨，襄理秦秋如，均为金融界知名之士。

《申报》，1947 年 1 月 6 日

14. 安康钱庄奉令更改名称为安康余钱庄股份有限公司紧要启事

本钱庄创设于前清同治九年，向系合伙组织，兹为遵从法令办理补行注册事宜，奉财政部批示，以本钱庄名称与重庆安康银行相同，饬令更改。当经股东会议决，更改名称为安康余钱庄股份有限公司（简称安康余钱庄），业经呈奉财政部核准注册，颁到银字第一六六一号营业执照，并照常营业。特此登报公告，安康余钱庄谨启。

《申报》，1947 年 2 月 3 日

保险业

1. 上海华兴保水火险有限公司启 / 261
2. 华兴水火保险有限公司广告 / 263
3. 各省商务汇志（江苏）/ 263
4. 华安合群保寿公司紧要通告 / 263
5. 延年人寿保险股份有限公司开特别大会议告白 / 264
6. 华安保寿公司股东会纪事 / 264
7. 华安水火保险公司发给第十二届年息广告 / 265
8. 上海商业联合保险公司章程 / 266
9. 商业联合保险公司筹备会纪 / 267
10. 上海华安水火保险公司启事 / 268
11. 来函：中国华安合群保寿公司函 / 268
12. 本埠人寿保险公司之调查 / 269
13. 丰盛实业公司广告 / 270
14. 华安水火保险有限公司第十五届发息广告 / 270
15. 华安水火保险有限公司发给官红利广告 / 270
16. 华安寿险公司之十周年纪念 / 271
17. 华兴水火保险公司股东会记 / 271
18. 华商华安水火保险有限公司丰盛实业公司保险部启事 / 272
19. 宁绍公司特设火险部 / 273
20. 宁绍商轮公司保险部开业 / 273
21. 上海华兴水火保险股份有限公司股东大会通告 / 273
22. 大华保险公司今日开始营业 / 276
23. 蔡汝栋律师代表华安水火保险有限公司为受抵振新一号渔轮事声明 / 276
24. 四行组织保险总经理处 / 277
25. 联保联泰羊城肇泰四行联合水火保险公司总经理处开幕启事 / 277
26. 宁绍公司保险部启事 / 277
27. 中国保险公司联合总经理处徐可陛启事 / 278
28. 丰盛水火保险公司创立会 / 278
29. 肇泰水火保险公司拍卖沉船通告 / 279
30. 宁绍人寿公司成立 / 279
31. 中国保险公司开幕 / 280

32. 中国保险股份有限公司启事 / 280
33. 市场讯 / 280
34. 宁绍寿险公司一周纪念 / 281
35. 宁绍寿险公司刊发营业报告 / 281
36. 各业保险总经理处开幕 / 282
37. 上海四明保险股份有限公司四月六日开幕 / 283
38. 中国保险公司股东会 / 283
39. 中国天一保险公司创立会 / 284
40. 中国天一保险公司将开幕 / 284
41. 中国天一保险公司开幕 / 285
42. 中国天一保险公司启事 / 286
43. 各保险行集议打捞肇兴轮 / 286
44. 四明保险股份有限公司通告 / 287
45. 中国船舶保险联会昨开幕 / 288
46. 海员保险开办 / 288
47. 宁绍人寿保险公司民国二十二年公司业务进行之鸟瞰 / 289
48. 中国保险公司营业发达 / 291
49. 中国保险公司寿险部请须维周为营业主任 / 291
50. 中国天一保险公司近讯 / 291
51. 中国天一保险公司招考试用办事员 / 292
52. 天一保险公司招考办事员 / 292
53. 天一保险公司招考办事员经过 / 293
54. 四明保险公司聘郑澄清为副经理 / 294
55. 宁绍人寿保险公司杨培之定期赴美 / 295
56. 平沈通车遇害旅客宁绍人寿三倍赔款 / 295
57. 人寿季刊 / 296
58. 中国保险公司之进展 / 296
59. 中国天一保险公司聘请朱少溪君为营业司理启事 / 300
60. 天一保险公司股东会 / 300
61. 朱晋椒、凌廷尧、张幼庭就职启事 / 300
62. 宁绍人寿保险公司 / 301
63. 意阿风云中 / 301
64. 天一保险公司新聘妇女部主任 / 302
65. 中国天一保险公司聘任吴滋山君为驻温经理启事 / 302

66. 郑学坊启事 / 303
67. 中国天一保险公司扩充人寿保险业务 / 303
68. 中国保险公司派员赴日考察寿险 / 304
69. 留美保险专家杨培之转日考察回国 / 304
70. 陈仁征任宁绍水火险总理 / 305
71. 华商联合保险公司迁移通告 / 305
72. 天一保险公司新讯 / 306
73. 中国天一保险股份有限公司公告 / 306
74. 银行公司股东会并记 / 307
75. 宁绍公司增股案昨流会 / 308
76. 宁绍公司股东会通过增股案 / 308
77. 华商联合保险股份有限公司启事 / 309
78. 首创再保险公司成立 / 310
79. 宁绍保险公司聘邵虚白为襄理 / 310

80. 各界简讯 / 310
81. 富华保险股份有限公司开幕公告 / 311
82. 宁兴保险股份有限公司举行创立会公告 / 312
83. 中国联业保险股份有限公司启事 / 312
84. 徐可陞启事 / 312
85. 中国航运保险股份有限公司设立上海分公司公告 / 313
86. 五洲保险股份有限公司开幕公告 / 313
87. 宁兴保险股份有限公司开幕公告 / 314
88. 大上海分保集团专任办理左列各保险公司之再保险事宜 / 314
89. 四明产物保险股份有限公司总公司 / 315
90. 上海新企业调查 / 315
91. 永大产物保险股份有限公司总行迁沪开业公告 / 316
92. 各界简讯 / 316
93. 国泰产物保险股份有限公司开幕公告 / 317

保险业

1. 上海华兴保水火险有限公司启

保险之有公司创始于泰西，而推行于沪上，行商坐贾，惧水火之无情，资本之骤失也，莫不计值纳资，先后受保，综计每年保费固衰然成一巨款。而沪上公司四十余家，除仁济和由华商创办外，余均西商集资开设，实亦一大漏卮也。夫沪上为万商辐辏，百货流通，以生意财产计，华商实占十分之八，其出口各货则占数尤多。不早为之计，至使此项保费尽入西商之囊。虽不免间有赔偿，其获利已不可胜数，不亦大可惜哉！同人等有鉴于此，因议招集股本银一百万两，创设华兴保水火险有限公司，专保本埠房产、家私、行栈货物，及由本埠开赴通商各口岸轮帆船只转运各货，取其便于稽核。俟办有成效，再当次第分设各埠，以期推行尽利。兹先议定招股章程十二条，送请附股诸君随时查核，其办事规条容再妥议刊布，总期有利无弊，慎始图终，将胜算之独操，免利源之外溢，当亦讲求商务者所心许也。

招股简明章程

一、本公司命名上海华兴水火险有限公司。

二、本以司专做上海各项水火险生意。

三、招股以规元一百万两为限，分作五万股，每股银二十两，先收十两，其余十两俟将来生意推广再行公议。于三个月前知照股东，

上海华兴水火保险有限公司董事周金箴

定期向收，收足一百万两，即每股二十两之后，无庸再收，此有限公司之本意也。

四、本公司资本收齐后，一半存银行，一半存殷实钱庄，临时由各董商定举行。

五、本公司按股发给股票息折各一份，官利议定长年八厘，以收到之日起息，每年三月初一日凭息折向本公司收取。

六、股本银两公议托中国通商银行代收，先给收条，俟收齐五十万两后，再由本公司填给股单息折各一分，即凭收条分别换取。

七、本公司半年一结账，一年一总结，除应付股息及一切开支外，再有盈余，于酌提酬劳花红后，以一半提存公积，一半分作余利，连同股息一并分派。

八、本公司拟请商部注册，并请律师在香港照例挂号以及办理各事，以昭郑重。

九、本公司总理定举十二位，每次会议以到过半为定，不到此数不能开议，所有公司寻常应办各事，每日必有总理一位前来查核。

十、总理十二位中公举陈霭庭翁为领袖总理，常驻公司办事。

十一、本公司股份拟于乙巳年二月初八日开招，至三月底截止，各外埠之股份则于四月十五日截止。附股诸君请于期内，将每股十两交入通商银行。其未设通商银行之处，或交招商局代收，或自行汇交上海通商银行，给与收条，悉听投股之便，仍按照第六款办理，以上海规元申计。

十二、如收股逾额照投报之数，按成摊派多收之银，即照数交还原户。

严筱舫、徐雨之、谭干臣、周金箴、谢纶辉、曾少卿、朱葆三、周舜卿、施子英、苏宝森、陈辉庭、陈霭庭，光绪三十一年二月初五日，上海华兴保水火险有限公司启。

《申报》，1905年3月28日

2. 华兴水火保险有限公司广告

本公司于本月二十四日会议举定陈霭庭翁为总理,严筱舫翁、朱葆三翁、曾少卿翁,三位为本公司办事总董,所有本公司日行事件概归四君商办。公司房屋租定四川路十二号洋房。所有股本议定五分之一存银行,五分之四存放钱庄。所放钱庄之议,归谢纶辉翁经放。又举谭干臣翁、谢纶辉翁二位为稽查银钱董事,股款收至五月底截止。其先交之股款,照日算还八厘利息。定于五月初一日开办,特此广告。倘荷赐顾,请至本公司面议可也。办事总董严筱舫、朱葆三、曾少卿、陈霭庭启。

《申报》,1905 年 5 月 30 日

3. 各省商务汇志(江苏)

上海徐君雨之等发起创办华安水火保险有限公司,拟招股一百万两,公举朱君葆珊、周君舜卿为总董,沈君仲礼、王君阁臣为总理。

《东方杂志》第 6 卷第 3 期,1906 年 8 月

4. 华安合群保寿公司紧要通告

敬启者,华安人寿保险公司一切事务现已归并敝公司办理,所有投保诸君之住址或因迁移或因出外经商类多未能详悉,遇有届期各户以致不克函达,务祈即将现在住

址详细函达上海黄埔滩三十号敝总公司注册。凡有诸君保费届期更望照西历日期如期照缴,将保费径寄上海黄埔滩三十号,敝总公司收到保费后自当将正式收条呈诸君。惟缴费之期至迟勿过定章三十日期限,否则如在期外补缴既须偿息又需延验,不便殊多,特此广告,维希公鉴。总董沈仲礼,总理郁赐谨启

《申报》,1913 年 7 月 8 日

华安合群保寿公司总理沈敦和

5. 延年人寿保险股份有限公司开特别大会议告白

启者,兹本公司定于阳历十一月十七日下午三句钟在四川路一百二十七号本公司内开特别股东会议,除专函关照外,特再登报布告。届时务请诸位股东驾临会议,勿却乃盼。

《申报》,1913 年 10 月 29 日

6. 华安保寿公司股东会纪事

中国华安合群保寿公司前日开第二届常年股东大会于黄埔滩三十号。总公司总董沈仲礼君因病未到,由朱葆三君主席,列席董事如王廷桢镇守使(兼代表江苏冯都督)、徐几亭君(兼代表徐固卿君)、桑铁珊君、顾棣三君等,股东保险人约有数百人。首由主席朱君宣读董事会报告及上年收支帐略,备述公司进步情形,除因上年乱事注销者外其确实有效之保数得银二百二十四万八千四百七十五两,年可收入保费十四万五千五百二十三两。而赔款仅银九千九百八十八两五钱七分,上年一年中共收

保费十一万九千一百六十四两七钱六分，利息银三千零六十五两九钱七分云云。主席宣读毕，请求大会通过，并申明公司进步状况及编造帐略情形，谓公司成立未久，又值上年乱事，各处分公司尚未遍设，乃能得有如许之保数实堪欣慰，更观本公司赔款之少尤可见办事人之富有经验，非具专门学识曷克臻此。至若公司职员中凡政商界著名人物无不热诚赞助。近江苏冯华甫都督亦已加入本公司董事。冯督热心实业，俯赐提倡，曷胜欣仰，其它办事人员并经草定公司附则，严定资格，期勿滥竽，尤足为众股东及投保人之保障云云。继由新董事王廷桢镇守使演说，谓鄙人以股东资格兼代表冯都督来沪列席，实为欣幸，国人苟能皆以热心毅力赞助此公司，则可决公司将来裨益于国家者必深且远云云。次顾棣三君演说，谓鄙人对此甚抱乐观，因公司赔款此为接济嫠妇孤儿之用，此为保寿利益中最切要之端。吾人不可不特为注意者也。次保寿人讨论保寿之办法。旋复举任汤笙为下年查账员。本届轮退董事朱葆珊、徐几亭、祁听轩三君复经公举连任，并报告新董事冯华甫、王子铭、桑铁珊三君在座，一致欢迎，遂将改定附则通过散会。

1921年华安合群保寿公司出版的《华安合群》杂志

《申报》，1914年7月1日

7. 华安水火保险公司发给第十二届年息广告

本公司年息八厘，准于旧历四月初一日起发给，务请附股诸君届时持息单至本公司账房照收，并取阅账略。此布，本公司总董朱葆三、总理沈仲礼谨启。

《申报》，1918年5月19日

8. 上海商业联合保险公司章程

第一条，本公司依股份有限公司组织，定名为上海商业联合保险公司。

第二条，本公司保险以先保火险入手。

第三条，本公司总事务所之地点设在上海，俟业户推广，再设分公司于其他商埠。

第四条，资本额定为二百万元，共分四万股，每股五十元。先收四分之一（即十二元五角），其余由董事会决议通知股东续缴，本公司股东以中华民国国民为限。

第五条，股份全额发起人担任四分之一，其余由各股东认招，集限一个月招足。

第六条，本公司股票分为一股、五股、十股三种。

第七条，股东如不按期续缴，以过期之翌日起，每百元每月征收过期息银四厘。

第八条，股东于交股时应将姓名住址报明本公司，其有变更时亦同。凡执有本公司股票者，欲变更姓名，应照本公司所定书式，由退股人及受股人连名盖印，向本公司声请，即可过户注册。

第九条，股票如有毁损或遗失，欲换新股票，得向本公司声请并应登报声明。是登报日起六十日内并无持异议者，本公司得允其声请，换给新股票，但须征收每张手续费两角。

第十条，股东常会每年六月召集一次，董事会如认为必要，或有股份总数十分之一以上股东声请，亦得开临时会。

第十一条，股东会之议长、董事长任之，董事长有事故时得由他职员代之。

第十二条，股东会议事，以出席股东议决权过半数决之可否同数取决于议长，各股东之议决权定为一股一权，但每一股东不得操过一百权。

第十三条，股东如有事故不能出席，得嘱托其他股东代表，但须以书面证明。

第十四条，本公司设董事九人、监察三人，均由股东会就股东中选出。

第十五条，董事会以董事组织之，由董事互选董事长及办事董事各一人，主持本公司事务。

第十六条，本公司业务之执行并银钱款项之出纳，均由董事会议决行之。

第十七条，监察人监察业务进行，并得出席于董事会，为股东会报告一切。

第十八条，董事长、办事董事、监察人之报酬由股东会议定之。

第十九条，有本公司股份一百股者得被选为董事，四十股者被选为监察人。

第二十条，董事任期二年，监察任期一年，续选得连任。

第二十一条，本公司每年于年终结账，由总收入扣除总支出及官息常年一分外，净得之银余分配如左：（一）公积金百分之二十，（二）特别公积金百分之十，（三）股东红利百分之五十，（四）职员酬劳百分之十，（五）滚入下期款项。

第二十二条，本章程以股东会议决施行，如须修改，仍由股东会议定，所有未尽事宜，悉遵照公司条例办理。

《申报》，1920年6月9日

9. 商业联合保险公司筹备会纪

上海商业联合保险公司由各路商界总联合会发起后，各界赞成加入发起者颇多。昨日该公司假一品香新大厅开全体发起人会，到者有王儒堂、邬挺生、贺云章、乐葆庭、傅芳庭、诸青来、陈惠农、邬志豪、周豹元、项松茂、陈亮公、陈曼君、成燮春、葛品生、宋诚彰、张慕曾、张秉鑫、吕静斋、金锦源、胡鉴人、钱龙章、祝志莼、吴亮生、唐继寅、许云辉、费良衡、任矜苹、董钧堂、朱赓石、梁耕孙等。又宋汉章、袁履登、刘星耀、陈德培、张让三、朱葭管、金友生、张云江、邬韵玉等均派代表到会。公推王儒堂主席。陈惠农报告公司发起经过情形，略谓此事最初由邬君志豪提议，经敝会全体议决，事在上年十二月间，嗣因春捐风潮及时局不靖，荏苒至今。今幸诸君热心担任，筹备会得告成立，无任欣喜。次由各发起人当场各认定两万元，亲笔签名，先缴四分之一五千元，共得二十万元，其余归发起人分头招募。次提议筹备费有主张二百元,有主张一百元者,结果每发起人担任开办费洋一百元。末由主席提议,本日应提定筹备员,以便进行,众赞成。又询人数问题,略有讨论,结果主张十一人,旋即推定王儒堂、邬志豪、陈惠农、项松茂、周豹元、邬挺生、祝志莼、朱赓石、任矜苹、吕静斋、张慕曾为筹备员,并公推邬志豪为筹备收款员,朱赓石为文牍员。所有发起人各认缴之筹备费一百元,于三日内送交三马路石路口萃丰衣庄邬志豪手收。主席又宣布筹备员只任公司进行事宜,对发起人负责其重要事件,仍须开全体发起人会议。议毕入宴,席次王儒堂、邬志豪、陈惠农、任矜苹四君,均有演说,尽欢而散。

《申报》,1920 年 6 月 26 日

10. 上海华安水火保险公司启事

本公司总理沈仲礼先生作古,经董事会决议,延聘傅其霖君为本公司总经理,已于夏历六月初一日视事,以后关于公司一切营业事务,均由傅君掌理,特此布闻。

《申报》,1920 年 7 月 18 日

11. 来函:中国华安合群保寿公司函

迳启者,顷读八日贵报星期增刊,商业关于本埠保寿业各家,调查周到,良深钦佩。惟敝公司应有函达,与事实不符者二端:一、敝公司总经理郁赐先生系西洋保寿专家,总董一席现自沈仲礼先生逝世以来,由朱葆三先生代理,以待下届正式选举。至傅其霖君闻为华安水火保险公司总办,敝公司并无总办一席。一、敝公司因专家为

总司理，是以各种保法应有尽有，并不以普通定期保险（本公司定名资富保险）、教育年金保险、婚假立业保险三种为限，凡贵报所录表内甲乙两项各种保法一律均可承保。惟本公司所定各种保法、名称与该表不尽相同。然内容办法，初无二致。如加倍还款保寿，本公司定名"大富保寿"。其余系因名目繁多，且多出入无几，兹不备赘。且敝公司尚有劳工保寿（各种厂矿路局工役全体数千或数百人，均可承保，在身故、残废或罹病时，均有赔款或津贴，满期时，并有连款），额定红利保寿（满期红利自第二年起，即在逐年应付保费中扣除若干。此项保法，订有专章，函索即寄）。此外如欲按照何种特别情形投保，可以就商敝公司，由专家参照各种办法，特定条例承保，专此布达，祗请台鉴。华安印启。

《申报》，1920 年 8 月 22 日

12. 本埠人寿保险公司之调查

人寿保险一业在有清末叶，只有洋商经办，每年漏出之保险费何止数百万金。迨民国初元，始由沈君仲礼等创办华安保寿公司，一时投资赞助者咸为当时之伟人名公。未几，复有严君俊叔联络南洋华侨，组织康年保寿公司，而金星、福安、允康等乃接踵而起，寖至今日，华人寿险事业已足与洋商分庭抗礼并驾齐驱矣。益以年来人民储蓄观念较前进步，故各公司之保寿营业亦日渐发达。兹就沪上现有华洋人寿各公司调查所得之大概情形汇志如左：

华安合群保寿公司（华商），股银一百万两，已收足银二十万两，有国内分公司、经理九十余处。总办傅其霖，总司理郁赐，每年营业约四百万元（下略）。

1920 年 8 月 22 日

13. 丰盛实业公司广告

　　总事务所上海四川路三十五号，总理盛泽承，协理卢小嘉、厉树雄启。本公司额定资本银贰百万元，经营下列各种商业，如蒙惠顾，无任欢迎。一、建筑部，聘请外洋专门技师代客测量打样，承造桥梁码头厂屋及水门汀建筑。二、地产部，经营各种房产事业并代收房金，佣金从廉。三、仓库部，备有高大洋栈及保险银库，代客堆存各种货色，保管贵重物件。四、保险部，代理外洋殷实保险行家，承保各种水火险，保费从廉，赔款迅速。五、证券部，经营各种公债及有价证券。六、押款部，抵押各种动产不动产，利息格外克己。

《申报》，1921 年 4 月 4 日

14. 华安水火保险有限公司第十五届发息广告

　　本公司计自民国九年四月一日起，至本届三月三十一日止，为第十五届。业奉董事会议决，照发常息八厘，仍于夏历四月初一日起发给，除星期外，每日上午十时起，至下午四时止，务请附股诸君携带息单至本公司账房收取，并有账略呈鉴，此布。总董朱葆三，总经理傅其霖谨启。

《申报》，1921 年 5 月 4 日

15. 华安水火保险有限公司发给官红利广告

　　本公司已奉董事会议决，发给常年官息八厘、红利二厘。仍于夏历四月初一日起照发，凡持有本公司股票者，请持息单，于每日（除星期外）上午十时起至下午四时止，向本账房收取，并印有帐略附呈。特此奉布，诸希公鉴。总董朱葆三总经理、傅其霖谨启。

《申报》，1922 年 4 月 24 日

16. 华安寿险公司之十周年纪念

昨为北京路华安合群保寿总公司成立十周纪念之期，于上午十时开纪念会，各界到者甚众。当由总理吕岳泉报告历年经过情形，及现时营业状况，并谓，赎路储金一项，现由本公司独立承认一百万元。述毕，由总董朱葆三暨各界来宾先后演说寿险之有益于社会。散会后，至大观楼午餐，尽欢而散。

《申报》，1922 年 6 月 3 日

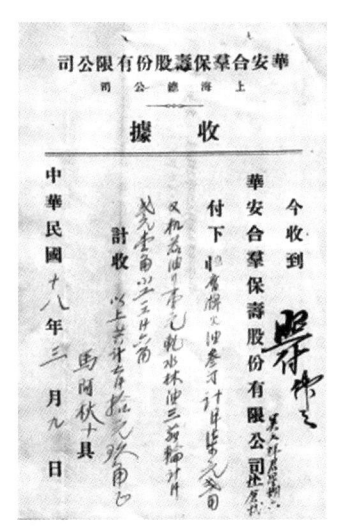

1929 年华安合群保寿公司保费收据

17. 华兴水火保险公司股东会记

上海华兴水火保险公司前日午后举行第十九届股东常会，由总董朱葆三主席宣布开会宗旨，略谓本公司开办至今已届二十除年，向取稳健主义，总理梁炳垣君办事诚正，遇事亲往调查，查明即赔，毫无留难隔膜之弊，且彼此均属华商，接洽较易，故保户日增。际兹商业竞争时代，扣佣甚微，而今届竟获五万盈除，实属难能可贵云。继由梁总理宣布今届共收保费十除万两，除去赔款开支，尚除五万余两，如股东官利

华安水火保险公司银章

仍照八厘摊派,尚获净余一万五千余两云。公决股东官利仍照八厘开派,通告各股东即日起持折至公司支付云。末由各股东讨论此后进行事宜,旋即散会。

《申报》,1924 年 7 月 26 日

18. 华商华安水火保险有限公司丰盛实业公司保险部启事

本公司等因谋本埠各界投保便利起见,爰为合组代理处,兹已设立于南市外滩新码头,延聘李诚夫君为该代理处营业主任,定于阳历九月一日开办,如蒙诸公惠顾,除径至本公司投保外,请就近向该代理处接洽,本公司等一致欢迎。其余本埠偏远地方,亦须次第设立,俟筹备就绪,再行登报奉闻,特此布告。华安公司总董朱葆三,总经理傅其霖,丰盛公司总理盛泽承,协理厉树雄,保险部主任洪庆祥同启。

《申报》,1925 年 9 月 5 日

上海华安水火保险公司股票

19. 宁绍公司特设火险部

宁绍轮船公司连年以来，航业殊为发达，兹该公司鉴于火险一部，有增设之必要，然前因无相当人材主持部务，因此停顿。近该公司迫于时势有非从速组织之不可，为此挽人聘请富于火险经验之金和笙主持火险部务，现已布置就绪，正在分段进行。该公司组织此部，既能应时势之需要，又得专门之人材，则其营业之盛，定可预卜。

《申报》，1925 年 10 月 29 日

20. 宁绍商轮公司保险部开业

宁绍公司添设水火保险部，昨已开业。本埠各界及同乡股东等前往道贺者，有来宾乐俊宝、楼恂如、傅其霖、王心贯、何积墦、朱丕显、谢莲卿、孙梅堂、黄泽生等不下数百人，而该部总经理袁履登及主任金和生招待来宾，备极优渥。微闻未开幕前，已接有保险生意多起。

《申报》，1925 年 11 月 7 日

21. 上海华兴水火保险股份有限公司股东大会通告

本公司因关系公司前途重大事项，自阴历九月十七日至十月十八日，迭开四次股东大会，兹将历次议决各案摘要叙述如下，唯希股东公鉴：

（第一次）丙寅九月十七日下午二时开股东会，到会股东不足法定人数，议决延会。

（第二次）十月十二日开会，公推钱庠元君为主席。当由洪雁宾君起言，照公司条例，公司解散之决议须有股东总数且股份总数过半之股东到场，经到场者过半数之赞成方得议决。今日到场虽未足法定数，然九月十七日第一次股东会之召集，既于一月前登申新商三报公告，且因是日不足法定数，并未开议。复定十月十二日召集第二次股东会，仍登申新商三报公告，并于公告内声明如届时再不足法定人数，惟有取决于到会股东，事关重要，幸勿放弃等语。况本公司营业以保水火险为主，时时有赔款之虞，若再因不足法定数延而不决，则已到场之股东未免为未到场之股东所连累。故本席意见，今日未到场之股东应认为放弃权利，即由已到场之股东人数股权数决议公司前途，请主席先付表决云云。当经主席提付表决，谓赞成洪君提议者请起立，全体起立，通过。王少卿君云，查阅账，略本公司资产连不动产、股票等在内，只剩六万余两，而保额仅本埠一埠已有二百余万两之巨。现在应赔之款已有二万余两，实属异常危险。故本席主张立即停止营业，公举数人清理。戴承志君云，本公司股银尚有一半未缴，可否依法补缴，经主席付表决，全体不赞成。厉树雄君云，本公司现已糟到如此地步，自应妥筹善后办法，至推人清理一层，本席极表同情。惟本公司就法律上言，股东尚有一期股银未缴，应即补缴，以期合法。无如续缴股银一层，既经到会股东全体否决，不必再说。至就事实上言，清理必须垫款，本席对于垫款一层，实难赞同，还请到会诸君另想别种妥当办法。傅筱庵君云，续缴不能通过，清理又须垫款，鄙人既为股东一分子，且曾任公司经理，今日到会股东即为鄙人之旧宾主，此就公谊私情而言，实不愿公司一旦消灭，今日竟以解散，闻心痛曷极。又外国保险公司，所以将保费跌至三折者，实缘中国公司牵制之故。若中国公司减少，外国公司恐将涨价，于商家投保极为不利。故鄙意主张，将旧股份由到会股东中愿意维持者收买，俾华兴二字仍得保存。至卖价若干，请到会诸君讨论。王少卿君主张规元十万两，经主席询问到会各股东，有愿以此数收买者请起立，表示无人起立。傅筱庵君云，本公司股份额定一百万两，先收半数五十万两，然已有二万两向公司抵押，销除股份，实际只有四十八万两。现在公司财产空有其名，即所谓纸上富贵，其实亏蚀将尽。华兴牌子虽老，十万两决无人要。鄙意定为四万八千两，即为四万八千股，每股可收回规银一两，是否请讨论。王少卿君云，股东牺牲既如是之巨，应请先行查账，因时迟不及讨论，延会。

（第三次）十月十五日开会，公推洪雁宾君为主席，钱庠元君云，开会已经二次，宜先查明账目，公推查账员，俾明公司亏本真相。当经主席提付，表决通过，并公推叶鸿英、刘子楫、王少卿、钱庠元四君为查账员。旋叶鸿英君以事冗坚不肯就，乃改推王心贯君，王君亦以无暇坚辞。又改推戴承志君，限三日内续开大会时当场报告。

（第四次）十月十八日开会，仍公推洪雁宾君主席。首由查账员四人公推王少卿君报告查账经过及公司实在现状，并陈述自行清理，股东必须筹垫退保费及清理费，不如旧事重提，每股一两出盘，较为得策。厉树雄君附议赞成，请主席付表决，主席当付表决，谓赞成以四万八千两出盘者请起立，全体起立。主席又谓，以四万八千两出盘，将公司全部人欠欠人账目财产及所保水火险责任统归新股东承受赞成者请起立，全体起立。主席又谓，到会股东如有愿以四万八千两承盘者请起立，表示无人起立。厉树雄君云，到场股东中既无人承盘，十二日开会时，傅筱庵先生既表示有维持华兴二字之意，可否仍请傅股东出而维持。当经主席提付表决，谓赞成请傅股东照四万八千两出盘之议出而维持者请起立，全体起立通过，并公推钱庠元、王少卿、刘子楫、戴承志四君至傅股东处陈述并请其到会接洽。旋由傅股东到场面询到会各股东，如果愿以四万八千两全部出盘并无条件请起立，全体复行起立。又询各股东愿照此数承盘者请起立，无人起立。傅股东起，谓既到会全体股东属意鄙人维持，鄙人自当竭尽棉薄，准以每股一两承受，并述所以出而维持之意，与十二日开会时所述相同，并声明自旧历十一月初一日起，旧股东可凭股票至公司每股领回股银一两。时有股东询问公司既已出盘，新旧股东责任定何时划清。傅股东声明以本日下午六时为限，六时以前归旧股东负责，六时以后归新股东负责。是时适值六时，遂公推钱庠元、王少卿、刘子楫、戴承志四君为旧股东代表，办理交割事宜。傅股东则推厉树雄、洪雁宾二君为新股东代表，办理接收事宜，议毕散会。

《申报》，1926年11月25日

22. 大华保险公司今日开始营业

沪商刘鸿生、陈光甫、潘学安等发起华商大华保险公司，筹备以来，已历四阅月，业已组织成立，自今日起（七月十五日）先行开始营业，地址在北京路六十四号。闻该公司已与世界保险总市场纽约、伦敦两处接洽定妥，能直接转保，此后华商公司可不受上海洋商火险公司之排斥，而亦能间接增加其保额，实为中国保险界开一新纪元。

《申报》，1927 年 7 月 15 日

23. 蔡汝栋律师代表华安水火保险有限公司为受抵振新一号渔轮事声明

兹据华安水火保险有限公司总理傅其霖来称，民国十六年即旧历丁卯二月初二日，受抵振新冰鲜有限公司所有振新一号渔轮，除由振新公司将该轮交通部部照等件交与本公司执管外，并订立抵押合同。该抵押合同规定，如抵押债务人不履行抵押债务时，该抵押渔轮应归抵押债权人变卖，所有押款本利及保险费等揭至现时止，计达银四万两以上。振新公司既经倒闭，上述抵押债务未受清偿，该抵押渔轮当然应归本公司出卖。除于十七年十一月十七日具状临时法院依法起诉并请施行假扣押外，应请登报声明等语。据此，合亟登报声明如右。事务所上海博物院路二十号，电话一九八五一。

《申报》，1929 年 2 月 27 日

24. 四行组织保险总经理处

联保、联泰、羊城、肇泰四保险公司共有实在资本六百五十万元，现合组一四行联合水火保险总经理于宁波路九号三楼，内容组织，极称完善，聘徐君可升为经理，一俟手续完备，即行正开幕营业。

《申报》，1929 年 11 月 21 日

25. 联保联泰羊城肇泰四行联合水火保险公司总经理处开幕启事

启者，敝总经理处为联保、联泰、羊城、肇泰四保险公司所组合，因鉴于保险事业时有利权外溢之憾，故特设一四行联合保险公司总经理处于上海英租界宁波路九号三楼，藉以挽回主权，而利商贾。兹订于国历十二月二日正式开幕，敬希各界惠临指导，无任企祷，四行联合水火保险公司总经理处谨启。电话一三六三二，有线电报挂号七一四五，无线电报挂号八八八四。

《申报》，1929 年 12 月 1 日

26. 宁绍公司保险部启事

本公司附设保险部开办迄今，信用素著，久蒙各界所称许。兹缘前主任金和笙君于一月底辞职，现聘胡詠骐君接任。此后，凡关业务上一切事宜均归胡君主持。如蒙

各界以及同乡惠顾,毋任欢迎。特此登报声明,伏祈公鉴。董事长乐振葆、总经理袁履登同启。

《申报》,1930 年 2 月 11 日

27. 中国保险公司联合总经理处徐可陞[①]启事

徐可陞

敬启者,兹受本埠联泰、肇泰、华安、太平、宁绍、通易六保险公司之委托,经理本外各埠水火保险事业,六公司资本雄厚,信用素著,倘承各界赐顾,不胜欢迎之至,此启。有无线电报挂号七一四五一八八八四号,地址上海宁波路六十号,电话一三六三二号。

《申报》,1930 年 11 月 2 日

28. 丰盛水火保险公司创立会

丰盛水火保险公司,昨日午后,在联华总会开创立会,由众股东选出厉树雄、王心贯、金和笙、傅其霖、谢伯殳君为董事,洪庆增、魏伯桢君为监察。诸君皆商界闻人,实业巨子,于保险业务,经验有素,从此海上又多一稳固可靠之水火保险公司矣。

《申报》,1931 年 1 月 17 日

---

① 徐可陞,鄞县人,曾任肇泰水火保险公司经理、上海保险业同业公会执行委员等。

29. 肇泰水火保险公司拍卖沉船通告

启者，敝公司与联保、泰城、羊城、永宁、宁绍五公司合保之同安轮船，于八月十二日沉没于山东成山头东南二海里，在东经线一百二十一度四十三分，北纬线三十七度三十八分。该轮长二百廿尺，阔三十尺，载重一千二百吨，船壳机器等均好，欲买该船，请于本月底为限，将估价单寄至上海广东路十三号敝公司可也。

《申报》，1931 年 9 月 11 日

30. 宁绍人寿公司成立

本埠商界巨子乐振葆等发起创办宁绍人寿保险公司，筹备迄今，已将月余。日昨假座银行公会举行成立大会，公推乐振葆君为临时主席。（一）行礼如仪。（二）袁履登君报告筹备经过。（三）讨论章程。（四）胡詠骐君报告营业概算及计划。（五）选举董事及监察人当时选定乐振葆、王心贯、楼恂如、胡孟嘉、何楳轩、刘聘三、刘湛恩、陈雪佳、朱懋澄、袁履登、孙梅堂十一人为董事，李祖华、王云甫、吴经熊、洪贤钫、周葶荪五人为监察。茶点；散会。

宁绍寿险公司董事长乐振葆

《时事新报》，1931 年 10 月 17 日

31. 中国保险公司开幕

中国银行同仁为杜塞漏卮挽回利权起见，有中国保险公司之组织，收集资本 500 万元，于前日召集创立会，选出董监 20 人，即于昨日开幕，虽各界一时未及周知，然本埠闻人往道贺者、仍络绎不绝，该公司一切设备，井然不紊，由办事员殷勤招待，和蔼可亲。其中主持者，不特有富有经验声望卓著者，即办事人员，亦多数为学识兼优之青年。故此次开幕虽经短促时间之筹备，竟得有此富有科学化之美满设备，其办事能力即此可见一斑。闻当时前往投保水火险者已极踊跃，将来营业发展未可限量也。

《申报》，1931 年 11 月 2 日

32. 中国保险股份有限公司启事

本公司已于十一月二日开第一次董事会，议决公推宋汉章、张公权、贝淞荪、冯仲卿、潘久芬为常务董事，并公推宋汉章为董事长。本公司聘请过福云君为经理，陈伯源君为副经理，特此声明，即希公鉴。

《申报》，1931 年 11 月 3 日

33. 市场讯

宁绍寿险公司倡用教育方法

本埠江西路宁绍人寿保险公司资本雄厚，信用卓著，为海上金融界巨子所组织。

董事长乐振葆，董事胡孟嘉、袁履登等，总经理胡詠骐近倡用教育宣传方法，聘请教育界熟悉人士，将分赴本外埠各大中学各团演讲，灌输民众人寿保险常识，保险实非投机，打破一般以酬宴相号召。

《申报》，1932年9月9日

34. 宁绍寿险公司一周纪念

江西路五十九号宁绍人寿保险公司自去岁十一月一日正式成立以来，迄今一载。该公司昨日午后三时举行一周纪念，总经理胡詠骐主席、纪录陆士雄。席间胡经理略谓："寿险事业在中国尚在萌芽时期，经营者须（一）肯研究、有信誉，（二）应用科学管理，（三）投资稳健，同仁等本此主张，共同努力做去。"后营业部副主任胡詠莱报告营业概况与今后方针。末摄影散会。

《申报》，1932年11月2日

35. 宁绍寿险公司刊发营业报告

本埠江西路五十九号宁绍人寿保险公司，实施科学管理，组织健全，倡用教育方法，推广营业，一载以还，成绩斐然，现刊印营业报告一种，广赠各界，俾可明了兹公司欣欣向荣之近况云。

《申报》，1932年12月30日

36. 各业保险总经理处开幕

本市汉口路绸业银行二楼各业保险总经理处股份有限公司于昨日开幕，来宾到者有警备司令戴戟、市长吴铁城、社会局长吴醒亚、教育局长潘公展、市党部常委吴开先，暨虞洽卿、徐新六、裴云卿、闻兰亭、袁履登、宋汉章、徐寄顾、陈薏青、潘仰尧、厉树雄、陈翊周、潘旭升、严成德、徐可陞、李言苓、胡詠莱、胡詠骐、赵□、丁雪堂、梁国华、方善桂等五百余人。由该公司董事长王延松，常务董事陈松源、诸文绮，董事孙梅堂、葛杰臣、郑泽南、董汉槎，总经理方椒伯，副经理叶家兴、包镜第，暨各董监及全体职员殷勤招待。来宾对该公司提倡华商保险事业，保障保户利益之宗旨，表示十分同情。闻当日投保者，有五十余家之多，将来营业之发展，可操左券。兹探录该公司开幕宣言如左：保险事业，关系社会事业之隆替，个人生活之安危者，至重且大。数十年来，洋商操其柄，业既受垄断，赔偿复多周折。国人不察，平时纳费投保，往往不加审择，或因介绍之引劝，或以保费之低廉，贸然承受。及至出险而后，公司借口于章则，保户又不习西文，纠纷以起，争执遂生，结果则迟延付款，折扣随心，于是事业之损失者不克重兴，生活之受挫者失其保障，宁非至可慨叹之事。本公司同人有鉴于此，用敢以服务社会之志愿，求社会全体与市民个人之福利，竭其所知，供平时保险事业之咨询，代保户投保公司之选择，并办出险后一切交涉手续，务其在可能范围内，于相当时期内，使保险事业，由洋商而转移于华商。投保各户自繁复而进觉于便捷，此则区区之微志也。开幕伊始，谨此宣言。

《申报》，1933 年 2 月 11 日

37. 上海四明保险股份有限公司四月六日开幕

保险一项，无论工商各业及社会人士关系綦重，处于现代，更觉需要。本公司有鉴于斯，爰集巨资足额银洋壹百万元，专营全国水火及一切保险业务，基础稳固，赔款迅速，投保手续尤称简捷，务使惠顾诸君满意而后已，业已呈请主管官署核准注册备案。兹定于四月六日正式开业，倘蒙各界惠顾，各项保险业务者，请驾至本公司接洽，莫不竭诚欢迎。外埠欲为本公司经理者，祈请驾本公司面洽。

董事长孙衡甫，董事陈曰宽、胡锡安、俞佐廷、徐翔、范思龄、谢瑞森，监察徐纯黼、葛祖光，经理谢瑞森，副理范润生、同谨启。

地址：南京路三百九十号；电话：经理室：九二二四〇；业务部：九〇〇六七；电报挂号有无线：九七八七。

上海四明保险股份有限公司四月六日开幕

《申报》，1933年4月4日

38. 中国保险公司股东会

本月十一日下午二时，中国保险股份有限公司开股东会，由董事长宋汉章君为主席，报告营业状况。监察人报告账目后，提出盈余分配案，经各股东一致通过。上届盈余洋十四万八千九百八十五元六角六分，拨入特别公积金，并议决三年内所有盈余悉数充特别公积金，不派股利，以巩固公司基础。该公司股东抱极大牺牲，为谋公众安全之保障，洵属难能也。

《申报》，1933年4月12日

39. 中国天一保险公司创立会

资本五百万元

本埠金融业巨子王伯元、秦润卿、钱新之、王子崧、梁晨岚等氏，为发展华商保险业务，挽回利权起见，特组织一大规模之保险公司，定名曰中国天一保险股份有限公司，额定资本五百万元。先收二分之一，计银元二百五十万元，业经如数收足。特于昨日，在垦业银行二楼，召集创立会，社会局特派茅祖荫君莅会监督，计到会股东三万余权。公推王伯元君为主席，行礼如仪。由发起人代表梁晨岚君报告筹备经过，旋逐条讨论章程，通过。即选举董事、监察人，计王伯元、秦润卿、钱新之、王子崧、何国升、梁晨岚、朱吟江、黄仲长等九人当选为董事，孙鹤皋、王仲允、张芹伯等三人当选为监察人，继由董事、监察人等调查报告毕，乃散会。

《申报》，1933 年 11 月 27 日

40. 中国天一保险公司将开幕

中国天一保险公司，为海上金融界领袖，及南洋华侨巨子集资设立，共计资本银元五百万元，经营人寿险、火险、水险、汽车险以及各种意外险。各部均聘专家主持，科学管理。董事长王伯元君及董事秦润卿、钱新之、胡文虎、王子崧、何谷声诸君夙负海内外重望，总经理梁晨岚君在金融界素著声誉，经理秦子奇、副经理黄仲长两君于保险一业，渊源甚深，经验丰富。其业务之发展，可以预卜。闻该公司已定二月一日开业，自上午九时起，招待中西来宾，并有精美名画日历分赠，以志纪念。

《申报》，1934 年 1 月 31 日

41. 中国天一保险公司开幕

中国天一保险公司，业于昨日开幕。上午八时，全体职员齐集该公司八楼，举行开幕仪式，并由董事长、总经理分别训词。九时起，接待中西来宾，到有吴铁城、虞洽卿、胡笔江、王晓籁、金廷荪、卢润泉、宋汉章、袁履登、谢葆生、徐新六、林康侯、叶扶霄、徐寄庼、李詠裳、王鞠如、陈蔗青、李大超、潘学安、吕岳泉、冯炳南、李祖韩等氏，西宾则有凤凰、地球、太阳、友邦、美亚、四海、望赉、锦隆、巴勒、通利、普益诸公司大班、董事等，均由董事长王伯元，董监事秦润卿、钱新之、王子崧、孙鹤皋、张芹伯、何谷声、王仲允及总经理梁晨岚，经副襄理秦子奇、黄仲长、李祖超、林子和等殷勤招待。该公司系海上银钱业及实业界巨子所创办，资金雄厚，信用昭著，将来业务之发达，可以预卜也。

《申报》，1934 年 2 月 2 日

中国天一保险公司开业广告

42. 中国天一保险公司启事

本公司为推广营业服务社会起见，业聘沈肇基、庞秉侠、黄锦贤诸君为营业主任，李修章、巢汉臣、黄慧娴、周绮霞、徐绮文、沈莲娜、何卓人、严希文、蔡祖荣诸君为营业员。凡属与沈君等交谊有素，以各种保险业务见委者，毋任欢迎，即希莅临，径与沈君等各自接洽，谨当竭诚招待，恐未周知，特此奉告，至希公鉴。地址：北京路二五五号垦业大楼四楼，电话：一一六四四号。

《申报》，1934 年 3 月 1 日

43. 各保险行集议打捞肇兴轮
货物与轮船将同时打捞

三北公司万象轮与肇兴公司肇兴轮互撞后，肇兴轮当即沉没，各承保平安险公司，决进行打捞，定今日开会讨论打捞办法。兹志详情如下：

协商办法：肇兴轮撞沉后，承保肇兴轮平安险之肇泰、天泰、大华、华安、联保、宁绍、先施、太平、联泰、永宁、海上等保险公司决定打捞，前日与日本打捞公司上海代理处三井洋行接洽，当即电日本总公司询问手续及打捞费用，决俟复电到沪后，即召集承保之各保险行开会协商打捞步骤。

打捞货物：肇兴轮所装之客货面粉、疋头、粮食等，约值十二万元，曾由友邦、黑海等保险行承保平安险，今友邦等保险行决定打捞，昨与承保肇兴轮平安险之肇泰、联保等保险行接洽，拟将货物与轮船同时打捞，并定今日在保险业同业公会开会讨论办法，因分别打捞费用甚巨，且如欲打捞轮船必先打捞货物，若先打捞货物则轮船地位，深将移动，将来轮船打捞，势必困难，如同时打捞，费用减少，而不生困难。

公断责任：三北公司万象轮修竣后，继续应差，归军政部差轮办事处指挥，肇兴与三北两公司，昨晚上尚未直接交涉，肇兴公司决俟保险行今日开会后，并请专家依法公断互撞责任问题。闻交通部上海航政局得报后，对于此案，是否将召开碰撞委员会公断，尚未决定。

《申报》，1934 年 3 月 7 日

44. 四明保险股份有限公司通告

迳启者，本公司创办以来，本忠诚服务之精神，谋社会安宁之保障，深蒙各界爱护，纷来投保。对于损害赔偿办理迅速，绝不留难，是以获有相当声誉。兹应社会需求，特将业务推进，添设水险、火车险、汽车险、邮包险及海员特种险，聘请专门人员司其事，现经筹备就绪，即日受保。倘蒙赐顾，曷胜欢迎。如本外埠愿为代理者，径向本公司接洽可也。

上海分公司经理林联琛，汽车险部主任孙信永，水险部、邮包险部主任冯耀泉，火车险部主任翁瑞峻，海员特种险部特约经理处主任洪雁宾。

本埠代理处：

四明总行、四明储蓄会、四明银行南市分行、恒巽钱庄、恒隆钱庄、恒赉钱庄、敦余钱庄、惠中银行、江海银行、绸业银行、东方信托公司、益昌钱庄、恒昌纱号。

本公司：南京路三百九十号，电话九〇〇六六七。

水险部：南市办事处，法租界二洋泾桥下天主堂街五号。

《申报》，1934 年 3 月 9 日

45. 中国船舶保险联会昨开幕

本埠保险业，为谋营业便利，同业充分合作起见，特联合办理船舶保险，各公司合组中国船舶保险联合会，联带负责，会址设爱多亚路一百六十号，聘华安公司汤旦华为主任，以前各公司曾保险之各轮船，一律移交联合会办理，以后船舶新保险单，均由联合会发给，昨为开幕之期，计经加入者有华安、上海联保、肇泰、宁绍、先施、太平、联泰、永宁、中国、海上等九家，办理是项保险，具有悠久历史，华商各轮船，多由该公司等联合承保。

《申报》，1934 年 4 月 3 日

46. 海员保险开办

四明保险公司开业以来，凡火险、水险、汽车各种保险次弟举办，信用昭著，保户踊跃。近另海员特种保险一部，专保服务于大小轮舶、船码头及与船舶有关系之职工。其方法系一年一度，并不联续至五年十年以上，保额只限一百元至一千元。保费极轻，且可分期缴付，处处顾全海员之生活状况及其能力，而手续之简便，尤使一般海员易于明了。特聘前招商局科长洪雁宾为经理，设事务所于公馆马路祥安里三号，于四月一日开始受保，备受各轮船、各海员团体之欢迎。数月之间，投保者已达千余户矣。

《申报》，1934 年 4 月 8 日

47. 宁绍人寿保险公司民国二十二年公司业务进行之鸟瞰
记　者

本公司开办迄今，为时已逾两稔。在此过程中，虽受时局变故经济衰落之环境，惟因公司遵从科学之方法，与乎承蒙社会人士之推许指导，办事同人之和衷合作，故能排除艰困，一帆风顺，薄具成效，既深自慰，复极感谢。兹将业务大纲，撮述于后：

展业工作

可分两种，一为训练，一为宣传，前者为训练人才，以冀训练推进营业之用，后者为宣传公司方针之用，俾作发展之助。本公司去年度展业工作，双管齐下，自编人寿保险讲义一种，专为训练新经理员而设。此项讲义编制精审，取材丰富，去年度前后举办寿险研究班二次，听者均系青年学子，在本公司服务，成绩优美。宣传工作，如编行人寿季刊，以饷各界阅读，此种刊物，效力宏大：（一）使未投保者早日投保，（二）已保寿险者不致中断，（三）增加本公司营业人员智识等等。该刊自去年四月十日出版迄今，已有五期，本公司为发起最早一家。其他宣传工作，如加入上海中华人寿保险协进社为社员，不时将公司消息及论文等投入该社编行之人寿保险特刊，亦得引一般人之注意焉。

观感一般

人寿保险，功效伟大，利益繁富，昔日经营者，常以情谊敷衍，并借花酒之酬酢，作业务之推广，既失服务之精神，复堕本业之信誉。本公司开业伊始，即打破此项恶习，用个人之谈话，文字之宣传，公开之演讲，娓娓解释，诚恳讨论，总使社会人士明了其需要而投保，作风高尚，别创一格。以故本公司在同业之地位，一跃而后来居上，因此社会一般观感，恒以"企业心胜于营利心"之论调，以誉本公司之事业者。

内部工作

本公司内部办事人员，向取人才主义，不徇私情之请托，务求人事相宜，不旷厥职，更以最经济之时间费用及人才，而求最高度之效率。最近聘请张素民博士，主持研究部工作，以期公司业务入于更科学化之组织。

营业拓植

寿险公司成功最难关键，厥唯开办最初之二年，本公司对于此种必经之时期，业已安然度过，且于华中、华北、华南各区之营业，均已树立相当之根基，不难一致推进，逐渐繁荣。今日总公司拟集中精神策展全国之营业，至于国外方面，暂不发动，以符由近渐远之旨。

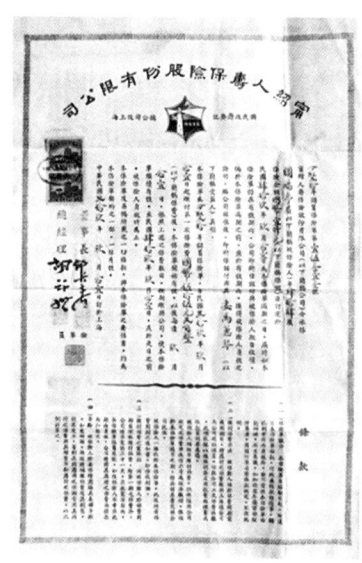

宁绍人寿保险股份有限公司保险单

投资稳健

本公司认识保费之收入，为保户之信托，公司有保管之责，以故对于投资一项，异常谨慎。当本国政府尚无明令规定前，暂以美国法律所规定者为标准，并秉承董事会之核准与指导。

赔款数目

去年度赔款预算估计为二万元，但实际赔出仅一万四千五百元，且每户赔款拨付之时，常能见其家无余储，需要孔殷，而投保与赔款日期，相距恒有未满一年者，由此可知人寿保险不能与储蓄保险相较利息，实为保障家庭幸福之事业云尔。

《人寿季刊》第 5 号，1934 年 4 月

48. 中国保险公司营业发达

中国保险公司，为中国银行宋汉章、张公权等所创办，专营各种水火险、人寿险、汽车险及各种意外险等，营业甚为发达。兹特聘请商界巨子朱联馥君为业务主任，朱君经营商业垂二十载，素以诚信服务，为各界所赞许。兹该公司得朱君辅助，营业更形发展。

《申报》，1934 年 4 月 30 日

49. 中国保险公司寿险部请须维周为营业主任

中国保险公司为推进全国人寿保险营业起见，特请须维周君为营业主任。须君服务于寿险界已历十余五年，足迹遍国内各行省，为我国保险界有数之经理人才，著有《人寿保险销售术》一书，行销于各级商业学校与保险界，盛极一时。已于昨日任事，该公司营业前途，自当有更伟大之进展。

《申报》，1934 年 5 月 5 日

50. 中国天一保险公司近讯

寿险部代保户全家免费注射防疫针

本埠北京路中国天一保险公司，为国内金融界巨子王伯元、钱新之、秦润卿、梁晨岚，暨著名侨商胡文虎等所集资创设，资本五百万元，经营水火、人寿、汽车、意外等

各项保险业务，规模宏大，营业发达，为华商保险界之巨擘。近日该公司寿险部经理黄仲长君因鉴于迩日气候酷热，厉疫易滋，为保护寿险保户之健康起见，特聘沪上著名男女医师多位，专代保户免费注射预防霍乱及伤寒等针，并为破格优待保户，增进家庭福利起见，凡保户全家老幼以及男女仆役，一律免费代施注射。各保房以该公司能牺牲精神，惠及保户全体家属，深表感谢。因此均纷纷挈领眷属仆役，至该公司请求注射。

《申报》，1934年7月6日

51. 中国天一保险公司招考试用办事员

（资格）大学或专门院毕业并经相当介绍者，（年龄）三十岁以下不分性别，（名额）二十名，（待遇）在实习期内月给津贴三十元，（报考介绍）七月三十一日截止。所有报考手续、考试科目、考试日期等详招考简则，请向上海北京路二五五号本公司索取。

《申报》，1934年7月14日

52. 天一保险公司招考办事员

本埠北京路中国天一保险股份有限公司，资力充厚，业务发达，为华商保险业中之翘楚。近为造就干部工作人员起见，特招考具有大学毕业程度之试用办事员二十名，以期遴选真才，充厚办事实力。将于八月初举行考试，闻日内前往索章报考者，极形拥挤。

《申报》，1934年7月22日

中国天一保险公司木质招牌

53. 天一保险公司招考办事员经过

总经理梁晨岚[①]氏之谈话

中国天一保险公司，为本埠金融界领袖及著名华侨集资设立，开业以还，声誉卓著。兹为发展业务，造就保险专门人材起见，特于原有员生之外，招考试用办事员多名，资格以国内外大学毕业生为限。自该项消息公布后，报名应考者甚为踊跃，业于八月五日在该公司举行考试。记者以此事关系保险业之发展及大学毕业生之出路甚大，爰于日昨走访该公司总经理梁晨岚氏面询一切。兹记双方问答如左：

（问）贵公司此次招考办事员，何以必须限定大学毕业生。（答）保险为专门学问，必须先有深厚根底，方可

中国天一保险公司总经理梁晨岚

施以相当训练。（问）报考者大都来自何处。（答）据本公司招考委员会审查结果，准予参与考试者，凡五十余人，所有国内南北著名各大学，如清华、金陵、光华、复旦、圣约翰、东吴、暨南、中国、大夏等二十余校，均有毕业生前来应试。（问）考试结果如

---

① 梁晨岚，鄞县人，长期从事保险业，曾任中国天一保险公司常务董事兼总经理。

何,(答)因应考者之出身互异,故成绩亦各不同,大抵文科出身者,擅长国文英文,而忽于数学,理科出身者,长于数学,而国文、英文,似非所长,法政出身者,于保险学一门,成绩较优,顾英算则未免欠缺,欲求全材,殊非易易,惟本公司为优秀青年计划出路起见,决于短中最长,择尤录取,俾宏造就,所有录用人员,均已分别函知,令其于八月十五日以前报到,其未能录取而有一门学科专长者,亦经函告令其持学校成绩报告单,来公司面洽,以便另订办法,代谋出路。(问)试用办事员之待遇如何。(答)公司对于此项人员,希望甚大,将根本加以训练,俾得学识经验,与时俱进,逐渐形成,为公司中坚人物,在录取后六个月内,完全为训练时期,因彼等初离学校,毫无经验,不能即委以任何职务也,在此试用期内,除每日供给三餐外,每月并由公司津贴洋三十元,以供各人车资零用,待六个月试用期满,然后当分别各人成绩,量予位置,或派往外埠各分公司任事,届时所有薪给,当照本公司正式职员俸给表办理。梁君最后复称,敝公司因范围较大,目下除办理水火、汽车、意外、兵盗、茧子、银洋各险外,并另拨资本一百万元,专办各项人寿保险,深承各界爱护,营业日臻发达,是以需材孔亟,环顾国内保险人才,寥若晨星,故今后惟有自行积极训练,以应需要。

《申报》,1934 年 8 月 11 日

54. 四明保险公司聘郑澄清为副经理

四明保险公司在本市南京路中,为旅沪甬绅孙衡甫、俞佐廷、谢瑞森等新创办,规模宏大,信用素著。该公司近为图业务更形扩充计,特聘请本市商界闻人郑澄清君为副经理。郑君历任本市商协会执行委员、商整会委员,现任市商会执行委员,努力本市商运有年,近正经营实业,交友颇广,与本市各业领袖交谊素笃,以信用素著、规模宏大之公司,更兼郑君交友广阔,相得益彰,预料业务必能日益发展也。

《申报》,1934 年 8 月 24 日

55. 宁绍人寿保险公司杨培之定期赴美

入本雪文尼亚大学研究保险

宁绍人寿保险公司保单部主任杨培之君,前攻读沪江大学商科,于民国十七年应全国各大学商业论文锦标,赞誉交颂,颇得该校校长刘湛恩之器重,同学诸辈,咸皆推爱备至。嗣于十八年毕业,得商学士学位,即受聘友邦人寿保险公司。始知人寿保险,不仅个人之身家生命得有保障,即整个社会之繁荣,影响甚巨,乃不避艰苦,竭力探讨人寿保险之原理,与乎社会之实施,苦口婆心,善言倡导,聆者莫不动容,一呼百应。宁绍人寿保险公司寿险专家总经理胡詠骐,延聘为保单部兼续费部主任。杨氏对于新营业之推广,旧营业之维持,能积极负责,不避劳怨,深得总经理之嘉奖。今杨氏感吾国之寿险事业,尚属萌芽,兹特请假赴美求学,于九月四日乘杰佛逊总统号,入本雪佛尼亚大学,专攻人寿保险,预期二年,再入美国保险公司实习,冀诣深造,他日学成返国,效劳寿险界,俾竟其寿险救国之素志,连日沪上各团体及诸亲友道贺饯行者颇众云。

《申报》,1934年8月27日

56. 平沈通车遇害旅客宁绍人寿三倍赔款

本年七月一日第一次平沈通车,在茶淀车厢轰炸,当时曾有旅客尹道恪者,任职本埠华业银行,由北平往北戴河避暑,被炸身故。兹因尹君曾在本埠北京路宁绍人寿保险公司保险,以故该公司曾一再催促其家属前来领取赔款,惟以尹君身前指定其乃兄公毅为领款人,而彼则因惊痛之余,久留牯岭,本月九日来沪,该公司即于二小时内如数赔款。兹闻尹君身前曾保有意外险,照章因外伤亡而死于公众车舟内者,须三倍赔款,以故所保保额仅二千元,而领得赔款竟有六千元之多。

《申报》,1934年9月12日

57. 人寿季刊

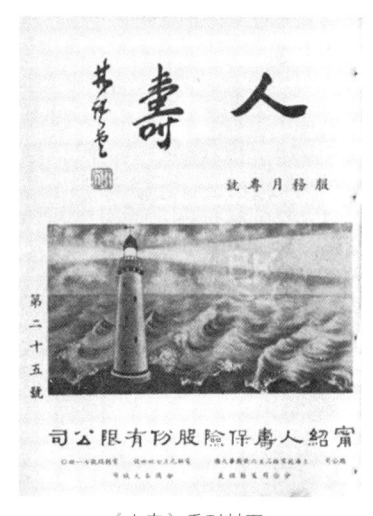

《人寿》季刊封面

本埠江西路宁绍人寿保险公司为海上巨商所创设，资本殷实，信用卓著。最近该公司营业总部为扩大范围计，拟延聘交际广阔、品学兼优之留学生，及大学生多人襄助营业发展。本月十日该公司出版之人寿季刊第四号，大加改良封面，用银色花好月圆人寿之美意，用密色道林纸精印，内容丰富。立法院院长孙科、上海银行总经理陈光甫均有题词。他如湘鄂边区剿匪总司令徐源泉将军，及现任上海市保险业同业公会常务委员、该公司总经理胡詠骐等，均有论文。精警庄谐，兼收并旧，凡用公司或机关名义去函索取者，均可照送。

《申报》，1934 年 12 月 20 日

58. 中国保险公司之进展
宋汉章

一、导言

趋吉避凶，为人类共同之观念。凶不必可避，而吉不必可趋，则安全之保障，迨为至低限度之要求。保险制度，即由此义而产生；迨近代社会经济进展，生活繁琐，而保险之进步尤愈显。盖人之生命财产，皆有其经济价值，然亦皆有其不可逆料之灾

患。一旦变生不测，经济上即蒙受损失；此种损失，纵不可避免，然亦未尝不能预防，保险效用，即在预防灾患。然所谓预防者，非可免除灾患，或减少死亡；不过保险之后，倘遇灾患，则其损失，即有多数人为之共同负担，而不仅遭罹者独自忍受。故保险之根本意义，即以因死亡或水火之灾害所蒙之损失，平均于多数人之间，而减轻个人或一部份人之痛苦；易言之，即以多数人之财力，资助此不幸之个人或一部份人，使彼罹祸者之本身或其家属，在物资上或经济上，恍若与未受损失以前，差可等量齐观也。欧美产业发达之国家，保险事业，均有充分之发展。我国一切落后，保险之兴，不过为最近二三十年事，而人寿保险更属幼稚。虽然，人之生命，顾可以视房屋生财为轻，而不为之预测万全之道乎？小之一身一家，大之一事业一团体一社会一国家一民族，其兴衰起落之机，靡不系于吾人生命修短之数，则人寿保险，宁可忽视也哉？

中国保险公司之进展

中国保险公司平居固已深明斯旨，迨最近默察社会现象之不景气，人民生活之不安定，工商业之日渐低落，劳资间之纠纷不已，孤儿寡独之无依，失业失学之骤增，胥余人寿修短之莫定与生命保障之不讲，有莫大之关系。乃经长时间之准备，集众专家之所长，自本年七月一日起，除原办水、火、汽车保险事业而外，又添办人寿保险一项。迄今为时虽仅三月，而赖社会人士之信赖，与各界领袖之赞导，业务进展，与日俱增，瞻望前途，尤多乐观。后起堪胜前修，附庸蔚为大国，三阅月来之成绩，亦多裴然可观。

二、中国保险公司之基础

中国保险公司依据国民政府颁布之规程，筹集资本金国币五百万元，先收半数，创立于民国二十年冬季，先办水、火、汽车等种保险。自民国二十年十一月一日开幕，至二十一年十二月卅一日止，为期共计十四个月，是为营业之第一年度。

适值九一八东邻入寇，侵犯我东北，举国蒙其影响，金融恐慌，百业凋敝，不旋踵而沪战继起，尤感切肤之痛，商业更形惨落。本公司成立伊始，虽惨淡经营，而业务上暗受影响，进行方面，备感困难，惟本公司抱本固枝荣之计划，祛虚骄夸大之积习，审慎而行，以谋安全固信用为职责，仍能于此仅仅十四阅月之短期间，获得十六万五千五百三十九元六角二分之纯益焉。

此第一年度盈余共计洋十六万五千五百三十九元六角二分，由董事会建议，为巩固基础起见，除提法定公积金十分之一计洋一万六千五百五十三元九角六分外，尚有余数洋十四万八千九百八十五元六角六分，停发股息，悉数拨充特别公积金，当经股东于二十二年四月十一日，一致赞同，将案通过；并同时议决民国二十二年二十三年两届之盈余，同样办理。

观上述数点，则中国保险公司根基之深厚，概可知已，盖第一、中国保险公司资本金五百万元，此为任何初办之公司所不逮者；第二、第一年度支十四个月中，在时局阢杌，国难频仍，商业凋落，人心皇皇之际，而仍能不落他家之后；第三、盈余不发股息，悉入公积金，以巩固资金之实力，而保护一般保户之利益。尤有一点，即中国保险公司之股东，泰半为中国银行及其各地分行并中国银行之同人。凡投保寿险者，吾人无不祝其享无量长寿，然欲求保户之享无量寿，必先自保险公司之本身始。今中国银行，享无量寿者也；中国银行享无量寿则中国保险公司自亦同享无量寿；凡吾保户因中国银行与中国保险公司而同登无量寿域，岂不盛哉！

三、开办以来之成绩

中国保险公司自添办人寿保险以来，为时仅仅三月，然社会各界个人或团体之投保者，日见增多。据最近统计，保户总数计二千三百三十二人，保额总数计三百六十万八千八百元。此亦足征社会一般人士对于本公司之信仰及爱护矣。

目下平均保额，每月在十万元之谱，内中以储蓄保险占三分之二，足见国民对于储蓄事业，有深刻之信仰，实抱乐观。团体保险，已有中国银行全体行员向本公司投保，最近中国红十字会职员亦由本公司会同其他公司承保。其他各地各机关团体纷纷来函询问者，日有数起，本公司固无不乐于接洽，俾前途发展，得以顺利，此则数月来业务之大略也。

四、今后业务之方针

中国保险公司认清人寿保险为一种服务社会、保障民生之事业；故汉章与同人等，在开创伊始，即谆谆以此相勉励；盖多一人被劝而保险，则社会家庭间即多一个健全分子；多一个团体被劝而保险，则民族国家间即多一层稳固基础；其直接或间接影响于国计民生者，至为重大。本公司爰确定今后业务之方针如下：

一、除各埠中国银行分支行行长为本公司代办人员外，并延聘海内信用素孚、才丰学富之士为经理员，藉以扩大寿险之宣传，普及寿险之教育，发展寿险之业务。

二、提倡个人保险，以保障个人之生产事业及家庭生活外，更注重团体保险之推进；以此为促进工商业繁荣之巨轮，解决劳资间纠纷之锁钥故也。

三、本公司日常开支，力求撙节，向外投资，务求其稳妥；而收支账目，一律公开，以昭大信。

四、对于同业不作无谓之竞争，尽实力之友助；盖华商保险事业，尚在萌芽时代，凡吾同业均应本互助互爱之精神，以达共存共荣之境域也。

五、结论

语云："要问前生因，今生受者是；要问来生果，今生作者是"。今日吾国社会现象之不景气，人生生活之不安定，工商业之低落，劳资间之纠纷，以及孤儿寡独之无依，失业失学之骤增，……莫不由于五年十年或二十年前忽视人类互助、生活保障之所致。故吾人今日努力于人寿保险之推行，姑无论其为团体的、个人的，均所以谋来日民族国家之福利，社会家庭之幸福也。甚望海内贤达，各界领袖，共起提倡，是则国计民生，同拜厚贶焉。

《寿险季刊》第 1 卷第 4 期，1934 年

59. 中国天一保险公司聘请朱少溪君为营业司理启事

本公司兹聘朱少溪君为营业司理,办理水火、汽车、人寿等各项保险业务,如蒙各界赐顾,请与朱君接洽,无任欢迎。地址:北京路二五五号,电话:一一六四四号一五八八三号。

《申报》,1935 年 1 月 21 日

60. 天一保险公司股东会

中国天一保险公司,于昨日下午二时,在北京路该公司举行第一届股东常会,计到股东王伯元、顾少川、秦润卿、梁晨岚、朱吟江等四十余人,代表股份三六八四八权。由董事长王伯元主席,致开会词。继由常务董事兼总经理梁晨岚报告二十三年份营业状况。次由主席提请承认二十三年份决算及盈余二十万零五千八百九十余元之分配案。旋即补选董事一人,及照章改选监察人,结果顾少川当选为董事,王仲元、孙鹤皋、王时新当选为监察人,茶点散会。

《申报》,1935 年 4 月 4 日

61. 朱晋椒、凌廷尧、张幼庭就职启事

鄙人等自六月一日起受任中国保险公司业务部经理襄理职务,经营水火保险并兼营人寿汽车不测等险,尚荷各界垂爱,无任铭感,如蒙赐顾,自当竭诚办理,以副期

望。再者鄙人等在禅臣保险部任内所经手之保险事件，仍当负责办理，特此附带声明。

《申报》，1935 年 5 月 28 日

62. 宁绍人寿保险公司

聘戚正成[①] 君为襄理

北京路宁绍人寿保险公司，向以教育方法，推广营业，以冀社会人士，认识其中利益而投保，最近公司聘请教育界名宿戚正成君为襄理，按戚君为上海沪江大学文学士，曾任上海青年会商业日校教务主任、华东基督教育会总干事，并特派赴日，考察教育专员，暨华华中学校长等职。现受该公司之聘，以其治学专材，襄赞寿险业务，可收异途同归之效。良以寿险业务，于今日之我国，正需教育工作，以资灌溉也。

《申报》，1935 年 7 月 28 日

朱晋椒

戚正成

63. 意阿风云中

本埠保险行已加收兵险费
已有扬子等四十余家实行

大通社云，意阿事件日趋严重，海轮经过地中海，危险实甚，保险行家，伦敦劳

---

① 戚正成，鄞县人，长期从事保险业，曾任宁绍人寿保险公司襄理等。

合德公司，已于十六日议决，取销一切公开合同中之兵险条文，另订兵险合同，而取特别费（见十六日路透社电）。大通社记者昨晨探悉本埠保险行，于前（十八）日起，亦已加收特别兵险费，已实行者，有扬子、保定、信孚、华安、肇泰、新大陆、仁济和等四十余家，费额方面，以前每保费一千元，收兵险费为二角五分，自前日起，凡保险货物须经过地中海者，每千元加收洋五角，及至昨日上午，已较平日涨至十倍，每千元为二元五角，依据国际情势，及各国在地中海之军事行动状况，将有极度涨落云。

《申报》，1935 年 9 月 20 日

64. 天一保险公司新聘妇女部主任

蔡陈汉侠女士

天一保险公司，服务社会，信誉久著，兹因推广业务，并便利女界投保人寿起见，特聘请蔡陈汉侠女士为该公司人寿处妇女部主任，以便与女界专诚接洽保寿事宜，而免隔阂。蔡女士历在本市务本、智仁勇各女校担任教课，并于女青年会、妇女节制会、麻风会等处办理公益事务，素具热忱，交游亦广，现在该公司服务，必能多所擘画，为妇女界谋福利，凡欲与蔡女士面洽寿险事宜，可于每日上午九时至十二时，或下午三时至四时，迳往该公司妇女部可也。

《申报》，1935 年 9 月 22 日

65. 中国天一保险公司聘任吴滋山君为驻温经理启事

本公司兹为便利温州各界投保起见，特聘任吴滋山君为驻温经理，并设经理处

于温州大同巷，办理水火、人寿、意外等各项保险营业。倘蒙惠顾，请径与吴君接洽可也。

《申报》，1935年10月3日

66. 郑学坊启事

鄙人现受任上海肇泰水火保险公司业务主任之职，经营水火、汽车、玻璃等险，向荷各界垂爱，无任铭感，如蒙赐顾，自当竭诚办理，以副期望。至鲁麟洋行职务，虽经辞退，但所有未到期之各保险单，如需要批改，仍当效劳，亦请送至肇泰公司可也。

《申报》，1935年11月1日

67. 中国天一保险公司扩充人寿保险业务

聘李迪云为副经理

北京路二五五号中国天一保险公司，资本五百万元，专营人寿、水火各种保险事业，董事及监察人，均为国内金融实业界领袖，及华侨巨子，故信用卓著。又得总经理梁晨岚氏之擘划经营，营业乃蒸蒸日上，最近梁氏为扩充人寿保险业务起见，特聘保险专家李迪云氏为该公司副理，兼人寿部营业主任。李氏系圣约翰大学出身，留学欧美。归国后，任华安合群人寿保险公司营业部监理十有余载，嗣又一度任大陆报馆副经理，学识经验，极为丰富，且交游素广。此次荣膺该公司副经理，自能胜任愉快，预料今后该公司营业当益发展云。

《申报》，1935年12月2日

68. 中国保险公司派员赴日考察寿险

罗兆辰今晨东渡

中国银行主办之中国保险公司成立以来，成绩卓著。兹为更求进步起见，特派罗北辰氏赴日考察寿险事业，已于今晨乘杰克逊总统轮东渡。罗氏为中国保险学会理事，原任该公司寿险部汉口区经理，近升任该公司寿险部经理，对于日本保险界人物及其事业，夙所熟悉。此行约一个月左右，即行返国云。

《申报》，1936 年 2 月 4 日

69. 留美保险专家杨培之转日考察回国

宁绍人寿保险公司保车部主任杨培之氏，办理寿险业务有年，经验丰富，学识优长，提倡团体职工保险，尤不遗余力，为国内杰出之保险人才。前年为求深造计，赴美入本雪佛尼亚大学专攻保险学，潜心研究，造诣益深。毕业后，得商学专科硕士，

宁绍人寿保险公司同人欢迎杨培之合影

成绩优异，深为该校当局所嘉许，派赴美国各大城市保险公司实习，颇多心得。业已学成返国，特再转道赴日本考察该国国有财产保管及团体职工保险，现已抵日，约有二星期之逗留，然后搭日轮"皇后号"回国，约三月五号抵沪。届时，沪上亲友当有一番欢迎盛况。盖杨氏以保险专材贡献我国保险界，必多一番新猷云。

《申报》，1936 年 2 月 21 日

70. 陈仁征任宁绍水火险总理

宁绍水火保险公司营业甚巨，信用卓著，其总经理一职，本为胡咏祺君兼任，胡君因刻任宁绍人寿保险公司总理，兼保险公会主席，事务繁忙，无暇顾及，已经提出辞职，所有宁绍水火保险公司总经理，业经该公司另行推举宁绍轮船公司之协理陈仁征君继任。陈君为航界干才，兼顾保险业，亦已多年，与沪上各业界均有相当感情。陈仁征君已徇公司当局之敦促，于昨日荣任总经理之职，各方交好同志及各业界得闻纷往道贺。陈君人极谦和，学验俱优，此后保险业前途，定可得其大才之设施，而为无量之发展也。

《申报》，1936 年 4 月 16 日

71. 华商联合保险公司迁移通告

迳启者，敝公司因原址房屋不敷应用，业于本日迁至爱多亚路廿九号二楼，照常营业谨此通告，华商联合保险公司谨启。

《申报》，1936 年 6 月 18 日

72. 天一保险公司新讯

中国天一保险公司，对于寿险一部，今年有长足进步，甚为发达。自三月份至五月份为营业竞赛之期，前月底结束，共计达数十万元之保额，其中以鲍九思、韩孝先二君成绩为最优。

《申报》，1936 年 7 月 15 日

73. 中国天一保险股份有限公司公告

中国天一保险股份有限公司公告

本公司设立有年，叠蒙各界信任，业务进展与日俱增，兹为充实资力，巩固保障起见，特由金融界集合多数同志加入投资，共同合作，以为扩充业务之本，此后力量，愈臻雄厚，保障更形稳固，办事手续力事简捷，赔付款项务求迅速。如荷垂顾，无不竭诚欢迎，以答雅意，诸希公鉴。

营业种类：水险、火险、汽车险、兵险、意外险、运输险、茧子险、信用险、玻璃险、邮包险、船壳险、银钞险等各项保险。

董事长：周作民。

常务董事：丁雪农、王伯衡、董汉槎。

董事：唐寿民、胡笔江、钱新之、秦润卿、许汉卿、吴蔚如、饶韬叔。

监察人：吴言钦、周继云、瞿季刚。

总公司经理：王仁全。

上海分公司经理：谢志方。

副理：屠伯钧、蔡斌卿、金瑞麒，襄理：钱越毅、唐颂玉、陆赞君。

南市办事处主任：周晓虹。

分公司：南京、重庆、天津、苏州、宁波、杭州、汉口代理处各大商埠。民国二十五年《申报年鉴》。

《申报》，1936 年 7 月 31 日

74. 银行公司股东会并记

宁绍轮船公司新声社云，宁绍商轮股份有限公司，昨假虞洽卿路宁波旅沪同乡会，开第二十八届股东大会，到会股东一二四九股，计一一八〇三权。公推竺梅先主席，经主席报告二十五年度营业状况，总经理报告接手后情形，及监察人报告二十五年度帐略后。主席提议，照本公司目前情形，有将原股本折作国币七十五万元，并增招新股国币二十五万元之必要，惟事关增减资本，应请到会股东先行讨论后，再召集临时股东会，提付表决，如赞成此项提案者，请起立。经大多数股东起立通过。又宁绍水火保险公司旧股本减折增招新股案，亦经多数表决通过。嗣改选监察人五人，由股东乌崖琴、金润庠、洪贤钫、李祖夔、李汝贤，当选连任。

《申报》，1937 年 4 月 26 日

75. 宁绍公司增股案昨流会

各议案作假决议　　三十日再开大会

宁绍商轮公司，因上月二十五日第二十八次股东常会，议决根据董事会，关于该公司财产折实计算，将原有资本一百五十万元，折减为七十五万元，并增募新股二十五万元，合成股本总额一百万元，特于昨日下午二时，假虞洽卿路宁波同乡会，召开临时股东会议，计到七五一五权八三八零股。主席俞佐廷，首报告开会宗旨，旋即讨论，㈠将原有资本一百五十万元，折减为七十五万元，及增募新股二十五万元，合成股本总额一百万元案。㈡宁绍水火保险公司应否继续营业案，结果因到会股东不足，故暂作假决议授权董事会，定五月三十日复开股东大会，讨论进行办法。

《申报》，1937 年 5 月 15 日

76. 宁绍公司股东会通过增股案

议授权董事会办理

宁绍商轮公司因据第二十八次股东常会议决，根据董事会之建议，关于该公司财产折实计算，将原有资本一百五十万元，折减为七十五万元，并增募新股二十五万元，合成股本总额一百万元，曾于日前召开临时紧急股东会议，因到会股东不足，故暂作假决议，特于前日下午二时假虞洽卿路宁波同乡会四楼召开第六次临时股东会议，计到二一六二股，七十余人。公推竺梅先临时主席，首报告开会宗旨，次宣讲上次临时股东会纪录，旋即讨论，将原有资本一百五十万元，折减为七十五万元，及增募新股二十五万元案，议决通过。自登报日起，三月以内，由旧股东优先认购，

倘不足之数，由股东会授权董事会，设法招募新股。宁绍水火保险公司将原有资本二十五万元，折减为十二万五千元，并增募新股十二万五千元案，决议授权董事会办理。至四时宣告散会。

《申报》，1937年6月1日

77. 华商联合保险股份有限公司启事

本公司为十一家华商保险公司所组织创设，于民国二十二年经国民政府特许，为全国保险业对内对外之再保险机关，并承保或经理各种官有财产及国营事业之水火等险。开办以来，业务颇称发达。兹为完成再保险之使命起见，决定自本年七月起，参照欧洲再保险公司管理方法，聘请专家专营各种再保险，不再直接承保或经理各种水火等险。凡我中外同业，倘以承保之溢额，惠赐再保，毋任欢迎。谨启。董事长周作民（太平保险公司总经理）、董事傅其霖（华安水火保险公司总经理）、徐可陞（肇泰水火保险公司经理）、黄泽生（先施保险置业公司司理）、丁雪农（太平保险公司协理兼安平保险公司经理）、殷子白（永宁水火保险公司总经理）、郭瑞祥（永安水火保险公司司理）、陈干青（中国海上意外保险公司总经理）、陈仁澄（宁绍水火保险公司经理）、监察人冯佐芝（上海联保水火保险公司司理）、李澍棠（上海华兴保险公司经理）、经理邓东明。

地址：上海爱多亚路二十九号，电话，经理室：八四一一七；会计室：八四一一六。

《申报》，1937年7月2日

78. 首创再保险公司成立

华商联合保险公司，为太平、华安、肇泰、先施、永安、永宁、宁绍、海上、联保、华兴、安平等十一家华商保险公司所组织，经国民政府特许为全国保险业对内对外之再保险机关，开办四载。近又聘请瑞士保险专家，参照欧洲再保险公司管理方法，专营各种再保险业务，不再收受直接生意，并已公告各界，诚吾国保险界中专营再保险业之首创云云。

《申报》，1937年7月3日

79. 宁绍保险公司聘邵虚白为襄理

本市宁波路八十六号宁绍水火保险公司，自开办以来，具有悠久历史，承办各项保险业务，赔款迅速，信用夙孚。兹为积极推进业务起见，自即日起，聘请邵虚白君为襄理。按邵君服务沪市工商界有年，办事干练，交游素广，此次受任宁绍保险公司襄理之职，该公司深庆得人。

《申报》，1939年3月20日

80. 各界简讯

安业保险公司

安业保险公司，为商业巨子陈有虞、陈永毅、沈秋生、丁书农、朱晋椒诸氏所组织，定于本月四日开业。诸氏有声商界，业务兴盛，自在意中。

《申报》，1942年9月3日

81. 富华保险股份有限公司开幕公告

本公司兹定于国历九月二十五日（星期五）举行开幕典礼，敬备茶点，恭请各界宠临指教，曷胜翘企。董事长许晓初；常务董事董汉槎[①]、王廉方、吴少亭、陈庭芳、韩家珍、陈承荫，董事郭琳爽、袁鹤松、何纶章、施正昌、刘季涵、吴聘周、傅湘丞、王显猷、金锡章、潘炳臣、邵子建、陈光庭；监察人赵文卿、郑学诰、葛镛馨、姚俊之、沈荣九；总经理许晓初；副总经理吴少亭、陈承荫；协理张联棠、陶慕渊、朱晓明；秘书主任沈禹钟、总稽核、竺友芳；沪公司经理周惠卿；副理周宏、孙祖勤林、逸庐、王信丰；襄理竺友芳、葛志良、王士茂、任祖锡。地址，天津路一四四号；电话，九三四八八。

富华保险常务董事董汉槎

富华保险股份有限公司开幕公告

《申报》，1942年9月23日

[①] 董汉槎，余姚人，长期从事保险业，曾任大上海分保集团、中国航运保险公司总经理，永大产物保险公司董事长，上海保险业同业公会执行委员。

82. 宁兴保险股份有限公司① 举行创立会公告

宁兴保险股份有限公司股票

本公司筹备业已就绪,兹定于本年十月十二日(星期一)下午二时假座香港路五十九号银行公会五楼举行创立会,届时敬请各股东拨冗莅临,共商进行,除专函奉达外,特再登报公告。筹备处启。

《申报》,1942年10月12日

83. 中国联业保险股份有限公司启事

本公司兹敦聘徐可陞先生为总公司经理,订于十月十六日(星期五)就职,敬备茶点,恭请指教。

中国联业保险股份有限公司谨订,地址:汉口路四七〇号绸业大楼四楼,电话:九〇八三五号,九六四九五号。

《申报》,1942年10月15日

84. 徐可陞启事

可陞兹承中国联业保险股份有限公司之聘,谨于十月十六日(星期五)就任该公

---

① 由一批宁波商人发起的宁兴保险股份有限公司于1943年2月正式成立。

司经理之职,尚祈各界贤达,旧雨新知,惠赐教益,如承见教,自当竭诚服务,用答高谊,谨此布闻,诸维荃照。

《申报》,1942年10月15日

85. 中国航运保险股份有限公司设立上海分公司公告

本公司素以承保船壳险、水险为主要业务,本年三月间为应适各界需要起见,增设火险部。开办以来,历承各界惠顾,不胜荣幸。兹为扩充业务,便利保户起见,特在外滩十二号设立上海分公司,自即日起聘请胡积安先生等为经副襄理,以资借重。尚祈各界继续源源赐教,毋任幸企,特此公告,诸希垂鉴。总经理董汉槎;协理奚成美、金润德;上海分公司经理胡积安;副理卢品三、包凤笙;襄理何关祥、叶佐玉、郑纯炳。地址:外滩十二号三楼;电话:一八七四九、一三二四七。

《申报》,1942年12月21日

86. 五洲保险股份有限公司开幕公告

本公司资本实收中储券式佰万元,业经呈奉实业部核准注册,颁给保字第二号营业执照,并加入上海特别市保险业同业公会,为第七六号会员,兹定中华民国三十二年一月六日举行开幕典礼,恭请光教。董事长柴秉坤,常务董事黄志成、汤秀峰、杨云波、蒋振余、沈荣春、朱晋椒,董事许志铨、林子和、傅馥卿、顾中一、丁雪农、田永生、陈继茂、潘垂统、王忠礼、李文耀,监察人马昌嘉、周祥炳、

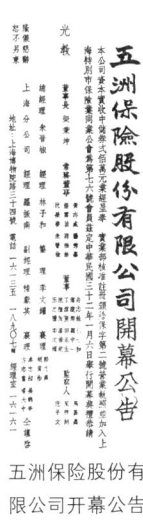

五洲保险股份有限公司开幕公告

范子文，总经理朱晋椒，经理林子和，协理李文耀，襄理郑志熹、胡质彬，隆仪恳辞，恕不另柬。上海分公司经理罗振南，副经理褚献其，襄理卓志绍，姜鹤亭、方志奋、潘大中全谨启。地址：上海博物院路三十四号，电话：一六一三五，一八九〇七，转经理室：一六一六一。

《申报》，1943 年 1 月 1 日

87. 宁兴保险股份有限公司开幕公告

上海特别市保险业同业公会会员，本公司业经呈奉实业部核准注册，颁给保字第十一号营业执照，兹订于本月十五日（星期一）开幕，敬备茶点，恭请光教敬辞隆仪。董事长朱博泉，常务董事陈已生、张登瀛、戚正成，董事张佩珍、陆高谊、孙瑞璜、沈九成、萧宗俊、董汉槎、艾中全、贾延芳、沈肇基、郭雨东，监察人胡祖荫、马启锠、方景和、徐隐飞、撒光铨，总经理戚正成，协理包镜第、周永德、罗振英，沪分公司经理罗振英，副经理夏曙生、吴公退、张蔚然、顾士杰、薛汉生，襄理马家珍、毕新斋、李菊人、沈传经、虞韶成、陈和相、张培荣，地址：北京路三五六号（河南路口）国华大楼六楼，电话：九八五四四。

《申报》，1943 年 2 月 14 日

88. 大上海分保集团专任办理左列各保险公司之再保险事宜

大上海保险公司、上海商业保险公司、公安保险公司、大中保险公司、中原保险公司、要达保险公司、大公保险公司、中国工业保险公司、金华保险公司、大安保险

公司、中国公平保险公司、国华保险公司、大同保险公司、中国平安保险公司、富华保险公司、大东保险公司、中国平保险公司、宁兴保险公司、大南保险公司、中国航运保险公司、丰业保险公司、大上海保险公司。董事长朱博泉，总经理董汉槎，协理顾中一、杨洪山，地址暂设外滩十八号四楼，俟新址装修竣工再行公告，庆祝交还租界。

《申报》，1943 年 8 月 1 日

89. 四明产物保险股份有限公司总公司

迁沪营业公告

本公司经呈奉财政部核准，自渝迁沪，定于三月四日起，在北京路二五六号正式营业，敬希各界惠临指教，曷胜荣幸。谨此公告，四明保险公司董事长俞佐廷，总经理吴启鼎，电话：一八一七〇。

《申报》，1946 年 3 月 3 日

90. 上海新企业调查

中国环球产物保险股份有限公司，为金宗城等所发起，资本五千万元，分为五十万股，发起人认足廿六万三千股，余公开招募，地点在仁记路一二〇号。

《申报》，1946 年 5 月 6 日

91. 永大产物保险股份有限公司总行迁沪开业公告

迳启者，本公司总行向设重庆，胜利后，为求业务扩展起见，爰经增加资本，总额为国币三千万元，并筹备总行迁沪办公，业已布置就绪，谨定于本年八月五日举行迁沪开业典礼，敬备茶点，恭请光临指教。董事长董汉槎；常务董事钟志刚、夏大栋、张昌祈；董事高培良、陈子平、王显猷、傅湘丞、戚仲樵、胡积安、俞瑞棠、马一青、余起龙、王志修、谢瑞森、颐功模、毛洪钧、华尔义、唐炳麟、吴德达、屈秀章；监察姜衡吾、孙嘉镶、魏之襄、曹志明、沈滨堂、温广峰；顾问范恒良、范祺葆；秘书刘衡之；总经理毛洪钧；副总经理余起龙；经理胡积安；协理王子斌、何关祥、夏献章、王维钧。（地址）中山东一路十八号四楼四〇三号室。（电话）一一八二三、一二四九六。

《申报》，1946 年 8 月 3 日

92. 各界简讯

大公保险公司由大公银行与华北商界闻人合资创设，业经呈准颁发执照，准许营业。昨日正式开幕，投保户极为踊跃，贺客到者有闻兰亭等一千余人。该公司董事长为金宗城，常董汪克栽，总经理李楠公，协理杨金门，总稽核俞寿松，经理胡树白，副经理苏师三、郭莘民、徐才清，襄理孙新吾、吴子良，皆保险界、商界杰出人才，前途发展，可为预卜。

《申报》，1946 年 8 月 26 日

93. 国泰产物保险股份有限公司开幕公告

谨启者，本公司设立于重庆，兹经呈准迁沪营业，谨定于九月九日在上海虎丘路三十四号开业，敬请光临指教，恕不另柬。董事会谨启。电话一六一三五，电报挂号四五二〇，董事长朱晋椒，总经理郑祖庆，经理张幼庭（恕不另柬），协理林兴宁、汤剑亭、翁馥棠，营业部经理赵同文。

《申报》，1946年9月9日

信托证券业

1. 中日美信托公司投股之踊跃 / 319
2. 股票业开会纪 / 319
3. 交易所员养成所开课式纪 / 320
4. 证券物品交易所创立会纪事 / 320
5. 证券物品交易所将正式开幕 / 322
6. 华商证券交易所开成立会纪 / 323
7. 证券物品交易所开理事会 / 324
8. 证券物品交易组织将就绪 / 324
9. 证券物品交易所预备开幕 / 325
10. 交易所总董宴客 / 325
11. 证券物品交易所开幕纪 / 326
12. 证券物品交易所营业发达 / 328
13. 证券物品交易所营业之发达 / 328
14. 华商证券交易所消息 / 329
15. 纱布交易所选举理事长 / 329
16. 又有两信托公司之筹备 / 330
17. 组织夜市物券交易所之会议 / 330
18. 纱布交易所开幕纪（节选）/ 331
19. 中央信托公司聘定总经理 / 332
20. 证券物品交易所股东会纪 / 333
21. 夜市物券交易所宴会纪 / 334
22. 夜市物券交易所开幕纪 / 335
23. 五金交易所创立会纪 / 335
24. 金银部定期开市 / 336
25. 五金交易所宴会纪 / 337
26. 大同交易所创立会纪 / 337
27. 证券物品交易所金银部开幕 / 338
28. 中外交易所之临时股东会 / 339
29. 交易所宴客纪 / 339
30. 通商交易所股东会纪 / 340
31. 五金交易所股东会纪 / 340
32. 中易股东之恐慌 / 341
33. 中央信托公司营业之状况 / 341
34. 夜市交易所股东会纪 / 342
35. 华商证券交易所改选讯 / 342
36. 干茧丝吐交易所临时股东会志 / 343
37. 证券交易所五六届股东会纪 / 343
38. 中央信托公司股东年会纪 / 344
39. 中央信托公司股东会纪 / 345
40. 证券物品交易所昨宴报界纪 / 345
41. 中央信托公司股东会纪 / 346
42. 中央信托公司领到注册部照 / 347
43. 中央信托公司股东会纪 / 347
44. 天津交易所旅沪股东组维持会 / 348
45. 华商证券交易所股东常会纪 / 348
46. 华商证券交易所股东常会纪 / 349
47. 四交易所股东会纪 / 349
48. 中央信托公司股东会纪 / 350
49. 中央信托公司开幕十周纪念 / 351
50. 兴业信托社昨开幕 / 351
51. 中央信托公司股东会通过改名中一 / 352

信托证券业

1. 中日美信托公司投股之踊跃

中日美信托公司在上海设立支社，积极进行，我国财政界多数赞成业已略志前报。兹悉上海支社经理为严君松涛，系宁波人，前清曾任江西南浔铁路经理，又曾代表日本朝日公司借款与南市电车公司，光复之后寓居沪上，遂入商界，前年开设松记洋行，专做出口进口货物，营业甚为发达，故该行规模宏大，资本富足。现在中日美信托公司上海支社即设在松记洋行内。按该公司资本总额二千万元，分四十万股，在东京开会之时，早经发起人、赞成人认足股数，现因上海设立支社应予华人利益，故让出三万股由华人认募，近日认股者异常踊跃，预算此三万股定须逾出云。

《申报》，1918 年 7 月 21 日

2. 股票业开会纪

昨日下午股票业在股票公会讨论证券交易所，到会者三十一家，首由临时主席报告资本已经认足，应缴之股款证据金如数存入浙江兴业银

行。旋即公同议决发电农商部报告成立，并陈明上海证券物品交易所不应用证券字样。复选出孙铁卿、尹韵笙、范季美、张慰如、陈兰庭、何世葆、顾克明为该所干事云。

《申报》，1920年1月11日

3. 交易所员养成所开课式纪

日昨为上海证券物品交易所所员养成所举行开课式之期，午后二时开会。首由筹备主任虞洽卿述开会词，次发起人闻兰亭，沈润挹，王道尹代表余正江，交涉员代表邵树华等相继致训词。次讲师诸青来演说，略谓，上海交易所几经挫折，卒底于成，甚佩发起诸君之毅力。古人云，行而后言，发起诸君有矣。吾愿来所诸君，亦记其行而后言之精神，以担此新事业之巨任也。次徐君演说，略述交易所与金融界之关系。次赵师复演说，略谓，美国金融之枢纽，在于各地银行，各地银行之枢纽，在于纽约之金融市场，纽约金融市场之枢纽，在于纽约之交易所，故彼邦之实业家，每晨阅报时之注意于交易所之消息一如吾国人之留心专电也。次中国公学校长刘南陔演说交易所与经济界之影响，并谓诸君来所，须抱求智识之欲望，具应付时世需要之精神。后毕云程演说，略谓，办理交易所，须有共和国民之精神，盖交易所最重守法，若吾国人之旧习，只重人治，则必无善果。末由发起人郑静斋致谢辞，遂由主席宣告闭会。

《申报》，1920年1月12日

4. 证券物品交易所创立会纪事

昨日虞洽卿，薛文泰等发起之上海证券物品交易所有限公司，假总商会开创立大会，预定秩序：（一）振铃开会。（二）筹备主任宣布开会辞。（三）公推临时主席。（四）主席指定纠仪员四人。（五）主席请筹备员报告设立各事：（甲）呈请备案事件及经过各件。（乙）已缴股份及股银总数。（丙）设立费用账略。（六）推定创办检查人调查股银确数（七万八千八百五十二股）。（七）选任理事及监察人：（甲）主席指定投票管理员二人。（乙）投票。（丙）主席指定开票管理员四人。（丁）开票。（八）议决事件，本所章程职员报酬：（甲）理事长。（乙）常务理事长。（丙）理事。（丁）监察人。（九）主席报告被举之姓氏。（十）定期开理事会，选举理事长及常务理事长，并议定营业细则。（十一）闭会。各股东到者，除虞薛外，有闻兰亭，洪承祁，邹静斋，沈润挹等四百零八户，计八万五千四百零八股。所定一点三十分钟开会，因斯时股东未齐，延至二点十分钟，振铃开会。由筹备主任虞洽卿宣布开会辞，旋经各股东公举虞君为临时主席。虞君报告经过困难情形，略谓，中国交易所为商业上极重要之机关，在二十年前由袁子壮，周熊甫二君发起，卒未成立。民国五年冬间，孙中山先生又复发起，鄙人追随其后。当时北京农商部批准证券一项，而物品尚未批准，是以中止。民国七年，因外人在中国设立取引所之故，各业商人乃与鄙人共同组织，于是年七月始设创立预备会。当时推赵林士，邹静斋，盛丕华，周佩箴，洪承祁五君为本所筹备员，至今日始成创立大会，屈指二十载。交易所之创造艰难，一至于斯，幸今日股本已超过原额数百股，可知我国之商业程度日高，将来本所之成绩必大有可观云云。次经主席指定纠仪员楼项等。次经筹备员盛丕华报告，呈请备案及经过各事，并谓所收股洋均系现款，现存于中国四明等五银行又福康等五钱庄。惟自发起迄今之费用，共有二万一千九百余元，照原定之数多用一千九百余元，是否一律报销，由公司完全办认，请各股东公决，旋经各股东举手赞成归公司开支。主席又请各股东举代表调查经过账略，各股东公举方樵伯，贾玉田二君详细调查无误。次谓各股东投票选举理事与监察员等二十余人，遂经各股东公举闻兰亭，赵林士，马乙棠，沈润挹为开票管理员，当即开匦，检得虞和德八万二千八百三十三权，为最多数，当选为正议长，次邹静斋八万零五百十八权，盛丕华八万零一百二十三权，李云书七万八千七百三十八权，赵林士七万六千三百七十五权，张澹如七万五千九百三十权，闻兰亭七万三千八百二十五权，周佩箴七万三千二百九十五权，张乐君七万三千一百零四权，洪承祁七万零零四十一权，李柏葆六万九千七百三十一权，沈润挹六万八千四百五十权，郭外峰六万八千八百六十六权，薛文泰六万五千三百六十六权，蔡芹生六万二千零八十八权，魏伯桢五万五千三百十三权，吴漱园四万九千九百四十八权，冯友笙四万八千六百九十三权，以上系理事员十七人。又举纠察员三人，为赵芝室，五万九千六百十八权，吴麟书六万零九百十六权，周枕琴五万三千八百六十权。又选举候补理事员四人，为张静江、江少峰、朱葆三、赵芝室及候补纠察人三人，为马乙棠、朱子谦、楼恂如。迨举毕由各股东公议理事长，每月薪水洋六百元，常务理事长四百元，纠察员每人一百元，均通过。惟各股东云，邹静斋君报告，交易所章程其中第二十五条与三十七条须修改，主席亦赞成删改。又经闻兰亭介绍，新从外洋归国之宁波人郭外峰，熟谙商业，此次延聘为本交易所之理事员，均举手赞成。乃经郭君演说，大致谓鄙人在长崎道胜银行服务一十八年，迩欲返国创办实业，苦无知遇。此次回里，适与赵林士、闻兰亭诸君畅叙，蒙不弃延为理事员。但鄙人才拙识浅，且不谙上海商业上习惯，务请各股东时时指导云云。后主席云，理事员虽已举齐，理事会须缓一星期再开，互举理事长等云云。迨毕已七下钟，乃摇铃散会。

《申报》，1920年2月2日

5. 证券物品交易所将正式开幕

甬商虞洽卿君发起证券物品交易所，业已成立，详情迭纪前报。兹悉该所已择定爱多亚路四川路角嘴长发栈旧址，雇匠修葺，大约夏历四月初间，可以正式开幕，其营业计分棉纱、花衣、证券、杂粮四部。棉纱将来规定以宝成纱厂如意牌为标准，因华商纱厂中宝成第一第二等厂锭子有十万之数，为华厂中最多者；花衣规定以益泰花厂火机花衣为标准；杂粮则设有样瓶，以原样为标准。其仲卖人已先行练习，业已选取七十五人，棉纱部二十五人，花衣部二十五人，证券部五人，杂粮部二十人，现已部署将竣，一俟房屋竣工，即可开幕。

《申报》，1920年4月16日

6. 华商证券交易所开成立会纪

昨日午后一时，上海华商证券交易所就汉口路第三百三十三号举行股东创立会。股东出席者甚多，公推孙铁卿君为临时主席。当由孙君报告该所筹办经过情形，并请沪认开办费及将章程逐条讨论，均经通过，旋即投票选举理事七人、监察二人，计范季美四千八百七十五权、张文焕四千八百二十五权、孙铁卿四千八百权、尹韵笙四千六百七十五权、陈兰廷四千五百五十权、冯仲卿三千九百五十权、周守良三千二百五十权，均当选为理事；顾克民四千四百四十权，陈永青三千二百权，均当选为监察。选举毕散会，已届五时矣。

上海华商证券交易所股票

《申报》，1920年5月21日

7. 证券物品交易所开理事会

上海证券物品交易所常务理事郭外峰

上海证券物品交易所展期开幕,已志前报,前日午后二时该所在四川路一号事务所内开理事会,提议该所房屋等案。莅会者郭外峰①、闻兰亭、盛丕华、赵林士、沈润挹、洪承祁、张乐君等十余人。因虞洽卿北上,公推郭外峰为主席,议决事项,闻系房屋购定价银十五万八千两,费用在外,邹静斋理事逝世缺出,举周佩箴补常务理事,并聘请南北商会正副会长为名誉议董,再拟聘顾问十人,参事员五人,并决定该所旗帜为淡蓝底大红,股东总会照章于七月内召集。现因开幕在即,筹备各项事宜纷繁,势须届期另行择定。并闻今日(三十一)下午二时函邀各项经纪人到开谈话会,商议关系经纪人公会之妥善办法云。

《申报》,1920 年 5 月 31 日

8. 证券物品交易组织将就绪

上海证券物品交易所,因房屋未竣,改期七月一号开幕,已志前报。兹悉该所内幕,日来组织将就绪,房屋装修亦日夜督率工匠工作,闻已订定端节交屋。该所内部职掌规程,公决分科职堂:①场务科;②计算科;③总务科;④会计科。场务科掌管之事项,关于市场开闭之时刻,交易之成立,对象之检查,市场之整理等。计算科掌

---

① 郭外峰,鄞县人,早年参加同盟会。19 世纪 20 年代前后参与发起上海证券物品交易所并任常务理事。1933 年任农民银行首任总经理。

管之事项，关于各种交易之损益，计算总结，交割价银，证据金之增收及发还事项等。总务科掌管之事项，关于文书之拟稿，及各种纪录编纂，重要文书之保管，及经纪人全体之卫生，维持风化秩序，股东总会，股票之让渡，营业上之一切报告，本所设备之改良，调查农工商状况等。会计科掌管事项，关于预算决算，有价证券及现金之保管，交割价银之收付，及其他之财产出纳事项云。

《申报》，1920年6月16日

9. 证券物品交易所预备开幕

上海证券物品交易所，定于七月一号正式开幕，已志报端。兹悉前在纱业公所之练习所员一百七十余人，昨日午前均入该所（即四川路所建之屋）预备一切，其证券部之经纪人，亦于昨日在该所第一市场先行交易，计上下午分作二市，所做系元年六厘内国公债等票，彼此买卖，存本约十万余元之谱。又闻该所前日接到前大总统黎元洪赠与亲书之绸匾额一方，其文曰"五均遗法"。该所现拟于开幕时悬挂云。

《申报》，1920年6月22日

10. 交易所总董宴客

上海证券物品交易所，现因内部规划，皆已完备，开幕在即。昨晚八时，总董虞洽卿特在本厅三层楼设宴，宴请绅商两界，暨本所各部经纪会会长会员，列席者招待员暨各经纪部并来宾二百余人。屋顶挂五色国旗，并天平旗各一面。天平者，以示出入公平正道之意。并悬有前大总统黎元洪书赠匾额一方，文曰"五均遗法"四字。一时车水马龙，宾主交欢，至十时始兴尽而散。

《申报》，1920年6月27日

11. 证券物品交易所开幕纪

上海证券物品交易所，昨日开幕，中外来宾如王儒堂，沈蕴石，许秋风，俞奠孙，王一亭等约三千余人，齐省长，王道尹亦均有代表。由该所理事长虞洽卿，总务科长洪承祁，副总务科长李孤帆，场务科员孙时俊，计算科员兰宗相等殷殷招待。该所地处公共租界四川路与爱多亚路转角，交通便利，建筑宏大，全部成半圆形，屋分三层，第一层正门入口处，为总务科，右边第二市场，左为第三市场，及计算科，西边为会计科，而第一市场之位置，则在西北隅，礼堂即设于此。第二层除理事长与常务理事办公室，理事会议室，应接室，文书处，场务科，叙餐室外，余皆系经纪人事务所。第三层多为经纪人事务所，其西北隅即为会议厅及俱乐部，所有阅书报室，弹子房，游艺室，均在其旁。各埠祝电甚多，祝词联幛，亦均美善。晨九时半，该所议员二百余人，齐集于第二市场，经纪人及代理人四百余人，齐集于第三市场，分道而入，左右排列，来宾亦咸集，其开幕仪式如下：1. 鸣钟；2. 奏乐及唱国歌（均妇孺救济会学生）；3. 开幕（虞洽卿君）；4. 行礼（议员及经纪人向国旗行三鞠躬礼，三呼中华民国万岁，交易所万岁）；5. 理事长述开幕词（词附后）；6. 来宾致词（有齐省长代表袁履登致祝词，词附后，又有经纪人代表张继芳演说）；7. 理事长致谢宾词（词附后）；8. 奏乐；9. 礼成，三呼万岁而散。

该所定今日（二日）开始营业，其杂粮部经纪人三十家，业经同业通过加入十家，共四十家，所定保证佣金章程，亦经规定办法，如豆类每千包保证金元三百两，油类每百筹元二百两，饼每千片一百两，豆每千包佣金八两，油每百件元六两，饼每千片二两，亦于今日开始交易矣。兹将开幕词及齐省长颂词，附录于左。

开幕词：同人殚心竭虑，承十余年云回波转之后，以有今日，义当有言，以就正于国人。尝闻易曰，交易而退，各得其所。同人皆思之，夫如何而能各得其所哉。商业之潮，朝夕异势，一起一落间，以兴以盛者固多，然兴盛之下必有败灭，譬如人各有口，夺人食以与人，欣跃声作而涕泣继之矣。是何足谓各得其所哉，或曰，是非商人之咎，而无折中平衡之咎也，塞者通之，绌者舒之，调其源，节其流，根本固于内，枝叶荣于外。盖商以及于国，因国以及于世界，此交易所之主旨，而亦中国之福音也。同人兢兢，窃谓折中平衡，义则然矣，倘无折中之心持于内，平衡之信申于外，则又孰听之而孰从之哉？持于内者，同人等固知所勉矣，各全其信，庶几各得其所，此同人所兢兢自勉，且愿以是勉爱国爱商之君子也。

齐省长祝词：海通以运，百业渐昌，商战日亟，抵御未遑，知几其神，亟起图强，合力惟众，集思取长，酌盈剂虚，纲兴自张，沪渎开埠，地宝弗藏，交通枢机，江海泱泱，全国所赖，岂惟我邦，奋迅淬厉，夙夜无忘，长袖善舞，迈彼四方。

谢宾词：民国九年七月一日，吾上海交易所成立日也，大雅君子，既沥翰致贶，复不远命驾，所以光宠之者，甚盛甚盛。诗鹿鸣篇，我有嘉宾，而遂继之曰，人之好我，示我周行。吾国交易所，创立伊始，鼓铸方殷，钩稽匪易，废着道达，业胜是懔，今幸嘉宾，惠然肯来，不我遐来，锡之谠论，以作周行之示。同人当铭佩弗谖，惟燕乐之意，酒醴笙簧之雅，歉然未尽，弥用耿耿，敢掬诚以谢。

《申报》，1920 年 7 月 2 日

上海证券物品交易所于 1920 年 7 月 1 日正式开业

12. 证券物品交易所营业发达

证券物品交易所，自开幕以来，棉纱证券等买卖，日见畅旺，每日有佣金二千余两，以是该所股票跌而复涨。各经纪人之佣金，七月份最多数者，推棉纱部，如边文锦、陆竹坪、张继芳、薛润生、毛鉴清、黄渔亭等，各有六千金，证券部如洪董梁、孙棣山、诸严甫、庄鹤卿、杨河清等，各有二三千金，各经纪人颇为满意。现杂粮部已定于明日（二日）始，先行买卖，油豆饼继续筹备，小麦、生仁、芝麻、菜子、菜油、菜□等类，现正在物色最高之品，定为标准，经纪人额，已经满足。外间闻此消息，咸争购交易所股票，因而股票涨价也。

《申报》，1920 年 8 月 1 日

13. 证券物品交易所营业之发达

证券物品交易所之证券部，如公债票、兴业银行股票、汉冶萍股票及各项公债，棉纱部则加增小包标准等类，次第进行，逐渐完备，是以该所股票，市价已达五十七八元，足见其营业之发达。现闻该所虞理事长，又提议将在沪洋商各种实业之外国股票，物色种类，添入证券部，俾便华人买卖，又面粉之绿兵船粉，单独标准，亦拟添入，现正接洽一切，中秋时节，可以发表云。

《申报》，1920 年 9 月 15 日

14. 华商证券交易所消息

本埠股票公会现改组为华商证券交易所，成立于山西路汉口路口，开幕以来营业颇有蒸蒸日上之势。日前开股东会于银行公会，增加股本为一百万，收足二十五万元，每一经纪人须二百股以上之股份，旧有三十余家完全赞成，故股分价格步涨。现又有愿充经纪人者二十余家纷纷投函加入。该交易所函致经纪人公会，于昨日开会，以前只定四十经纪人，既经发达，现改五十人，自后永不再加，全体通过。刻下每日期货元年六厘一项有百万之多，收保证金极重，故信用因之而坚，交易随之而旺云。

《申报》，1920 年 10 月 13 日

15. 纱布交易所选举理事长

日前，华商纱布交易所假总商会开创立会，公推商会副会长秦润卿主席，通过章程，选举理事监察人，详情已登本报。续于日前，又假大生公司开理事会，互选正副理事长，穆藕初当选为正理事长，徐庆云当选为副理事长，复由理事会公推孙北护，胡漾波，贾玉田，吴寄尘为本所常务理事云。

《申报》，1921 年 4 月 22 日

位于上海延安东路的华商纱布交易所，后改为上海自然博物馆

16. 又有两信托公司之筹备

中央信托公司

近日沪人士纷起组织信托公司，曾志本报。兹闻宋汉章、陈一斋、陈青峰、张颜山、田时霖、孙铁卿等又发起组织中央信托公司，资本定一千二百万元，已由发起人认足，公推田祈原君为筹备主任，事务所设在汉口路一号云。

《申报》，1921年6月5日

17. 组织夜市物券交易所之会议

大发公司大世界，昨日上午，开全体股东会，经理黄磋玖报告，现于大世界内组织夜市物券交易所，股本一百万元，每股洋十元，先收一半专营证券、棉纱、面粉等夜市交易，此种夜市交易所，美国德国等皆有，甚为发达云云。经各股东一致赞成，旋议支配股本办法。黄君拟入大发公司股东得二万股，余由各业发起人及各经纪人共同投资，以便开办。经股东徐贤昌、郑镕之等以大发公司得股太少，公举黄为全体股东代表向各发起人要求大发公司名下须得三万七千股，以便支配各股东共沾利益。黄君答，俟尽力磋商后，若何情形，再行开会决议，至大发公司原有股票，每股洋一百元，夜市交易所开办后，当将一股改为十股，换给每股十元之新式股票，以便日后市面流通。经众一律赞成，旋即散会。

《申报》，1921年6月13日

18. 纱布交易所开幕纪（节选）

昨日（七月一日），爱多亚路二十一号华商纱布交易所行开幕式，中西来宾近四千人，楼上下座为之满，钟鸣十下，由招待员导引来宾入会场，奏乐启幕。理事长穆藕初君、徐庆云君，理事顾子盘君相继演说，来宾致颂词，复由秘书读理事长答词，奏乐，礼成。招待员延来宾赴顺丰饭店茶点，午后来参观者仍络绎不绝。所中连日接到各界各团体所赠镜屏、颂词、笺联、绸幛不下五百余种。又该所有日刊一纸，分送来宾。兹将穆、徐两君演说词及穆君答词录下。

徐庆云君演说词：今日本所行开幕礼，秉各界诸君赏光，足增本所及本所同人无限之光荣。鄙人代表同人，谨具诚意答谢诸君光降之盛意。方才穆藕初先生所说潮流趋势，欲挽回吾国实业及棉业权利起见，非设交易所不足以图发展。鄙人对藕初先生所陈述各节，其见甚善，至于设立交易所，能发达实业，辅助棉业者。庆云对于交易所，素无经验，近来稍事研究，略有所得，敢贡管见于诸君之前。查交易所精神上能辅助实业，调剂金融者，其条例所规定，在于流通货物，平准价格。鄙人先就流通货物辅助实业解释之。查实业所最忌者货物停顿。一遇货物停顿而发生金融滞塞，一遇金融滞塞而实业气象因之日败所以交易所能辅助者，意良法美，即标准及附属等级物品之规则，买卖之交易，虽皆依标准之价格，而交割时只要依等级表所有之物品，均可交之。因此倘有一种物品，不合行销时，该厂家即可将此物品卖于交易所，所以厂家对于停顿之货，完全变为流通之货，此其利益者一也。查实业家本无投机性质，只能随时随卖，得眼前之利益，有时而远期原料，有贱值可进，适出品无远期受主，此岂非实业家之缺憾耶。今有交易所可供诸厂家远期之出品，因之远期利益亦可就时而得，此其利益者一也。以上两层，完全对于卖出者之利益，现在鄙人再将买进者之利益而解释之，否则只有出者之利益，无进者之利益，不得为利益共沾也。查纱销买客，平常时无非全赖纱号之一方，并且彼此谈交价值时，买者欲减，卖者欲增，此乃营业平常之习惯也，岂非一度交易，费许多精神而能就耶。今有交易所，该客可求之于该所，而又得无偏重公道之价格，此其利益者一也。查纱销客家，实者固多，薄弱者亦属不少，过时而往复，纱价看好，适能力薄弱而无现金供购现货，唯有付之一叹而已。今有交易所无须现银而可购定远期货物，此其利益者一也。所以因潮流因时势而得辅助实业、调剂金融，本所之成立，职是故也，今日本所初行开幕，鄙人才拙能鲜，深虞陨越，虽藉初先生夙具经济、指挥有力，然事大责重，尚赖莅临诸君子，各贡伟见，匡其不逮也。

《申报》，1921 年 7 月 2 日

19. 中央信托公司聘定总经理

中央信托公司大楼

中央信托公司自第一期股款收足后，业经开会成立，选定董事及监察人。兹该公司已聘定中国银行副行长严成德①为总经理，袁近初为协理，田我醒为主任。日昨特假座联华总会设宴欢迎，发起人及董事监察人均到。席间由董事长田时霖致欢迎词，旋由严君致答词。又次由袁近初、田我醒二君相继演说，兼申谢欢迎意。末由宋汉章、魏清涛致辞殷祝，宾主尽欢而散。

《申报》，1921 年 7 月 5 日

---

① 严成德，余姚人，历任上海中国银行副行长、中央信托公司总经理等。

20. 证券物品交易所股东会纪

宣布领到营业部照　议决增加股本五百万

昨日下午二时上海证券物品交易所，借上海总商会，开第三次股东定期总会。股东到者共二百十五户，计八万二千一百四十八权。各理事及各监察人莅会者均超过法定人数。首由议长虞洽卿指定朱榜生、刘石荪为纠仪员，并宣布开会辞，略谓，本所于民国五年发起，经过许多困难，至今日始得政府批准，发给营业执照，中间反对者有人，破坏者有人，同人不避艰难，由鄙人入京，请政府维持原案，发给营业执照，在京逗留十七个月之久，始得如愿办到，而当时反对本所者，至今亦纷纷设立交易所，足见本所之设立，确甚正当，而当时反对者未免囿于一隅也。继将营业执照五纸，一一宣示于各股东，计证券部执照一纸，为第一号。物品部执照联号四纸，第一号为花纱布匹，第二号为金银，第三号为粮食油类，第四号为皮毛。部中所发交易所营业执照，以本所为第一次云。次闻理事兰亭报告经过情形：甲、营业种类，略谓，本所营业种类，证券、花、纱、杂粮四种早经开办，现在金银交易正在筹划，八月内当可开始营业，至布疋皮毛等项，亦拟次第筹办。乙、经纪人名额，略谓，本所现在各经纪人人数，共计一百零四名，金银尚不在内。丙、开市日数，略谓，本届营业，共一百三十三天，共收入经手费五十八万五千七百余元，平均计算每日可得四千四百余元云。丁、营业用基地房屋，略谓，除前次购买四川路一号房屋及仓库，暨新市场地产外，本期又添购新市场地基两方，又地产一方，连前共值洋一百十八万五千余元云。次闻理事报告往来文牍，略谓，本所为给照事，迭向农商部呈请，至本年六月二十八日，始奉部批准，分给营业执照五纸，今行江苏实业厅转给，并于七月五日，由上海总商会转到实业厅来函，并营业执照五纸，本所对于农商部之注册执照手续，至今日可谓已经完全云。次郭理事外峰报告营业状况，略谓，现在上海已成为交易所世界，因此有恐本所营业将大受影响者，将来究竟如何，殊难预测，惟已经开幕之各交易所，其营业与本所相同者，已有多所。而本所营业并未受若何损害，则将来营业发达，正未可限量云。次盛理事丕华报告收支账目，略谓，本所营业用地基房屋，共值洋一百十八万五千余元，银行钱庄存款三百零一万五千五百余元，营业费及各项摊提费奖励金等外，纯益金共计三十六万八千六百余元云。次议长报告李理事柏葆，于本年三月二日出缺，次盛理事报告第二期结账，纯益金分配及发给日期案，均照案通过。次闻理事报告张理事乐君辞职案，股东秦待时主张尊重张君自由意志，准其辞职，所留理事一席，与李前理事遗缺，一并于今日补选，以省手续，遂通过。次议长张继芳、薛润生为投票管理员，秦待时、张秉三为开票管理员，结果，吴耀庭得八万零二百六十六权，张静江得七万七千八百五十五权，均以最多数当选为理事。次议增加股额及资本案，各股东纷纷发言，大体均赞成。即由议长以"股本总额增加五百万，股份总额改为五十万股，每股以二十元为单位，此五十万股内之四十万股由老股东照老股票平均分配，其余十万股，由本所经纪人及职所员承受"之议案付表决，全体通过。次议收股手续及时期，与十万股之分配方法，众股东均主张由理事会从长计议，务求于本所全体及社会金融，两有裨益，俟有确定办法，再行公告。散会，已五时矣。

《申报》，1921 年 7 月 11 日

21. 夜市物券交易所宴会纪

上海夜市物券交易所理事长黄磋玖暨全体理事，于前晚宴请经纪人于法租界鸿运楼，七时纷纷戾止。席间先由黄磋玖致词，略谓，今日承诸君莅临，无任欢迎，闻聆教益，并祝诸君鸿运亨通云云。次常务理事包达三演说，略谓，本交易所内部办事手续，务求详备，对于顾客买卖，务求便捷，总使买卖双方，得充分之保证。并报告日夜银行办法，黄磋玖君欲以天发公司派余之夜市交易所股份二千股，照本让归本银行，则银行尚未营业，已获利益，银行股份，虽由发起人认足，但经纪人与本银行有直接关系，亦得分认股份，每人以五十股为限云云。又次常务理事朱叔源演说，略

谓，交易所为平准市价，保证双方交易安全之新事业，年来已成立者均蒸蒸日上，但均系日市交易，一般日间有职业者，尚有向隅之叹。考之欧美，于日市外并有夜市交易所之组织，同人等爰有夜市物券交易所之发起，刻下开幕在即，颇受社会信仰，但兴一事业，而希其日新月异，为无限之发展者，有三要素，时间、地理、人和是也。本交易所开夜市交易之先锋，时间已占先着，况大世界之地点，南北适中，对于顾客之吸引力，当较他处为盛，地理上亦可占胜利，至于人才，则诸君皆商业巨子，无烦赘述，而内部办事员与经纪人双方，皆和衷共济，相见以诚，于人和两字，亦可自诩，本交易所事业之发达，当可操券，愿诸君各尽三觥，祝诸君利市三倍云云。次经纪人代表黄渔庭、陆泳黄相继致谢词，尽欢而散。闻经纪人于二十六日晚间，假座一品香，开经纪人恳亲会，双方均积极进行，期于下月初旬正式开幕云。

《申报》，1921年7月26日

22. 夜市物券交易所开幕纪

昨为上海夜市物券交易所开幕之期，五钟后各界来宾先后云集，多至三千余人。七点半钟，振铃开幕，由理事长黄磋玖及各理事登台，向国旗行三鞠躬礼，次各员各经纪人向国旗三鞠躬，来宾代表致颂词，经纪人代表致颂词，理事长致答词，奏乐散会。

《申报》，1921年8月23日

23. 五金交易所创立会纪

昨日下午一时，上海五金交易所股份有限公司，假座总商会开创立会，股东到者共计二百人（代表在内）。开会情形如下：（一）筹备主任傅品圭登坛振铃，宣布开会；（二）公推穆子湘为临时主席；（三）公推黎润生、陆培之、戴耕莘、钱芳洲为纠仪员；（四）主席宣布开会宗旨；（五）主席请众讨论草章，众略有讨论，经主席付表决，通过；（六）傅主任报告筹备处经过情形；（七）会计主任戴耕莘报告，第一期第二期股银已如数收到，分存各银行钱庄，遂由调查员钱芳洲报告，谓与陆培之调查所各款均甚确实；（八）稽核主任黄式如报告筹备处收支总数；（九）投票选举理事监察人；（十）公推张运济、陆培之、郭福余、张秋园、项如松、戴耕莘为理事票检票员，沈竹溪、陈锡卿、张颂南、黎润生、周述甫、盛辅臣为监察人票检票员，共检得理事票与监察人票各二百张；（十一）主席报告当选人及权数（姓名如下，权数从略），项如松、陈伯馨、杨挹清、冯咏梅、沈厚斋，以上五人当选监察人，戴耕莘、张秋园、傅品圭、陆培之、黄式如、俞馥棠、洪承祁、张运济、叶贤刚、钱芳洲、许韶鸣、黎润生、周述甫、张颂南、黄仲贤，以上十五人当选为理事。主席报告毕，至六时半振铃散会。

《申报》，1921 年 9 月 5 日

24. 金银部定期开市

上海证券物品交易所股票

上海证券物品交易所，近以天津、宁波、广州等处之交易所及中易等各信托公司股票，在上海市面流通甚广，向来只有现货买卖，群感不便，该所为便利主顾起见，业于昨日次第上市，为定期买卖，不日尚有其他种之股票加入。至于金银部之经纪人，亦经确定，其保证金已一律收齐。惟前因天时炎热，恐人气熏蒸，故拟待新市场落成，始行开业。现在秋高气爽,即与证券等在同一市场买卖,亦无不便。兹各经纪人纷纷要求早日开市,由理事会决定,于十一月一日(即阴历十月初二日)开始营业云。

《申报》,1921年10月12日

25. 五金交易所宴会纪

上海五金交易所,于昨日十二时,假座四马路一家春,宴请各经纪人,到会者有理事长傅瑞鑫,常务理事戴耕莘,张运济,钱芳洲,俞馥棠,暨全体理事,监察人,经纪人等约百余人,由理事长傅瑞鑫,常务理事戴耕莘等先后演说。略谓,本所自筹备迄今,已达三月于兹,经过情形,当荷洞悉,兹不赘述,尔来各项筹备,业已就绪,关于经纪人事项,急待接洽,故今日宴请诸君到此,共同讨论,以利进行,望诸君子各抒伟论。旋由经纪人协商,定今日下午二时,在该所开会选举会长,议决一切,为始业之准备。闻该所拟定于十二月一日开始营业云。

《申报》,1921年11月14日

26. 大同交易所创立会纪

美国政府批准注册之大同日夜物券交易所,筹备以来,甫经四十日,而股款业已收齐,进行极为迅速。昨日下午二时,假座宁波同乡会四层楼开创立会,发起人五十名,全体出席,挨号投票。首由筹备主任张石川报告经过情形,次由会计主任柯泳昌,委托任矜苹报告账略。又次检查顾问朱之椿、薛弗报告检查结果(收款确数另详各报封面广告)。最后公推郑介诚、任矜苹为检票员,陈筱蕃代表与杨吉云为唱票员。兹将当选理事及监察人名氏，详列于下：（理事）张石川四十九票，陈志梅四十九票，郑介诚四十九票，郑正秋四十八票，何泳昌四十八票，张巨川四十五票，俞子英四十四票，任矜苹四十二票，罗达理四十二票，薛弗四十一票，陈筱蕃四十票，次多数杨吉云八票，毛玉书七票，孙雪泥七票；（监察）钱琴东四十五票，朱之椿四十二票，俞伟庭四十票，次多数乔立南四票。理事当选后，复互选理事长、常务理事，结果如下：（理事长）张石川，（常务理事）陈志梅、郑正秋、何泳昌、郑介诚、任矜苹、薛弗。

《申报》，1921年11月28日

27. 证券物品交易所金银部开幕

上海证券物品交易所所建之新市场，业于日前竣工，故该所新增添之金银部，遂择于十二号（即昨日）开幕，各经纪人皆金业中有经验者，交易甚为热闹。其金银部定期买卖，暂行规则第一条，自十三日起，改正为每日分前后两市，前市午前九时，后市午后二时，每一市分为十六盘。又金银部标金定期买卖，每月十五日起准备第三月期买卖，昨由理事会通知矣。又该所阴历岁首岁末，例应休假，兹定于十二月三十日起至十一年一月三日止，休假五天，一月四日起照常交易，所有十二月间定期买卖，定于二十八日交割，二十七起停止定期买卖。

《申报》，1921年12月13日

28. 中外交易所之临时股东会

中外信托公司分设之中外证券物品交易所，因被四号等经纪人欠款搁浅，由监察人依据公司条例一百七十二条，召集临时股东会，于昨日下午一时，在法大马路鸿运楼开会。先期函请董事长林嵩寿及常务董事刘孝纯出席报告，届时二人均未到会，只由梅池律师代表，函复不能依照公司条例，且于三十号召集发起人会等语。股东以本公司章程系林董事长手订，载明均照公司条例，今乃不到股东会，而自相矛盾，反对原订章程，莫不闻而哗骇。于是众股东就股东中推举李征五君为主席，先由监察人等报告一切，后议决选举检查员二十六人，投票结果，李征五、应梦生、邬志豪、金友生、冯志卿、周桐庄、吴亮生、应季审等当选。散会时，已钟鸣七下矣。

《申报》，1921 年 12 月 30 日

29. 交易所宴客纪

上海证券物品交易所，昨晚假座大东酒楼春筵宴客，来宾六百余人，由理事长虞洽卿及闻兰亭，郭外峰，盛丕华等一一招待。席间由虞理事长演说，略谓本所创设最早，幸蒙各界推信，去秋交易所潮流险恶，而本所安稳，营业独盛。继由来宾称颂，至九时尽欢而散。

《申报》，1922 年 2 月 13 日

30. 通商交易所股东会纪

通商交易所董事长范回春

英大马路抛球场口通商交易所，现拟另行改组，于昨日（十九日）下午二时开全体股东大会。到会股东计有四万六千三百二十五权，首由股东包达三代表报告该所经过情形，继即提议改组，略谓，本所从前几经挫折，赖诸同志坚持不懈，得庆成立，唯现以交易所风潮激荡，本所际此时局，殊抱虎尾春冰之惧，若非另图改革，殊不足以谋久远，兹拟改为证券贸易公司，诸君以为可否，请公决。当经多数赞成改组，表决通过，定名为通商证券贸易有限公司。次拟定章程，讨论改组办法及规模进行，并举定范回春①为董事长，黄磋玖、包达三、郑兼庵、谭楚堂为董事，黄敏之及刘君为监察人，遂散会。闻该所现拟大加改革，从事扩充，于明日起暂停买卖，定于下月迁至大世界对面日夜银行楼上营业云。

《申报》，1922年2月22日

31. 五金交易所股东会纪

江西路十八号上海五金交易所，昨日下午一时在该所市场开股东会。首由主席傅品圭报告开会宗旨并经过情形。次由会计理事戴耕莘报告帐略。旋讨论营业方针，各股东主张解散者有之，主张进行者有之，纷纷陈说不一。后经理事长用权数付表决，

---

① 范回春（1878—1972），镇海人，长期在上海经商，主要从事文化娱乐业，并涉足金融业。

计赞成解散者只有一万五千余权,而反对解散者占二万一千余权,现从节省开支着手,闻不日预备正式开幕云。

《申报》,1922年2月22日

32. 中易股东之恐慌

中易信托公司,于去年秋组织,设立于法租界外滩三德堂旧址,资本八百万元,每股五十元,计十六万股,先收四份之一,计二百万元。推朱葆三为董事长,洪承祁为经理。讵数月以来,内容已见腐败,朱常不到公司,按诸章程,满一万元数,应由董事长签字施行者,均由洪代,事权皆操洪一人之手,独断独行,滥做某交易所股票,大受影响。兹洪患伤寒,病势甚重,公司停止营业,各股东大为恐慌,已公函董事长诘问矣。

《申报》,1922年3月22日

33. 中央信托公司营业之状况

中央信托公司系去年六月间发起组织,完全投资性质。近见其营业报告,该公司自去年十月开幕,至年终止,营业未及半年,纯益金达十七万余元。每股半年利息计洋六角二分半,即合常年一分之率。此次市面恐慌,该公司绝无关系,足征其营业之稳健矣。

《申报》,1922年3月24日

34. 夜市交易所股东会纪

上海夜市证券交易所，昨日下午三时，在日夜银行楼上开股东会，理事长黄磋玖君报告，因交易所种种潮流之险恶，以致本所亦陷于困难地位。鄙人现拟专心于日夜银行，料理代本所所做之股票押款事项，所有本所理事长一席，无暇兼顾，敬向股东辞退。各股东同声挽留，请再维持一个月，且看情形，再定办法。黄君谓据鄙人眼光观察，交易所发达希望极为稀少，现为保全股东血本起见，拟将日夜两交易所及日夜银行大发公司四项机关，合并改组一大公司，专营银行及大世界事业，则将来尚有希望，如本所股东赞成此项办法，则再行召集日夜银行大发公司及日市交易所股东会，共同协议等语。当由股东投票表决，赞成者居多数。

《申报》，1922年4月2日

35. 华商证券交易所改选讯

三马路华商证券交易所资本三百万元早经缴足，自开办以来生意亦属不恶，公债一项买卖颇盛，允推海上第一。惜理事会操纵太甚，计吸收本所股六万三千余股，以致窘态毕露。日前股东会议决改组为经理制，以理事会作监督机关，其已收入之本所股，则截角焚毁。选举结果前理事长范季美系次多数，名落孙山。闻今番当选者皆该所经纪人，如夏履平、张文焕、陈兰亭、孙铁卿、王本滋、俞子彝、尹韵笙等皆当选理事，又莫杏林、薛竹生为监察，并已复选夏履平为理事长，聘王筱为经理。

《申报》，1922年4月17日

36. 干茧丝吐交易所临时股东会志

华商干茧丝吐交易所，昨日下午二时，在爱多亚路一百零七号门牌，开临时股东会。共到三百二十户，计二万五千四百五十五权。由董事长李征五主席，报告开会宗旨，对于本所进止问题，请各股东解决。讨论时，各股东略有争执，主席付表决，如赞成开市者，请投甲种赞成票，反对者请投甲种反对票。当公推胡甸孙、应梦生两人为检票员，并请捕房西丹纳及该所法律顾问杨国权律师为投票开票监察。结果，赞成开市者计二百户，一万八千七百八十五权，反对者八户，计三百四十五权，决议赞成开市，遂散会。

《申报》，1922 年 4 月 22 日

37. 证券交易所五六届股东会纪

昨日午后三时，上海证券物品交易所，在该所大市场，补行第五次股东会，并并行第六届股东会。届时股东到者二百九十二户，计八万三千三百八十权，已足法数。首由议长虞洽卿君宣布开会辞毕，推定李征五，郑寿芝二君为纠仪员。次由沈理事润挹报告经过情形，略谓，本所去年二月底因本所股交割买方违约后，大局震撼。幸由经纪人公会主持，双方和解，得以逐渐办理了结。自四月起有全球货币物券交易所加入，共同营业，方期恢复旧观。不料至九月间，全球宣告清理，本所营业，又大受打击。理事会为保全股东血本计，不得不勉力支撑。一面办理善后，筹商借款，一面裁减所员，节省各项开支。至第五期及第六期营业，因受上述两项打击，颇觉清淡，收入甚少，远不如前数期之丰富。次由闻理事兰亭报告收支账目，第四期计亏损洋三十八万三千余元，均系受本所股交割风潮之影响。次郭理事外峰报告议决事

项：（甲）展缓第五次股东总会日期案。（乙）第六次股东定期总会，与补行第五次股东会合作并举行案，全体通过。（丙）为谋营业之重兴，与信用之回复起见，提出下列办法，请求股东会予以承认案：一变更股额，仍定为五百万元取前届所议决增加股本案，即日销其已增收之股款，由本所分别筹还；二收买全球交易所全部财产，其代价为本所股票面一百五十万元；三向中华兴业银公司借银圆二百余万元，订明给以票面一百万元之本所股为酬报；四修改现行章程第四十条。以上四项，均经全体通过。（丁）全体理事监察人辞职案，众股东均赞成改选。当由议长推定邵景甫，金润庠二君为投票管理员，薛润生[①]、张继芳、陆志干、郭秀夫四君为开票管理员。结果薛文泰、吴耀庭、沈润挹、周佩箴、闻兰亭、郭外峰、虞洽卿、顾文耀、叶叔眉、张稷臣、郭东泉、李云书、郭振鸣、冯芝汀、赵周金、陈学坚、厉汝熊十七人，当选为理事，次多数为周孝怀、冯友笙、徐镛笙、陆竹坪、屠侯康等。张纶卿、周枕琴、赵芝室三人为监察人，次多数吴惠卿、杨河清二人。散会时，逾七时矣。

《申报》，1923 年 1 月 24 日

38. 中央信托公司股东年会纪

中央信托公司于昨日（二十五）下午二时，假总商会议事厅举行第二届股东年会，股东到会者计有十二万数千权。董事长田时霖主席，首由主席报告开会宗旨，次报告上年度账略及营业状况，除大有公司放款呆账一万一千七百二十七元外，实计盈余二十七万八百六十三元。报告毕，股东某君起问呆账情形，严总理答谓系按照本公司营业规则办理。次报告上年纯益金分配案，股东蒋梦芸、曹慕管等均起立，主张此后应按照公司条例规定，由股东会议决分配方法后，再行支付，全体赞成通过。次董事

---

① 薛润生，城关人，薛文泰子，在沪从事金融业等。曾任镇海旅沪同乡会理事。

长报告呈部立案事项，及总协理严成德、袁近初自请减薪案。股东董克仁谓总协理办理公司业务非常勤劳，应由董事会劝慰减薪之议，议决由董事会再行设法劝慰，照常支给。次报告股东曹缄三等公函提议将原定资本额改为实额，收足百万元，全体赞成，作为临时案先行投票表决，再行定期召集临时股东会决议。当即公推金佐臣、蒋梦芸、魏善甫、田龙章等六人为检票员，结果赞成。改资收足者计十二万七千六百九十八权，通过。末复散票选举监察人，并另推曹慕管、蒋梦芸、王盈昌等八人为监票员云。

《申报》，1923年3月26日

39. 中央信托公司股东会纪

中央信托公司昨借总商会开第二届第二次股东会。二时半开会，议长田时霖报告开会宗旨后，即将第二届股东定期会议定草案，请股东逐条讨论：（一）减少资本总额，原定一千二百万元改为三百万元，一次缴足。（二）合并股份方法，原定二十四万股，改为十二万股，每股计银二十五元，旧股票两股换给新股票一股，凡执旧股票十二元五角者，暂给零股收据。（三）修正章程条文。依据（一）（二）两项将原章程第三、第七、第二十二条改易，第七、第九条全删，投票表决，大多数通过，四时半散会。

《申报》，1923年5月21日

40. 证券物品交易所昨宴报界纪

爱多亚路上海证券物品交易所，昨晚在大东旅社三楼，宴请报界人士，到者约二十人，由闻兰亭、沈润挹君等招待。酒酣，沈君致辞云，今日敝所邀请诸君子酒叙，荷蒙不弃，惠然肯来，非常荣幸。敝所去年发生风潮以来，一方维持现状，一方办理善后，兢兢业业，不敢懈怠，凡所以顾全大局者，无不竭力为之。本所股和解一事，现已办竣，而以后营业需用现款，亦已筹足二百万元，分存本埠银行钱庄，对外信用，想能渐形恢复。窃思敝所之能维持至今，得有转机，其出于报界之时加扶助者，实为一大原因，此敝所所十分感激者也。以后尚祈常赐教言，以匡不逮，无任盼祈之至。并由戈公振致辞而散。

《申报》，1923 年 7 月 14 日

41. 中央信托公司股东会纪

通过分配纯益案　照章选出监察人

中央信托公司，昨假总商会议事厅，开第三届股东定期会。下午三时，股东陆续到会，计股数十二万三千五百二十二权。依秩序开会，照章由董事长田时霖为议长，报告开会宗旨。次由监察人裴云卿报告十二年度帐略（先有第三届帐略印发股东，计纯益金三十七万五千余元）。时股东曹慕管起言，要求公司将股东会议决案印发股东。议长答言，自本届股东会起当照行。次由总经理严成德报告十二年度营业状况。次议长提出纯益金分配草案，请股东公决。经股东讨论后，付表决照原案通过（股息每股洋一元）。次由董事王晓籁报告呈财部注册已蒙批准之经过，并朗诵奉部批修改及令订之该公司章程，及该公司银行部章程、储蓄部章程毕。由议长请股东追认，众无异议。旋即照章选举监察人，先公推田子馨、孙铁卿、曹慕管、田相儒、罗绅祥、钱虎臣、曹子安、经仲涛八人为检票员。投票毕，开票。何长庚、田子馨、裴云卿、魏鸿文、张树屏五人当选为监察人，金润泉、胡莼芗、陈焕传、万印楼、朱吟江为次多数。时已六时，遂散会。

《申报》，1924 年 3 月 3 日

42. 中央信托公司领到注册部照

四川路中央信托股份有限公司,股本三百万元,一次缴足,于民国十年开办。所营各业,如信托业务、保险业务、银行业务、储蓄业务等,均逐年发达。该公司先经呈准农商部备案,自去年股东会议决并股后,续行呈报。现又经核准注册,于前日接上海县署训令,领到农商部第九百三十五号营业执照矣。

《申报》,1924 年 5 月 23 日

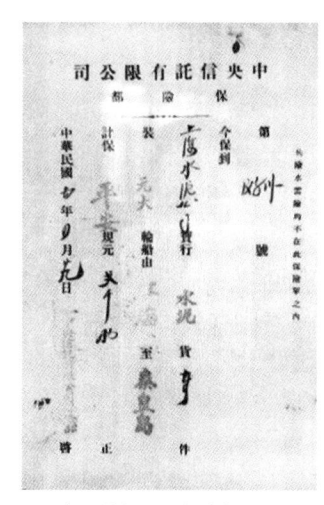

中央信托公司保险部保单

43. 中央信托公司股东会纪

中央信托公司昨借上海总商会议事厅,开第四届股东定期会,到会股东计六万三千二百九十权。十时半开会,董事王晓籁报告,董事长田时霖君因病请假,由代理董事长田祈原君就议长席,报告开会宗旨,监察人田子馨报告十三年度帐略,总经理严成德报告营业状况,董事王晓籁报告注册经过,宣读奉到部令,董事胡熙生报告本届纯益金分配案,计获纯益金三十一万一千八百五十三元二角四分,照章支配,每并股一股应发官红利二元。议长以支配原案,付表决,赞成者大多数。议长提出股东陆月记等来函提议分派官息红利期间,提早于每年阴历年内发给,请众讨论。经股东王杏亭、金瑞玉、曹慕管、朱吟江、沈和笙、曹兼三、徐侠钧等详细讨论,以阴历年内发给,或恐手续不及,不若改为股东会前由董事会按章支配发给,较为便利,议长付表决,举手赞成会前发给者多数。次行选举,先公推蒋泉茂、魏善甫、曹慕官、田相儒、诸勉斋、胡莼芗为检票员,选留旧董事七人,当选者田祈原、田时霖、王晓

籁、胡熙生、陈青蜂、孙铁卿、谢伯殳,新选董事八人,当选者裴云卿、李济生、胡莼芗、王鞠如、沈叔詹、田子馨、万印楼、周星堂,选举监察人五人,当选者金润泉、李菊亭、蒋福昌、戚少斋、罗坤祥。时已钟鸣五下,遂散会。

《申报》,1925 年 3 月 30 日

44. 天津交易所旅沪股东组维持会

  天津证券花纱皮毛杂粮交易所,前因风潮暂停营业。去年股东盛丕华等曾迭呈农商部,请求自行召集股东会,以谋整理,农部尚在批交实厅查复中。近因天津方面有卞某等发起另组证券交易所,拟请农部取消该所证券一部分营业。在沪各股东闻讯,大为反对,特于日前在爱多亚路三十六号楼上召集会议,到会股东约有三四十人,公决组织旅沪股东维持会,并议决电呈农部请予维持(电文录后),并推定俞寰澄为会长,徐玉书,盛丕华,秦待时等为干事,以便随时设法进行。电文云:北京农商部钧鉴,天津交易所系奉钧部核准设立,现虽暂时停业,实缘迭蒙时局影响,以至不克整理。现股东等正在准备召集股东会议,藉谋业务之进行。兹闻有人拟另设天津证券交易所,将请钧部准其设立,查与法令既有未合,股东等血本攸关,亦不能任其侵害。为亟环请钧部俯赐维持,弗予核准,实为公便。天津证券花纱皮毛杂粮交易所旅沪股东维持会俞凤韶等计二万三千五百八十八股叩。

《申报》,1925 年 5 月 3 日

45. 华商证券交易所股东常会纪

  华商证券交易所昨在该所市场开第七届股东常会,股东到会者过半数,照章由理事

长孙铁卿主席。当由孙君致开会词,并报告到会人数权数毕。常务理事张文焕因病请由理事夏履平报告营业状况。次由监察人薛竹荪报告本届帐略。复由主席孙君宣布本届拟定利息数目,计官息一元、红利一元九角,请股东表决,全体通过。嗣复由主席孙君报告理事监察人任期届满,请照章选举。当推定胡柏年、顾克民、厉子威、周午三四君为检票员,投票结果孙铁卿、尹韵笙、张文焕、王本滋、袁崧藩、夏履平、俞子毅、陈兰庭、姚荫鹏、李廉波、顾叔美诸君共十一人,均当选为理事,莫杏林、薛竹荪两君均当选为监察人。理事次多数为稽馥荪、周守良君,监察人次多数为胡柏年君,宣布后即行散会。

《申报》,1925 年 8 月 3 日

46. 华商证券交易所股东常会纪

华商证券交易所昨在该所市场开第八届股东常会,股东到者过半数,理事长孙铁卿因事请假,请由常务理事张文焕代为主席。当由张君致开会词,并报告到会股东人数、权数。毕由理事尹韵笙报告营业状况。次由监察人薛竹荪报告本届账略,复由主席张君宣布本届拟定利息数目计官利一元、红利三元五角,请股东表决,全体通过。嗣经主席报告理事会提出处分前任内没收本所股办法,请各股东讨论,经股东稽馥荪、任仲琅等提出修正案。众议投票取决,结果多数赞成通过,遂振铃散会。

《申报》,1926 年 2 月 1 日

47. 四交易所股东会纪

上海证券物品交易所

昨日午后二时,上海证券物品交易所在本所市场开第十四次股东总会。股东到会者，共四百六十八户，计七万八百二十六权。理事长虞洽卿主席。首由主席宣布开会词，次沈理事润挹报告经过情形及营业状况。次叶理事叔眉报告收支帐略，报告毕，提议核实资本总额减少每股银数案。闻理事兰亭照案宣读一过毕，由股东徐玉书君起言，以此案由理事会提出，关于减资一层，本席极表赞同。惟兹事体大，应请理事会将所内资产负债相抵之数，再行审查一过，减为二百五十万元，是否适当。鄙意今日大会将减□案决定至应减之数及其方法，付托理事会详细讨论核实确定，再开临时股东会，或俟下届常会通过，未审各股东意见如何。当由闻理事兰亭将徐股东之意见，重行申述一过，并请各股东如有意见，即行发表。各股均无异议，遂依照徐股东主张，议决。次投票选举监察人，赵芝室、徐镛笙、张亦飞三君，以多数当选。散会，已五时矣。

《申报》，1927年1月24日

48. 中央信托公司股东会纪

中央信托公司昨借上海总商会开第六届股东定期会，到会股东计五万零九百五十九权。二时三刻开会，董事长田祈原因病委托董事王晓籁报告开会宗旨，总经理严成德报告十五年度营业状况，监察人李菊亭报告十五年度账略，获纯益金计国币三十万零一千九百十五元零九分，董事胡熙生报告纯益金分配案，每股份一股，应发官息红利一并银二元，已于一月二十日起，依照第四届股东会议决案提早发给，应请股东追认，众无异议。次改选监察人，公推田庆甫、经仲涛、曹子安、罗友君四人为检票员，开票结果李菊亭、蒋福昌、罗坤祥、郑淇亭、何联第五人当选，黎润六、张树屏、陈焕传、张暄初、金润泉五人为次多数，时已钟鸣五下，遂散会。

《申报》，1927年3月21日

49. 中央信托公司开幕十周纪念

本公司于民国十年十月十五日开幕，办理信托银行储蓄保险等业务，久蒙各界信任。兹届十周举行纪念，爰定本年十月十五起至十一月十四日为纪念期。凡与本公司各业务有交往者，在纪念期内各赠记事册一本，其定期存款满五百元、往来存款满一千元者，加赠皮夹一只，新旧各户一律赠送，非曰酬答，聊资纪念云尔。

《申报》，1931年10月30日

50. 兴业信托社昨开幕

分设三部及市轮渡管理处
总经理由市银行徐桴[①]兼任

市政府谓欲辅助市政建设，调剂金融起见，经呈准行政院设立上海市兴业信托社，昨日为该社开幕之日，兹志其详情如下：

筹备经过：市政府前经行政院核准设立该社后，即着手筹备，聘请徐新六、吴蕴斋、秦润卿、李馥荪、郭顺、冯炳南为董事，并指定公用、工务、财政、土地四局长，及上海市银行总经理为当然董事，又聘请林康侯、俞鸿钧、吴子祥为监察人，总经理照章由市银行总经理徐桴兼充。内分信托、保险、地产三部，及市轮渡管理处，自筹备迄今，业经半载，始于日前筹备就绪，昨日正式开幕营业。

内部设备：该部为办事便利起见，与天津路上海市银行共设一处，铺面为信托部，二楼为地产部，三楼为保险部，市轮渡管理处办公处分设二楼及三楼，至经副理及各部

---

① 徐桴（1882—1958），镇海人，著名工商业者，兴业信托社。

兴业信托社总经理徐桴

主任均系金融界知名之士。

　　来宾人数：昨日来宾，除吴市长、俞秘书长、各局局长，及陈健庵、陈光甫、宋汉章、贝淞荪、傅筱庵、王延松、袁履登、唐寿民、陈肇英、周骏彦、王晓籁、杜月笙、宋子良、钱新之、胡孟嘉、徐寄顾、叶扶霄、吴慰如、张慰如、陈蔗青、周继云等外，尚有外宾数百人。自上午九时至下午四时，往来不绝。该社董事会主席徐新六，与总经理徐桴及常务董事吴蕴斋、蔡增基，董皆殷事秦润卿等殷勤招待。

《申报》，1933年10月3日

51. 中央信托公司股东会通过改名中一

自明年元旦起实行

　　中央信托股份有限公司，创办于民国十年，因奉财政部令，以该公司名称，与中央信托局相同，应予改正名称，以资辨别，自奉令后，于十一月十日，召开股东临

中一信托大楼一楼大厅至今仍金碧辉煌

时会议,以投票式表决,多数赞成改名为"中一",于民国二十五年一月一日起,改正名称为中一信托股份有限公司,并因是日之会议不足法定人数,特于昨日下午一时,在北京路二七〇号该公司开第二次临时股东会,由董事长田祈原主席报告,今天第二次临时股东会已足法定人数,对第一次临时股东会议决案,追认通过,至二时许始散。

《申报》,1935年12月2日

其 他

1. 储业银公司之筹备 / 355
2. 四明储蓄会开幕志盛 / 355
3. 汉口中原银号开幕 / 356
4. 元一行开幕先声 / 356
5. 汇中银号开始业务 / 357
6. 孙纫兰任亿中企业银公司经理 / 358
7. 开美科股票入市 / 358

其 他

1. 储业银公司之筹备

甬商近有人筹办上海储业银公司，在爱多亚路先设储蓄部，发行一次储蓄之储单二种，月内即可开幕云。

《申报》，1924年5月20日

2. 四明储蓄会开幕志盛

四明储蓄会昨日正式开幕，各界士女前前存款者，甚为踊跃，存额已有四百余万元之巨，其为一般社会所信仰，于此可略见一班，各处贺电，雪片飞来，来宾有王晓籁、钱新之、周枕琴、虞洽卿、叶琢堂、秦润卿、傅筱庵、贝淞孙、李赞侯、盛筱珊、谢蘅牕、褚辅成、陈蔗青、袁崧藩等数百余人，南京路上，车水马龙，颇极一时之盛。

由宁波人经营的四明储蓄会、四明保险公司、女子银行在上海北京路一字排开

《申报》，1933年4月7日

3. 汉口中原银号开幕

由黄蕙卿任经理

吾甬族汉同乡王蕙卿（现任汉口通商银行行长）等，自发起组织中原银号后，开始筹备以来，数月于兹。兹该号已于七日正式开幕，开始营业，号址在扬子街钦一里，黄蕙卿自任监理。另由王芸卿及邱楚卿分任经理及副理。是日该号门首分悬党国旗。自晨至暮，本埠政商金融各界闻人，前往道贺者，络绎不绝，由王芸卿、邱楚卿殷勤招待。该号资本额定四万元，是日前往存款者，颇见踊跃云。

《上海宁波日报》1933年9月12日

4. 元一行开幕先声

崭新金融企业之实现　发展工商企业之利器

沪埠为全国金融商业之中心，人文荟萃之都会，关于全国之经济设施，一切工商企业之发展事宜，无不以上海为根据地，所有设计集资，鸠工庀材等筹备手续，概在上海办妥后，然后分向各地，次第进行举办。是以各种经济组织，物质设备，上海一隅，较为完备。但与欧美先进各国相比，当然瞠乎其后，且较大规模，较大资产之事业，如金融贸易保险等等，均操之于外人之手，国人即欲投资新兴事业，苦无门径，如委托外人代办经营，则坐视被客卿获取肥利以去，即汇兑一项，照先总理估计，每年我国损失，为数不知若干万万元。近年来国人于新事业，颇能努力，利权得稍挽回。最近数年来，国人于外国证券物品交易之投资，渐加注意，惟是项企业，绝对为外人所把持，国人不能越雷池一步。于数月前，曾闻沪地金融巨子，有创办是项企业之说，近日始知邵长春，葛哲生二君赴欧美调查之目的，确为此事。昨据确讯，元一行为华商巨子王伯元、何谷声、梁晨岚、戚少斋、王子崧、邵长春、葛哲生等纠集巨资，联合金融界组织，业已筹备就绪，不日开张。该行之资本与规模，甚为巨大，现已筹足一百万元，并为无限性质。故经营之业务范围极广，举凡国内国外各种公债证券物品等交易，无不办理，代客买卖，尤所欢迎。顾王君等所以愿投巨额之资本，不避艰难，不惧外商竞争，毅然决然，创办斯业，实因与纽约华尔街著名棉纱，小麦，证券，物品交易所，暨芝加哥杂粮公会，接洽妥贴，并特约纽约证券业巨商门洽行（Mund）为代理人。同时邵、葛二君在纽约时为国力争地位，折冲樽俎，始得获选为经纪人，是则实为华人之空前荣誉。邵、葛二君业已取得纽约棉花交易所，纽约物品交易所及芝加哥杂粮公会经纪人之位置，诚属我国商界破天荒之宏图。国际商业信用地位，从此增高，昔日须经日本人或其他国外之手者，今日可由元一行直接与国外交易矣，是以元一行之成立，非特在国内增加一崭新金融企业，即在国际地位上亦复增光不少，是则元一行之发展光大，当为我国人所共祝共庆。甚盼全国商界领袖，通力合作，互相扶助，以挽狂澜，而巩固国内商业之基础。兹悉该行一切行将布置就绪，于短时期内，即可正式开幕，从此金融界中得独树一帜，国计民生，两有裨益，皆出自王、邵、葛诸君之力也。

《申报》，1934年4月22日

5. 汇中银号开始业务

资本十万元　专营存放抵借
经理黄雨斋实行便利工商

本埠公共租界宁波路汇中银号，系沪上金融、实业两界巨子所组织，额定资本国币十万元正，专营银款往来、存放、抵借等业务，其中尤以货物抵押为最，诸如呢绒布匹、金银钻饰，皆可自往交易抵款，利息轻微，手续简便，实为金融界别创一格，而于流通工商经济，大有裨益。闻该号经理由各股东公推黄雨斋君充任，而黄君年少干才，学识颇为丰富，且历任中华银业公司经理有年，对于此道，别具卓见，嗣后利赖工商，实非浅鲜。闻该号现已组织就绪，从事开始业务，将来之发展，势必蒸蒸日上，可预卜也。

《申报》，1934年9月11日

6. 孙纫兰任亿中企业银公司经理

亿中企业银公司，为旅沪甬商竺梅仙、邬云程、孙纫兰等所创办，收足资本国币五十万元，兹已领到营业执照，择于本月十五日开幕，地址北京路庆顺里。该公司聘定经济专家孙纫兰为经理，范振曜、戴文钊、陈雨润为副襄理，其营业方针，极为稳固，预料发展，拭目可俟云。

《申报》，1935年4月10日

7. 开美科股票入市

开美科药厂系盛丕华、谢绳祖、徐永祚等氏所创设，原有资本六十万，纯以实验性质制造各种西药。缘出品中如钙素母、安脉片等年来，深得社会人士之信仰，最近议决增资扩股为二百万元，票面十元，前二天成交价为十九元左右。奈因筹码极稀，致求过于供，各股票公司详知该厂内容，故投资者竞以购入为得计。

《申报》，1942年11月18日

团体篇

钱业公会

银行公会

保险公会

其他

钱业公会

1. 钱业公会已正式成立 / 361
2. 上海钱业界之新猷 / 362
3. 钱业加入万国银行团 / 363
4. 钱业公会选定办会职员 / 363
5. 钱业取缔伙友入交易所营业 / 364
6. 昨日钱业公会之议决案 / 364
7. 钱业公会常会议案 / 365
8. 钱业公会新屋举行开幕礼 / 366
9. 昨日钱业公会之议决案 / 366
10. 钱业公会复选总副董 / 367
11. 钱业公会常会议案 / 367
12. 钱业公会昨日开会 / 368
13. 钱业公会昨日之常会 / 368
14. 钱业解款规定时间 / 368
15. 钱业公会选出正副总董 / 369
16. 钱业公会新职员就职并预行第二次常会 / 369
17. 钱银两公会维持市面金融 / 370
18. 钱业公会忠告同业 / 371
19. 钱业公会议定暂行简章 / 372
20. 钱业公会值月委员揭晓 / 373
21. 钱业公会欢宴全国商会代表 / 373
22. 昨日钱业公会常会 / 375
23. 钱业同业公会成立 / 376
24. 钱业代表大会决议下月起恢复常态 / 377
25. 钱业公会昨开会员大会 / 378
26. 钱业联合准备库成立（节选）/ 380
27. 钱业联合准备库昨日正式开幕（节选）/ 381
28. 钱业同业公会昨开临时会员大会 / 382
29. 总结账后之钱业 / 383
30. 废两改元昨已实行 / 384
31. 钱业业务研究社成立 / 384
32. 钱业公会昨开会员代表大会 / 385
33. 钱业公会昨日举行改选大会（节选）/ 386
34. 钱业业规修正通过 / 388
35. 钱业公会昨开会员代表大会 / 388
36. 钱业内园会议决定改进发展业务 / 389
37. 钱业公会劝告会员 / 389
38. 信用小借款钱业如数备足 / 390
39. 财部拨发二千万凭证后组织救济工商贷款会（节选）/ 391
40. 钱业昨开常会 / 392
41. 钱业秋季经理会议 / 392
42. 锦兴大厦押款发生纠纷 / 393
43. 钱业公会昨开代表大会 / 394
44. 新旧年关逼近　检讨本市工商状况 / 397
45. 全国钱联大会闭幕 / 398
46. 钱业扶掖小工商举办小额贷放 / 399

钱业公会

1. 钱业公会已正式成立

上海南北两市钱业以原有之会商处合并改组，定名为上海钱业公会，设会所于上海总商会内。现已组织成立，举定会长，公订会章，呈请官厅正式备案。所有会长一席，初有人提议以商会会长坐办兼理，嗣因职务殷繁，且须于钱业董事中公推，现已正式举定正会长朱五楼（福康庄经理），副会长魏静庵（汇康庄经理），秦润卿（豫源庄经理），由会函请担任矣。兹将该会章程披露于下：

上海钱业公会章程

第一章　总则。（第一条）本公会定名上海钱业公会；（第二条）以联合同业固结团体协谋营业发展为宗旨；（第三条）本公会应行之职务范围如左，（甲）议订同业规则，（乙）提倡合群保护同业不令受非法之损害，（丙）凡同业有事理之争执本会向双方评断或和解之，（丁）凡关商事行为得代表同业请求总商会转行官厅或各埠商会非关商事范围者概不与闻，（戊）本公会成立后函请商会转呈行政司法各公署存案。

第二章　职员。（第四条）本公会以南北各钱庄经理皆推为会员由会员中推举正会长一人副会长二人；（第五条）本公会聘用书记一人务兼会计一人由会长函聘；（第六条）本公会会员会长副会长均为名誉职不支薪水；（第七条）本公会函札公文统由会长盖印或签字如会长告假副会长代理之。

第三章　会议。（第八条）本分会常会以每月初二十六举行特别会无定期临特召集之；（第九条）会议事件须会员三分之二到会得到会会员三分之二以上同意方得决议；（第十条）凡会员有他事或回籍时得委代表到会惟须负全权责任。

第四章　任期。（第十一条）本公会正副会长任期以二年满期，满期后照章选举被选者仍得连任惟不得过三任。

第五章　经费。（第十二条）本公会经费由南北会馆担任并不另募。

第六章　会所。（第十三条）本公会在上海总商会楼上（即钱业会商处旧址）为会所。

第七章　附则。（第十四条）本公会章程如有未尽事宜得随时公议修正之。

《申报》，1917年3月10日

2. 上海钱业界之新猷

上海北市钱业大小同行于辛酉新正初二日在文监师路钱庄会馆开会，对于钱业内部整理之计划及对外办法之改善议决数条录下：一、内部整理大纲：1. 经协理同负完全责任，每日须有人常驻监督之；2. 发出本票，除盖本庄图章外，并各号支票，均须经理签字或盖章；3. 凡付来各种票纸，除各庄给予图章外，仍须经理盖章；4. 往来折子，收付款项，均须按款加盖经理图章；5. 收付各种票纸，经理盖章后，即按照收付数目及日期，亲自登入草簿，每至晚间，再与出票簿、来票簿、支票簿逐款核对之；6. 南北同业及银炉送票，改用回单簿，除各盖本庄回单外均须经理签字或盖章，如彼此系汇划款项，亦须互相盖章为凭；7. 其他收付各款，无论银洋及数目多寡，均须经理签字或盖章；8. 各处来信，均由经理拆阅，如有收解款项，交账房录簿收解，账房与信房须当日互相核对；9. 各处往来信件经理均须过目，于信尾签字或盖章；10. 经理如因事外出，凡签章盖章均由协理或会计长执行之；11. 经理与协理或会计长签字及图章式样，须通告往来家备查，再用公会名义登报公告，如无经理或协理签字或盖章，概作无效；12. 南北同业拆票不拘数目多少，或独日或两日，并借用银元，须向拆进者开取本票存执，票式另摹；13. 每逢旧历月底，所有往来结单，本埠着栈司用回单簿分送，外埠备信直寄，长存款项折须每年一结，未结者备函催之；14. 每晚办公毕后，应将各种簿籍票据，用皮箱封存库中。二、对外办法：1. 往来各户除远期信用票得抵数外，只存不欠，2. 往来各户如确系采办货物，需用款项，不能不以短期贷款救济之，其期以一月为期，最远不得逾三月。

《申报》，1921年2月13日

3. 钱业加入万国银行团

本埠钱业公会，曾接华商银行公会函，请加入万国银行团，谋金融界共同之利益。钱业董事秦润卿，因于昨日第七次常会提交议案，征求同业意见。结果，佥谓今中国在世界商场之地位，甚居重要，故将来对于国际商业上必有重大关系，钱业居金融界极重要之地位，不能不加入，以图将来之发展云云。推举秦润卿、盛筱山、叶丹庭、田祁原四君为代表，并翻译冯君与华商银行公会联络，一致加入。

《申报》，1921年6月9日

4. 钱业公会选定办会职员

蓬路钱业公会通函各钱庄云，世界文明，团体林立。本公会宜亟谋进行，以期发展，所有本公会处理各务，拟酌分三部：一曰经济，监理银钱账据；二曰内务，处理内部庶务；三曰交际，办理对外交涉。曾于本月六日常会公推田祈原先生担任经济，叶丹庭先生担任内务，盛筱珊先生担任交际，南市各事则请王伯埍先生担任。当承诸公认可，众擎易举，会务当日有起色也。除分函外，相应备函奉达即请察照。

《申报》，1921 年 7 月 30 日

《钱业月报》由上海钱业公会于 1921 年创办

5. 钱业取缔伙友入交易所营业

沪上自创设交易所后，其投机失败者倾家荡产屡有所闻，钱业中庄伙本有宕账之例，稍垫证金，即可入所投机，致该业伙友亦多卷入漩涡。闻南市有某庄伙，因买二洋泾桥某交易所本所股，亏耗巨款，于前日潜逃。昨日北市汇划庄钱业会馆董事秦润卿，邀同南市汇利钱业全体，在铁马路公所开会，筹议防杜之法。开会后，经同业讨论，以近来我业中之未入园各庄，竟有经理、庄伙等在某某交易所居经纪人位置，难免我业与之交接，但投机事宜迹近赌博，为祸甚巨，亟宜防止云云。遂经众决定，自阴历十月份起，凡同业各庄，无论经理、伙友皆不准入交易所作投机生涯，并互相查察，以杜后患。如有查出私做情事，经公众开会筹议处分，议决而散。

《申报》，1921 年 10 月 1 日

6. 昨日钱业公会之议决案

昨日钱业公会开第二十二次常会，其议决案如左（一）新开钱庄报请入会，永聚

庄资本银十万两，股东秦畛荪、严康懋、徐承勋、陈星诩各二股半，经理吴廷范，协理朱仑卿，见议秦润卿、王鞠如（议决入团）。裕丰庄资本银十万两，股东金仲廉、陈公洽、蒋孟苹各三股，刘石荪一股，经理林联琛，副经理冯筱康、蔡咏和，见议秦润卿、王鞠如（议决入团）。（二）拟订游览内园规则，内园向系我业管理，凡有大会议咸聚于斯，现经重加修葺，拟于星期日如无会议许各界人士入内游览，拟有游览规则七条，应请公决（议决通过）。

《申报》，1922年1月14日

7. 钱业公会常会议案

今日为钱业公会第七期常会提议之案件（一）赎路储金，胶济铁路全国力争几许经营得备款赎回之机会，其代价为日金三千万元，凡我国民自应共同负责，现在沪上既公设赎路储金委员会，我同业应如何筹集，请切实讨论之；（二）拒用轻质铜元案，轻质铜元贻害非浅，本公会前经呈请官厅设法禁制，迄无效果，现在市面或收或拒，依违不一，尚无善后办法，究应如何，使消患于永久，请同业发纾意见，以维危局；（三）本埠银行公会拟设化验室，化验各种现币，征求同意，来函以各省所铸银元成色、重量往往不符法定，以致扰乱物价，遗害小民，拟设化验室，延聘技师专事化验，随时公告，使金融界有所适从，征集本公会同意，应请从长考虑，切实核议，以凭答复；（四）本埠银行公会为开封宏昌银号掯兑支票，请依据规则议复案；（五）宁波旅沪同乡会发行公债，请劝甬帮各庄购认案；（六）永丰庄报告增加资本案，现据报告原有资本二万两，附本八万两，自辛酉年起改为资本银二十万两，除照章注册外，合行提出报告之。

《申报》，1922年5月28日

8. 钱业公会新屋举行开幕礼

位于宁波路上的上海钱业公会大楼

昨日上海钱业公会为宁波路隆庆里口自建三层楼新屋落成，举行开幕典礼，各界来宾约二百六十余人。是日全屋尽行开放，任人参观。计下历为钱业市场，本日并不停市，惟以来宾拥挤，上下午均提早一时停市；其第二层楼为钱业公会大议事厅，并常会议事室、办公室、月报编辑部；第三层为中西客厅、阅报室、休息室、聚餐室，并自备西餐厨房，设备整齐，铺陈清洁。并闻不日尚须举办钱业学校，以期造就人才云。

《申报》，1922年9月6日

9. 昨日钱业公会之议决案

昨日为钱业第十九期常会，其议决之案如下：（一）决定旧历九月份拆息案，议决五两五钱；（二）报告建筑公会及置办物件各项账目案：1. 地价项下共银四万一千一百九十两；2. 建筑项下共银五万八千四百九十八两九钱一分九厘；3. 置办项下连开幕，共计洋一万一千零七十四元六角四分，银二千六百六十二两二钱五分，总共用银十万零二千三百一十一两一钱六分九厘，洋一万一千零七十四元六角四分，以上各项均有详细账目及发票等件，应请共同审查；（三）入会案牌号复康庄，资本银十万两，股东方季扬四股、方稼荪三股、黄伯惠三股，经理王允中，协理夏寅初，见议秦润卿、盛筱珊，照章投子表决，议决入会。

《申报》，1922 年 11 月 21 日

10. 钱业公会复选总副董

钱业公会南北同业各庄，于本月九日在内园投票举出会董十二人，本月十五日上午十时，当选会董在公会互选总副董，全体会员到会监视开票，秦润卿君当选总董，田祈原君当选副董云。

《申报》，1922 年 12 月 16 日

11. 钱业公会常会议案

昨日为钱业公会第二十四期常会之期兹将提议事件列下：①决定旧历十二月分拆息案依据向章于旧历十二月十六日提前公决请公同决定之议决本月上半月六两下半月二十五止五两；②入会案敦余泰记庄资本十万两、股东李咏裳二股半、薛文泰二股、陈樵岑一股半、徐庆云俞福谦宋季生各一股，经理楼恂如、副理赵松源陈鲁孙、见议秦润卿、衡余庄资本十万两、股东程龄荪周瑞庭各二股、吴秉初郭柏田各一股半、郭星阁何长庚沈滋生各一股，兼理何长庚、经理沈采生魏晋三、见议秦润卿王鞠如以上二庄请投票表决。

《申报》，1923 年 2 月 3 日

12. 钱业公会昨日开会

本埠钱业公会于昨日下午在宁波路会内开会，到会庄家计八十余，由总董秦润卿主席，结果如下：（一）阴历三月份拆息案，经众公决为四两五钱；（二）沪钱业公会附设养病所简章，经逐条讨论，照原案通过，议毕散会。

《申报》，1923年5月18日

13. 钱业公会昨日之常会

议定四月分拆息

宁波路钱业公会于昨日下午在该会举行第七期常会，由秦润卿主席，所有议案如：（一）四月份拆息案，议决八两九五扣；（二）开办修能学社案，亦经通过，内容均见昨日本报。此外尚有报告案二件云。

《申报》，1923年6月16日

14. 钱业解款规定时间

改为上午九时以后

本埠钱业公会对于租界迭出劫案后，曾详细研究预防方法。盖该业解送款项晚间居多，所经地点又在宁波路、天津路、河南路、北京路一带，该处路灯不多，宵小容易匿迹窥伺，故除公推总董秦润卿君出席上海总商会会商保护租界治安办法外，因避免危险起见，并议决以后无论外本埠嘱托该业解送现银或现洋者，其时间概改为上午九时以后，以防意外。昨日业由钱业公会名义，将此意旨通知本外各埠及各同业遵照办理矣。

《申报》，1923年12月11日

15. 钱业公会选出正副总董

田祈原秦润卿当选

本埠钱业公会自日前举出新会董二十二人后，昨日上午在文监师路钱庄会馆举行复选正副总董，结果正总董田祈原以十票当选，副总董秦润卿亦以十票当选。按上届正会长为秦君，副会长为田君。本届仍属二君当选，惟正副互易。此外本届新会董为盛筱珊、王鞠如、王霭生、叶丹庭、李寿山、王伯埙、钟飞滨、冯受之、谢劲甫、蒋福昌等十人，内叶丹庭、王伯埙、钟飞滨三君均提出辞职，惟钟君一职已由胡熙生补入云。

《申报》，1924年2月24日

16. 钱业公会新职员就职并预行第二次常会

三月十八日为钱业公会新职员就职并预行第二次常会，主席田总董起谓，此后会务全赖同业群策群力，避免陨越。秦副董起谓，鄙人任总董有年，会务未有进境，深自负疚。现在田总董与诸位会董均就职，鄙人当追随诸君子，聊备一得之献。今日有简单数语，供献诸君，幸祈垂察。我同业处金融界，当此时局困难，银行林立，一切营业当抱定稳定宗旨，一勿贪做生意，二勿放盘营业，三须巩固信用。

邹晓升编选：《上海市档案馆藏近代中国金融变迁档案史料汇编·上海钱业及钱业公会》，上海远东出版社2017年版，第60页

17. 钱银两公会维持市面金融

钱业公会全体会员议决通力合作：沪市金融界因感受外界军事谣传，人心恐慌，遂致前日发生永春、永昶两小钱庄之搁浅，由是而波及大同行裕丰庄，昨亦周转不灵。经钱业会长派员督同清理，一面于上午十时在钱业公会开全体紧急会议。会长田祈原、秦润卿详察此次风潮与辛亥年截然不同，且入会同业资本公积亦较彼时雄厚十倍，猜忌之来全属无中生有，特提补救办法。爰拟全体入会同业通力合作，凡同业中有轧缺银单可报告会长，经会长察其底蕴非虚者，所缺之银由全体入会同业公共分拆云云。业经一致赞成，即日实行，由是人心大定，市面亦可望恢复云。

银行放款暂不收取：自战谣频传市面顿现恐慌，而金融方面尤受影响，致发生搁浅之现象，因果相循，人心益觉不宁。本埠银行公会有鉴于此，于昨日举行例会时，对于维持市面金融办法有所讨论。据该会会长盛竹书云，公会因念金融为社会命脉之

上海钱业公会1924年起创办钱业公学，后发展为钱业中小学，图为1939年上海钱业初级中学毕业留影

所系，亟宜加以维持。故对于已经放出之款，确信庄家殷实可靠者暂时不向收取，以资维持，而社会人心亦得藉此安定云云。

《申报》，1924 年 8 月 22 日

18. 钱业公会忠告同业

钱业公会昨通告各商业钱庄云：径启者，盖闻乐群以敬业为先，博利以止贪为要。证诸往昔，顾及将来，有不能已于言者，敢为我同业进一忠告焉。上海近十年来，商场大辟，肩摩毂击，几无容足之区，商业骎骎，亦日新而月异。即就我同业各庄收付而论，较之二十年前，几乎倍之。营业既已发展，开支当然增多。加之习俗奢侈，大非昔观。有识者每引为隐忧。我同业前辈，多以勤俭闻于世，而今不数数觏也。或有因开支增益，势不能不于收入上求其有盈无绌，欲图厚利者有之，欲图近利者有之，卒之利未见而害即随之。《史记·货殖传》谓贪贾三之，廉贾五之，尚非的论也。夫营业如治军，曰资本，曰公积，曰盈余、犹后备军也，以之放长期或定期押款。曰定期存款，曰长期款项，犹续备军也，以之做各种抵款。曰往来浮存款项，犹常备军也，以一半放出活期透支，一半留存钱行多银，若果依此而行，进可以战，退可以守。亦可以作行船观，纵有狂风骇浪突如其来，亦得安然而稳渡。更有进者，曩时当银根紧迫之时，或偶尔缺银，有折票可假，有押款可做，一转移间，多者固有利可图，缺者亦得以周转。故上海市面银折较之别埠为活泼。此即中外银行与钱庄有互相通融之利。今则不然，不幸而发生"五卅"一案，现时情势与昔不同。我同业为自全计，不能不求自立之道。自立者何，惟有对于营业，慎益加慎，宁缩小其范围，勿虚张其声势，兢兢业业，时时刻刻，存临深履薄之怀。最好长年各做多银，及多储现金，放远大之眼光，勿拘拘于小利，宜未雨而绸缪，毋临渴而掘井，是则真体内充，积健为雄，岂不美欤。但营业既求稳固，开支亦应顾计，当于因利而利中谋生活，所

有各种放款押款利息，勿迁就，勿滥盘，悉照同业规则办理，以资抵补，似为应时良策。来日方长，时机可待，欲图进展之方，宜循自然之轨。所谓稳健二字，则庶乎近焉。区区之见，未审有当于万一否。我公卓识超群，必有远见深谋，顺时规画，本公会责任所在，不能不聊尽忠告，以当刍献，统希亮察为荷。此颂日绥，上海钱业公会启。

《申报》，1925 年 7 月 4 日

19. 钱业公会议定暂行简章

上海钱业公会现已改为委员制议定暂行简章十条于一月八日（昨日）公布施行兹将简章录下：1. 本公会因时制宜起见自民国十七年始改为委员制在国民政府未颁发同业公会法令以前暂定本简章以遵守之。2. 本公会设执行委员十五人，皆名誉职。3. 执行委员由会员中选举组织委员会，负执行会务之责，对外无单独代表本公会全体之权。4. 委员选举用单记名投票法，任期二年，连举得连任。5. 委员会为便于执行会务，按月轮推常务委员二人，主持一切，凡公会函牍均由常务委员签名盖章。6. 会务分重要、次要、寻常三种，寻常会务由常务委员随时处理，次要者召集委员会合议执行，重要者由委员会提出会员常会或特会公决之，会员特会由委员会提出或全体委员十分之一以上之请求均得召集。7. 会议时主席以常务委员中一人充任之。8. 执行委员遇出缺或不能执行职务时，以当选之次多数者递补，以前任之任期接算。9. 本公会原有章则在事实上凡与本简章不相抵触者仍继续适用。10. 本简章经会员会之议决得修改或废止之。以上简章于民国十七年一月八日经全体会员一律议决施行。

《申报》，1928 年 1 月 9 日

20. 钱业公会值月委员揭晓

钱业公会向为董事制，原有会长正副各一人，执事董事十二人，举凡业中重要提案，必经该董事等议决施行。

自去年国军莅沪，所有一应旧式团体一律改组委员会，以符定例。该业董事鉴于时世更易，亦有改组之必要，曾于客岁十二月十六日常会中改组委员制，当选出执行委员田祈原、秦润卿、王鞠如、盛筱珊等十五人，于议决后即行改组在案。今春鉴于各委员因有要公，未便常驻公会服务，乃提议于十五人中每月轮派二人驻会，以资随时洽商要公。兹将派定值月次序之委员录后：戊辰二月田祈原、陈子埙，己巳正月盛筱珊、楼恂如，闰月秦润卿、李寿山、朱允升；二月赵文焕、裴云卿，三月王鞠如、谢韬甫，三月田祈原、陈子埙，四月蒋福昌、严均安，四月秦润卿、李寿山、朱允升，五月王伯埙、胡熙生，五月王鞠如、谢韬甫，六月盛筱珊、楼恂如，六月蒋福昌、严均安，七月赵文焕、裴云卿，七月王伯埙、胡熙生，八月田祈原、陈子埙，八月盛筱珊、楼恂如，九月秦润卿、李寿山、朱允升，九月赵文焕、裴云卿，十月王鞠如、谢韬甫，十月田祈原、陈子埙，十一月蒋福昌、严均安，十一月秦润卿、李寿山、朱允升，十二月王伯埙、胡熙生，十二月王鞠如、谢韬甫，庚午正月蒋福昌、严均安。

尚有经济委员是届派定蒋福昌、严均安二人。

《申报》，1928 年 2 月 14 日

21. 钱业公会欢宴全国商会代表

上海钱业公会昨晚六时，在宁波路会所二楼欢宴全国商会代表。到代表主席苏民

生、何创夏及总所秘书长陈之英、干事长徐可陞及主人秦润卿、胡熙生、裴云卿等七十余人。六时半，主人宣请坐席，酒酣，主人秦润卿君起立，致欢迎词。代表主席团苏民生、何创夏及代表邵子传等，相继答词。兹将主人欢迎词及代表答词，录之如下：

主人欢迎辞：今日敝会簿具酒肴，邀请全国商会会议出席诸公，联辔惠临，当代英豪，一堂欢叙，实为无上光荣。窃以我国商人，在革命之前，有一种特殊之不良习惯，不独甲处商人与乙处商人，不相联络，甚至同一区域，甲种事业之商人与乙种事业之商人，各为其政，从不过问。中国商业之落伍，实以此为一大原因。自辛亥革命以后，渐知旧日之非，不适用于现时世界，于是各处商会，亦应运而兴，且时时联合全国商会开会会议，谋商业之发展，策国基之巩固，抱伟大思想，为革新计画，此是一种极好现象。此次全国商会会议出席诸公，皆负物望，披阅近日报载，具见崇议闳论，群策群力，实事求是，不尚虚文，仰副先总理实业救国之政策。敝会同人，不胜欢欣鼓舞，特具清酒，聊以表意，敬上一尊，为北国颂富强，为诸公祝健康，万年有道，其乐无疆。

苏民生答词：今晚承上海钱业公会召宴，代表等不胜感激，此次全国商会开幕，原在联络商人团结。去年北伐未成，国内疮痍满目，钱业所受痛苦，自不待言。今者北伐告终，全国欢腾，钱业界自能逐步解去痛苦，而希望对于工商实业极力互助云云。

何创夏答词：上海钱业执我国金融界之牛耳，而上海钱业团结，又为全国之首。今者全国商会成立，亦为全国商界之最高团体，愿最有信用最有团结之上海钱业界极力提携，则全国商人幸甚、全国商会幸甚、亦中华民国之幸也。举杯敬谢主人盛意，敬祝上海钱业界万岁，全国钱业界万岁云云。次代表邵子传等演说，词长从略。九时许、宾主尽欢而散。

《申报》，1928年10月21日

22. 昨日钱业公会常会

提出议案五款　末款暂为保留

本埠钱业公会昨开第十三期常会，经主席提出五项问题，谓吾业以无限责任之组织，负调剂金融之重任，百余年来实大声宏，弥著成效。庚戌辛亥之间，曾受橡皮风潮，其后时局艰危，险象丛生，同业受其影响者又占十之七。惟时国家元气未伤，民间经济尚裕，故不久即行稳定。迨近岁，则天灾人祸，迄无已时，加之米荒金贵，社会间实有岌岌不可终日之势。近如衡余、裕成垫款未清，裕大又遭搁浅，唇亡齿寒，为同业之最不幸事。考厥原由，虽有多端，而以受股东牵累为其主因。吾人为防患未然及后此发展计，似有讨论之必要，爰贡愚见藉供采择，是否有当尚求公决：1.股东在本庄往来，应有存无欠，即其联号往来，如有欠款，其总额亦不得超过该东所占股分。（说明）各业运用全赖股本，吾业既为无限组织，则股东在其所认股本以外，尤须负相当之责任，是股东不能任意欠银，至可明了。至于联号，虽因同一股东关系，与各庄往来，然其限额亦断不能超过该股东所占股分。万一有不幸事件发生，则旁人亦易于援手，不致有牵动全局之虞。2.各庄如因不幸而遇倒账、呆账时，除盈余公积外，其总额如超过股本半数以上，须即添加资本。说明倒账、呆账为同业不可免之事，其受损如果不大，则盈亏相抵，适得其平，不致使资本呆滞，失其运用力。若其总额超过在其股本半数以上时，则其所损之数，即无异使股本缩小，易致摇动，是以各庄倘发生以上事项时，各经理人断不能隐讳。必须将其原因详告股东，请其加足股本，以固基础。3.经协理应以身作则，绝对禁止投机。（说明）经协理负股东委托之重任，当如何专心一志，力图发展，如其兼营投机事业，则用志分歧，终至偾事，且投机因眼光不同，常有意外损失，或因此而有不规则行为，损及各庄资金，尤须切戒。至各伙友，承继协理之意旨，如在上者兼营投机，必至上行下效，弊窦滋生，防微杜渐当以经协理为则。4.存放款项须通盘计划，万勿迁就滥放。（说明）各庄放款须视资本总额及存款数目，并估计实力，通盘计划，方可定放款之标准，其巨额信用放款，更须慎重考虑，万不可专注重一门，庶几进可以取，退可以守，不致失其运用之能力。5. 年终决算须登钱业月报公布,(说明)同业年终决算向不宣布,今为使外间明了,各庄内容充实计,每届年终,各庄须将决算表,详登钱业月报。俾众周知,以为改革之第一步。迨后尤须请人查账,与银行界互相提携,共策进行,庶不至贻落伍之讥矣,提付公决结果一至四各款通过无异惟第五款暂为保留。

《申报》,1930 年 7 月 3 日

23. 钱业同业公会成立

秦润卿等当选执委

本市钱业公会筹备改组同业公会,已阅两月,昨日(六日)上午九时,在宁波路该公会内举行会员代表大会。出席代表计一百七十八人,推秦润卿主席,行礼如仪,主席报告筹备经过,社会局潘局长、市商会代表王延松、市党部代表赵尔昌均有致词。即通过章程,选举职员,计秦润卿、裴云卿、胡熙生、谢韬甫、李寿山、楼恂如、王伯埙、盛筱珊、严均安、傅招年、李济生、王鞠如、俞佐廷、王怀廉、徐伯熊当选为执行委员,赵漱艻、赵文焕、田祈原、何衷筱、钱远声当选为候补执行委员。闻各委员拟于下星期就职。

钱业同业公会成立

《申报》,1931 年 10 月 7 日

24. 钱业代表大会决议下月起恢复常态

实行取消银两同业汇划　财产保管会决继续存在　五月末日为总结束之期

本市钱业同业公会，于昨日下午二时，在宁波路举行第一届第七次会员代表大会，议决五月一日起恢复平时常态。兹将各项详情分志于下：

代表大会：

到福原、永丰、宝丰仅六十九家，代表秦润卿、楼恂如等一百三十一人。公推秦润卿主席，报告：（一）上次会议决议录，（二）四月份收发文件，收文三十三件，发文八百四十八件，（三）国债基金管理委员会据称，本会组织成立，互选李馥荪、谢弢甫、王晓籁、虞洽卿、梅乐和五人为常务委员，并推定李馥荪为主席，业于四月五日开始办公，（四）上海市商会以江苏上海第一特区地方法院民事案件鉴定事项，函请推选学识经验并优人员二人，本会推定俞委员佐庭、傅委员松年为民事鉴定员。

讨论事项：

（一）四月份拆息，请公决案，议决，三两五钱，（二）同业银汇划定期取消案，议决，五月一日实行取消，（三）特别财产保管委员会存废案，议决，继续存在。

通告各界：

钱业同业公会，为撤销庄票同业汇划限制并规定本届总结束日期，通告各界云，敝同业在沪有百余年之历史，向以调剂金融，辅助百业为职志，每届年终，为一岁之结束，隔年再行往来，本互助之精神，谋社会之福利，习惯相承，由来已久，本年一月将终，正在从事总结束，不幸沪战爆发，全市震惊，停业六天，用志哀悼。随于二月四日，忍痛复业，照常收解，一方面防止现金外流。爰将各庄所发庄票，除顾客置办日用必需品，仍照常办理外，其余暂限于同业汇划，一方面则巩固内部，共同设立财产保管委员会，以厚实力。所幸迩来本埠市面，渐见安定，金融亦呈活泼，敝公会为便利顾客计，对于目前庄票，盖用同业汇划字样，特于五月一日起，一律撤销，回复平时状态，并遵照社会局布告、市商会通告，展至五月末日，为本届总结束之期，特此通告，统希公鉴。

《申报》，1932 年 4 月 29 日

25. 钱业公会昨开会员大会

废两改元原则赞同　　事先必须统一币制

上海市钱业同业公会为废两改元问题关系重大，特于昨日下午二时召集临时全体会员大会，各情分纪如下：

到会人数：到者秦润卿、王鞠如、盛筱山、李春山、胡熙生、俞佐廷、王伯埙、邵兼三、徐伯熊、秦贞甫等一百四十余人，于下午二时半开会，公推秦润卿主席。

原则赞同：首由主席报告，现在政府因银元集中，厘价低落，故有废两改元之拟议，本会对于此事，应否有所表示，为特召集大会，请予详加讨论云云。当经到会者互相发言，佥以废两改元之后，金融界可省去一份簿记，省却互算手续，故原则上绝对赞同。

统一币制：惟现在国内硬币，至为复杂，其流通市面者，如墨西哥之鹰洋、大清、湖北、江南、北洋、袁世凯、孙中山等凡七种，以之经营外汇，外人必视其成分而定兑价，如鹰洋可兑一先令七办士，而成分较次之他种银元，仅兑一先令四办士，同时纸通货亦受其影响，势亦有整顿之必要。

实码头制：况上海金融界之银两，为实码头制，非若内地钱庄之过帐码头，惟其银两与银元，俱系实货互相抵用，故能经历次事变，而能免度难关，而银炉业之回冶，尤有裨益于外汇。总之，在货币未曾统一以前，则仓猝之间，废两改元，必至利未见而害至，效未显而弊着。

议决事项：当经议决，立电财政部，请于废两改元以前，先行整理软硬货币，必使币制统一，再予实行，庶几有利而无弊。当由文书课起草电稿，经众修正通过，原电如下：

电财政部：南京财政部钧鉴，窃以我国币制，而以银两为本位，历史悠远，根蒂深固，海通以还，渐成两元并用之局，数十年来，市面虽感两重准备之痛苦，然历次事变，金融尚克勉度难关者，未始不隐受其惠。降及今兹，银元铸造日丰，流通日广，顾华洋贸易大小债务，以及各种契约之缔造，进出口关税之征收，犹惟银两是尚。此种畸形制度，诚为识者痛心，而积重难返之势，亦于此可见。乃者钧部此衡全局，默察潮流，毅然有废两改元之议，图币制之统一，谋人民之福利，卓识嘉谟，中外同钦，岂仅属会向往而已哉。惟是属会之愚，以为废两改元，不实行则已，苟欲实行，断非仓卒可期。事先尤必须统一发行，整顿软币，免蹈昔年平津汉口之覆辙，并须经过种种筹备，而于银两折合银元之标准价格，似尤须遍征各界意见，折衷规定，俾无偏颇，然后明令公布施行日期，予人民以相当之犹豫时间，庶百业之纷扰可免，债务债权之不平可弭，物价赖以稳定，社会资以安宁。一面并请钧部，此后严厉整顿全国通货，拟具整理软硬币之方案，切实施行，使人民永不感受币制不良之痛苦，相率乐业安居，其裨益于国计民生，宁有涯涘。否则若于仓卒之间，突然宣布废两改元，将见市面立起纷扰，各业争事投机，物价失序，金融紊乱，是利未见而害即呈，效未显而弊已着，当非钧部忠诚谋国之初心，属会心所谓危，不敢不告，迫切陈词，伏希明察，上海市钱业同业公会佳。

钱业公会表示：新声社云，钱业公会，除发电至财政部外，尚向新声社记者表示其主张。据该会当局谓，废两改元问题，与钱业诚有莫大之关系，但钱业方面，素以政府当局之命是听，现财政部有此提议，当无不从。惟于是不得不声明者，即废两改元，能使钱庄节省手续，即如目下银两银元并用时，各庄家均用两种筹码账位等，一为两，一为元，而算账时亦须多一种手续，如改元后，可节去关于银两之麻烦。惟亦有种种便利，盖因沪上银钱界之银两，均有实码，故可流通金融，如银元少时，可用银两折合代替，银两过少时，可用银元折合代替，故曩者金融发生困难时，均以元两并用之故，得安然渡过。此并非反对废两改元，仅欲使政府当局，能洞悉此种困难，而于改元后，拟具一种补救之办法而已。又如我国币制，向不统一，单于目下流行于市上之银币而言，有墨西哥鹰洋、江南洋、湖北洋、北洋洋、大清洋、袁世凯洋、总统洋等七种，尚有波斯洋、德兰西洋、香港洋等，其间银之成色优劣不等，故有作七钱二，有作七钱一，有作七钱，有作七钱九,七钱八者。今如废两改元，币制统一，则以前之银币，自尚有严格之规定，方可一致，而对于新币之铸造，亦须成色重量适中，否则流通之时，即感困难。又废两改元，虽较现行制度为佳，然各钱庄均狃于积习，如一旦改易，必须使手续上发生困难，如有银两之定期存户，改元之后，计算本利时，均须用以两折合银元之复利计。故须望财政当局于改弦易辙之时，有妥当周密之办法，以解决过渡时代之难关云。

秦润卿氏谈话：中央社云，关于废两改元事，钱业公会会长秦润卿发表意见如下：废两改元，原为中国所急须进行之事，其关系之重大，初非银钱一业而已。此事在民国初年，甚至逊清期间，早应进行，但中国政治历久不上轨道，鼎革后战乱频起，致此重要之改革案，不能见之实行。而因不平等条约之缔结，各外商银行，在特殊保障之下，得滥发纸币，吸收硬币，益陷中国之金融入于混乱之境。其他如铸币之不统一，含银量之不划一，皆为金融混乱之源。考我国现有之银元，其含银量之不同，自七钱二分至六钱八分，计有七种之多，在经济原理上言之，市场中同时有两种不同之法币通用，则劣等之法币，每逐出较良之法币，于市场之外，中国银币含量之不划一，其必然之结果，为劣币充斥市场，而币值之下跌，亦为必然之现象也。现在劣币充斥，金融混乱，固为可虑之事，但遽行改革，亦易引起重大之浮动。而在政府方面，更须有充分之筹划准备，如政治清明，取消治外法权及外商银行发行纸币之特别权，益统一造币制度，统一发行等，均应顾及，其他各市场硬币之需求及供应，亦须有周密之调查，国际汇兑价格之合算，亦须有详细之稽核，否则一旦改革，而市场缺少硬币，则纸币当承其乏而发行，纸币发行不能统一，亦必使金融市场，更受重大之骚扰及影响也。

《申报》，1932年7月10日

26. 钱业联合准备库成立（节选）

昨日开成立大会　推选执委十五人

本市钱业同业公会，昨日下午二时，在宁波路公会，举行第十次会员代表大会，正式成立钱业联合准备库，通过章程，对于废两改元问题，议决发表宣言，兹记开会情形如下：

会议情形：主席秦润卿，行礼如仪后，即由主席报告，（一）上次会议决议录，

（二）上月份收发文件，（三）七月份同业借座本公会集议次数，旋即通过章程及宣言，讨论案件，共计四起，继选举执行委员十五人，至下午四时始散。

议决各案：议决各要案如下，（一）七月份拆息，请公决案，议决，三两九五拆。（二）同业特别财产保管委员会，经七月十八日经理会议议决，改组为上海钱业联合准备库，请追认案，议决，通过。（三）七月十八日经理会议议决，同业洋票现金基金，每家加认现银元一万五千元，以厚实力，业已执行，请追认案，议决，通过。（四）同业联合准备库章程草案，请决定案，议决，修正通过。（五）选举准备库执行委员十五人，检查委员三人案，议决，执行委员由公会第一届委员充任，检查委员再行以投票选举。（六）关于同业业务上事件及废两改元案，议决，发表宣言，交秘书长拟稿。

《申报》，1932年8月3日

27. 钱业联合准备库昨日正式开幕（节选）

本市钱业联合准备库于昨日正式开幕，开始办公，各界前往道贺者逾千人，全日各庄解进现款达五百余万两。兹纪昨日盛况如下：

揭幕典礼：宁波路兴仁里钱业准备库，于昨日上午八时正式开幕，执行委员暨检查委员秦润卿、胡熙生、俞佐廷、裴云卿、谢蘅甫、李寿山、王伯埙、盛筱珊、傅松年、李济生、王鞠如、赵潋芗及总经理秦裴卿等。因在国难期间，并不举行仪式，仅由主席委员秦润卿于八时举行揭幕礼，旋即开始办公。

各界道贺：昨日各界前往道贺者计宋子文、王晓籁、李馥荪、唐寿民、冯炳南、贝淞荪、钱新之、陈健庵、胡筠庄、胡筠秋、李□、邬志豪、周宗良、陈蔗青、胡孟嘉、陈松源、林康侯、刘聘之、徐仲麟、罗敏、王志莘、张家洪、陈光甫、金国宝、马久甫等千余人，由总经理秦裴卿及全体执行委员殷勤招待并备茶点，一时宁波路上车水马龙，甚为热闹。

《申报》，1932年10月2日

28. 钱业同业公会昨开临时会员大会

钱业同业公会，自议决二十一年度总结账期为一月二十五日后，自二十六日起至三十日止，全体休息四天，昨日下午二时，在宁波路钱业公会举行临时会员大会，兹志详情如下：

到会会员：大德、文赉、元大、元盛、五丰、永聚、永兴、永丰、安康、安裕、存德、同安、同春、同泰、同余、志裕、志诚、均昌、均泰、长盛、承裕、怡大、和丰、信亨、信康、信裕、恒祥、恒巽、益昌、益康、益丰、政祥、振泰、干元、寅泰、福源、鸿祥、滋丰、鸿丰、宝昶、宝丰、衡九、征祥、福泰、瑞昶、汇昶、赓裕等七十余家，秦润卿、俞佐廷、傅松年、斐云卿、胡熙生、李济生、谢发甫、赵漱芗等，暨公会秘书长秦楔卿等七十余人。

通过各案：由秦润卿主席，报告开会宗旨，继即开始讨论，通过：（一）新庄同庆庄计十股，资本总额规元二十万两，经理夏圭初。（二）会员征祥恒记庄，前经理徐凤鸣病故，本年起，以沈荻庄为经理，谢叔才为协理，龚康德为襄理。（三）会员仁昶庄，由仁亨晋记改组计十股，资本总额规元二十万两，经理戚子泉，协理张澄夫。（四）会员鸿胜庄大结束后，重新组织，加号福记，计十股，资本总额规定三十万两，经理郑秉权。（五）会员鸿祥德记庄大结束后，改组为裕记，计十股，资本总额规元三十万两。（六）会员永兴庄大结束后，改组资本牌号，经协理襄理照旧。（七）会员信裕庄大结束后，更动股东，加号安记，计十股，资本总额规元四十万两，经理傅松年，副经理王桂馥，襄理姚穗余、傅定绪。（八）新庄慎源庄，计十股，资本总额规元二十万两，经理林荣生，协理姚国香，襄理励叔卿。（九）会员恒巽庄，加推徐景祥为协理。（十）会员益昌慎记庄，以王安人为协理。（十一）会员寅泰庄，经理冯斯仓，得股东同意，温林瑞庭为该行经理，沈亮夫为协理。

《申报》，1933年1月23日

29. 总结账后之钱业

将仿银行办法改良营业　虽受战事影响幸尚获利
明日开首次会员代表会

本市南北市各钱庄，二十一年度总结账后，于前日已一律上市营业，开始发折，并仿照银行办法，改良营业，去年虽受战事影响，幸均获有盈余，兹志详情如下：

改良营业：钱庄业营业素以信用放款为主，相沿已久，自二十二年起，各庄为适应各界需要起见，仿照银行办法，除经营原有业务外，添设抵押放款、工厂放款、信托、汇兑、储蓄等部，代理业务，保管业务。首先实行者为钱业同业公会主席委员秦润卿任经理之福源庄。现寅泰庄经理为马斯仓、林瑞庭决于下月起，迁入宁波路福源庄旧址新屋。亦仿照银行办法。

各庄盈余：新声社记者，昨晤钱业同业公会委员，据谈，自民国二十年九一八事件发生后，各业均受影响，钱业素以信用放款为主，势必发生危险。各庄为慎重计，即实行紧缩政策，郑重放款，自一二八事变后，各业更形凋敝，钱业幸已在九一八后，即行缩小，故受影响尚浅。二十一年度总结账后，各庄均有盈余，自五千两起至十五万两止，普通约四五万云。

开始发折：二十二年已上市之新老南北市大小钱庄，计北市汇划福源庄等六十二家，未入园（即元字号）鼎牲庄等五家，南市汇划征祥庄等五家，未入园元丰庄等五家，共计七十七家，尚未上市者，新同行汇划同庆庄，老同行汇划安裕庄，预定下月起上市。已上市之钱庄，前日起开始发折（即开往来户），迟至二月九日（即废历元宵节）完竣。

首次大会：南北市各钱庄，于前日起上市营业后，钱业同业公会，定二月二日上午三时，在宁波路钱业市场，举行二十二年度首次会员代表大会，讨论关于上市后各项案件。

《申报》，1933年2月1日

30. 废两改元昨已实行

钱业公会决议

钱业同业公会，于前晚八时半，举行临时紧急会员代表大会，由秦润卿主席，议决对外对内办理六项。（一）往来名户，自四月五日止，连息结出，按七一五合洋转账，存息二两九五扣，欠照加。（二）同业汇头，一律以现洋收解。（三）往来各户付入钱票，以迟一天入账。（四）已出庄票支票汇票，一律七一五合洋照解。（五）当日向外行收票，应用现洋票据，如付钞票，不得逾五百元。（六）长期存款逐笔按七一五合洋注数，俟年终并结，并登报公告云，本会奉财政部电开（中略），当经派定实行办法。（一）凡四月六日以前开出之各种银两票据，应一律按七一五照付银元。（二）自四月六日起，对于各种票据，应一律以银元为本位，如仍用银两者，应交顾客改用银元，方可照付。（三）自四月六日起，对于银两存欠各户，应一律按照法定价格七一五合成银元转账，用特登报公告，统希垂鉴。

《申报》，1933年4月7日

31. 钱业业务研究社成立

选举秦润卿等十五人为理事

上海钱业同人秦润卿、傅松年、俞佐廷、王怀廉、秦楔卿等为应时世之需要，发起组织业务研究社，经提交钱业会员大会通过后，同业职员之应征加入者达二百四十余人，已于前日开会，成立并选举理事十五人，昨日在公会开会，选出秦润卿、秦楔卿、俞佐廷、裴云卿、王怀廉、陆书臣、王渭耕、傅松年、严大有、杜平甫、徐伯熊、何衷筱、冯以圭、林荣生、席季明等，次多数胡组庵、林瑞庭等六人。社章八条，全文如下：第一条，定名，本社定名为上海钱业业务研究社，设社址于上海市钱业同业公会内。第二条，宗旨，本社以研究钱业学术、促进钱业业务为宗旨。第三条，事务，本社研究左列各项事务：（一）关于钱业促进与兴革事宜，（二）关于钱业之演讲及教育之事宜，（三）关于钱业之其他事项。第四条，社员，凡为上海市钱业同业公会会员庄及元字庄之职员皆得为本社社员，或其他钱庄之职员，如愿声请入社者，由本社社员二人以上之介绍，经理事会之通过，亦得为本社社员。第五条，出社，本社社员有下列各款情事之一者，经会员大会之议决，得宣告出社，（一）有不正当行为，致妨害本社名誉者，（二）更改职业者，（三）自行请求出社者。第六条，职员，本社设理事十五人，由社员中选举之，再由理事中互选理事长一人，理事任期一年，连选得连任。第七条，会议，本会会议分下列两种，（一）社员大会，（甲）常会，每月举行一次，并规定每月十六日下午七时举行；（乙）临时会，经理事会认为必要时，或社员十分之一以上之请求，得随时召集之。（二）理事常会，由理事会规定召集之。第八条，附则，本章程有未尽事宜得由社员大会议决修正之。

《申报》，1933年6月5日

32. 钱业公会昨开会员代表大会

组委会修改营业规则　照例设夏季临时医院

钱业同业公会，于昨日下午二时，在宁波路公会举行第一届第二十一次会员代表大会。到福源、寅泰、滋康、福泰、永丰等庄代表秦润卿、俞佐廷、谢弢甫等，议决修改营业规则，办夏季临时医院。兹志详情如下：

主席报告：秦润卿主席报告（一）上次会议决议录。（二）六月份收文四六件，发文四七四件。（三）胡委员熙生因病须休养，函请辞职，经四十次执委会议决，常务委员准予辞去，执行委员仍请继续担任，业由会去函知照。（四）胡常务委员遗缺，照章应由执行委员推补，经四十二次执委会提出，公推盛委员筱珊继任，已由会函请就职。（五）据上海市商会函，准第四次会员代表大会议决，以后所有团体或私人财产保险者，均向华商保险公司投保，否则如有南洋商公司投保，发生纠葛，请求援助，一律勿予受理，通告各业公会转知照办。

议决各案：（一）六月份拆息，请公决案，议决，拆息二元。（二）本会营业规则，前经修改，兹因废两改元修文，多不适用，经四十二次执委会议决，组织修改营业规则起草委员会重行修改，其委员定十一人，由执行委员中公推五人，会员代表中公推四人，业务研究社社员中公推二人，共同组织，兹特提请公推案，议决，会员代表中推刘午桥、席季明、严大有、凌伯康。（三）本年夏季临时医院，业经第四十二次执委会议决照办，应需经费，拟照旧例每庄五十元，请公决案，议决，通过，直至四时许始散。

《申报》，1933年7月3日

33. 钱业公会昨日举行改选大会（节选）

选举席季明等为执委　同时开第二四次常会

上海市钱业同业公会，于昨日下午二时在宁波路该会所举行第一次改选大会，及第一届第二十四次会员代表常会，定十日下午二时，开第二届首次执行委员会，票选常务委员五人，并推选主席兼常务一人，兹志详情如下：

主席报告：由秦润卿主席报告云，今日为本会第一次改选职员，承市党部市社会局市商会各位代表莅会监督指导，本会各会员代表亦踊跃到会，当场投票，不胜荣幸之至。本会执行委员计十五人，照章此次改选，应留任者八人，改选者七人，改选者不再被选，改选后新当选委员与留任委员，再选举常务委员五人，五人中再推举主席一人,现在改选签枝已备齐,当场陈列,到会会员代表,已足法定人数,即可举行抽签,请党部社会局商会各位代表致训词,以重选政。次由市党部朱亚揆、社会局胡玉麒、市商会王延松等相继致训,词长从略。

选举揭晓:第一届执行委员为秦润卿、谢弢甫、裴云卿、俞佐廷、傅松年、盛筱珊、徐伯熊、王怀廉、胡熙生、李寿山、王伯壎、李济生、赵文焕、何衷筱、钱远声等十五人。照章抽去七人,为谢弢甫、王伯壎、徐伯熊、傅松年、李济生、赵文焕、何衷筱。当选第二届执行委员,计席季明七十四票、刘午桥五十九票、陈笠珊五十四票、邵燕山四十五票、严大有四十票、张梦周三十九票、郑秉权三十九票等七人。次多数为候补委员邵兼三、陈绳武、冯斯仓、张达甫、张文波等五人。留任执行委员秦润卿、裴云卿、俞佐廷、盛筱珊、王怀廉、胡熙生、李寿山、钱远声等八人,当场由党政机关代表监视,宣誓就职。

代表常会:第一届第二十四次会员代表常会由秦润卿主席,报告(一)上次会议决议录,(二)九月份收发文件,收文四三件,发文九七二件,(三)九月份同业假座本公会集议十六次,(四)据会员干元福记庄函称,因受时局影响宣告清算,(五)关于准备库之各项报告。

讨论事项:(一)九月份拆息,请公决案议决二元。(二)据会员永兴庄函报,更动股东原有股东陈子芳一股拆出,于本年十月一日起,归郁震东加半股,陈获洲加半股,即经提交昨日临时执委会审查合格,照章提请大会决定案,议决,通过。(三)案准第一届第四十八次执委会提议修正钱业联合准备库章程,请追认案,修正上海钱业联合准备库章程第五章第十八条,本准备库设经理一人,由执行委员会聘任之,经理商承主席常务委员办理日常一切任务,上列条文,于设经理一人下,加副经理若干人六字,议决,通过。

《申报》,1933年10月3日

34. 钱业业规修正通过

呈社会局俟核准后施行

钱业同业公会同业业规拟定后，经审查修正，提出于本月二日下午三时之会员钱庄代表大会，由秦润卿主席，经长时间之讨论，始修正通过，该业规现已由公会呈报社会局，俟核准后，再通告各会员遵守。

《申报》，1933 年 12 月 5 日

35. 钱业公会昨开会员代表大会

议决二月份拆息二元九五扣　通过各庄换股东及加改记号

钱业同业公会于昨日下午二时，在宁波路公会举行会员代表大会，出席者福源、福康、大德、信裕、恒巽、益昌、义生、实丰、永丰等全体会员，钱庄代表秦润卿、俞佐庭等。由秦润卿主席，报告征祥恒记改慎记，信康和记改春记，德昶加顺记，及各庄更代表姓名等。继由钱业联合准备库经理秦禊卿报告业务，讨论案件，（一）二月份拆息请公决案，议决，二元九五扣，二月十六日起，（二）下列会员各庄，报告更换股东，加改记号，经执委会审查合格，照章提请公决案，如赓裕明记改来记，聚康源记改丰记，义生加永记，信孚更改股东，春元加吉记，安康昌记改因记，议决通过。

《申报》，1934 年 3 月 3 日

36. 钱业内园会议决定改进发展业务

新声社云，钱业内园会议，决定改进业务，每年分四季开会讨论。秦润卿谈今年营业方针，均量力而行。兹志详情如下：

内园会议改进业务

钱业同业公会，于本月十八日在南市内园公祭先董，由主席委员秦润卿报告去年钱业情形及内园预算决算等，并讨论今年营业方针问题。议决为改进发展业务，每年分四季，每季召集各钱庄经理会议讨论改进，今年第一季已定明日举行，地址钱业同业公会，通告业已发出。

营业方针量力而行

新声社记者，昨晤钱业同业公会主席委员秦润卿氏。据谈，民国二十三年总结账后，各钱庄均已上市，至于今年营业方针，均量力而行，因去年受整个不景气影响，各业衰落，钱业受创甚巨，故今年营业，须视各庄自身力量而定，例如病人大病以后，其饮食须视能否消化，起初吃薄粥，逐渐恢复，外传种种，不足为信。各庄所送之往来折，早已开始，其未送者，并非钱庄不肯送，实系其本身信用问题云。

《申报》，1935 年 2 月 21 日

37. 钱业公会劝告会员

对于工商业尽量放款

新声社云，地方协会特种委员会，决定由政府暨银钱两业举办信用小借款五百万元后，虽钱业同业公议决毋庸加入银团，但政府方面，决会同银行业同业公会继

续举办。闻财政部长孔祥熙,将召集金融界继续讨论工商业信用小借款问题,以便进行。

钱业尽量信用放款:新声社记者昨向钱业探悉,钱庄业务,其放款部普通约分定期放款、抵押放款、往来透支等三类,定期放款,即今之四底十底放款,往来透支,即今之送折放款,均以信用为主,自同业公会议决毋庸加入工商业信用小借款银团后,该会主席秦润卿,已分别向各会员钱庄对工商业信用放款尽量扩充,以资救济。

各庄举办工厂放款:自福源钱庄举办工厂放款后,各庄相继而起,宗旨为专以辅助小工业为主。办法凡属小工业者,苟有充分信用,可以证明其确为从事于工业发展之工厂业者,得以商品为抵押,数目不嫌巨细,并相当之保证人,经该庄认可,向该庄抵用款项,或由该庄所认可之保证人,无须抵押品,向该庄订立往来透支,利息特别低落。

《申报》,1935 年 3 月 18 日

38. 信用小借款钱业如数备足

昨开执委会议

实业社云,本市钱业同业公会,对于救济工商业信用小借款一案,经昨日执委会议议决,参加财部所组织之信用借款委员会,一俟钱币司长徐堪来沪,即可正式成立,开始发放,并通过内园游览须知十四条,及采纳整理钱业月报意见。兹将实业社记者探悉各情,分志如后:

参加信用借款委会:该会于昨日下午三时,在宁波路会所,召开第二届第四十次执行委员会议,出席委员,计有秦润卿、席季明、王怀康、裴云卿、郑秉权、李寿山、陈绳武、钱远声、刘午桥、邵燕山、张梦周、盛笑珊等,由秦润卿主席,葛槐清纪录,行礼如仪,首由主席报告开会宗旨,暨(一)上次会议决议录(二)关于准备

库之各项报告，继即讨论提案（一）据月报编辑员王楚声、魏友琴两君，拟具整理钱业月报意见，提请核议，请讨论公决案，议决，王魏两君所具意见，可能采纳，即依据办法整理。（二）内园管理委员会，拟订游览须知十四条，提请审核案，议决修正通过。（三）（四）（五）案（不发表）。（六）报告信用小借款经过案，由主席详细报告，及各委相继发表意见后，结果，议决，本会推派委员参加该委员会，早日促其成立，以资救济，议毕，至五时许散会。据该会主席秦润卿语实业社记者云，银钱两业，对于五百万元信用放款，现已完全认足，除中央、中国、交通等三行业已认定二百五十万元外，其余一百五十万元，已由银行公会劝导各会员银行担任，对于钱业所认之款，已如数备足，一俟财部钱币司长徐堪来沪，即可成立信用借款委员会，放款时期，大约本月底前可望实现云云。

通过内园游览须知（略）。

《申报》，1935年5月26日

39. 财部拨发二千万凭证后组织救济工商贷款会（节选）

钱业公会经理会议

钱业同业公会，于前日上午十时，在宁波路该会所，举行各庄经理会议，会员钱庄五十五家经理均出席，由秦润卿主席，报告财政部拨二十四年金融公债票二千五百万元，救济钱业，及设立钱业监理委员会经过详情，继即研究关于救济钱业之治本办法，同时并于划头加水问题，亦谈及，直至上午十一时许始散。新声社记者按划头加水，即银行与钱庄间之拆借利息，近日竟涨至最高峰七角之巨，且仍感不敷应付。

《申报》，1935年6月10日

40. 钱业昨开常会

信用借款由钱库垫付

上海钱业同业公会，于昨日下午二时，在宁波路该会举行第二届第二十二次会员代表常会。到大德、大赍、元盛、五丰、仁昶、生昶、安康、安裕、存德、同润、同裕、仁昌、均泰、恒巽、怡大、恒赍、惠丰、顺康、义生、义昌、福源、福康、福泰、慎源、赓裕、聚康、衡九、衡通、宝丰、鸿胜、鸿丰、鸿祥、鼎康等五十五家代表裘云卿、邵燕山、刘午侨、王怀廉、陈绳武等五十余人，由秦润卿主席报告：（一）上次会议决议录，（二）七月份收发文件，收文三六件，发文五二八件，（三）七月份同业假座本公会，集议二四次，（四）关于准备库之各项报告。

讨论事项：一、七月份拆息，请公决案，议决，六元九五扣。二、查江苏财政厅前以水利建设公债向本会抵借款五十万元一案，经大会决议，以本会名义，暂由准备库垫付每月五万元，俟付足后，再由会员各庄平均分配，拨还准备库在案，现在是项押款，已由准备库垫付四十五万元，而水利公债，亦已领到，是项垫款及押品，应否分配各庄，请讨论公决案，议决，由各庄平均分担。三、案查工商业信用小借款五百万元一案，本会公决担任二十五万元，由会员庄平均分担，现在是项小借款，已将开始发放，则本会所认之款，应如何筹集，请讨论公决案，议决，由钱业联合准备库暂行垫付。至三时许始散。

《申报》，1935 年 8 月 3 日

41. 钱业秋季经理会议

钱业同业公会，于昨日下午二时，在南市内园举行秋季经理会议，到福源、慎源、瑞昶、义昌、福康、滋康、滋丰、鸿丰、窦昶、宝利、宝丰、庆成、大德、志裕、怡大、顺康、敦余、同余、同润、大赉、元盛、仁昶、惠丰、振泰、承裕等五十五家经理裴云卿、刘午桥等，由秦润卿主席、葛槐卿纪录。首由主席报告。钱业暨各业凋敝状况。继即互相交换。关于钱业内部应兴应革事宜。至于将届之十月底信用长期放款等。亦均谈及。惟并未有何决定直至下午四时始散。

《申报》，1935年9月10日

42. 锦兴大厦押款发生纠纷

银钱两公会决援助各行庄

中央社云，不景气予上海地产商之致命打击，又得一具体证明，盖著名地产商孙春生所创设经营之锦兴地产公司，近因所属产业锦兴大厦押款事，竟于图穷匕见之时，引起中英日三国商人间之纠纷，据中央社记者调查所及：

历年抵押垫七百万元：锦兴地产公司所属锦兴大厦，历年曾向中央信托公司义生、信孚、恒隆、鸿胜、慎源、同庆等钱庄，抵押总数洋七百万元，泊去年，海上地产价格低落，该公司即停付利息，债权人方面，为保全债务起见，请准第一特区法院，将受押房屋租金，先行假扣押，并由法院谕令房客，缴租与债权人，转缴法院保存。

英日商人忽起收租：乃有英商业兴地产公司者，起而出面强收房租，谓该项房屋，已得锦兴地产公司长期租借权。经中央信托公司据情，向法院辩诉，并附呈证据，证明业兴公司租约之伪造，经法院予业兴公司驳斥后，复有以日本人冈本乙一者，用村上律师事务所名义，雇用日人出面，强收房租，谓业兴已将锦兴长期租约，向冈本押借洋八十万元，该项房屋，现已拨归冈本收租。惟房客方面，咸洞烛其隐，仍依法将房租送交法院指定银行钱庄保存，目下业兴公司第一审固已遭驳斥，但已向高等法院第二分院提起上诉。

　　银钱两业决予协助：本市银钱两公会，为谋保护各行庄之合法债权起见，特于昨日下午五时，在香港路银行公会，举行银钱业联席会议，商议一切，到会者有唐寿民、胡锡安、庄得之、秦润卿、徐寄庼、王伯元、裴云卿、王志莘、经润石、王怀廉、席季明、俞佐庭、吴慰如、胡笔江、贝淞荪、瞿季刚、叶扶霄等十余人，因此案影响金融业甚巨，议决一致援助受压迫行庄，其援助方式除请求法律救济外，并随时从旁予以协助云。

《申报》，1935 年 9 月 25 日

43. 钱业公会昨开代表大会

议决二月份拆息二元九五扣　通过各庄换股东及加改记号

　　上海钱业同业公会，于昨日下午二时，在宁波路该会举行第二次临时代表大会，该会会员代表，总共一百八十四人。昨日到李寿山、裴云卿、邵燕山、席季明、张梦周、陈笠珊、陈绳武、盛筱珊、刘午桥、钱远声、严大有、郑秉权、冯以圭、冯梅卿、陈松泉、谢天保、赵子锋、叶秀纯、盛梦鲤、陈鸿卿、顾雪卿、郑伯壬、赵松源、陈润金、张达甫、戚子泉、冯哲轩、沈景梁、汪介眉、姚德余、徐善昌、王仲书、胡莼芗、秦贞甫、徐文卿、沈久余等一百五十四人，市党部派朱亚揆，社会局派宋锺庆，市商会派骆清华莅会监视和指导，列席者钱业准备库经理秦禊卿。

　　主席报告：由秦润卿主席，葛槐卿纪录。行礼如仪后，主席报告云今日为本公会举行第二次改选之期，承市党部社会局市商会等上级机关，派员莅临监选，并予指导，不胜荣幸。本公会自二十二年十月二日第一次改选后，迄于今日，适满两周年，照章自应改选。溯润卿等自受同业诸公谬爱，承乏委员之职，适值市景衰颓之秋，绠短汲深，一无建树，有负同业诸公付托之重，此则同人等深自引为惭恧者也。更以近

两年来,金融怒潮,澎湃而来,我业首当其冲,风雨飘摇,千钧一发,同人等处斯危境,目击心怵,一面谋同业本身之充实,一面应环境之折冲,昕夕未远,力图挣扎。幸赖当局之维护,同业之督促,于此偌大风波,虽不免小逢顿挫,尚无碍于大局。此中经过曲折,当为同业诸公所鉴谅者也。风雨同舟,后患未已,嗣后应付一切,尤恐倍难于今。自兹以往,我同业欲卓然自立于不败之地,惟有适应潮流,一切设施,徐图革新,营业方针,力持审慎,同业之间,益谋团结,依此而行,庶可免天演淘汰,而发扬光大,史更将于是下之矣。现在到会代表,已足法定人数,应即宣布开会,静聆上级代表训词,藉供书绅佩弦之益。

党政训词:(一)市党部朱亚揆致训云,今天代表市党部参加贵会代表大会,各位准时而到,足以表现贵会可佩的精神。贵会选举,迄今已有二年,其中市面已有剧烈变动,钱庄有悠久历史,与银行公会,系同一金融团体,与工商业关系密切,自去年起,发生金融恐慌以来,市面萧条已达极点,如何努力复兴,为今后之急务,但中国以农立国,农民占百分之八十以上,故要复兴市面,首宜复兴农村,使购买力增加,至于内地盗匪充斥,亦为农村衰落之故,协助农村经济,使农村基础巩固后,再来复兴上海,市面繁荣,则较易矣云云。(二)社会局宋锺庆致训云,今天为贵会第二次改选代表大会,兄弟参加,甚为荣幸。关于贵会与工商业之关系,党部代表已详述,毋庸赘述。我国数千年来,以前为以货易货,没有货币为媒介,后来觉得不便,发明代用品,初用贝属,继用货币。银钱为交易之媒介,钱业信用素著,且负无限责任。今市面如此衰落,工商业凋敝异常,银钱业责任最大,应如何救人救己,盼望各位在座钱业领袖,共同研究云云。(三)市商会骆清华致训云,今日清华代表上海市商会出席贵会第二届代表大会,得与钱业界诸先进,晤对一室,无任荣幸。再清华执业绸业银行,故自间接言之,亦可谓以同业之资格,前来观光,以平时业务相联之关系,故今日相聚倍加亲切,所欲贡献于贵会之处,因此亦更觉其应直率而坦白。世人恒统称钱业银行业为金融业,按金融二字之定义,金为货币,融为流通,故银钱业以流通经济为其业务,以授受信用为其法则。吾国连年,内感天灾人祸之频仍,外受经济浪潮之袭击,以致凡百企业,多呈凋敝,信用紧缩,陷于极度,社会间充满沉闷不安之景象。异说繁兴，莫衷一是，或主通货澎涨，忍蹈他人覆辙，或主抱布易栗，回复原始生活，衰世谣诼，无非徒乱人意。上海市商会经详密之研究，认为今日之患，非在支付筹码之缺乏，而在信用筹码之枯竭，欲矫此币，须自树立信用制度始。钱业在我国具有历史之金融组织，全国繁盛，都市以至边远城镇，多有钱庄之设，历来对于授受信用，具有专长。因其为无限组织，股东类多殷富，社会信仰自殷。至于上海钱业，因同业素能团结一致，互通声气，故信用愈佳。钱庄本票，历来工商业视同现金，一面钱业于对工商界之信用调查，更称熟悉，有时竟非任何专家所能望其项背，故工商业之信用借款，亦以钱业占多数。自吾国遭遇空前未有之经济难局，钱业业务，自不免随之紧缩，但世受方殷。吾人既认非树立信用制度不克打开目今之经济难关，则钱业同人，仍当本其经验，继续奋勉，不容轻卸其仔肩。鉴于贵会年来设立联合准备库，以增厚同业信用，足以证明同业团结之精神，值得为社会人士所称道，甚望宏此规模，群策群力，应付当前之经济国难，本人类进化之义，随时改进业务，以适应现代环境，使贵会同业，发扬光大，裨益国民经济，夫岂浅鲜。

选举结果：推定检票王仰苏、冯以圭，唱票张达甫、袁礼文，写票葛槐卿、陆杰士、夏颂声。选举结果，（一）何衷筴一百四十三票、汪介眉一百三十票、徐文卿一百零九票、张达甫一百零四票、陆书臣九十三票、张文波六十六票、沈景梁六十票、赵松源四十八票，上列八人为新任执行委员。（二）叶秀纯四十七票、吴子麟四十三票、秦贞甫四十一票、田子馨二十七票、张善连二十七票，上列五人为候补委员。（三）留任委员为席季明、刘午桥、陈笠珊、邵燕山、严大有、张梦周、郑秉权等七人。（四）期满委员为秦润卿、裴云卿、俞佐廷、盛筱珊、王怀廉、李寿山、钱远声、陈绳武等八人。

宣誓就职：临时动议，为九月份拆息，议决，四月九五扣。各新任执行委员何衷筴等即由党政代表监誓之下，高举右手宣誓就职云：余谨以至诚，实行三民主义，遵守同业法令，忠心努力于本职，如有违背誓言，愿受最严厉之制裁，谨誓。继由市党部、社会局、市商会等代表致简略训词。

新委答谢：新任执行委员汪介眉代表致谢云，今日为敝公会第二次改选后第三届当选执行委员，举行宣誓就职礼，蒙市党部，社会局，市商会派员莅临监誓，并赐训词，非常荣幸。同人等自愧轻材，肩此重任，深虞陨越，惟有互相策励，谨遵誓言，及各位监誓之训词，矢勉矢慎，以冀无负诸代表期望之意，并以勉副本会会员付托之重也，同人等谨代表全体委员以谢。至下午五时始散，并定日内召开首次执行委员会，互选常务委员五人，在常委中再选主席一人。

《申报》，1935年10月3日

44. 新旧年关逼近　检讨本市工商状况

钱业年关可望安度

钱业公会理事长沈日新，渠认为钱业必可安度年关，日前之金潮澎湃，银根带紧，予各同业之影响极微。据氏称，当时最显著者，厥为拆放头寸骤形减少而已。所幸为期短促，转瞬即逝，今已好转，且银钱业联准会对同业已缴准备财产，如房地产等，经评价在地政局登记后，即发公库证，可凭此向该会以当日规定之拆息申请拆

20世纪40年代后期的上海钱业公会理事会议

放，而资调剂。氏又称本市现有会员钱庄七十二家，包括内地迁来永生、永庆、义丰三家，及已获财政部核准行将复业者四家，预料本年底当可安然度过。且各庄均可盈余，至市场动荡，本业所感觉者，辄为商业往来"折交"方面呈存少欠多之家，若为短期放款，尚不受多大牵制。

《申报》，1946年12月30日

45. 全国钱联大会闭幕

发表宣言提五项意见

〔中央社南京十九日电〕全国钱商业公会联合会首届大会，十九日上午开第三次会议，沈日新主席，到会代表七十九人，讨论有关存款准备金金融制度及钱商业务之提案，历二小时，通过提案廿余件，连同昨日会议决议案，此次大会共通过提案四十七件，上午会议于十二时一刻结束。下午继续举行会议，选举理监事，当场投票选举结果，推出理事卅二人，监事九人，常务理事九人，常务监事三人，继即由秦润卿领导举行闭幕式，并通过大会宣言，提出五项意见如次：（一）中央银行更加发挥"银行之银行的功能"，对于商业行庄之重贴现，转质押及转押及转押汇之幅度条件，在不违背国策之下，予以放宽。（二）希望主管当局酌情核减税率，以舒重负。（三）钱庄应深入民间，以广大农村，广大群众为联系对象，更望政府加强积极性之辅导，简化管理办法，俾金融业得有自由发展之机会。（四）提醒同业，应放大眼光，高瞻远瞩，在恪遵国家法令之下，翼辅百业推进，谋求民众福益，更进而协助国家稳定金融，以挽救经济凋敝之危机。（五）今后更有计划的培养人材，提高从业人员素质，用科学管理方法，迎合潮流，健全组织，以增强服务效率。

《申报》，1947年10月20日

46. 钱业扶掖小工商举办小额贷放

〔本报讯〕本市钱业界领袖沈日新等，以该业经营原旨之一，系在扶掖小型工商业之发展，及融通小额资金之周转，故决发起组织钱业贷款银团，设置管理委员会，举办小本借贷及小额放款两种，前者以小型工商业为对象，后者以公教人员为对象。闻预定贷额，最高定为五百万元，月息五分，并已推定十五人，定今日召开小组会，拟订组织及贷放草案，待提交钱业公会理监事会议通过后照办云。

《申报》，1947 年 12 月 9 日

银行公会

1. 纪银行公会初次集议 / 401
2. 银行公会开幕纪 / 402
3. 全国银行公会大会预志（二）/ 403
4. 全国银行公会联合会议纪事（节选）/ 404
5. 汉口金融界之善后办法（汉口通信）/ 404
6. 上海银行公会改选董事纪 / 405
7. 银行公会欢迎新董事会长纪 / 406
8. 全国银行公会第四届联合会 / 407
9. 汉口银行公会现任职员表 / 408
10. 汉口银行公会创设之经过 / 411
11. 钱银两公会维持市面金融（节选）/ 414
12. 银行公会会所落成开幕志盛（节选）/ 414
13. 上海银行公会改选纪 / 416
14. 银行公会会员大会 / 416

银行公会

1. 纪银行公会初次集议

前晚由信成银行周舜卿、沈缦云二君发起,邀集本埠各银行领袖假座海天邨,集议拟设银行公会一事。到者大清银行席德辉君,交通银行李云书、王丽薇君,通商银行谢纶辉、顾永诠君,四明银行周金箴、虞洽卿、王玉山君,浙江银行孙恒甫君,裕商银行蔡吉安君,信义银行朱清齐君,裕宁官银号陈巨川君,广东官银号史润甫君,并信成银行办事董事刘葆良、王一亭君。席间由沈缦云君起述宗旨,略谓各国银行均有公会,诚以公会之为利,无事则声气相通,有事则彼此相助,免同业倾轧之嫌,则获利也。厚息外人猜疑之念,则防患也。周今中国银行日多一日,钞票流行日盛一日,而各自为谋漫无稽考,设遇风潮,一家受恐慌则余均袖手,岂知一家危,余亦同受影响,一家安,余亦不致动摇,苟欲免失败之患,求磐石之安,计莫善于公会矣。虽然公会固宜速立,而入会之资格不得不严。所谓欲人之信我,必先示人以可信之道。如暂拟简章中资本之调查钞票之限止,现洋之备存,是盖一方互相监督以除弊,一方即互相协助以生利。今日银行家最要之计画也。愿诸公急起图之述毕。李雲书君起谓公会之设,鄙人极愿赞成,请诸君认清章程中维持二字是责己的,非求人的,尽一行之本分,谋公众之利益,则公会自不难成立。周金箴君起谓各银行情形不同,办法互异。应将所拟草章印刷分送,互相研究,各抒己意,择期会合,以作公会之张本。虞洽卿君起谓银行公会应知公例,须调查各国银行之公例,参酌中国银行之习惯,斟酌尽善,俾易遵守,于是议定先将公会草章印送各银行,然后择期会集,公订章程。

《申报》,1909 年 5 月 11 日

2. 银行公会开幕纪

昨为上海银行公会宣告成立举行开幕礼之期,会址在公共租界香港路四号,自建高大洋房,陈设华丽,建筑精良,屋后隙地上搭盖五色彩绸天幔,以待来宾。该会占地一亩八分有零,建筑装修约计五六万金,会所前门高悬国徽并佐军乐。以十二时至二时招待外宾,二时至四时招待华宾。是日中外来宾到者颇众,均经会长宋汉章及华宾招待周金箴、叶揆初、劳敬修、张淡如、周湘舲、蒋孟苹、顾逸农、徐冠南、谢蘅

上海银行公会成立之初的会所

牕、钱达三、蒋挹卮、宋云生、陈毓生一一招待导引参观，西宾招待沈仲礼、钟学垣、张孝若、严俊叔、杨诵清、曹雪赓、刘石荪、黄明道等延至礼堂款以西点。政界来宾财政部代表范季美、农商部代表周韶闻、江苏督军省长代表沈蕴石、护军使代表杜梅叔、财政厅代表沈蕴石、沪海道尹代表余芷江、淞沪警察厅长代表姚志祖及南北两商会长、各银行钱庄公司商号经理并各国领事、各国商务参赞、各外国银行中外经理、各洋行大班亦均到会参观。自上午十一时起至下午四时半，始各兴辞而散。兹将入会行名列后：中国、交通、四明、盐业、兴业、浙江、中华、汇业、金城、聚兴诚、广东、中孚，共十二户，尚有江苏、华孚、通商、永亨现未入会。该会规定入会各银行须缴会费四千两。会员入会费一千两。所有该会章程录入本报专件栏。

《申报》，1918年10月20日

3. 全国银行公会大会预志（二）

全国银行公会大会定于五日起在沪开会集议，已志昨报。现闻北京代表为周作民、方灌青、朱虞生三君，天津代表为谈丹崖、张鸿卿、徐树衡三君，汉口代表为史晋生、秦禊卿[①]二君，济南代表为汪楞伯、于耀西、曹善卿、刘向忱、颜粹甫五君，蚌埠代表为刘翰筠君，杭州代表为蔡谷青、周季纶、俞寿昌三君。又上海银行公会现推盛竹书、宋汉章、钱新之、陈光甫、李馥荪、孙景西六君为代表云。

《申报》，1920年12月4日

---

① 两人均为宁波商人，当时宁波商人在汉口银行界的地位可见一斑。其中史氏为汉口浙江兴业银行行长、汉口银行公会主席；秦氏为上海著名钱业企业家秦润卿族人，曾任汉口中孚银行行长、汉口银行公会常务委员。

4. 全国银行公会联合会议纪事（节选）

通过简章及议事规则　议决建议案四件　定明年五月一日在津召集第二届会议

上海银行公会鉴于同业联络之必要，因发起在沪举行银行公会联合会议，经北京、天津、汉口、济南、杭州、蚌埠等处公推代表来沪与会，迭志本报。该会于十二月五日午后开预备会，列席代表共二十二人，当即公推浙江兴业总理盛竹书君为主席，即由主席盛君报告会议宗旨。次讨论简章及议事规则，至六时始散会。是夕由上海银行公会假座大东旅社开欢迎大会，各代表先后莅止，在会各银行重要职员亦均列席陪宴。适新任上海商会会长聂云台君，由海外回国莅临与宴，当公推盛竹书君为主席，并致欢迎词，各代表中次第演说至九时，宾主尽欢而散。六日午后二时开会，仍推盛竹书君为主席。先由主席宣读联合会议简章及议事规则，当经多数赞成通过。次即由各代表次第发言，除对于新银行团特别注重详加讨论另题发表外，其关于同业之利弊及与金融界有关系之事项，均有所讨论研究。因主张各抒所见，以建议于政府，并公推数人从事审查起草，至六时始散会。七日开审查会。八日午后二时开会，先讨论建议案，次讨论呈请政府缓行所得税事。继议下届开会地点及日期，当公同决定为十年五月一日在天津召集第二届会议。末由盛竹书君起致谢词，各地代表公推周作民君起致答词，六时始宣告闭会，各代表因公务繁忙不能久延，至翌日先后起程云，今将建议案并会议简章议事规则，欢迎代表词一并录后。

《申报》，1920年12月10日

5. 汉口金融界之善后办法（汉口通信）

汉口中交两行因受某国人谣言影响，突于十五六两日发生兑现风潮。当时虽颇拥挤，而以两行准备充足，又得其他商业各银行及各钱庄之从旁维持，兑现风潮未久即归平息。顾鄂省各界于原因明白之后，对于某国极为愤慨。银行公会，钱帮公所以及各大商店多有提议拒收该外商钞票，凡有存款于外人银行者一律提取，藉厚库存。武汉两商会昨亦根据银行公会公函，通知各商店勿听外人谣言。本会协进会除通告各界谓当此华会开幕我国生死存亡关头之时切不可妄听谣言自扰市面外，并函请省议会将某国破坏我国金融证据通电各省，电陈本会请求公法裁判。萧督亦于十八日午前七时召集官商大会议，讨论维持金融方法。列席者除萧刘两长外，尚有杜镇守使，陈交涉员，崔警务处长、魏财厅长、郭官钱局长及汉商会长万泽生、武副商会长张则光，汉口中行副行长洪琴西、交行行长曾务初、兴业银行行长史晋生、中孚银行行长孙荫庭、工商银行行长陈伯庄、四明银行行长孙衡甫、盐业银行行长李瑞生、金城银行行长陈巨川、懋业银行行长丁志兰等十八人。决定办法六条，（一）由汉口各银行委托造币厂多铸银元，以为现银发生恐慌之预备。（二）江汉关及同地军警于舟车出境时应切实检查，防止现银输出。（三）银行公会钱业公所及官钱局随时在汉口开联席会议，维持营业信用，以免纸币发生拥滞。（四）由军民两署出示禁止武阳夏三镇钱商任意压抑票价，如违则永远停止其营业。（五）由陈交涉员非正式向汉口外交团声明，汉口各银行资本雄厚，营业稳健，决无意外之虞，请勿为谣言所惑，丧失从前好感。（六）由汉口银团电请京津沪各埠银行，从速召开全国银行联合会，共商自决办法，开会地点主张在天津。讨论至十二时始散。使以上决议果能一一见诸实行，则此次风潮适足为我国金融界之好印象，是在国人之觉悟耳（十一月十九日）。

《申报》，1921年11月22日

6. 上海银行公会改选董事纪

上海银行公会定章董事任期定为两年，但得连举连任，本届董事任期已满，现已于昨日（九月一日）召集会员会照章改选。此次当选董事为中国银行代表人宋汉章君，交通银行代表人钱新之君，兴业银行代表人盛竹书君，浙江银行代表人李馥荪君，中孚银行代表人孙景西君，金城银行代表人田少瀛君，新华银行代表人林康侯君，大陆银行代表人叶扶霄君，盐业银行代表人倪远甫君，均属银行界知名之士。次复推举会长，副会长，上届会长盛竹书君现仍继续当选，孙景西君则当选为副会长云。

《申报》，1921 年 11 月 22 日

7. 银行公会欢迎新董事会长纪

会长盛竹书君发表意见

本月一日上海银行公会循例改选正副会长及董事，前会长盛竹书君连选连任，孙景西君当选为副会长一节，已志前报。兹闻该会全体会员已于前日（四日）开会欢迎新董事及正副会长，由盛君致词答谢。据闻此次当选副会长孙君景西曾游学美国，其于经济学，银行学极有心得云。今附录盛君演说词于后：

炳纪忝任本会会长两载于兹，自问才疏识浅，弗克胜任，毫无建白，心何能安。幸赖同舟共济，藉免陨越，此炳纪所深为感激者也。本届选举会长，差幸驽骀之质，克卸仔肩，而以私心所希望者。凡炳纪任内所公同议决，如票据法，票据交换所，征信所，建筑本会会所，俱乐部，行员补习夜校及银币化验室诸大端，以及关于银团，如造币厂借款，车辆借款，通泰盐垦五公司债票等事，俟诸继任之贤哲接续进行，次第兴举。乃蒙诸公不厌老朽，嘱为联任，炳纪本不敢继续担任，只因会长乃公共职务，兼以一致推举，未便固辞。所幸新选副会长孙君景西年力壮强，学识丰富，得以随时商酌，藉匡不逮。然诸公之责望于炳纪愈切，而炳纪更不能不求助于诸公矣。今日为正副会长董事接事之期，炳纪略有意见请求商榷：一拟开放会员银行，以收集思广益之效。现在本公会会员银行计有二十一家，年来银行业日益加增，其资格相当信用较著者亦已不少，不妨

设法介绍，请其加入，他山攻错，固属以多为贵，而势力范围亦以愈广愈妙，此会员银行之亟应开放也。一拟规定办事施行细则，以资遵守，而利进行。本会为金融枢纽，一事之来，不分巨细，办事手续当有缓急，苟无一定之程序，即无积极之精神。历年会务之困难，职是之由，此办事施行细则之亟宜规定也。一拟请本会会员及董事遇有会议时，务须一律与会。上届凡有会议事件，屡开会员会，因董事仅有七人，间有缺席，非开会员会不足以昭慎重，然各会员每因行务繁忙，不克出席，即出席而时间过久诸感困难，以致每议一事，不及周详，议决后仍难实行。本届董事添举二人，将来遇有提议事件，拟先开董事会，作一度之讨论，俟各案汇集，或有重要事宜，再开会员会，则由董事报告详情，会员易于表决，而会员会可不常开，开议时间亦可缩短，实于会务，行务两有裨益。但各董事，各会员凡遇开会时，务请按期亲自莅会。若因公冗不能出席，亦希委托各会员行所举本会评议员为代表，以资接洽而免隔阂。一拟请本会同人互相爱护，以期团体之日坚。窃思本会之设，本以交换智识，研究业务为原则，但际兹时局不定，人心凉薄，凡我操银行业者或直接或间接影响较易。如我同业中遇与外界相抗之事，或外界与同业有相侵之端，凡我同人务须出于公心，持以毅力，公同维护，以合群为前提，庶风声所树，俾外界知我团体固结，或可消患于无形。炳纪自知老朽，语多陈腐，但管见所及，用敢直陈，是否可行还祈诸公详加审择，明以教我为幸。

《申报》，1922年9月6日

8. 全国银行公会第四届联合会

全国银行公会第四届联合会议在汉开会，又适值财政当局有破坏内债基金之计画，预料银行界对于政府将有严重之表示。故此次银行联合会议关系重要，极为国人所瞩目。此次会议，哈尔滨银行公会原亦请其参加，但该会竟未遣派代表，或因东省已宣布为自治区之故。现出席于该会之代表总数为三十九人，北京银行公会代表王叔鲁、钱新之、周作民、谈丹岩、朱虞生、胡伯午，天津银行代表卞白眉、潘履园、许汉卿，上海银行公会代表盛竹书、倪远甫、李馥荪、林康侯、吴蕴斋，杭州银行公会代表俞寿沧，南京蚌埠银行公会代表许仲衡，萧宏昭，南昌银行公会代表刘重元、傅绍庭、龚梅生、周达、傅国俊，济南银行公会代表曹善卿、颜粹甫，汉口银行公会代表洪苓西、曾务初、史晋生（王稻秤[①]代）、李瑞生、何绍伯、王毅灵、秦禊卿、陈如翔[②]、龚寿征、宋仪章、陈健庵、陈澄中、梁俊华[③]、刘艾唐、陆梦芗。十三日各埠代表俱已到齐，惟京代表王叔鲁十四日始自浔乘江新轮赶到。十五日即在汉口华商总会（因汉公会新址尚未落成）举行开会式。门首以松柏扎成大牌楼，横嵌全国银行公会第四届联合会议数字，并缀以各色电灯。三十九代表皆出席该会，循照向章，不设旁听席，亦未请人参观，故开幕仪式极为简单。随开预备会，公推汉公会长王毅灵主席（金城银行行长）。由主席报告各埠提案，北京有七，上海有五，汉口四，天津二，杭州一，沪代表盛竹书另提一案，共为二十。金谓各埠提案颇多相类者，主张并案讨论，以省时日。讨论结果并其相类者为十大案如下（下略）。

《申报》，1923年4月20日

9. 汉口银行公会现任职员表

董事

名　称	姓　名	字　别	行　名	银行职务	被选年月
董事长	王锡文	毅灵	金城	经理	十一年十月
董事	洪钟美	苓西	中国	经理	十一年十月

[①] 王稻秤，宁波镇海人，20年代曾任汉口浙江兴业银行行长。
[②] 陈如翔，宁波人，时任汉口四明银行行长。
[③] 梁俊华，镇海人，时任汉口浙江地方实业银行经理。

（续表）

名 称	姓 名	字 别	行 名	银行职务	被选年月
董事	曾慎基	务初	交通	经理	十一年十月
董事	宋凤翔①	仪章	华丰	经理	十一年十月
董事	秦 开	禊卿	中孚	经理	十一年十月
董事	陈 恺	如翔	四明	经理	十一年十月
董事	陈 行	健庵	懋业	经理	十一年十月

评议员

姓 名	字 别	行 名	银行职务
孙梦吉	渭占	中国银行	副行长
沈 沅	诵之	中国银行	襄理
张其彦	硕臣	交通银行	副经理
王文达	稻坪	浙江兴业银行	副经理
闻云韶	信之	浙江兴业银行	副经理
马大昌	述文	聚兴诚银行	营业主任
詹世善	葆初	盐业银行	营业主任
李传麟	义明	盐业银行	会计主任
吴延青	言钦	金城银行	前任经理
周 炎	伯英	金城银行	副经理
张家淇	竹屿	中孚银行	副经理
姜斌义	绍圣	中孚银行	会计主任
洪钟文	彬史	四明银行	经理
盛酉生	栖生	四明银行	襄理
谢家骥	德良	上海银行	副经理
周苍柏	苍柏	上海银行	副经理
何邦瑞	玉良	华丰银行	副经理

---

① 余姚人。

（续表）

姓　名	字　别	行　名	银行职务
王　华	逸轩	中华懋业银行	会计主任
卞喜孙	燕候	工商银行	出纳主任
贺　蕃	一雁	工商银行	会计主任
黄　勤	俭翊	浙江实业银行	副经理
张承谟	承谟	浙江实业银行	副经理
孟昭埙	调臣	中国实业银行	副经理
王士彦	鹤齐	大陆银行	总账
高泰昶	仲和	大陆银行	营业员

资料来源：《银行杂志》第 1 卷第 1 号，1923 年 11 月。

漢口銀行公會現任職員表

董事

名稱姓	字別	行名	銀行職務	被選年月
董事長 王錫文	穀靈	金城	經理	十一年十月
董事 洪鍾美	荅西	中國	經理	十一年十月
董事 竹愼基	務初	交通	經理	十一年十月
董事 宋鳳翔	儀章	中孚	經理	十一年十月
董事 秦開	禩如翔	四明	經理	十一年十月
董事 陳愷	卿	中學	經理	十一年十月
董事 陳行	健庵	懋業	經理	十一年十月

評議員

姓名	字別	行名	銀行職務
孫夢吉	渭占	中國銀行	副行長

汉口银行公会现任职员表

10. 汉口银行公会创设之经过

1923年11月1日

　　世界日进文明，商业亦日臻发达，金融界与商业有密切之关系，银行者，金融界之枢纽也。集合众银行而成一团体之机关，是为银行公会。民国以来，政治随时局为转移，商业竞争，则有进无退。汉口为通商大埠，观银行之日多一日，则知商业之日盛一日。观吾银行公会之会员日多一日，则知金融界团体日固一日，此吾公会自为庆幸，而更不能不为吾汉口前途庆幸也。自民国四年银行公会章程以法令颁布，而全国银行公会之先后成立者凡十，曰北京，曰天津，曰上海，曰汉口，曰南京，曰杭州，曰南昌，曰济南，曰哈尔滨，曰蚌埠。顾所以为银行公会之设者，以就一地之金融，矫其弊而策其利，以期日进于繁昌，均非通力合作不为功。故政府著为法令以倡之，同业遂因势利导以成之。此中外之所同，而吾汉口之银行公会所由应时而起矣。

　　汉口之银行日多，顾何以能集同志之银行而成立一公会。此其创设之情形，亦非一蹴可及者。凡事创设皆不易，而银行公会入会之章制甚严。其宗旨之最要者，又在联合在会各行，调查及研究国内外金融状况，俨然与环球各国之经济财政相汇通，故创设之不能一蹴而及者又以此。民国初元，汉口中国银行继续大清银行而成立。与前清原有之交通银行、浙江兴业银行及其他银行，自元年至五年时有聚会，为金融之讨论。六年四月，中国银行钱宗瀚、交通银行关国荣、浙江兴业银行史致容、华丰银行宋凤翔、聚兴诚银行杨培光、中孚银行通汇处杨赤玉发起金融研究会，订简章。十月，盐业银行开幕。十一月，中孚银行开幕。于是中国、交通、浙江兴业、聚兴诚、盐业、中孚、华丰，由金融研究会改组一非正式之银行公会，而尚无章制。七年，金城银行、四明银行筹备。八年四月，二行开幕，合之中、交等银行，而公会共有九行矣。然当时仅有星期三、六之会议，假金星公司三层楼为聚餐室，即以是为会议地点。此为汉口银行公会创设之第一时代也。

　　民国九年五月二十九日，中国等九银行草订汉口银行公会章程，以九行为发起会。

六月六日，章程草案开会通过。由中国、交通、浙江兴业、聚兴诚、盐业、中孚、四明、金城八银行缮录章程，呈财政部立案，并声明华丰银行为本会发起之一，开办已越二年，现由地方官厅转请注册，俟注册后入会，均奉部批准备案。十月二十七日，中国等八银行暨上海商业储蓄银行（今简称上海银行）、华丰银行、中华懋业银行开公会成立预备会。时各行推举代表，中国银行为行长钱宗瀚，交通为关国荣，浙江兴业为史致容，聚兴诚为何继昌，盐业为李春楷，金城为王锡文，中孚为秦开，四明为洪钟文，上海为金铸，皆经理也。又以华丰之总理宋凤翔为发起人，与尚未入会而赞襄本会筹备之懋业经理丁志兰，均由公会聘为特别评议员。复由各行推举评议员，中国为洪钟美[①]、孙梦吉，交通为曾慎基、张其彦，浙江兴业为王文达、闻云韶，聚兴诚为杨培英、龚廷栋，盐业为詹世善、李传麟，金城为吴延清、周炎，中孚为张家淇、毕胜华，四明为陈恺、盛酉生，上海为方冠五，以中国二层楼为办公地点。十一月一日，公会正式成立，选举钱宗瀚、关国荣、王锡文、史致容、秦开为董事。公推钱宗瀚为董事长，聘中国银行沈弗均、汪步洲兼任办事员，一文牍，一庶务会计。其建筑基金，中、交两行各认一万元，浙江兴业、聚兴诚、盐业、金城、中孚、四明六银行各认五千元。各立存折，交董事部仍存各原行，以周年五厘生息，即以此利息为公会之经常开支。后有入会者，纳建筑基金五千元，入会金一千元，著为例。十一月六日，第一次董事会。十三日，第一次会员会。自是会务悉照章办理。此为汉口银行公会创设之第二时代也。

十年二月，由在会各行组织汉口银行交易处，附设中国银行收税处办公。十二月，华丰银行、懋业银行入会。十一年二月，钱董事长调任京行，十一日补选董事，洪钟美当选。票选董事长，史致容当选，因有事，指董事洪钟美代理之。关董事交通辞职，二十二日补选董事，曾慎基当选。三月订立银行公会职员组织及办事大纲，聘请江宁金世和为书记长。董事部编制预算案，各行分担之，年著为例。根据全国银行公会联合会议议案，五月，成立银行会计科目名词研究会。八月购歆生第一马路土名

---

① 慈溪人，与洪钟文为同一族人。

杨家地之基地83方余，建筑公会。是月工商银行入会。十月，浙江地方实业银行、中国实业银行均入会。十月十五日，董事会议决修改公会章程。二十一日，会员会将修改章程条文通过呈部立案。十一月一日，改选董事，王锡文、洪钟美、曾慎基、秦开、陈行、宋凤翔、陈恺当选；互选董事长，王锡文当选。十二年二月，以原建筑费不敷，并应加装修器具各费，议由中、交两行各垫五千元，浙江兴业等十二银行各垫两千五百元。四月，大陆银行入会。是月十五日，全国银行公会第四届联合会议在汉口开会，由公会承办。七月，依照议案，设立内债债权人会汉口分会。十月，公会新屋工竣。十一月一日，迁入新屋办公。此为汉口银行公会创设之第三时代也。

自九年十一月正式公会成立以来，各会员银行代表之递嬗：中国银行为行长钱宗瀚、洪钟美；交通为经理关国荣、曾慎基；聚兴诚为何继昌、杨培光、胡彬及胡彬调总行，何继昌复为代表；上海为金铸、谢家骧、龚国诚；懋业为丁志兰、陈行；工商为陈清华暨代经理张度；浙江地方实业银行今年三月改为浙江实业银行，其代表为梁俊华；中国实业为刘棣芬；大陆银行为陆世焱。其他代表，如浙江兴业银行之总经理史致容，盐业之经理李春楷，金城之王锡文，中孚之秦开，华丰之总理宋凤翔，则三年来仍旧焉。四明之代表，始为经理洪钟文，继为副经理陈恺。其各行推举之评议员，浙江兴业、盐业、金城三行，三年无更易。中国之洪钟美为代表，孙梦吉仍旧，其一以沈沅补之。四明之陈恺为代表，以洪钟文补之，盛西生无改焉。交通曾慎基为代表，张其彦仍之其一员，今补龚鳌，中孚仍为张家淇。泪毕腾华离汉，姜斌义继之。聚兴诚以马大昌继杨、龚二员之后。上海银行继方冠五者为龚献乾，及龚国诚为代表，谢家骧遂与周苍柏同为评议员。其相继入会之名行评议员，华丰为何玉良；懋业始为徐嗣香，今为王华；工商始为张度、贺蕃，今为贺蕃、卞燕侯；浙江实业为余金玉、张承谟。余金玉调行，以黄勤补之。中国实业为孟昭埙；大陆为王士彦、高泰昶。其会员、评议员各本行之职务，则另表以明之。此公会创设之经过，其情形大略如此。若夫在会各行营业之发达，年胜一年，则报告书具在。推其原因，有公会之互相砥砺，互相协助，始克收此速效，吾公会之成绩如此。已往之缔造，现在之成立，将来之推广，群策群力，众志成城，岂惟结合汉口金融界之团体以振兴商务，将以结合全国金融界之团体以振兴国家。更将本吾公会创设之要旨，以调查及研究之实力，周知夫国内外金融状况，而与环球各国之经济财政相汇通。是则吾公会同人所应共勉，而深期有以副其志愿者也。

《银行杂志》第1卷第1号，1923年11月

11. 钱银两公会维持市面金融（节选）

银行放款暂不收取

自战谣频传，市面顿现恐慌，而金融方面尤受影响，致发生搁浅之现象。因果相循，人心益觉不宁。本埠银行公会有鉴于此，于昨日举行例会时，对于维持市面金融办法有所讨论。据该会会长盛竹书云，公会因念金融为社会命脉之所系，亟宜加以维持。故对于已经放出之款确信庄家殷实可靠者，暂时不向收取，以资维持，而社会人心亦得藉此安定云云。

《申报》，1924年8月22日

12. 银行公会会所落成开幕志盛（节选）

许秋帆等有演说

本埠香港路四号之银行公会会所，自十二年夏开始动工，经营两年余，现始竣工，于昨日上午十一时行开幕礼。由会长倪远甫、孙景西及盛竹书及全体职员殷勤招待。到者来宾有交涉员许秋帆、江海关监督朱有济、总商会会长虞洽卿、方椒伯，钱业公会会长秦润卿及袁履登、孙慎款、姚文敷，会员银行代表吴蕴斋、陈光甫、林康

侯、孙衡甫、宋汉章等共三百余人。先进茶点，并由南洋烟草公司赠送白金龙香烟。会场在第一层大厅，布置宏丽，可容五百人之集会。振铃开会后，由林康侯宣读秩序，先向国旗全体行三鞠躬礼。次主席倪远甫致开幕词（录后）。次许秋帆演说，大意谓今日俗称财神日，公会定今日开幕，颇有意义。余此来纯为贺喜，今日济济一堂者，大都系财界名彦。余欲于经济方面有所发言，殊不免有班门弄斧之讥。惟金融为社会命脉，上海又系交通中枢，公会之责任至重且大。以余观之，不外对内对外二者，就对内言，则银行界与中央政治与社会安宁存在有密切之关系。又如上海造币厂，关系币制统一，又非银界协助不可。就对外言，则舍联合外不足以抗外资之侵略。此间四行有联合设公库之举，余最钦服其办法。若合全埠各银行而设一公库，则其势力之雄厚又为何如。然吾人之目的不仅在维持本国金融，尤在与外国势力相颉颃也。溯银行业之在中国三十年前犹在草创，辛苦经营，以有今日，未来发展尤无限量。今日公会会所之成，即所以树联合之基云云。次方椒伯代表总商会致颂词（录后）。秦润卿演说，谓钱业有三百余年之历史，而银行则方仅三十年之历史，故钱业为兄，而银行为弟，惟钱业墨守旧法，殊鲜进步，而银行则后来居上，发展至此。惟

盛竹书主持修筑的位于香港路的上海银行公会新会所，1925年落成

既同为金融界，则以后银钱两业亦当携手共济云云。末袁履登演说银行界过去在社会上之功绩，即由主席致谢。而散时已午后一时矣。

《申报》，1926年2月18日

13. 上海银行公会改选纪

盛竹书当选为会长，陈光甫为副会长

昨（一日）日为上海银行公会改选董事及正副会长之期，午后五时全体会员银行中国，交通，兴业，浙江实业，上海盐业，中孚，聚兴诚，四明，中华，广东，金城，新华，东莱，大陆，东亚，永亨，中国实业，通商，中南，农商，工商，懋业，汇业共二十四家，均有代表出席，齐集香港路四号公会议事厅。现会长倪远甫君主席，先行选举新董事九人，投票毕，公推徐新六，林康侯两君为唱票员，计当选新董事者为交通盛竹书，上海陈光甫，中国宋汉章，兴业徐新六，浙江实业李馥荪，盐业倪远甫，大陆叶扶霄，新华黄明道，金城吴蕴斋。董事举出后，即继续由新董事推选会长，公推吴蕴斋君为唱票员，检票结果，盛竹书九票当选正会长，陈光甫四票当选副会长，全体董事拍手欢迎，七时散会。

《申报》，1926年9月2日

14. 银行公会会员大会

照章选举理监事半数

银行公会第十五届会员大会，廿八日下午二时半，在中行大厦四楼召开。到全体

理监事及秘书长孙俶仁，秘书顾诚安，暨会员三百九十余人。由理事长李馥荪担任大会主席，致开会词。继由社会局，市党部，金管局，市商会各代表络续致词。词毕，由孙秘书长报告会务，通过案件四起：关于仓库公会函请银行之有仓库者，应同时加入该公会为会员案，议决，授权理监事会研究。又通过修正银行业业规三件后，由李理事长报告，下月一日起，票据禁止当日抵用，盼各会员一体遵守。

最后照章选举理监事半数，结果留任理事十三人，李馥荪、徐寄顾、徐维明、杜镛、王延松、李道南、徐国懋、王志莘、秦润卿、伍克家、罗伯康、陆允升、王酌清，留任监事四人，骆清华、金观贤、郑筱舟、王子厚，改选理事十二人，俞佐庭、胡铭绅、沈长明、包玉刚、瞿季刚、蔡松甫、谈公远、叶远凤、沈天梦、张蔚观、王伯元、王绍贤，改选监事三人，顾竹淇、袁尹邲、朱蕙生。

《申报》，1948年5月29日

保险公会

1. 保险公会会员盛大之聚餐 / 419
2. 各业请减营业税 / 419
3. 各业税则会昨开第十二次会议 / 420
4. 华商保险业之大联合 / 421
5. 市商会介绍华商保险联合组织 / 421
6. 市声 / 422
7. 为我华商保险公司全体组织联合分保团接受巨额保险 / 423
8. 各业保险经理处昨在商社开创立会 / 425
9. 上海各业保险总经理处股份有限公司公告 / 425
10. 保险业公会改选大会纪 / 426
11. 人寿保险协进社扩大会议记 / 427
12. 厉树雄出国游历 / 428
13. 保险业公会欢送厉树雄出国考察 / 428
14. 保险业公会请减印花税率 / 429
15. 保险单印花税率过高 / 430
16. 推派代表晋京请愿 / 431
17. 沪保业向立院请愿 / 431
18. 保险公会昨日大会 / 432
19. 保险公会昨改选执委 / 432
20. 保险公会执委会议 / 432
21. 银钱航保险等业代表昨晚联袂晋京 / 433
22. 保险单粘贴印花税率行将修改 / 433
23. 胡詠骐等应召出席立法院会议 / 434
24. 立法院商法委会开会 / 434
25. 保险业呈立法院 / 435
26. 保险业公会议定兵险最低行市 / 437
27. 消息 / 437
28. 教育部提倡灌输保险知识 / 438
29. 华商保险业昨宴实部代表 / 439
30. 保险界短讯两则 / 440
31. 所得税会计问题研究会 / 441
32. 外商暂停中日货物保险 / 442
33. 保险业公会今日开大会 / 442
34. 上海市保险业同业公会为水险保费收现公告 / 443
35. 保险业认购救国公债（节选）/ 443
36. 保险业特设华洋联合特务委会 / 443
37. 华商保险业共有七十二家 / 445
38. 保险公会联合会昨举行成立大会 / 446

保险公会

1. 保险公会会员盛大之聚餐

　　昨日上午，本埠保险公会会员，在跑马厅华安人寿保险公司八楼，开聚餐大会，到会会员，水火保险方面，有华安、华成、联保、先施、永安、华兴、联泰、丰盛、金星、中央、永宁、宁绍、安平、通易、肇泰、羊城等公司十六家，人寿保险方面，有中国、华安、合群、系寿、永安、人寿、先施人寿等公司，觥筹交错，冠裳跄济，颇极一时之盛。席间规画新公会成立后，一切进行事项，餐后，并公同摄影，至三时始尽欢而散。

《申报》，1928 年 11 月 18 日

2. 各业请减营业税

　　保险业近因财政部修正苏浙营业税条例中对于保险业课税千份之二十，即将呈由中央政治会议及部院审核后颁布施行，本埠保险业公会当于昨日下午二时半召集全体会员三十余人，开临时紧急会议，讨论请求中央减免营业税办法。公推刘石荪主席，胡锡安记录。开会讨

论后,各会员金以保险业为发展国民经济之事业,中国保险业迭受外商之压迫,营业衰落,事在萌芽,正期政府之保护与提倡,以臻发达。今竟负担此重税,实难胜任。乃决定推举代表备文向中央党部、国民政府、财政部等各院部请愿,并当场推选厉树雄、吕岳泉、刘石荪、郭八铭、胡詠骐、潘学安六人为晋京请愿代表。各代表刻正摒挡一切,于数日内即行晋京。

《申报》,1931年3月29日

3. 各业税则会昨开第十二次会议

议决呈请厉行一物一税制度

本市各业同业公会税则研究委员会,昨开第十二次委员会议,到叶春樵、邵宝兴、沈维挺、郑澄清、谢仲乐、孙蜑成、骆清华、诸文绮、孙鸣岐及保险业列席代表徐可陞、吕岳泉、经乾堃、胡詠骐、朱叔仪等十余人,主席骆清华。兹录其决议案如下:(一)保险业同业公会函,为附奉原呈文一纸,请予援助请免征营业税,按照各公司每年纯收益认缴千分之二案,议决,保留。(二)桂圆业同业公会函陈本市营业税条例草案意见两项,请予察核案,议决,函复备考。(三)面馆业同业公会函,为附具理由,请转呈本业营业税,依照饭店业征收千分之二案,议决,转呈,并函市商会出席代表。(四)土布业同业公会函,请转呈免征营业案,议决,转呈。(五)桂圆业同业公会函,为请转呈减轻征收本业营业税为千分之二案,议决,转呈。(六)蛋业同业公会函,请代电财政部,令行安徽财政厅,转饬各征收处,一律免征蛋庄营业税案,议决,代电财政部。(七)请追认呈请立法院贡陈营业税法意见案,议决,准予追认。(八)拟以全市同业公会名义,公告拥护中央推行营业税案,议决,通过。(九)定期宴请本市商界出席国民会议代表王延松君,请其在会议席上,注意税法案,议决,定本月二十八日。(十)呈请府令院部,并转本市商界民会提案审查会，应集中国家税收，并厉行一物一税制案，议决，通过。（十一）呈请奖励国货出口对于制成品应一律免除出口税案，议决，通过，议毕散会。

《申报》，1931年4月23日

4. 华商保险业之大联合

九公司成立分保团

日日社云，华商通易保险公司等，为谋团结一致挽回利权计，实行组织分保团，接受巨大保险之营业，而由分保团团员互相分保，共负责任。此项组织已于本月一日正式成立，团员为通易保险部、华安水火保险公司、华兴水火保险公司、宁绍保险部、中央保险部、肇泰水火保险公司、安平水火保险公司、大华水火保险公司、丰盛水火保险公司等九家，通易保险部朱叔仪君为主任。自成立后第一次即由大华公司接受交通部上海电话局之保险额五十万元，第二次复由通易、大华两公司接受商务书馆全国分馆保险额二百十九万元之二成半，总合一星期内已承保一百余万元。前因华商各保险公司限于资本，每遇巨额保险，难以接受。今则在此分保团之九团员中，无论接得巨量保额，均可由团员分保，在团员之资本额已告受保满足时，可给与其他华商保险公司互相分保。是以此后我国大量额之保险，可以不致丧失利权于外商保险公司云。

《申报》，1931年5月8日

5. 市商会介绍华商保险联合组织

集中二十公司财力　承受各界巨额保险

市商会昨通告各界云，迳启者，本月三日，本市保险业同业公会函称，数月以来本会会员各公司渥荷贵会暨各界诸公，并力嘘植，而国有财产及国营事业并经本会呈奉院部，按照前工商会议议决原案，通饬各主管机关一律归华商公司承保，自维绠短汲深，时虞丛脞。爰为联合本会会员华商公司全体，组织分保团，俾能集中资力，厚其保障，以便接受各界大宗保险。兹特印就通启数千份，并拟恳贵会赐撰一函，介绍各业。一俟印就，即由本会连同通启，分别散布，毋任感祷等语到会。查各业投保水火人寿各险，前经本会通告，嗣后应改向本国保险公司投信，以挽利权，而杜纠纷。各业同具爱国热肠，又有切身利害，自必乐于一致奉行。华商保险公司为厚集资力起见，爰有联合分保团之组织，集中二十公司之财力，承受各界巨额之保险，为保户力觅保障，为华商益树信誉。凡我各业，暨全体市民自宜鉴于前车，力图改弦易辙，群向华商保险公司投保，庶挽年积坐失之利源，并免法权牵掣，赔款纠纷之危险，用特详陈利害，备函介绍云。附加入分保团之公司如下：（一）先施保险置业公司。（二）永安水火保险公司。（三）华安水火保险公司。（四）通易信托公司保险部。（五）宁绍商轮公司保险部。（六）华兴水火保险公司。（七）华成经保火险公司。（八）仁济和水火保险公司。（九）羊城康年联合保险公司。（十）大华水火保险公司。（十一）先施人寿保险公司。（十二）永安人寿保险公司。（十三）华安合群保寿公司。（十四）中央信托公司保险部。（十五）中国实业银行永宁保险公司。（十六）肇泰水火保险公司。（十七）联保水火保险公司。（十八）丰盛水火保险公司。（十九）联泰水火保险公司。（二十）安平水火保险公司。以上二十公司可任向何公司接洽办理。

《申报》，1931年6月9日

6. 市声

中华保险年鉴讯，中国保险学会与上海市保险业同业公会，合组中华保险年鉴社，进行中华保险年鉴编制工作。本年度年鉴，为谋详尽起见，期以双十节前杀青。

内容丰富精警，质量并重。执笔诸子，均为保险学专家，对我国中外保险业现状，纪载详尽，尤注重各种有关保险统计材料之搜罗。各类保险论文，胥出专门学者手笔，分工合作，收获自宏。虽在宁缺毋滥之原则下，仍能蔚成巨帙。逆料该书出版，当能冲破保险书籍出版界之沉闷空气云。

《申报》，1931 年 6 月 16 日

7. 为我华商保险公司全体组织联合分保团接受巨额保险

敬告各界诸君

本团系由华商保险公司组织成立，且均系本埠保险业同业公会会员，按照法定手续，经部注册，并在国内有悠久历史之公司，资本雄厚，信用昭著。窃念保险事业关系国计民生至重，且大举凡一切商店、公司、工厂、轮舶、医院、学校、住宅以及官有财产与各种重大事业，皆与保险事业息息相关。又如人生年命之修短暨其家室子孙，或工商团体之休戚利害，则人寿保险于斯滥觞东西各国，恒以是卜全民休咎之征。无如吾国洋商保险公司到处林立。上海一埠每年攫取吾国保费不下四五千万，而辽平津汉以及其他沿江濒海之区，则每年保费所出亦岁无地不在四五百万之巨。此其全国利害所关，实不惟吾同业之被其影响而止。本会同人为通筹全局挽回国家利权计，曾经呈奉　行政院秘书处函复，以国有财产及国营事业一律归华商公司保险一案，业奉　兼院长蒋交由实业部，按前次工商会议议决原案，通饬京内外各该主管机关遵照办理。同时本埠市商会亦通函全国各地商会，及本埠各业公会一致向华商公司保险，并于本月十七日登报通告。本会同人上荷政府裁成之德，下承　市商会暨各界提挈之惠循环内省，深惧弗胜，犹虑外间，或有不察，以为华商公司不能接受大宗保险。爰有上海保险业同业全体会员联合分保团之组织，集中资力，厚其保障。经于本月开始，营业兼旬，以来谬承各界垂愿，业经接受巨额保险多起。此后无论何项巨额

保险，凡为一公司所不能独力承保者，皆可交由本团任何公司接受，分给各华商公司量力承担。所望我全国官商士民鉴此征忱，惠然肯来。如承赐顾，则无论本团任何公司，皆能竭诚款洽，以副雅意，不胜厚幸。上海市保险业同业公会全体会员联合分保团谨启，如蒙赐顾，无论巨细额保险，请向左列各公司接洽，无任欢迎。

大华水火保险公司，北京路六四，电话：一三二七三。

中央信托公司保险部，北京路九八，电话：六〇三九九。

中国实业银行永宁保险分行，博物院路三，电话：一五六〇九。

仁济和水火保险公司，江西路二一二号五楼，电话：一六七四八。

先施人寿保险公司，浙江路五九五，电话：一五七五三。

先施保险置业公司，浙江路五九五，电话：六一九一一。

永安人寿保险公司，南京路，电话：一四八四二。

永安水火保险公司，南京路，电话：一四七三八。

安平水火保险公司，天津路五〇七，电话：一三六二九。

羊城康年联合保险公司，江西路四六七，电话：一七七七八。

通易信托公司保险部，北京路一二六，电话：六四五二一。

华兴水火保险公司，爱多亚路三八号二楼，电话：六一二九三。

华成经保火险公司，南市外马路洞庭山弄一，法租界天主堂街五〇，电话：六二五九四。

华安水火保险公司，公共租界外滩七，电话：六一一一三。

华安合群保寿公司，静安寺路一〇四，电话：六一〇七二。

宁绍商轮公司保险部，江西路五九，电话：一八七八二。

肇泰水火保险公司，广东路十三，电话：一七八六四。

联泰水火保险公司，江西路四五一，电话：一一九七〇。

联保水火保险公司，宁波路六〇，电话：六一六九四。

丰盛水火保险公司，爱多亚路三八号二楼，电话：一六六五八。

《申报》，1932年2月12日

8. 各业保险经理处昨在商社开创立会

当场选出董监事

本市各业公会，为提倡华商保险事业起见，特联合各业领袖，组织各业保险总经理处，昨在上海商社，开创立会。到会发起人，王晓籁、王延松、方椒伯、郑澄清、叶家兴、骆清华、陆文韶、马少荃、郑泽南、张一尘、谢仲乐、陈松源、邵宝兴、吕岳泉、俞国珍、葛杰臣、陆凤竹、姚式文、董汉槎等三十余人。公推方椒伯为主席。当由主席报告筹备经过情形，并通过公司章程，选举董监。用票选法，选出方椒伯、王晓籁、陈松源、王延松、郑泽南、葛杰臣、诸文绮、陆文韶、吕岳泉、马少荃、柯十臣、骆清华、郑澄清、叶家兴、俞国珍、王彬彦、马骥良、谢仲乐、陆凤竹、董汉槎、孙梅堂、张佩珍、邵宝兴等二十三人为董事，姜麟书、邬志豪、张玉墀、许廷佐、金润庠、屠开征、余华龙等七人为监察。

《申报》，1932 年 12 月 26 日

9. 上海各业保险总经理处股份有限公司公告

本月十日开幕　欢迎各界指教

保险事业，关系社会全体、个人利益，至为重要。数十年来，为洋商所操纵。保户投保之时，既无审慎抉择之认识，出险而后，又乏申诉保障之机关，以致剥夺由人，法益莫保。本公司有鉴于斯，特组织总经理处。一方面提倡华商保险，挽回利权；一方面保障保户利益，代办手续。此物此志惟在服务社会，裨益人群。兹定于本月十日正式开幕，即日起开始营业。凡在以下三项业务，范围以内，本公司愿尽其全力，为忠诚之服务。（一）经理人寿、水火、汽车意外等各种保险。（二）代保户办理

因受灾所生之一切手续。(三)答复关于各种保险之询问及研究。

开业伊始谨揭主旨，以告各界。如蒙惠临指教，曷胜欣幸。

董事长：王延松，常务董事：陈松源、诸文绮、陆文韶。

董事：方椒伯、王晓籁、郑泽南、葛杰臣、吕岳泉、马少荃、柯干臣、骆清华、郑澄清、叶家兴、俞国珍、王彬彦、马骥良、谢仲乐、陆凤竹、董汉槎、孙梅堂、张佩珍、邵宝兴。

监察人：姜麟书、许廷佐、张玉墀、邬志豪、金润庠、屠开征、余华龙。

总经理：方椒伯，副经理：叶家兴、包镜第。

法律顾问：卢峻律师，会计顾问：李文杰会计师。

地址：汉口路石路口绸业大楼二楼。

电话：九三三五〇至九三三五九。

《申报》，1933年2月7日

10. 保险业公会改选大会纪

保险业同业公会，于昨日下午二时半，举行改选执行委员会员大会，代表统计七十二人。昨日到会者，计华兴、肇泰、联保、华安、通易、先施、永安、安平、太平、宝丰、中国等会员公司代表五十三人，上海特别市党部派何元明、社会局派俞天碧、市商会派孙鸣岐出席指导。行礼如仪后，由主席厉树雄报告开会宗旨，略谓本会两年来工作概况，大致已见之二十、二十一年度报告册，各位想已阅及。惟保险事业，首重合作，则党务始能发展，本会各会员公司，对于此种精神颇佳，此后仍望继续努力云云。报告毕，由书记杨启庭宣读各会员代表名单，旋即开始抽签。由党代表何君贡献本会会员既已增加，执行委员亦应同时增加意见。当经全体会员通过，并决定增加人数二人。该会第一届执行委员，原为厉树雄、徐可陞、冯佐芝、傅其霖、吕岳泉、罗倬云、梁国华七人，罗倬云已调往外埠服务。故照章抽去三人，应改为二人，计冯佐芝、吕岳泉，另票选丁雪农、朱如堂、胡詠骐、潘学安、董汉槎五君为新执委，连未抽去之执委厉树雄、徐可陞、傅其霖、梁国华四君，计共九人。当场宣誓就职，略进茶点，摄影后散会，已五时半矣。

《申报》，1933 年 10 月 3 日

11. 人寿保险协进社扩大会议记

本埠爱多亚路十九号，中华人寿保险协进社，自最近扩大组织以来，于十一月二十三日下午五时，在华安合群保寿公司举行第一次全体公司社员会议。出席者有中国保险公司宋汉章，友邦人寿保险公司薛维藩、费孟福，宁绍人寿保险公司方景和，四海保险公司容显麟，华安合群保寿公司吕岳泉、顾庆毅，先施人寿保险公司霍永枢，中华人寿保险协进社张似旭等，济济一堂，洵盛事也。当经公推华安吕岳泉君为主席，协进社社长张似旭君司记录。首由张君将中华人寿保险协进社，未经扩大组织以前之工作，作一简短之报告，有可得而述者如下：（一）在国内各著名杂志如东方、科学、华年、女青年、商业月报等按月发表人寿保险之各种宣传图画文字。（二）在本埠各日报，随时发表关于各公司之营业概况，及各种消息以引起民众之注意。（三）在申报及时事新报，按月编刊人寿保险专刊一期，文字浅显，收效宏大，刊费由登有广告之各公司分担。（四）向国内名流征集赞助人寿保险制度之题词墨宝，以资观览，而利宣传。（五）选员赴各大学演讲人寿保险之意义及利益，并介绍有志之青年大学生为各公司招徕员。（六）与商务印书馆接洽，印行该社编译之人寿保险学各种书籍（已出一种、已脱稿者二种），并得该馆总编辑王云五先生，接受该社之建议，在新出版之中学公民教科书中，加入人寿保险课目，以阐明寿险之真义及其利益。（七）该社发行之寿险季刊，已出至第三期，刊费完全由所收广告费项下支出。

（八）该社为宣扬寿险学理，养成专门人才起见，已着手编制讲义，拟于最短时间，开办寿险函授专科。报告既竟，旋即讨论社务之进行。主席吕岳泉先生提出先施人寿保险公司提案多种，一一付表决，乃宣布散会。记者观于寿协社成立，未及周岁，而成绩已斐然可观，今更有扩大组织之举，俾各公司互相提携，以策进行，行见我国寿险事业，将迈进不已，发扬而光大之，当以此为嚆矢矣。

《申报》，1933 年 12 月 13 日

12. 厉树雄出国游历

保险业定期举行欢送会

沪保险业巨商厉树雄氏，近为明了国外市场近况，定于本月十一日偕夫人出国，赴欧美各国游历，兼考察保险等各项事业。本市保险业同业公会，特定于九日下午四时，假座海格路大沪北园举行欢送会。

《申报》，1935 年 6 月 6 日

13. 保险业公会欢送厉树雄出国考察

到宋汉章、周作民等中西士女多人

上海市保险业同业公会全体会员二十八家保险公司为该会主席厉树雄氏出国考察工商业，昨日下午四时至六时假座海格路大沪花园，举行欢送茶会。到者会员宋汉章、徐可陞、胡詠骐、丁雪农等，暨来宾周作民、徐佩璜、徐新六、金廷荪、方椒伯、黄延芳及外宾皮尔士（HG. Pierch）等中西士女三百多人，主席宋汉章，司仪徐

可陞。会场设于花园舞厅。由主席致开会词，略谓：厉氏自任该会主席已届四载，任劳任怨，建树极多，如一二八之役闸北难民抚恤费之筹措等，尤为社会公益。今兹出国考察各邦工商，来日必更多贡献于吾社会。次由徐佩璜及洋商保险公会主席皮尔士等相继致词，并由宋氏代表该会公赠厉氏银塔一座。末由厉氏答词云：顷聆诸君颂词，过承奖许，树雄实惭愧万分，敢不敬铭心曲，力图报称。窃念树雄承乏保险业同业公会主席，于兹四年。此四年中，虽我国保险事业迭经事变，而仍有有系统之进展，颇为全国官商各界所重视。就公会言，虽不无成绩可告，然此正赖全体会员诸君暨执委诸君之共同努力，全体商界之奖掖维持，党政当轴诸公之监督指导，与舆论界诸君之提携匡助，以及外界同业之推诚合作，乃能得此进境。树雄职思其位，方当感谢不遑，更曷敢自矜一得。至此次出国游历，本欲吸取海外空气，藉资休养，更期于游历之余，得有机缘从事考察各国社会经济状况，对于目前各国所感到之种种恐慌，或将考其因果，察其对付方法，以为找人借镜之一助。诸君明达，殊愿有以教我，乃承保险同业诸君不素，举此盛大之欢送会，矜窜逾分，益令受之者无辞以报，诚不敢当。所愿此行稍获寸长，不久回国仍当追随诸君子之后，今行期忽遽，未克一一造府称谢请行，谨举杯敬祝诸君万福。厉氏致词后，并举行茶舞、摄影，至六时始尽欢而散。

《申报》，1935年6月10日

14. 保险业公会请减印花税率

新旧税率相较增重数倍之巨
分呈财政部立法院请求复议

保险业同业公会，以新印花税，关于保险单须按照保额贴花，每千元贴花二分，其超过之数，不及千元者，亦以千元计等因，昨特召集会员大会，佥以新印花税法，不惟不照保险法、人身保险、财产保险分别规定，即就财产保险之贴花税率计算，无论水火，亦较现行印花税暂行条例加增数倍，委系碍难负荷；且现在通行之印花税暂行条例，在颁行之前，由江苏印花税局与本业协议订定。因当时鉴于本业之业务习惯，与其种种特殊情形，故几经往复磋商，始由局呈部核准，令行各省遵照办理。今忽遽尔更张，于国家之税额，增收有限，而影响于本业之弊害实多。当经决议，分呈财政部立法院，请求准予复议，以纾商困云。

《申报》，1935 年 8 月 23 日

15. 保险单印花税率过高

财政部已允转呈行政院咨立法院复议

本市保险业同业公会，前以新印花税法规定，保险单税率过重，同业委难负荷，迭呈中央院部，呼吁减低，并推派徐可陞、宋汉章、丁雪农、朱如堂四君，晋谒财政部孔部长、徐次长，面陈苦衷，恳请转呈行政院咨立法院，准予复议。兹闻财部已准如所请。该会昨语往访者云，新旧税率相较，所收实费，不敷黏贴印花之用。又如短期保险，旧例按照短期实收保费之多少，黏贴印花。今新法不论长短期保险，一律按长期保额实贴。例如十天短期保险，其印花即须与一年期保险相同，而核其实收保费，则相差有霄壤之别。此外如平安水险所保期限，仅不过数天。然按照新法，须照长年计贴。此种损失，实属不赀。又水险客户，常于未装船前，先行投保。万一因报关稽时，属令退保，则保费分文未取，而印花税已按额黏贴矣。以上情形，皆为保险业日常惯见之特殊事实，新法所定保险单税率，委属实难遵行云云。

《申报》，1935 年 8 月 30 日

16. 推派代表晋京请愿

减低保单印花税率

保险业同业公会，因新印花税率，关于保险单须照保额计贴，较诸前暂行条例，以照实收保费贴花相去悬殊，碍难负担，迭经该会呈请中央院部准予核减。兹闻财部已有允为呈请行政院转咨立法院复议消息。该会特召集临时大会，推派代表徐可陞、陶昕轩、项馨吾、汪叔梅四人，即日首途晋京，向中央院部面陈苦衷，以期迅赐核定，藉纾商困云。

《申报》，1935 年 9 月 12 日

17. 沪保险业向立院请愿

保险单照实收贴印花

（南京）沪保险同业公会代表徐可陞、汪之槐、项德方，为保险单贴印花事，十二日由沪到京，十三日晨到立院请愿。孙科派梁寒操代见，允对代表所要求照收保银数贴花，及生命保险与财产保险，因时期长短不同，亦应分别规定贴花数目各点，允转陈院长核夺。旋各代表又访谒马寅初，马答俟财部将印花税法修正草案送院后，即可设法采纳请愿意见，尽量修正（十三日中央社电）。

《申报》，1935 年 9 月 14 日

18. 保险公会昨日大会

上海市保险业同业公会，前为请求减低新印花税率事，推派代表徐可陛、陶听轩、项馨吾等晋京，向立法院请愿。兹闻徐君等业已旋沪，该公会特于昨日上午十时，召集会员大会，报告请愿经过，甚为圆满。又该公会现任执行委员半数任期将满，理应改选，拟定十月二日下午二时，举行改选大会云。

《申报》，1935 年 9 月 20 日

19. 保险公会昨改选执委

冯佐芝等四人当选执委

上海市保险业同业公会，于昨日下午二时，假座航运俱乐部，举行第二次改选执行委员大会。到会员代表七十二人，列席代表市党部王愚诚、市社会局胡玉麒、市商会李如璋。行礼如仪，主席徐可陛致开会词，并报告本会业务之大概情形，列席代表相继致训词。选举结果，冯佐芝、邓东明、卢蓉舟、陈干青当选为执行委员，项馨吾、过福云、郭信当选为候补委员。末摄影茶点散会，已五时余矣。

《申报》，1935 年 10 月 3 日

20. 保险公会执委会议

胡詠骐当选为主席

保险业同业公会，于昨日下午三时，举行第二届执行委员首次会议，到者胡詠骐、

朱如堂、邓东明、潘学安、丁雪农、董汉槎、冯佐芝、陈干青、卢蓉舟九人。当场选举胡詠骐、朱如堂、邓东明为常务委员，并由常务委员中互推胡詠骐君为主席云。

《申报》，1935 年 10 月 8 日

21. 银钱航保险等业代表昨晚联袂晋京

参加立法院财政委员会议　面陈请求修改印花税意见

立法院财政委员会，准今日下午二时，在京开会，讨论修正印花税法税率。沪银行业同业公会派王志莘、章乃器，钱业同业公会派席季明，轮船业同业公会派袁履登、汪子刚、魏文翰，保险业同业公会派徐可陞、项馨吾、陶听轩，均于昨晚十一时，乘京沪特别夜快车晋京，今晨抵京，列席下午会议。新声社记者，昨向列席会议之四业，探得请求各点如下：（一）银行业请求税率表第四"支取或汇兑银钱之单据簿折"之支票免予贴花，暨第十九"借贷或抵押单据"规定贴花数目，不以金额之大小而贴花递加。（二）钱业请求税率表第四"支取或汇兑银钱之单据簿折"之支票庄票免予贴花。（三）轮船业请求税率表第十二"轮船提单"免予贴花。（四）保险业请求税率表第十四"保险单"规定贴花数目，不以保额计算。

《申报》，1935 年 10 月 18 日

22. 保险单粘贴印花税率行将修改

昨日（十月十九日）下午二时，立法院财政委员会开会，讨论新印花税法。对于银行支票、保险业保险单，及航业提单贴用印花税，修改问题，由马寅初委员长主

席。各该同业公会,均奉命推派代表莅京列席陈述,吁请修改意见。其中保险业代表中国保险公司董事长宋汉章(南京中国银行副经理汪叔梅代表)、副经理项馨吾,肇泰保险公司经理徐可陞,太平保险公司南京分公司经理张梦文诸君,均相继起立,沥举保险业之特殊情形,及负担深重各点。希望对于保险单之印花,改按民国十九年暂行条例贴用,以免增困。闻院方对于该代表所陈苦衷,颇表同情,拟与财部主管方面交换意见后,加以相当修改,以轻税率而顺商情。该代表等会后,项馨吾、张梦文两君当晚返沪,向公会报告经过云。

《申报》,1935 年 10 月 20 日

23. 胡詠骐等应召出席立法院会议

立法院鉴于我国保险法尚有修正之必要,爰由马委员寅初函请上海市保险业同业公会派员出席与议。该公会接函后,当即推定胡詠骐、潘学安、刘聪强、项馨吾、龚汇百、陈思度等出席参加。兹闻胡氏等六人,已于五日晚车晋京。

《申报》,1936 年 5 月 6 日

24. 立法院商法委会开会

讨论修改保险法

(南京)立院商法委员会以我国保险法施行已久,亟待补充修改,特于六日晨开会讨论修改办法,并于事前邀请关系机关团体,派员来会列席。到该会委员马寅初、黄右昌、瞿曾泽、盛振为、戴修骏,及实部代表金天禄、沪保险业同业公会代表王效

文等。马寅初主席，报告修改保险法理由后，即由各代表陈述意见，沪方并有书面呈文送会。实部约于两周内再补送意见书，至此次修改要点，将侧重于保险权益问题，因现行法并无此项规定也。（六日中央社电）

（南京）立法院财委会六日审查保险法，到陈长衡、郑洪年、刘通、狄膺等。马寅初主席，实部商业司金科长、保险业代表彭可升等列席，说明实部另有新意见加入，决定俟实部修正案送立院后，再开会讨论。该法对各该业所收投保费之滥打折扣，不尽不实之点，将定处罚办法。赔偿部分之投保人自杀问题，原规定在投保二年后，始予赔偿。现亦认为不妥，盖自杀者类皆因一时之刺激过深，决不有事先计划，赚取保费，从容布置。故拟对自杀者仍应赔偿，惟因犯罪而死，不予赔偿。火灾险主赔偿对于恶意纵火者，将于条文中详细规定，不负赔偿之责。（六日专电）

《申报》，1936 年 5 月 7 日

25. 保险业呈立法院

吁请免征所得税
援照欧美先例　提出理由三点

申时社云，本市保险业同业公会，以所得税暂行条例施行在即，而以该条例中对于保险费与保险金未经明白规定，准予免纳所得税。前日特陈明理由，呈请立法院请予修正。规定人寿保险及各种保险之保险费，与保险金免征所得税，以示奖掖。兹探录其吁请理由如下：

理由三点：（一）查暂行条例第二条第一项，不以营利为目的之法人所得，免纳所得税。按投保人寿保险者，非以营利为目的，受益者纵是个人，而于一切重要问题，如贫穷、衰老、依赖、疾病、失业、失学、慈善等，莫不仰赖人寿保险为之解决。是则人寿保险所得与不以营利为目的之法人所得，论其性质，在社会所尽之功能，实无异致，此人寿保险应予免征所得税之理由一也。

（二）查暂行条例同条第二项，第二类所得，（卯）凡残废劳工，及无力生活者之抚恤金、养老金及赡养金，免纳所得税。而人寿保险对（卯）种所列各事，实包括无遗，何以一般之抚恤金、养老金及赡养金，可以免税。乃对于用以为抚恤、养老、赡养之保险金，及预备为抚恤、养老、赡养之保险费，独不以明文规定之于免税之列乎，此人寿保险应予免征所得税之理由二也。

（三）查暂行条例同条第三项，第三类所得，（丑）公务员及劳工之法定储蓄金，免纳所得税。此种规定，推其用意，无非欲奖励节俭，使其实行储蓄，以备不虞而已。公务员之法定储蓄，既予奖励，得享免税待遇。而一般国民用以储备不虞之保险费，则不酌予免税，以资奖励。同是国民，何厚于彼而薄于此乎，此人寿保险应予免征所得税之理由三也。

欧美先例：欧美各国，对人寿保险及各种保险，俱有免征所得税之先例，或免征保险费，或免征保险金或全部豁免，或酌予限制，要皆斟酌国情，而定免征之范围。如：（一）美国，依照美国现行所得税法第二一三段，乙第一二·六款之规定，下列各项得免征所得税：甲、因死亡而受领之人寿保险金。乙、因保险满期而受领之储蓄保险金或年金，但其所得超过总共所付保险费时，则就超过额征收所得税。丙、因伤害而受领之劳工赔偿金，或意外及健康保险金。

（二）英国，依照英国所得税法，下列各项，得免征所得税。甲、凡纳税人每年所得在千镑以下，所付之保险费，不超过税额百分之十五者。乙、凡终身保险所付之保险费，不超过保险金额百分之七者。丙、凡纳税人或其妻之延期年金保险费，不超过英金百镑者。丁、凡保险费总额，不超过所得六分之一者。

（三）日本，依照日本现行所得税法第十六条第三项六有"以自己或家族或继承人为保险金受益人，缔结人寿保险契约时，其保险费之缴纳以年额二百元为限，依本人之声请，得由所得内扣除之，不征所得税"之规定。

（四）德国，依照德国现行所得税法，各种保险之保险费，皆免征所得税，但以八千马克为限。

（五）法国，法国曾于一九二五年之预算表内，规定征收极微之保险费税，每千法郎征收〇·一生丁，今则人寿保险费得免征所得税矣。

《申报》，1936年9月23日

26. 保险业公会议定兵险最低行市

期限不得超过六个月
认目前未到严重时期

上海市保险业同业公会、上海火险公会，曾联合组织兵险委员会，对上海闸北（包括江湾、吴淞）、南市、公共租界、法租界等区，均规定最低价格。新声社记者昨向保险业探悉，目前投保兵险之价格，闸北以保额一千元为标准：（一）一个月保费八元。（二）三个月保费十元。（三）六个月保费十七元五角。至于南市、公共租界、法租界等区域，保费则较闸北为低。惟上项价格为最低额，凡承做兵险之中外各保险行，则于承做时须视各区投保地段，酌予增征收保费。至于保险期内，以六个月为限。今该兵险委员会认为目前上海情形，尚未达到最严重时期，所以保费并未提高，但必要时得随时提高。至于一二八上海事件时之兵险，每保额一千元，其保费为一百七十五元，与目前保费比较相差甚远云云。

《申报》，1936年10月9日

27. 消息

上海市保险业同业公会为谋普及保险知识及养育保险学人才起见，曾呈请教育部领令各大书局编订保险教材于小学教科书之内,并致函各大学及专门学校设备保险学科。兹将呈文及专函录后。

呈教育部文

呈为再请通令各大书局将保险一课订入小学教科书内,俾保险知识得以广为灌输,藉障民生而维俭德,仰祈鉴核施行事。窃查保险之为用,乃在集群众所得千一之资,以防个人发生万一之患,疾病老死,谁属能逃,水火天灾,何地蔑有?苟有保险之设施,则个人身家财产,既可得其相当保障,而社会之富财,复可得以增殖流通。由是以观,保险事业,对于培养俭德,保障民生,发展富财,安定社会,实有无穷助力。窃考欧美各国教育当局训练青年,对于灌输保险知识与提倡储蓄运动,同一注重,其用意所及,至为显然。近者日本文部省,亦以保险一课,订入小学教科书内,意亦欲将此优良知识,普及于青年脑海中,使其对于民生之发展,俭德之养成,能事半功倍,不落欧美各国之后耳。最近蒋委员长颁布新生活运动劳动服务团组织大纲中,特规定第十五项为提倡储蓄保险运动,其重视保险之意,良足多者。我国年来民生凋敝习尚奢靡,教育方针,方以发展民生,提倡俭德以为救济。兹查保险事业,与此教育方针正相符合,允宜将保险思想,向青年学子,广为灌输,以收实效。敝会前曾以一得之见,奉呈钧部,请通令各大书局将保险一课订入小学教科书内,未奉批示在案。兹悉各书局小学教科书,现正奉令修订,用特专派胡詠骐君赍文呈请钧部,伏乞准如所请,通令各大书局将保险一课订入小学教科书内,俾保险知议得以广为灌输,藉障民生,而维俭德,实为公便。谨呈教育部长王。

《申报》,1937 年 1 月 1 日

28. 教育部提倡灌输保险知识

中国保险学会与上海市保险业同业公会为谋普及保险知识起见,曾联合呈请教育部通令各大书局将保险教材刊入教科书之内。本月四日接奉教育部批示内开："代电悉，所请于小学及民众学校教科书内添编保险材料一节。查小学课程标准业经修正公布，其中有储蓄一项，自包括保险材料。将来编订教学要目时，可将保险一项，刊入要目中。至民众学校课本，业已编竣，将来改编时，亦可将保险材料酌量加入，此批。"等因。奉此，保险学会与保险公会经即会同派员与各大书局接洽。各书局对此俱表赞同，决将保险教材刊入教科书之内。从此保险知识，可渐灌输于我国青年脑海中矣。

《申报》，1937 年 2 月 1 日

29. 华商保险业昨宴实部代表

实业部为筹设全国保险监理局，及制定保险业法各项附属规程，特派参事陈文虎、许仕康、前天津商品检验局长常鸿钧，及商业司科员邓翰良等来沪，调查保险业现状，俾作依据。陈、许等业于前日抵沪，上海市保险同业公会特于昨日下午四时，假国际饭店十四楼，举行盛大茶会欢迎，并邀请上海外商保险公会会员与实部代表相见。特探志各情如次：

到会代表

昨日到会除实部代表陈、许、常、邓四人外，华商保险公司方面有中国宋汉章、太平丁雪农、宝丰刘聪强、中央项馨吾、大华潘学安、华安水火傅其霖、丰盛董汉槎、肇泰徐可陛、华商保险公会关可贵；外商公司代表计有英、美、法、荷等各国公司代表；合众、美国、太古、上海、公裕、太阳、地球、怡和、安全、益兴、皇家、老公茂、北美洲、望赍、友邦人寿、永明人寿等；洋商保险公会主席保裕公司代表裴药（Barry）亦出席，来宾有国际贸易局局长郭秉文，凡三十余人。

宾主致辞

华商保险公会主席胡詠骐因公未到，事先请由丁雪农代表致欢迎词。丁词略谓：今日欢叙一堂，至感快慰。谨代表全体会员公司，欢迎实业部四位代表来沪，调查吾保险业状况，并希望将来结果使保险监理局及早成立，俾保险业法、保险业法施行法等依之实施，并望中外同业一律遵守，俾使全中国保险事业共向发展之途迈进。丁氏词毕，介绍各外商与实部代表相见。继由洋商保险公会主席裴莱致词，略云：贵国近年商业进步，各项建设亦无不突飞孟晋，吾保险事业，亦因以得有发展。此次贵国实业部四代表来沪交换关于保险业意见，极为欢迎，并希望贵国于可能范围内保险业法及早实施云云。继由各代表分别致词，末由陈文虎、许仕廉等答谢。

全沪二十八家华商保险公司于昨晚七时半，在华安饭店欢宴实部四代表，仍由丁雪农代表胡氏招待。席间宾主极为欢洽，九时许始散。

《申报》，1937 年 2 月 6 日

30. 保险界短讯两则

中国保险学会与上海市保险业同业公会联合组织之中华保险年鉴社，现正着手编辑中华保险年鉴，定于本年八月出版。内容丰富精警，执笔者均保险学专家，惨淡经营，悉力以赴！对我国中外保险业现状，纪载详尽；各种有关保险之统计材料，尤多特殊供献，诚保险界最有价值之刊物云。

上海市保险业同业公会，鉴于国内人士之有志研究保险学术者日多，无如外版保险专著，一书之费，往往非数十金不办！因购置之不易，欲研求而无从！用有保险图书馆之设立，年拨巨款，购备此项书籍，以满足界内外有志之士求智欲之需要。社址附设会内，不日即告成立云。

《申报》，1937 年 5 月 5 日

31. 所得税会计问题研究会

各业领袖发起组织　今日下午召开会议

国民社云，本市各业领袖骆清华、何元明等为发起组织上海市各业所得税会计问题研究会，定今日下午二时，假二马路云南路口丙子社举行发起人会议，昨特通函本市各业公会，届时推员参与，商讨一切，兹分志如次：

通函各业：原文云，径启者，同人等鉴于各业所得税业已开始征收，凡我公司商号行栈工厂或个人资本在二千元以上者，均有纳税之义务。际此新税开征之时，各业人士，莫不深切注意，惟是该项税收，关于会计问题甚多，且以课税手续，至为繁琐，计算方法，亦甚复杂，则吾人对于该项制度及实施方法，自宜有深切之认识与充分之准备。爰拟发起组织上海市各业所得税会计问题研究会，并定于本月二十七日下午二时，假座二马路云南路口慈淑里四号丙子社，举行会议，商讨一切进行事宜，如蒙赞同，务希推派代表，准时参与，无任企盼，此致××业同业公会。

发起题名：骆清华、沈维挺、顾馨一、蔡洪田、汪曼云、胡詠骐、瞿振华、何元明、毛霞轩、宋钟庆、孙鸣岐、黄造雄、许冠群、龚静岩、金楚湘、洪颂炯、胡寿祺、朱养吾、傅佐衡、吴臣笏、蔡晓和、李晴帆、张瑞芝、王愚诚、林举百、张达夫、袁鸿钧、符可铭、吴资生、毛钧甫、杜赓生、徐补孙、马尚杰、谢仲复、朱亚揆、朱晋椒、朱淑南等。

《申报》，1937 年 6 月 27 日

32. 外商暂停中日货物保险

中国沿海兵险费加倍　华商保险业开会讨论

本市中外保险业，鉴于华北局势严重，战事随时有扩大可能，对于办理兵灾保险问题，曾互相交换意见。据悉外商保险公司，现已开始实行，在中国沿海长江各口岸与香港之各船所载货物之兵险费，照前加倍收费，对于中日两国轮船所载之货物，暂不保险。新新社记者特往访本市保险业公会负责人，据谈，国际间兵灾保险，除北美洲美利坚与加拿大，仍继续办理外，其他各国，业于本年二月间停办，德国对于远东兵灾保险，亦已取消，至各国停办原因，由于西班牙内战发生，人民生命财产，损失巨大，兵险公司均遭严重打击，无法维持，引起伦敦市场极大纷扰，故各国同意废止。在兵险内原包括有暴动骚扰保险，注重于地方突发事件所受损失，而不注重两国战争影响之损失，本同业现对于兵灾保险，曾与本市洋商公会，一度洽商，洋商火险公会，定本月三十日召开会员大会，华商保险公会，亦定八月二日召开会员常会，对于兵险问题，将提出切实研究讨论，再行决定云。

《申报》，1937 年 7 月 25 日

33. 保险业公会今日开大会

商讨华北事变后保险问题

本埠华商保险业同业公会，以华北事变发生后，鉴于同业间对客户保险，势难与平时同样办理。特订于今日下午四时，在爱多亚路一六〇号四楼该会会所，召开会员大会，商讨应付办法。并闻外商保险业公会，于华北事变发生时对水险等费用，均已增加其保额。

《申报》，1937 年 8 月 2 日

34. 上海市保险业同业公会为水险保费收现公告

谨启者,兹经本会议决各会员公司水险保费,自即日起一律收现,务希各惠顾行号,鉴谅是荷。

《申报》,1937年8月13日

35. 保险业认购救国公债(节选)

各界捐输踊跃

本市保险业同业公会,昨日(九月三日)举行会员常会。议决组织劝募救国公债分队,当即选出胡詠骐、丁雪农等负责进行向同业劝募救国公债。各同业公司认购救国公债,系以其实收资本额为标准,提出百分之二·五以上认购,愈多愈好。该会会员中国保险公司一家,即已认购一百五十万元,其他各会员员等,亦踊跃认购。逆料保险同业,最少当能认购一百五十万元以上。

《申报》,1937年9月5日

36. 保险业特设华洋联合特务委会

中国保险业自沪战发生后,各同业因环境变迁,一方面虽力谋紧缩,从事节流,一方面向边陲各地,伸张营业。上海保险业公会于战后曾组织委员会,处理各项特殊情事。兹志详情如下:

华洋联合特务委会

战事爆发以后，各地投买保险之财产，直接或间接因受战事影响，而致损失者，为数自当不少。此种在特殊情形之下损失，与平常损失不同，按诸火险保单内条款第六条所载，各公司对此种特殊损失，不负赔偿责任。华洋同业为谋一致行动，以为应付起见，特仿照一二八兵灾特务委员会办法，组织一华洋联合特务委员会。该会范围事务包括水、火、汽车及各种意外险，地域包括江浙皖赣各地。各会员公司，凡于八一三所发生之赔款案件，俱须一律送交该委员会审查，其审查办法，认为系属战事损失者，由其决定应付办法，请各会员公司照办；认为系属平常损失案件，则发还各会员公司照常办理。该会聘请三义洋行为书记，办理一切文件之收发保管事宜，并请华商公证行二家、洋商公证行五家，共同参预，各尽能力，担任调查工作，将来战事结束时，再由该委员会指派特殊工作。

设专委会研究一切

为应付非常时期内各家所发生之案件计，除联合洋商公会组织华洋联合特务委员会外，另行设立一特务委员会，以备将来应付诉讼事宜。该委员会以专事研究此次各地中日战争兵灾毁损情形，并为各会员谋法律保障，各会员公司遇有上项法律事件，由该委员会会同当事人公司进行办理之。其工作程序，各会员公司遇有上项法律问题，应将被保险人来件及中英文单据等件，汇送该委员会审查，再由该委员会将审查结果，知照各该会员公司照办。由该会员常会推定丁雪农、刘聪强、项馨吾、温福云、傅其霖、谢瑞森、梁国华等七人为委员、胡詠骐为当然委员。凡关于此次各地兵灾毁损之法律事件，各会员公司，应遵照简章规定办理，不得单独进行。

设兵险咨询委员会

非常时期内，兵险业务问题之严重，当不下于水火等险。特设立一兵险咨询委员会，研究兵险出险后所发生之各种问题，以便各会员公司，采取一致行动之参考，并公推陈伯源、王效文等为委员。凡于八一三后发生兵险保单项下之赔款请求者,应将各请求人之来往信件及有关文件,连同该案之保单单底或另载表册详载:(甲)兵险出险地点,(乙)兵险出险日期,(丙)保户名称,(丁)保单号数,(戊)保险数目等项,并请将该兵险之分保公司名称,记载单底或表册内,汇送到会,以便研究。该委员会纯以供给会员公司之咨询为主旨,故各会员公司之一切对外行动,全由会员公司以自己名义出之。该会于今年一月十二日经议决取消,另行组织华洋联合兵险咨询委员会,以后关于兵险,同业如有疑问,均由华洋联合兵险委员会,代为转请解释。

《申报》,1938 年 12 月 4 日

37. 华商保险业共有七十二家

本市保险业同业公会业于本月二十日举行成立会,入会者富华、大公、中一保险部、华安合群、宁绍人寿、中国航运、大业、大东、中华、大中、中央保险部、联保水火、大陆、大丰、安达、新丰、中国利民、中南、中国联业、国华、企华、大达、大新、中国公平、中国工业、联华、大安、兴业、华泰、长安、华一、永安水火、宁绍水火、安宁、永安人寿、华业、大南、一大、长城、光华、振泰、上海、先施水火、永宁、久安、泰安、中孚、金安、大华、兴华、信用、宝隆、泰山、同安、丰盛、四明、宝丰、安业、华安水火、华孚、肇泰、太平人寿、丰业、裕华、安平、天一、华商联合、华丰、先施人寿、和安、中国、太平,共七十二家。

《申报》,1942 年 9 月 29 日

38. 保险公会联合会昨举行成立大会

各地出席代表达十一单位
今日开第一次会议

（本报讯）中华民国保险商业同业公会联合会，自经上海、重庆、昆明三处保险业同业公会联合发起组织后，昨日上午九时，假本市爱多亚路保险业公会，正式举行成立大会，到会者计有上海、重庆、昆明、南京、天津、北平、青岛、杭州、汉口、苏州、永嘉等十一单位代表约四十余人。经济部次长潘序伦，中委潘公展，社会部代表陆京士，财政部代表傅奎良，银行公会秘书长李轫哉，经济部及社会局代表郑今揆，市商会代表俞玉麟等，均莅席指导。行礼如仪后，首推主席团罗北辰、陈已生、毛啸岑、张仲贤、王伯衡、董汉槎、过福云等。当由罗北辰致开会词，略谓：此次全国保险业公会联合会举行成立大会，一方面为中国保险业发展史上展开新的一页，一方面为发动全国保险业一大团结。缘保险业与国家社会各方面，莫不息息相关。故团结以后，深望政府长官，地方贤达，多多督导，以冀有所贡献。罗氏旋略叙该联合会发起筹备经过，并称尚有"自流井"及"内江"两单位代表，未曾参加今日成立大会。同时望该会成立后，能早日觅得适当会址。当即请与会各长官分别致词。

潘序伦：经济部次长潘序伦致词称：昨日适因公来沪，本日躬逢其盛，参加贵会成立大会，殊感荣幸。按国内以同业公会而成立全国性之联合会者，贵会尚属首创。行见贵业领导各业，一马当先。尤以罗理事长努力为会务奔走，故会务前途，必光明远大。本人近虽供职经济部，惟深望各位勿以本人做官。缘本人前亦为重庆保险业公会顾问，过去本人对民间工商界之困难，颇为熟悉。又因与政府常多接触，故政府之苦衷，亦深切了解。此后愿为民间工商业，及政府间做一座沟通之桥梁。同时望多做实事，少说空话。如不能积极帮助民间工商，亦至少要在消极方面，少做一些坏事，恭祝贵会前途成功。

潘公展：旋由中委潘公展致词，略称：今日本人以报馆记者之身份，参加贵会。

故罗理事长坚请致词，殊感惭愧。兹愿简单贡献管见数点：（一）组织之力量最大，孤单独斗，在现时代已感不适。我国旧式商业机构，本有组织，惟仍未发展到全国性联合会之阶段，今贵会快着先鞭，值得庆幸。（二）将来我国如欲步入工业化近代化之途径，保险业之发展，实是一大关键。企业家庶不负意外风险，方能按预定计划，经营事业。保险业所以把风险分散负担，藉免企业家因意外之风险，而使事业遭受挫折，今后之保险业，当望能着眼此点，而协助工商业发展。（三）深望各同业，不论规模大小，均应抱集体安全之心理，按保险业本亦负担金融业一部份之责任，甚望此后能本同舟共济之精神，规划一集体安全之制度，方能奠定最初之基础，而图来日之发扬光大，使我国保险事业，能在我国及世界市场上，占有应得之地位云云。

陆京士：继由社会部代表陆京士致词，陆氏表示三点：一代表该部对成立大会表示祝贺之意。次望成立联合机构后能多多提出本身公正迫切之问题，谋与政府作合理之解决。三望大会成立后，精神应贯彻始终，且应共同遵守会章及决议案等。

财政部、经济部、社会局、市商会等代表，亦分别先后致词，据后复由上海、昆明、重庆、南京、天津、杭州、青岛等各地代表，依次发表意见。归纳要点：（一）应请全国各地划一保费单。（二）保单上应贴之印花税问题，应提请当局改良办法。（三）应促使政府、舆论界，及一般社会，多多认识保险业务之重要性。（四）应创设保险学之专科学校，培植专材。（五）保险业应设法提高人格，严肃精神，改正本身过往之弊端等。

成立大会仪式，于中午十二时告成，即由重庆、昆明市保险公会，联合午宴与会各代表。

下午二时卅分，又继续会议，首通过全部会章，及成立大会宣言案。该宣言要点，有如后列：（一）保险业对社会之重要性。（二）说明本会之目的与任务。（三）成立后努力之目标。甲，保险自主运动。乙，国营民营合作。丙，搜集统计材料。丁，提高文化水准。戊，争取政治地位。

通过提案：继即陆续通过提案十八条，兹择其重要者，摘录如后：（一）电蒋主席致敬。（二）呈请政府从速召开全国经济会议，挽救我国经济危机案。（三）国民大会行将召开，拟请政府于社会贤达名额中，准予本会推选代表三人，以资贡献（议决推请罗北辰、陈已生、丁雪农）案。（四）呈请政府修正保险单贴花办法以昭公允案。（五）呈请政府从速修正保险法，保险业法，公布施行，并要求立法院于修订时，准本会派员列席，陈述意见案。（六）各种再保险，应先分与国内同业，完成保险自主市场案。（七）保险业务，性质特殊，拟请财政部通令各地直接税局，对于保险业营业税，及所利得税等总统由公司缴纳案。（八）厘订全国性保险费率规章及条款，以资划一，而杜纠纷案。（九）呈请财政部严格执行外商保险公司限期注册命令，以重威信案。（十）呈请教育部准予中国保险专科学校创设，以宏作育保险才人案。临时动议有：（一）呈请政府废除有关保险各项战时法规，及其施行细则案。（二）成立全国性福利事业，以惠保险界员工案。（三）设立本会南办事处，以利工作案。末即选举理监事。六时许，大会始告散席。昨晚七时，中央信托局晚宴招待全体与会代表。今日上午十一时，该会第一届理事会，将假金门饭店八楼，举行第一次会议，讨论如何实施大会通过之各项决议案。

《申报》，1946 年 7 月 15 日

其 他

1. 钱联代表抵京请愿 / 450
2. 小额信用贷款团　改选各部负责人 / 451
3. 银行学社将开第二次年会 / 451
4. 中外银钱业联合会组织成立（节选）/ 452
5. 上海信托同人叙餐会 / 453
6. 银行界所组银行学会成立 / 453
7. 银行学会经济学社定期举行联合演讲会 / 454
8. 保险学会明日成立 / 454
9. 中国保险学会昨开成立大会 / 456
10. 中国保险学会成立 / 456
11. 中国保险学会昨开会员临时大会 / 457
12. 中国保险学会提倡保险学术 / 457
13. 银行学会创办银行函授学校 / 458
14. 保险学会注意培养保险人材 / 458
15. 中国保险学会明日第一届年会 / 459
16. 中国保险学会昨开年会 / 459
17. 上海市银钱业业余联谊会成立会 / 462
18. 中国保险学会选定理事 / 463
19. 保险业经纪人公会执监昨日宣誓就职 / 463
20. 银行业联谊会昨晚举行新会址揭幕礼 / 464
21. 保险学会宋汉章主持恢复 / 465
22. 经纪人公会举行理监联席会议 / 465
23. 金融问题研究会邀请庄智焕演讲 / 466

其 他

1. 钱联代表抵京请愿

提出放宽增资期限等六项要求
徐财次宣布定明日作具体答复

〔本报南京九日电〕全国钱商业同业公会联合会，为请求政府解决行庄增资困难及放宽增资期限等问题，推派代表秦润卿、沈日新、王绎斋及平津汉穗等地钱业公会理事长郭存今、刘信之、谢春墀、关能创等十七单位负责人，于九日自沪来京请愿。晨十时许，赴财部晋谒财次徐柏园，面递该会呈文，请求六点，其最重要者有：（一）展延增资期限，依照公司法办理增资手续，决非二个月所能办竣，且全国钱庄计一千零七十单位，内地共有七百余家，两月增资完成之期限，尤有事实之困难，请按照普通工商业例，同样予以六个月期限。（二）请求政府体察各地经济环境，核减增资最低限额。（三）增资现金存入中央银行三个月期间免予冻结。（四）存欠利率请求免予硬性规定，俾各地可根据各地情形作机动之增减等。秦润卿并向徐氏说明要求各点之理由，各地钱业公会理事长复分别报告各地不同之情况，谈话历一小时许。徐次长表示，对于钱联所请求之各点，当呈报政院，并与部内各负责人商讨，惟财政经济紧急处分令中所规定之大原则，恐不能更动，补充办法则可尽量根据实际情形逐渐改进。关于延展增资期限，徐氏表示两个月之期限可以自文到之日算起，其余未答复者，定于十一日上午十一时再约见各代表，给予具体答复。下午四时秦润卿等复往政院请愿，由秘书长李惟果接见，李表示翁院长已接获徐次长之报告，对于钱联请求各点，将俟与财部商讨后，由财部答复。

《申报》，1948年10月10日

2. 小额信用贷款团　改选各部负责人

〔本报讯〕本市钱庄合组小额信用贷款银团，自本月五日开放贷款以来，连日申请者颇为踊跃。兹闻该银团日前开会改选各部门负责人，沈日新蝉联为主委，朱旭昌、王仰苏、沈浩生、陆书臣当选为副主委，裴鉴德为审查组主任，徐文卿为稽核组主任，邹让卿为设计组主任。贷款处主任，仍聘洪荆山连任。

《申报》，1949年1月15日

3. 银行学社将开第二次年会

本星期日在联华总会聚餐演讲

中国银行学社现定于本星期日（十一日）午刻假座联华总会开二次聚餐年会，选举新职员并举行夜校休业式，敦请上海银行公会盛竹书会长演讲银行界之经验，并拟全体摄影以志纪念云。

《申报》，1923年2月9日

4. 中外银钱业联合会组织成立（节选）

中国银钱同业公会及外国银行团，共同组织之中外银钱联合会，已定下月一日正式成立，办公地点暂假麦加利银行楼上。兹将该会之内容，志之如下：此会之动机，酝酿业已三年，最初主动者为中国银行宋汉章氏，当时虽拟有章程，但以种种关系，迄未能正式成立。此次中外之金融界感于有合作必要，且为消弭金融上之隔阂起见，磋商遂告接近。内部规定委员十六人，中外各半。华人方面由银钱两业公会选出，银行公会占五人、钱业公会占三人，已定者为中国银行行长贝淞荪、浙江实业银行行长李馥荪、交通银行行长胡孟嘉、钱业界秦润卿等。外国委员亦就著名之银行中行长充任。任期规定三年。章程之起草，则由十六委员共同负责。闻其最大原因，在于将来中外金融界可取一致之态度云。兹将其章程录次，上海中外银钱业联合会章程：（一）定名，本会定名为上海中外银钱业联合会。（二）宗旨，本会以辅导上海中外银钱业互助合作为宗旨。（三）董事会，本会设委员十六人，每三年选举一次，由下列各机关选出之。（甲）上海外国银行公会八人；（乙）上海银行公会五人；（丙）上海钱业公会三人。主席委员由委员投票选举，以得票最多者当选。主席委员任期以三年为一任，会议时如赞成与反对双方同数，董事长可以加入票决。第一任主席委员，指定为麦加利银行代表。（四）会员，本会以上海外国银行公会、上海银行公会及上海钱业公会之会员为会员。（五）经纪人，汇兑经纪人额定六十九人，内中属于外国汇兑经纪人公会者五十三人，属于中国汇兑经纪人公会者十六人，非经本会许可，不得增加经纪人名额，关于外国汇兑经纪人公会之事务，由外国汇兑经纪人处理之，关于中国汇兑经纪人公会之事务，由中国汇兑经纪人公会处理之。（六）休假，会员在中外银行公会规定之休假日内，概不得与中外汇兑经纪人公会会员做国外汇兑交易。（七）国外汇兑，适用现行外国汇兑经纪人公会所定之国外汇兑章程，如有修改，须经本会核定之。（八）惩戒，会员均须遵守本会章程，如察出有故意破坏本会章程者，如系属于第三条甲项资格者,甲项公会有令其退出甲项公会之权,如系属于第三条乙项或丙项资格者,乙丙项公会有令其退出乙丙项公会之权。

《申报》,1929 年 3 月 30 日

5. 上海信托同人叙餐会

上海信托界巨子严成德、顾克民、程联君等鉴于信托公司间缺少联络,特于元旦日晚七时,假座银行公会俱乐部举行叙餐会。本埠信托公司,共计十一家,各派代表到会,席间由中央信托公司严成德、袁近初,通商信托公司顾克民,通易信托公司张屏青,中国信托公司麦佐衡,上海信托公司程联君等相继演说信托事业之历史及将来之发展等,并议决以后每月叙餐一次,藉资联络,及研究中国化之信托事业,时至九时三刻,全体合摄一影,尽欢而散。

《申报》,1932 年 1 月 7 日

6. 银行界所组银行学会成立

专以研究银行学术为宗旨
选出理事徐新六等十五人

我国银行事业自发创至今,垂三十年,进步极为敏速,最近银行界领袖胡孟嘉、吴鼎昌、徐寄庼、贝淞荪、张公权、李馥荪、徐新六等,以关于银行业务之集团,各地已组有银行业同业公会,惟对于银行学术的研究,尚乏相当团体,因此发起组织银行学会,以促进本国银行界研究银行学术,及养成银行业实用人才为宗旨,办理研究

会，补习教育演讲、图书馆等事务。该会现已于前日在香港路四号上海银行公会，举行发起人会议，通过章程，选举理事，正式宣告成立。理事名单如下，银行学会第一届当选理事名单，徐新六、王志莘、章乃器、金侣琴、蔡承新、陈健庵、杨介眉、吴达诠、刘驷业、卞白眉、施博群、顾季高、沈籁清、杨石湖、浦心雅等十五人。

《申报》，1932年12月15日

7. 银行学会经济学社定期举行联合演讲会

请张公权氏演讲

中国经济学社上海分社与银行学会，为切磋学术起见，定本月二十日（星期四）下午七时，在八仙桥青年会大礼堂举行联合演讲会，特请中国银行总经理张公权演讲"美国金融风潮之原因及其在世界经济会议主张提高物价之立场"云。

《申报》，1933年7月19日

8. 保险学会明日成立

中华保险学会由中国保险公司寿险部汉口区经理罗北辰君等在汉口先行发起，经过三阅月之筹备，始略具雏形。七月初罗君来沪，费十余日之努力，已邀请宋汉章、张明昕、丁雪农、吕岳泉、梁晨岚、胡詠骐、朱如堂、徐可陞、王效文、张素民等数十人参加发起，定于明日（三日）下午四时，假座华安大厦二楼举行成立大会。兹觅得其缘起及成立大会通知如下：

缘起

理论是事实的指针，事实是理论的表证，这是谁也不能否认的，所以有了新的理论，总会改造旧的环境，产生新的事实，有了新的事实，也会推翻旧的学说，产生新的理论，二者互为因果。因为无事实的理论，则成空谈；无理论的事实，难资例证。欧美及日本人士很能明白这种道理。在他们的国家里，学者和事业家总是声气相通、和衷共济，组织各种学会，共同研究，以便根据精深的理论而为事实的改进；根据既成的事实，而为理论的阐扬，因此凡百事业学术，都能循着一定的正轨前进。我国事事落后，幸近年以来对于各种新兴社会事业渐知从事改造，或为原理的探讨，或为实际的建树。学者与事业家日渐增多，但是学者自为学者，事业家自为事业家，理论事实，多不相侔，甚至背道而驰。要想两者相辅而行，实不易得，这是我国事实不能迅速进步的主因。现就保险事业一项而论，欧美各国经学者、事业家之相互努力，一般民众都已深知保险事业是完美的经济组织，是互助的社会服务、是立己立人的国民方策，是资产雄厚的金融制度，所以保险事业蓬蓬勃勃，已掌握着世界伟大的经济权威，树立了坚定的民生基础。我国保险事业也进展到相当程度，但比起欧美来，还是望尘莫及。当我国国民经济破产，国家建设落后的今日，我们深感保险事业有急起迈进，以担负挽回国运的责任之必要。因为保险事业是安定社会经济的最好工具，是促进产业发达的最好方法。保险公司，特别是寿险公司，更是集中游资从事长期放款之国民经济的保管库，而担负国家建设的财政泉源。因此我们特发起创设中华保险学会，期联合国内保险学者与保险事业家，共谋理论事实之熔于一炉，以昌明保险学术，改造现实的环境，而建立国家之永久的经济基础。但是这样伟大的专门学会之创设，不是少数人的精力所能担负。深望我国保险学者与保险事业家热忱参加，努力从事，使本会得以发扬光大，促进国民经济建设运动的成功，这是我们所馨香祷祝的。发起人宋汉章、张明昕、丁雪农、吕岳泉、梁晨岚、徐可陞、王效文、罗北辰。

通知

径启者：中华保险学会现已筹备就绪。兹订于国历八月三日（本星期六）下午四时，假座静安寺路华安大厦二楼举行成立大会。务祈拨冗准时驾临，共庆盛典是荷。中华保险学会筹备处启。

《申报》，1935年8月2日

9. 中国保险学会昨开成立大会

中国保险学会，原名中华保险学会，其发起情况，已略志前报。昨日下午四时，假座华安大厦二楼，举行成立大会。到会者，计有宋汉章、张明昕、丁雪农等，公推宋汉章为大会主席，罗北辰为大会书记。行礼如仪后，由罗报告中国保险学会在武汉发起筹备情形，及在京沪扩大征求发起人，并筹备概况。即由出席大会之发起人议决，接受武汉发起人所通过之缘起及会章，作为学会缘起，及会章草案。旋即正式开会，主席致辞后，即将会章在原则上通过，改中华保险学会之名称，为中国保险学会。其宗旨为研究保险学理，促进保险事业。又规定理事人数，正式选举。但因时稍晚，不及开票，摄影后，即行散会。

《申报》，1935年8月4日

10. 中国保险学会成立

推定各项职员

中国保险学会，已于八月三日下午四时，假座华安大厦二楼举行成立大会，当场决议先选理事，人额定为十五人，比即选举。因时间过晚，公推王效文、项馨吾、罗北辰为开票员。五日开票结果，当选第一届理事者，为宋汉章、丁雪农、胡詠骐、王效文、张素民、罗北辰、张明昕、朱如堂、项馨吾、吕岳泉、徐可陞、经干堃、顾庆毅、董汉槎、刘聪强。昨日下午四时，复假华安二楼，召开第一届理事会，互选宋汉章、张明昕、丁雪农、胡詠骐、刘聪强五人为常务理事，并公推宋汉章氏为理事长。又推请王效文为名誉秘书，项馨吾为名誉会计。决议暂设会所于江西路太平保险公司，呈请教育部于中小学教科书中增加保险教材，并拟出版保险季刊与丛书云。

《申报》，1935 年 8 月 8 日

11. 中国保险学会昨开会员临时大会

中国保险学会自成立以来，对于应行进行事宜，不遗余力。该会第一届理事会，已开会二次，除修正保险学会章程条目外，并议决先行组织出版委员会。出版委员会，曾于八月十七日开会决议，出版半月刊以丁雪农主持之，出版季刊以张明昕主持之，出版丛书及小册，以罗北辰主持之。关于保险消息，则由刘聪强负责。该会于昨日（廿一日）下午五时，仍假华安大厦举行会员临时大会，通过会章及其他各案。

《申报》，1935 年 8 月 22 日

12. 中国保险学会提倡保险学术

呈请教育部通令各书局
教科书内增加保险材料

中国保险学会，自去岁成立以来，对于保险学术如何推进，时在计划中。兹已届实行期间，除筹备保险学术讲演，出版保险季刊外，并为普及保险思想，根本改变国民对保险之心理计，特由其理事长宋汉章氏，呈请教部通令书局，于教科书内增加保险题材。兹录其原呈如下：呈为恳请通令各书局，于教科书内增加保险题材，藉资倡导事。藉保险为安全社会经济之良好工具，亦为救济损害之预防方法。在此国民经济建设运动

进展之际，首应养成国民远虑与互相之两种观念。而保险事业，实兼而有之。故倡导保险事业，不仅使保险公司沾惠无穷，而辅助国民经济建设运动，福利国家，其功用亦殊有足多者。兹效法日本办法，恳请通令各书局，于教科书内，增加保险题材，藉资倡导，使保险思想，得以普及，实为德便。谨呈国民政府教育部。中国保险学会理事长宋汉章，附呈日本文部省发行高等小学读本卷二第十课保险译文一件，辞长不录云。

《申报》，1936年6月28日

13. 银行学会创办银行函授学校

本市银行学会，为银行界同人所组织，于民国二十一年十二月间正式成立，该会会务，系偏重于学术研究，自成立以来，银行实务之研讨，图书室之扩充，学术演讲会之举行，丛书丛刊之编纂，工商参观团之组织，凡有益于银行同人者，莫不次第举办。迩来该会为谋增进在职行员之学识及造就银行界实用人才起见，创办银行函授学校，一切规章，均经该会理事会通过，不久即行开始函授。该校各科教授，均系国内著名经济学家及金融专家。各界人士，欲明了该校之详细情形者，可迳向上海香港路五十九号银行学会、函索该校详章。

《申报》，1936年7月5日

14. 保险学会注意培养保险人材

中国保险学会，为国内保险学专家及保险业领袖所发起组织，成立迄今，已有一年，会务颇称发达。最近该会鉴于国内保险人才之缺乏，特呈教育部，并函清华大学中英庚款委员会等，请于派遣或考送国外留学生时，酌予支配保险学名额，俾储育国家保险人材。

《申报》，1936 年 8 月 19 日

15. 中国保险学会明日第一届年会

假座银行公会

研究保险学理促进保险事业之中国保险学会，成立迄今，业已一年，按章应举行会员年会，讨论会务兴革事宜。该会理事会，于六月十二日第六次常会决议，组织年会筹备委员会，公推宋汉章为委员长，丁雪农、胡詠骐、张明昕、罗北辰为委员。又决议，九月十九日在沪举行年会，筹委会即通告各会员，年会日期及地点，并请预备论文与提案。于九月十日以前，寄交筹委会。九月七日筹委会决议：（一）会场，假座上海市银行公会。（二）敦请潘公展、王云五等讲演。（三）推定理事罗北辰担任大会总干事。（四）年会日程：十九日午刻十二时正学会公宴，下午一时年会开幕。旋即名人演说，宣读论文，讨论提案，改选理事。在下午四时休息期间，由上海市保险业同业公会招待茶会，摄影散会。闻筹委会拟建议大会，公推宋汉章、丁雪农、胡詠骐组织主席团。现该会年会之筹备，均告就绪，届时当有一番盛况云。

《申报》，1936 年 9 月 18 日

16. 中国保险学会昨开年会

敦请潘王演讲

中国保险学会于昨日下午一时起，假座上海市银行公会，举行第一届年会。到该

会敦请之潘公展、王云五两氏，及市党部代表毛云、保险业同业公会代表徐可陞，及本外埠会员宋汉章、李权时、张素民、杨勇超、陈稼轩、丁雪农、胡詠骐、张明昕、王效文、范宝华等数十人。公推宋汉章、胡詠骐、项馨吾为主席团。行礼如仪后，首由主席宋汉章报告该会成立经过，及一年来会务进行状况；年会筹备会总干事罗北辰报告筹备经过。旋请潘公展氏演讲，对劳动保险发挥为详尽，并勉该会促其实现；继请王云五演讲，对该会建议教科书内增加保险材料表示十分赞成，并详述其商务印书馆投保团体保险办法。次毛云及徐可陞代表市党部及保险业同业公会致词，语多勉励。次宣读论文，共二篇，一为陈稼轩之劳动立法保险问题，一为范宝华之人寿保险与银行储蓄之合作方策。旋讨论修改会章。至下午六时，摄影闭幕始散，兹志详情如下：

报告会务

主席宋汉章报告一年会务经过云：（一）呈请教育部，通令于小学教科书内编入保险教育材料；（二）本会与上海市保险一课；（三）出版保险季刊；（四）呈请教育部，并函中英庚款会清华大学，派遣国外保险留学生；（五）呈请立法院财政部，修改所得税暂行条例，将人寿保险列入免税项下；（六）征求会员情形；（七）本会鼓励留学生研习保险；（八）本会与上海市保险业同业公会联名致函各大学及专门学校，请设保险学课程；（九）筹备保险学术讲演；（十）本会年会之筹备。

通过章程

昨日大会通过之章程兹录如下：

第一章：总纲。第一条：本会定名为中国保险学会；第二条，本会以研究保险学理促进保险事业为宗旨；第三条，本会总会设于上海，各省市及国外重要地点经理事会之认可，得组织分会。

第二章：会员。第四条：本会会员分个人会员与团体会员二种。一、个人会员，凡中华民国人民，研究保险、或从事保险事业者，由本会会员二人之介绍，经理事会之认可，得为本会个人会员。二、团体会员，凡中华民国公私法人之保险团体，由本会会员二人之介绍，经理事会之认可，得为本会团体会员。团体会员，应推一人为代表。

第三章：会务。第五条：本会会务如左，（一）研究保险学理（二）调查保险实务（三）编制保险统计（四）拟订保险条款（五）训练保险人才（六）举行保险演讲（七）发行保险书报（八）创设保险图书馆（九）组织各种保险研究会。

第四章：组织。第一节，理事会。第六条：本会设理事会，以理事十五人组织之，并由理事互选常务理事九人，办理日常会务。理事会设理事长一人，由常务理事互选之。第七条：理事由通信选举，以得票多数者当选，以多数为候补理事。第八条：理事任期三年，每年改选二分之一，连选得连任。第九条：理事长对外代表本会，对内主持一切会务。第十条：理事长请假时，得委托常务理事一人，代行职权。第十一条：本会设秘书及会计各一人，由理事中推任之。第三节，名誉理事。第十二条：凡在保险学术或保险事业上或对本会会务有特殊贡献者，经理事会通过，得推为本会名誉理事。第三节、分会。第十三条：分会设总干事一人，干事□人，由分会会员大会选任之，任期一年，连选得连任。

第五章，会议。第十四条：本会会议分左列三种，一、会员年会，二、理事会，三、常务理事会；第十五条：年会，每年举行一次，由理事会于一个月前召集之。遇必要时，经理事会议决得召集会员临时会。第十六条：理事会每月开常会一次。第十七条：常务理事会由理事长随时召集之。

第六章，会员之权利及义务。第十八条：个人会员及团体会员有选举权被选举权，及享受本会一切之权利。第十九条：个人会员入会费每人五元，团体会员入会费每团体一百元。常年会费，个人会员每人五元，团体会员每团体一百元。第二十条：会员入会费作为本会基金，非经理事会议决，不得移作他用。

第七章，附则。第二十一条：本章程如有未尽事宜，得经年会决议修改之。第二十二条：本会章程通过后，呈请主管机关备案，发生效力。

议决各案

旋即开始讨论各项提案：（一）呈请立法院编纂劳动保险法案，议决通过。

1936年中国保险学会第一届年会合影

（二）由本会呈请立法院早日通过保险法案。议决，通过。（三）由本会呈请实业部实施保险法规案。议决，通过。（四）建议政政延聘寿险专家编制我国国民经验死亡表案。议决，通过。（五）本会应早筹设图书馆案。议决，交下届理事会办理。（六）筹募本会基金案。议决，交下届理事会办理。（七）出版中国保险中国年鉴案。议决，交下届理事会办理。（八）联络其他经济学术团体举行联合年会案。议决，交下届理事会办理。（九）编订保险师课程案。议决、保留。（十）函请上海市保险业同业公会、由寿险合作宣传费酌量补助保险季刊案。议决，通过。

《申报》，1936年9月20日

17. 上海市银钱业业余联谊会成立会

上海市银钱业业余联谊会，于十月四日在四川路青年会开成立大会，行礼如仪，主席邵君美致开会词，林康侯、蔡承新相继演说，筹备会代表报告，并通过章程及计划书，当场投票选举蔡承新、邵君美、金惠民、秦伯厚、张人俊、周晴、林震峰、高建、冯以圭、张禹岁、徐省吾、方孟仁、梁廷锦、虞福慎等为理事,张为宜、谢承健、陆吟父、蒋洁志、竺干辛为候补理事,余鹤年、陈伟之、傅瑞丰、劳修齐、凌云歧为监事,尹克长、严守荣、梁子嘉为候补监事。据闻加入该会者,已达五百余人,将来成立后,当有更大之发展云。

《申报》,1936 年 10 月 6 日

18. 中国保险学会选定理事

中国保险学会,自第一届年会,修改章程第七条为"理事,由会员通信选任,并授权第一届理事会开票"。兹悉该会于十二日,假中国银行三楼会议室开票,计宋汉章、罗北辰各得四十三票,马寅初得三十五票,丁雪农得三十三票,李权时得三十二票,胡詠骐得三十票,项馨吾得二十九票,张明昕得二十六票,王效文得三十一票,潘学安、陈恩度、张素民各得二十票,董汉槎、郭佩弦各得十九票,杨勇超得十八票,以上十五人当选为该会第二届理事。又次多数周作民、陈稼轩、朱如堂、郭莘民、刘聪强、徐可陞、陶声汉等七人为候补理事,该会并定于本月十七日下午三时,仍假中国银行三楼会议室,举行就职典礼,并开第二届理事会首次会议,互选理事长及常务理事云。

《申报》,1936 年 10 月 15 日

19. 保险业经纪人公会执监昨日宣誓就职

上海市保险业经纪人公会,前于本月六日,在法租界八仙桥青年会,召开成立大会后,昨日上午十一时,仍在原址举行第一届执监委员宣誓就职典礼。计到市党部代

表何元明,律师巢纪梅,出席执行委员王梅卿、朱晋椒、李白祥、朱言斌、金凤德、史松久、杨经才、周惠卿、郭殿甫、汤秀峰、朱少溪、潘垂统、朱叔培、郭佩弦、赵翰香、江尧昌、严益臻、谢育仁、郑鼎彝、凌廷尧等二十人。候补执行委员李洽祥、梁朝升二人,监察委员俞英龙、倪润身、顾玉麟、周烈庆、葛字赓、沈观成、俞益璋等七人,候补监察委员李晴帆、庄锡华、范祺葆等三人。主席朱晋椒,致开会词,及报告最近会务情形毕,即举行宣誓就职仪式,旋开第一次执行委员会。选举朱晋椒、郭佩弦、王梅卿、李百祥、潘垂统五人为常务委员,并就常务委员中推定朱晋椒为主席。闻各委员均以团结之精神,共谋全体会员之福利云。

《申报》,1936年12月24日

20. 银行业联谊会昨晚举行新会址揭幕礼

国内银行巨子纷纷参加
定周内晚举行联欢大会

(本报特讯)本港银行业业余联谊会为银行界优秀份子所组织之余业团体,对于提倡正当娱乐,加强自我教育,服务社会国家备极努力,深得社会人士之信仰。该会以孖沙街十四号金银业贸易场三楼新会址落成,特于昨晚七时举行新会所开幕礼,到来宾及会员二百余人,香港银行界巨擘钱新之、叶琢堂、唐寿民、张蔚观、陈彦卿、李楠公、李北涛、汤斋等诸位氏均亲自到会,首由理事会主席凌宪君报告开会宗旨,并由来宾演讲,余兴节目极为丰富,同时备有茶点招待,极一时之盛。闻该会定于本星期六(十日)晚七时在孔圣堂举行第一次全体会员交谊大会,由该会馆联剧团表演唐槐秋氏导演之"泰山鸿毛"及"古城的怒吼"两剧及合唱团歌唱救亡歌曲等,想届时定有一番盛况云。

《申报》,1939年6月7日

21. 保险学会宋汉章主持恢复

（联合征信所讯）据悉，全国保险商业联合会，最近函请我保险业前辈宋汉章氏，主持恢复保险学会。按该会战前原系宋氏所主持，现闻宋氏决于短期内筹备复会云。

《征信新闻》第 675 期，1948 年 3 月 23 日

保险学会宋汉章主持恢复

22. 经纪人公会举行理监联席会议

〔本报讯〕经纪人公会第七次理监事联席会议，昨日下午四时许，在证券业公会举行。讨论案件三起：（一）证交本拟有经纪人营业员暂行办法，现除法人经纪人，有若干核准之营业员外，个人经纪人方面，仍付厥如。决推裘良圭、俞明岳、林宗靛、杨锡庆、杨长和等五人，审查该项办法，以资推动。（二）对各经纪人缴存证交之证据金，希望与证交洽给一定利息。推由该会理事长陈静民，向证交当局洽商。（三）决定组设经纪人联谊会，推选干事十二人负责会务之推进。今后每半月或一月，举行餐会一次，藉以替代全体会员大会云。

《申报》，1947 年 4 月 10 日

23. 金融问题研究会邀请庄智焕演讲

本市金融界中坚从业人员包玉刚、黄肇兴、夏开明、赵英、唐云鸿、杨桂和、潘世杰、刘天宏等所发起组织之金融问题研究会，定明日下午七时三十分假宁波路二七六号钱庄俱乐部举行第五次公开演讲，由庄智焕主讲《从欧美经济现状看中国经济的出路》。庄氏为前经济部企业司司长，现任交通银行设计处处长，去岁曾赴欧美各国考察，对于当前经济问题，每多精辟见解。

《申报》，1948 年 3 月 10 日

社会责任篇

社会事业

家乡情结

社会事业

1. 秦祖泽敬谢 / 469
2. 京直奉水灾义赈会成立 / 469
3. 汇纪请惩国贼援救学生电 / 470
4. 上海商界罢市之第二日 / 470
5. 发起储金赎约救国同志会启（节选）/ 471
6. 关于赈济水灾之消息（节选）/ 473
7. 盛竹书寿辰志盛 / 473
8. 华洋义赈会紧急筹赈会 / 473
9. 各方面之筹赈声 / 475
10. 各方面之筹赈声 / 476
11. 各方面之筹赈声 / 477
12. 各方面之筹赈声 / 477
13. 秦润卿君提倡年酒费助赈 / 478
14. 义振会浙灾春振征募会纪 / 478
15. 修能学社之新创 / 479
16. 五省和平大运动之酝酿 / 480
17. 何东与盛竹书之谈话 / 480
18. 通明学社之协力发起 / 481
19. 交通银行认定浚淞经费二千元 / 481
20. 救济妇孺会募金团之发起 / 481
21. 盛竹书君与外部接洽情形 / 483
22. 沪公廨问题之京讯 / 483
23. 苏浙战谣中之和平运动 / 484
24. 江浙时局之昨日消息 / 485
25. 江浙时局更趋险恶 / 486
26. 安裕庄复工商学联合委员会函 / 487
27. 浙方和平代表之覆书 / 488
28. 红会时疫医院开幕纪 / 489
29. 修能学社之改组 / 489
30. 修能学社厘订专修课程 / 490
31. 济生会年会纪事（节选）/ 490
32. 修能学社力图刷新 / 490
33. 华洋义赈会开职员会 / 491
34. 济生会昨开改组大会（节选）/ 491
35. 济生会常委常会纪 / 492
36. 蓝十字会昨开临时董事会 / 492
37. 银钱业水灾临时集捐会成立 / 493
38. 明华银行奖励交大工科学生 / 493
39. 各校消息·华华中学 / 494
40. 垦业银行经理王伯元发表创奖学金 / 494
41. 俞母寿仪筵资移助冬振消息 / 497
42. 华洋义振会——二十四年一年工作 / 497
43. 郑征香君移礼充援绥捐 / 499
44. 各界捐输踊跃 / 499
45. 商民认缴公债款额继长增高 / 500
46. 协会续聘委员 / 500
47. 难民救济协会同业组昨改推主委 / 501

社会事业

1. 秦祖泽敬谢

夏正六月十二日,家慈七十生日,蒙诸亲友宠赐屏幛,理应设筵酬谢,以答隆情,顾念各慈善处需款孔殷,特将筵资移助上海孤儿院、闸北惠儿院、慈溪保黎医院、普迪免费学校各洋五十元,聊为诸亲友造福,想荷乐许,谨此。

《申报》,1917 年 8 月 9 日

2. 京直奉水灾义赈会成立

京直奉水灾义赈会昨在中国银行开成立大会,官绅到会者十七人,松沪护军使卢永祥特派参谋长马鸿烈、秘书长杜纯、参谋刘同三人代表。午四时开会,首由马参谋长代表卢护军使起言,曰前在哈同爱俪园开会,承各界诸君轸念灾民慷慨捐助,曷胜心感。今值大会成立,务望诸君实力进行,为灾民造福,将来义赈告竣,敝军长自当咨请中央从优奖励。至筹募办法如何进行,请诸君公同讨论云云。述毕经到会官绅讨论之下,由谢蘅牕提议,前次开会拟借爱俪园开会等捐,惟此项游券恐不易消，而借园开会费用尤大，难得实效。鄙意拟请马参谋长转禀卢护军使，邀请商帮各业设法劝捐较为简捷。经众赞成。次沈仲礼提议请奖一节，前次曾办安徽赈捐，事后亦曾请奖，此次事同一律，将来可援案办理，当非难事。马参谋长允即转禀护军使照办。次徐乾麟提议，前次议决筹募事务较繁，应推举职员分别担任。众然其议，遂公同举定卢护军使为华会长，哈同为洋会长，次推定杜眉叔、王一亭、谢蘅牕、徐乾麟、陆维镛为担任总务，宋汉章、席锡蕃担任会计，邹景叔、达士有、王佑之担任文牍，赵芹波、洪文廷、张达卿、田资民、金培生、徐少棠担任庶务，散会时已钟鸣六下矣。

《申报》，1917 年 9 月 8 日

3. 汇纪请惩国贼援救学生电

银行公会钱业公会电

北京大总统国务院钧鉴：学生尽国民天职，罢课救国，商人同属国民，沪市全已激成罢市风潮，银行钱庄操金融枢纽，危险万状，请速体念学生救国苦衷，先行释放被拘学生，并请严征曹汝霖、陆宗舆、章宗祥等，以顺民意而维大局，不胜急切待命。上海银行公会、钱业公会谨呈微。

《申报》，1919 年 6 月 6 日

4. 上海商界罢市之第二日

银行公会

本埠华商全体各银行已一律实行停止收解汇兑，惟到期本票均照常收发。昨日

（六号）银行公会又开特别紧急会议，结果由上海中国交通两国家银行拍万万火急电致北京，痛陈危险情状，迅除国贼，以平人心云云。

《申报》，1919 年 6 月 7 日

5. 发起储金赎约救国同志会启（节选）

窃维国家兴亡匹夫有责，此次外交失败激起风潮，各界人士皆知以救国为前提，群起而为一致之表示，可知国人对于国家观念非尽薄弱。但凡事贵求实际，不尚空言，既有主张要当贯彻。吾国人从来办事往往有两种特性，非筑室道谋，举棋不定，即热度过高，流为激烈，犹之一哄之市俄顷即散。如五九国耻，当时国人非不激昂慷慨，曾几何时，便淡焉若亡，此五分钟热度之所以被讥，亦即自来交涉失败之最大原因固毋庸深讳者也。诚欲一雪此耻，亟宜奋起吾人之责任心，庶乎其可。近闻鲁省请愿团声明筹款代赎高徐济顺铁路借款合同并认负担该款全额之半，余归各省分担。近日政府宣称该路只订草约，此时向赎尚有商量之余地。鲁省欲争青岛而以赎回路约为第一步办法，最为切要。同人等不自量力，窃愿附该团之后。聊尽职志，以冀共襄厥成。按该路借款为日币二千万元，每元约合吾国币五六角，共合中币一千二百万元。除鲁省已认半数外，自余一半拟从沪埠着手，以为之倡。兹先发起同志会，征求各界同志入会，分任劝募赎约储金，指定银行为收款机关，以一元为起点，推而至于十百千万，多多益善，少少无妨，随人能力志愿，不加强迫。银行收款后，给予收据次日五厘起息，储有成数，即要求政府实行赎约，并以该约原订一切权利让予本会，为交换品。似此办理，庶几投资者本利均有着落，且有该路实业上之希望，而使已失路权及随路将丧失之国土均得早日回，复一举而数善俱备，当亦爱国志士所乐从也。惟兹事体大，同人等发起此会，非敢好大喜功，不过竭其愚诚，冀收得寸得尺之效，要之为由起于一篑，众志可以成城，以我国人民之众，倘各慷慨解囊，区区数百万，何难立集。所望邦人君子合力策进，俾得偿此宏愿，无任馨香祷祝之。至附呈简章，伫候明教。

计开：

一、定名：本会定名为储金赎约救国同志会。

二、宗旨：本会以发起劝募储金筹备为政府垫款赎回高徐济顺铁路借款条约为宗旨。

三、会务：（甲）征求会员：将来分名誉，特别，普通三项，现在拟请学工商界各领袖劝令各团各帮各业推举代表入会。（乙）选举职员：临时选举由发起人中暂行推定，正式选举另定规则，由大会决议行之。（丙）劝募储金：劝募方法另订细则，由大会决议行之。（丁）指定储金机关由大会决定。

四、职员：（子）临时会长一人主任对内对外一切事宜。（丑）临时副会长一人，辅助会长执行各事（寅）议董暂不定额，决议事件，修订章程并提出议案。（卯）本会设坐办一人，书记一人，会计一人。（辰）本会自会长以迄会董完全义务，其余各职临时期内亦不支薪，嗣后如何支给，俟大会决定。

五、经费：本会临时经费由发起人自给，将来经常等费应如何开支由大会议决行之。

七、会所：暂设事务所于。

以上均系临时性质，俟正式会成立即归无效。

临时发起人祝兰舫、宋汉章、田汝霖、盛竹书、劳敬修、陈光甫、秦润卿、朱吟江、王少坡、吴纪宏、原福堂、赵聘三、魏星文。民国八年七月。且兹将已认定之数录下：祝兰舫认洋一万元，聚成东五百元，王绍坡五百元，孙玉臣一百元，益顺盛二千元，合盛兴五百元，益圭长二千元，通聚公一千元，王修五百元，孙文卿三百元，赵聘三五百元，东兴恒一千元，张勤圃五百元，张风亭三百元，益顺恒一千元，宋汉章一千元，王荫机五百元，秦润卿一千元，唐少泉五百元，唐树斋二百元，共认定洋九万三千六百十五元。

《申报》，1919年7月4日

6. 关于赈济水灾之消息（节选）

仁济善堂接钱业朱五楼、王鞠如、盛筱珊、叶丹庭函云：敬启者，前接惠书，因天灾洊至，今夏霪雨为患，苏浙皖三省受灾均重，情悲饥溺，自应解囊相助，以济群生。兹以敝业慨灾黎之无告，同怀桑梓之情，业已竭诚劝募，凑洋三千一百四十元。兹特备送台端，即希察收。惟此洋请拨解旅沪同乡会指明捐入湖属振款洋一千五百元，其余归入苏浙皖三省振款，共计洋一千六百四十元，均希台洽，附还捐册十一本，请察核云云。

《申报》，1919 年 9 月 13 日

7. 盛竹书寿辰志盛

镇海盛竹书先生，业称热心公益，历办学校及慈善事业，不胜枚举，久为社会所钦仰。十七日为盛君暨夫人六十双庆，其长公子，省议员佩葱昆仲，归家称觞，军政商学各界踵门庆祝者，络绎不绝，颇极一时之盛。并闻徐东海、黎前总统，湖北督军，省长皆给有匾额，卢齐两政长及海内名士，亦均寿以屏联诗文及纪念品等件，总计寿礼有二千五百余号之多，其中现洋五千余元，悉数移作湖北义赈及扩充本城公善医院经费之用，寿人寿世，立德立功，如盛君者，诚尘世中之活菩萨也。

《申报》，1919 年 12 月 18 日

8. 华洋义赈会紧急筹赈会

昨日下午五时，华洋义赈会各董事，因赵理豫三省水旱巨灾，赤地千里，亟应

设法赈济，故特在云南路仁济堂内开紧急筹赈会，并请新从北京来沪之福开森先生到会，报告北方灾情。是日到会董事，有宋汉章、傅筱庵、陆伯鸿、秦润卿、唐少川、施子英、谢蘅牕、孙仲奚、朱葆三、朱芑臣、庄得之等二十余人。至五时三十分，福开森先生亦到，即摇铃开会。先请福先生报告北方灾情，福先生乃起立报告曰，此次北方灾情甚重，当五六月间，余奉命派往西比利亚调查中东铁路事时，已闻直隶发生旱灾，后余经过奉天黑龙江乌泽等处，见沿途积粮甚富，故今如欲采运粮食，救济灾民，鄙意当往各该处采运为宜。及至余自西比利亚回京时，则不但直隶一省遭有旱灾，其他如河南山东等省，亦皆同时发生水旱灾，而且幅员甚广，该三省中，几至无一县不被及巨灾。余见此灾情，当即呈请政府，设法救济。现虽筹有款项一百万元，然如此巨灾，实即杯水车薪，决不敷振。盖三省共有二百余县，每县欲待振者，以至少数三万人计之，每人仅派不到小洋二角耳，以此区区之数，何足以言振。今承贵会亦发起助振，鄙人极为欢慰。惟鄙意对于振济该三省办法，应用二方面同时并进手续，即（一）平粜，（二）放急振。惟该两办法，现皆须先从调查入手，何处仅须半振，施以平粜，何处须全振，必须派员分至各被灾处按户放振。惟此项机关，设立颇为不易，因各灾民大都皆散处四方，委员断不能按户杨枝遍洒，此则尚待诸公之研究较善办法者也。惟有一言，今须声明，鄙人此次来沪，并非专为筹振而来，今承诸公之美意，愿加臂助，实深感激。惟贵会后此所筹之款，设愿托鄙人经办，成指省份，或指用途，当可尽如尊意，惟若有其他机关或另委妥员办理，则尤为更好。总之，但须灾民得益，尽可各做各事，不必定欲并于京津筹赈处名下也。报告毕，众大鼓掌。惟是时福君尚有其他要事，故即与众握手道别，且临别时，尚郑重叮咛诸善董，谓鄙人明复日即须返京，北赈灾情甚亟，愿诸君努力筹之等语。次傅筱庵君提议，谓现下北方灾民待赈甚亟，设待本会陆续募集款项后，方始汇款济之，诸灾民此数日中，得毋饿毙耶？故鄙意应请在会各董，先行筹垫若干万元，亟办粮食以济之，方为上策，众赞成。傅君遂首先担任垫借十万元。其次银行界，由宋汉章君担任，钱庄界由秦润卿君担任，又由陆伯鸿，朱葆三，孙仲奚诸君等，各各担任，暂行先与垫借，合洋五十万元，筹办急赈，以济北地灾黎。次唐少川君提议，谓本会目的，现须定募捐款五百万元，以救该三省，因照方才福先生所说，以每县三万人计之，则此数实亦不算为多，惟能否筹足此数，则全视于寓沪人士助赈之热心与否，以及办事人之精神如何耳。众赞成以此数为鹄的，各各担任，分头劝募而散。又该会昨请唐少川君，分赴驻沪各领事处，以及英法美各商会各机关各团体中，告以华洋义振会成立之缘由，并请诸西友量力捐助。结果，各领事各团体，皆极端赞成，允为协助，今该会已订于下星期六下午四时，分请旅沪西商到会谈话，以便筹商进行之法云。

《申报》，1920 年 9 月 17 日

9. 各方面之筹赈声

华洋义赈会北赈会

华洋义赈会昨日下午六时该会各董又在仁济堂开第三次筹赈会议，到会者有宋汉章、傅筱庵、唐少川、黄楚九等二十余人。是日尚有西董福开森博士以及苏理法、费区、史拨来三君亦到会协议。至六时十分即摇铃开会。兹将是日会议情形汇记如下：（一）傅筱庵君提议请由该会书记备函通知盛老太太、盛泽臣、盛萃臣、盛绳祖、宋德宜诸君敦请其加入该会发起人之列，请众表决通过。（二）宋汉章君提议义赈会应另觅会所，不便常假仁济堂办事，以清界限。今查有黄浦滩前德国总会堪以借用，请众表决通过，并请诸董事议定准于明日（二十日）即将会所迁移至该处办事。（三）朱芑臣君提议请孙仲英君为社会总办，请宋德宜、庞仲雅二君为协理帮同，孙君常川驻会办事，请众表决通过，并议定请宋君兼任收发，庞君兼任文牍，惟皆义务，不支给夫马费。（四）大会日期经众议定订于下星期六（二十五日）开华洋义赈会北赈大会，由会用中西两文公函，遍请沪上中外各官商士庶到会参预，众表决通过。（五）傅筱庵君提议应请福开森博士展缓返京日期，董尚欲借重福博士，于大会

日期分向外国各官绅接洽一切。经众向福君请求，福君允再商议，毕散会。兹闻昨日该会已得永亨银行送来中秋筵资洋二十四元，想此后继起者当不少也。

《申报》，1920年9月19日

10. 各方面之筹赈声

上海十六家银行

前晚七时，宋汉章、钱新之、盛竹书等十六家银行经理，假座大东旅社新厅，宴请沪上中外银行买办、经理，筹议募赈办法。与宴者傅筱庵、沈志贤、沈叔玉、钮元伯、张知笙、刘晦之、杨汉汀、徐宝琪、席立功、惠雨亭、朱志尧、王宪臣、王俊臣、朱鲁异、杨信之、虞洽卿、胡筠秋、胡筠赖、武棣森、傅品奎、许葆初、顾棣三、朱子奎、席取星、陈馥苞、曾仙洲、杨瑞生、徐季凤、顾馨一、张颂周、王宝仑、方椒伯、孙慎卿、邵芷湘、钟序湘、范少珊、柴和庭、祝伊才、顾克明、刘凤阶、乔礼泉、钮萼卿、冀寿伯、厉汝雄、陈紫照、孙景西、陈光甫、盛竹书、李馥荪、倪远甫、葛绳武、郑鲁成、吴蔚如、田少瀛、江少峰、孙衡甫、刘石荪、叶扶霄、林康侯等六十余人。由宋汉章主席，报告北方灾情并宴会宗旨。钱新之报告纱厂联合会方面现已议定每一纱锭捐洋一元，约计南方有纱锭四十万枚，可预集四十万元，并拟联合钱业、银行业、面粉业、铁业合筹一百万元，公同商议妥实以工代赈方法。现钱业亦已议定每庄捐助全体同人薪水一月，并各担任另行劝募。本业究应如何办理之处，应请公同讨论。当由倪远甫报告除捐助盐业银行同人一月薪水外，并自认募集一万元，余均认捐全行一月薪水外，并尽力劝募，并议决定于二十五日星期六下午一时借香港路四号银行公会再开大会讨论详细办法，宾主尽欢而散。

《申报》，1920年9月24日

11. 各方面之筹赈声

华洋义赈会

前日华洋义振会开成立会。当场认捐各户如下：振华堂助急振一万元，中国红十字会认垫一万元，傅筱庵及通商银行各助五千元，友华银行助洋三千元，商船业朱子谦、李咏裳两君合捐洋三千元，钱新之自助及经募二千元，豆米业张乐君认募洋二千元，淞沪护军使署唐志钧、周宗良、管趾卿各助一千元，陆泉公助五百元，洪李周助三百四十元，秦润卿、张贤清二君各认募一千元，鸡鸭业代表崔蓉圃君助三百元，其余助一二百元者，不胜枚举。该会前日致北京府院电云，北京大总统国务院各部总次长各省督军省长广东军政府各总裁钧鉴：本会于九月二十五日开成立大会，公举冯煦、唐绍仪、钱能训为华名誉会长，怡和大班濮洛克司密司等为洋名誉会长，朱佩珍为干事长，即日起用图记，文曰华洋义振会章，合力进行。伏乞概念灾黎，随时匡助，以宏救济，上海华洋义振会宥。

《申报》，1920年9月27日

12. 各方面之筹赈声

证券物品交易所及经纪人公会

此次南北各省旱水灾象非常重大，上海证券物品交易所暨经纪人公会日前开会议决，各提出十月份交易最旺之两日所得经手费佣金全数充作捐款。昨已结算清楚，计交易所捐出一万五千元，经纪人公会同人捐出二万五千元，合计四万元，并议决该项振款支配于各慈善机关如下：华洋义振会一万元，中国济生会一万元，银行公会工赈会五千元，商界筹振会五千元，广仁善堂鲁湘豫义振会四千元，宁波旅沪同乡会代振鄞泰水灾三千元，台属水灾急振会三千元，业已分别交付矣。

《申报》，1920 年 11 月 6 日

13. 秦润卿君提倡年酒费助赈

华洋义赈会接本埠福源庄秦润卿君函，云今年江浙皖鲁等省水灾，哀鸿遍野，际此岁聿云暮，商业中无论大小店号，均有除夕之年饭与开正之财酒。然各地饥民待哺，嗷嗷乞赈孔殷，若能稍事撙节，移助赈款于灾民，获益非浅。兹小庄以节省年酒之费洋一百元，送奉贵会以充赈款，藉为各界倡，当仁不让，各界必有热心君子起而效之者，敬布区区，惟希亮察云云。查去年年终，华洋义赈会曾通函各界，由各商号移助，迳送该会数目不少，各地灾民蒙惠非轻，今年江浙皖水灾尤较上届奇重。今秦君润卿以已饥已溺为怀，首为之倡，想各界不乏如秦君者，则集腋成裘，亿万灾黎于冰天雪地之中，莫不感德矣。

《申报》，1921 年 12 月 21 日

14. 义振会浙灾春振征募会纪

华洋义振会浙灾振募大会二十五总队暨春振义勇队前（星期日）日在宁波同乡会开三次竞争会，到会委员及队长有盛竹书等二十余人，王一亭主席。当由盛竹书报告所任之第一、第二两队，先认五千分并报告补缴原任广西总队二千分，又第三第四义勇队田时霖，第五第六两队长金润泉，王湘泉均报告已募足满分，第七队长吴静山报

告连前共募得六千分,第八队长顾馨一报告募得五百分,第十队王骏生,第十四,第十五两队长王涵之,第二十五队长陆维镛均报告满分,第二十二队吴东迈报告连前一千分,第三十三队报告一千分,绥远队总队长陆达权报告续募一万分,湖北队总队长谛闲法师续募三千二百二十二分,湖南队总队长杨奎侯续募二千五百分,察哈尔总队长王一亭续募二千分。所有满分各队如田时霖,金润泉,王湘泉,王骏生,黄涵之,陆维镛及绥远总队长陆达权均得黎黄陂匾额一方,盛竹书得苏省长匾额一方,并经议决每星期日仍假宁波同乡会开竞争会云。

《申报》,1923 年 5 月 29 日

15. 修能学社之新创

专收钱业子弟

钱业公会会长秦润卿君拟创办一修能学社,专收钱业子弟注重国文、英文、数学、习字四种,学额只限二十四名,校址在沪北钱业会馆,学龄自十岁起,学费每年三百元,将于夏历七月一日开学,其宗旨颇与其他学校不同。兹录其缘起如下:近年以来文化潮流弥漫一世,名流以简易为提倡,学校以放任为迎合,后生未学,受其同化,品性日益嚣张,学问日益浅薄,害中教育,人心系之。润卿经商沪上历有岁年,目击同业子弟之徘徊失学,有惕于中,爰合同人发起修能学社,专以国、英、算三科,培植根柢,聘请中西宿儒主任,实事求是,不随风气,但求吾同业子弟同受栽成,敢与今日名流共角,守旧之议,诚所乐受,阿时取宠,吾知免焉。

《申报》,1923 年 6 月 14 日

16. 五省和平大运动之酝酿

旅沪浙绅盛竹书、沈泽春等自此次赴杭参与官商会议返沪后，从事筹备大规模之和平运动一节，已志昨报。昨午后有人往访沈绅泽春，叩以大规模之运动办法。据沈云，闽浙风云日紧，谣言益炽，虽经江浙两省绅商分赴宁杭呼吁和平，而人心皇皇，市面颇受影响。各绅商之意，以苏、浙、皖、赣均已次第订立和平公约，惟闽省尚未加入。际兹闽浙谣诼朋兴，故均主张从事筹备苏、浙、皖、赣、闽五省大和平之运动，以安人心。其进行办法，先从联络旅沪闽籍绅商入手，业经一度之接洽，闽绅商均不愿桑梓再遭糜烂，允各分函在籍各绅商发起闽浙和平运动，务期东南半壁永弭战祝云。

《申报》，1923年12月19日

17. 何东与盛竹书之谈话

讨论和平问题　何谓有六分希望

何东爵士此次由汉返沪，本埠银行公会会长盛竹书君因爵士曾历宁、津、京、鲁、汴、汉，于和平运动多所接洽，日前特往访问，叩以此行所得。何谓此次奔走结果，在和平方面大致有六分希望。盛君谓此诚佳兆，惟迩来江浙两省谣言蜂起，于和平前途不无妨碍。如果发生变端，公将何以处之？爵士谓吾昨已分电苏、浙、闽三省当道，再申和平之旨，大致当无食言之理。盛君又询洛吴对浙态度如何，爵士谓在洛与吴接谈时，似觉对浙并无何种意见云。继又叩以此次回港何日重来，何答俗务积压，须待整理，一俟就绪即将来沪，并拟组织和平筹备处，以利进行云。

《申报》，1923年12月27日

18. 通明学社之协力发起

甬人盛竹书、陈屺怀、方椒伯、叶叔眉等鉴于失学子弟之众多，特发起一学社，定名通明，专授国文、英文、数学三种，不受学校制度拘束，以期适合社会人士之需求。已租定爱文义路西摩路时应里为社址，由何恂卿主任社务，着手招生，所聘之教员均为富有学识及经验者云。

《申报》，1924年1月26日

19. 交通银行认定浚淞经费二千元

本埠银行公会会长盛竹书君，前接上海总商会来函，请分认浚淞经费，以沪埠银行入公会者，仅二十四家，未入会同业，何止倍蓰。能捐与否，及认捐多寡，公会无从遽定。曾请总商会自向各银行直接通筹，以免转折在案。昨日盛君以此项浚淞经费，事关公益，且与商业前途，颇有关系，义无可辞，特以其经理之交通银行名义，认定二千元，以为各同业倡，沪埠银行约有六七十家之多，苟皆热心，则所短之浚淞费，不难筹集矣。

《申报》，1924年3月22日

20. 救济妇孺会募金团之发起

上海中国救济妇孺会，创办于民国元年，迄今十有三载，惨淡经营，渐臻完

救济妇孺会举办的慈善游览会西乐队合影

备，几于中外皆知。前后所救妇孺，计五千名以外。无归者在江湾设院留养，亦常有五六百名，留养日多，范围日扩。会中向无基金，逐年开支，仅赖捐款，已时见入不敷出。上年又因留养院万难容纳，不得已添筑宿舍，致亏巨款，来日大难，各董事为维持永久之计，发起募金团，定全体为五十团，每团设正副团长各一人，队长十人。募金定额每团四千元，每队四百团。其收款方法，由中国，交通，浙江，兴业，中华，江南，五银行，安康，福源，永丰，承裕，四庄及中央信托公司，代为收存。此项募金足额后，或置产，或存储生息，均由董委联席议决办理。已举定盛竹书君为委员长，草就章程，于四月四日下午开第一次董委联席会。通过章程，筹议进行。先由盛竹书君报告各条章程，继由列席董委讨论终结。对于捐启收据及劝募基金酬赠章程，略有修改。是日列席者，为王一亭，方椒伯，徐乾麟，叶惠钧，王晓籁，田祈原，董体芳，朱子衡，赵文焕，胡格生，蔡春芳等，无不详细计划，尽力担任云。

《申报》，1924年4月6日

21. 盛竹书君与外部接洽情形

银行公会会长盛竹书君，此次赴京，出席全国银行公会联合会，对于收回上海公廨事，曾与外交总长顾维钧君当面接洽。近悉盛君来函，谓据外交部施司长面称，部内对于此事，已迭催使团早日办理，现已接领衔公使照复，允为讨论交还，故现在该部正与司法部商议办法，积极进行。顾维钧君对于此案，认为切要，其心理与沪上华人同一主张，深盼早日解决云。

盛竹书君与外部接洽情形

《申报》，1924年5月4日

22. 沪公廨问题之京讯

盛竹书报告接洽收回公廨问题经过
北京外部方面之口头表示

本埠总商会等，曾具函委托盛竹书君于出席银行公会之便，向北京外交部接洽，收回上海会审公廨事务。兹盛君业已回沪，于昨日分往总商会等处报告接洽经过，略云余于上月二十日往访顾维钧，当告以总商会委托之来意，并以顾为苏人，对上海情形自较熟悉。且此举关系桑梓，务盼在其任内得一解决，顾答此事在彼早已注意，即置国权不论，商民所受痛苦，已至深重，外部方面，已在准备此事。惟尚未接到领袖公使覆函，未能切实表示。越二日，顾复派其司长来访，并询予以上海方面之意见。

予告以上海团体及公众意见，在绝对无条件收回而已。盖中国收回其已有之物件，诚无条件之可言也。该司长嗣谓所谓无条件，亦为部中进行之方针。现得领袖公使覆文后，已会同司法部办理其事，沪方以后果有何项意见，务祈随时以私人资格函示，俾知趋向。惟外团最近曾提有几种要求，但此系希望，绝非条件。此则盼先生返沪后，代为解释云云。故此次予之接洽，尚未得有具体办法云云。

《申报》，1924 年 5 月 8 日

23. 苏浙战谣中之和平运动

沪总商会电请维持和平原约
盛竹书等请各同乡共起呼吁

苏浙战谣愈传愈盛，人心已现恐慌之象。浙江绅士盛竹书等，以去岁和平代表资格虽已告终，而谣诼复盛，一旦果成事实，终非地方之福。故特约集沪杭绅商十人，再为和平呼吁。第一步先致电浙省军民两长，询问收容臧杨真相，嗣得复电，对于收容臧杨事实已有详明剖解，来往文电均志昨报。盛君等以苏省初以臧杨为借口，今卢、张态度既已明白表示无犯人之意，则苏省态度不得不亟求明了，故复于昨日致函旅沪、宁、闽、皖、赣、京、津各同乡请为一致呼吁，以期达到和平目的。而总商会方面亦已致电双方，请维持和平原约。至苏绅方面，张一麐等前日已致电苏齐，请宣示真相，但昨日尚未获复。

《申报》，1924 年 8 月 21 日

24. 江浙时局之昨日消息

盛竹书通告江浙父老书

浙绅盛竹书君，对江浙和平，奔走极为热心，兹以军事紧张，和平希望仅存一线，昨特发出通告江浙两省父老书，云江浙两省父老兄弟均鉴，谨启者，本月十一日，炳纪由汉抵沪，闻有四省攻浙之谣，不胜惊骇。虽上年随同两省绅商奔走和平，已告终了，而此次范围较广，与上年情形不同，亦固知决非我辈所能参预。然江浙战争，不仅关于两省生命，且有关于中国存亡，问诸良心，实难漠视。即往访史君量才（史君亦上年奔走和平代表之一），叩其意，以为此次单为浙方收容臧杨而起，关系不仅苏方，即苏方恐亦难进言，且苏方上年奔走，最热心如黄伯老，张仲老诸公，均未有所表示，炳纪亦即中止进行。越三日，杭州为开西湖博览会筹备会，军民两长折柬相邀，炳纪以为博览会系升平事业，军民两长提倡筹备，对于和平必有希望。时适沪上谣言已盛，银拆飞涨，公债暴跌，市面已呈危险之象，炳纪即于十六日乘夜车赴杭，车中适晤西湖博览会筹备主任李君赞侯，告以四省攻浙之谣，闻由我浙当局收容臧杨之苦衷之好意，一一备述。炳纪以为我浙当局，对于收容臧杨，既有一片苦心，一番好意，为何不早表示。抵杭后，即在杭商会会议邀集上年奔走苏皖赣诸代表，进谒卢嘉帅，请求速将收容臧杨之原因，明白宣布，以释群疑，而弭兵祸。当蒙嘉帅容纳，切实电示。炳纪即将嘉帅电示报告我全浙绅商学各界，并请诸乡老列名通电洛阳吴巡帅暨苏皖赣闽各当道。方幸臧杨收容之误会，既有解释，而四省攻浙之谣言，或可消弭。讵知各方军队，仍复节节进行，即就苏浙两方言，一方则曰浙不犯苏，苏不犯浙，一方则曰人不犯我我不犯人，是各已备战，无可掩饰，无怪两省人民，益滋惊惶。上海一埠，钱庄有被挤停业者，各业有止运各货者，一若大兵将至，岌岌不可终日，内地交通阻隔，金融停滞，典当因现洋缺乏而止当。工厂因薪金停发而停工，一般藉典当为周转，靠佣工以度日之穷苦小民，尤为可怜。其他外省各埠，受上海之影响，金融亦大起恐慌，是则江浙虽一时不发生兵端，然再相持不下，全国金融破产，内乱蜂起，引起外交，国必灭亡。试问各方当局睹斯惨状，无论衅由谁起，忍乎不忍。况民国以来，报应尤速，事实俱在，历历如绘，各方当局，不乏明达之人，不为地方计，当为本身计，不为本身计，当为儿孙计，谅亦有所感情。炳纪抱匹夫有责主义，始终不肯忘情于和平，笑骂听人笑骂，奔走由我奔走，况迩日两省当道，均已允许双方缓冲，予我人民以和解余地，而浙方当道对调人言，更进一步，有研究检定驻兵地点，可由具有军事学识之士绅参加观察等语，尤为调停希望。两省绅商正想趁此时机，设法进行调解。只因江浙军事形势，已为千钧一发极危之际，先请两省当道将前方军队各自退让，减小战祸暴发之虞，水陆交通赶速恢复，免致小民牵连之苦，俾□两省绅商，宽以时日，徐图永久和平之策。乃昨接齐抚帅复调人电，尚无切实之表示，当经两省绅商会议，公推军事专家四人，会勘驻兵适宜地线，并电两省当道，各派参谋来沪会同办理。此电去后，倘有一方不能赞同，是江浙战争，恐难幸免。呜呼，我两省五千万人民何辜，竟因少数人之私争，为双方所利用，竟陷水深火热之中，心何能甘。只因此次各代表能力薄弱，亦惟徒呼负负而已。所希望我两省人民，际此危急存亡之秋，各自奋兴，速谋善后方略，或者大好山河，得以保全，无数生灵，不至涂炭耳。炳纪虽属老朽，倘果有益于我两省大局，极愿追随两省父老兄弟之后，勉效驱驰。区区愚忱，统希垂察，浙江老民盛炳纪挥泪上言。

《申报》，1924 年 9 月 1 日

25. 江浙时局更趋险恶

盛竹书之谈话

（远东通讯社消息）自江浙之战谣起后，浙绅盛竹书等，奔走号呼，不遗余力，最近因两军已成犄角，又有向两省当局划缓冲地之要求，前晚已蒙两方电复，各派参谋长来沪协商。记者以此事已有端倪，然其办理之步骤如何，尚属不知，特于昨日晤盛君于交通银行，并询及金融界及粮食之现状。据其一一答复如下：一、"办理缓冲地之步骤"，鄙人等要求苏浙两当局划分缓冲地，以便从长调解，现已蒙两当局电准，并允派参谋代表来沪协商。该两代表日间即可抵沪，至进行手续，拟俟该两代表抵沪时，即召集各处两省和平运动代表，开一联席会议。会议后，再行前往战地划分地点，请两省原有之驻兵，退出该划分地，再事从中调解。二、"金融界之现状"，本埠金融界自战讯盛传后，银根奇紧，无可讳饰，但近日以来，经多方调度，似见和缓，惟外埠如汉口、哈尔滨等处，现已大受其影响，因以前彼此汇兑，刻均断绝，故觉非常恐慌。三、"粮食之现状"，本埠之食米，本甚稳妥，不致发生若何问题，乃自战讯盛传以来，内地居民，纷纷来沪，租界人口骤增，米价即行飞涨。故一般市民，非常恐慌。嗣经各团体作几度之协商后，已有妥当办法，由南北两商会组织米食平价局，以十万元为基金，由银行公会先填八万元，由钱业公会先填二万元，刻已由南商会会董顾馨一致电暹罗采办，大约旬日间即可运到。至其价格，至多每石不得过十元，购者至多不得过一石，故本埠食米目下已不成问题矣。

《申报》，1924年9月2日

26. 安裕庄复工商学联合委员会函

敬复者，奉读大函，祗悉一是，五卅惨案，凡属国人莫不同深愤激。敝同业取一致行动，相率停业，静待解决。日前见公理日报载有以金融接济某行情事，小庄亦误被牵及，殊堪骇异。此次英捕惨杀我同胞，事关国体人命，凡有血气者断不肯作此无耻之事。究竟小庄有无其事，不难确切调查。乃该报遽尔登载，使小庄受此不白之冤，业经向该报声请更正，并于今日起登申新两报，切实声明。辱承垂询，谨以奉复，专此，即请台安，安裕庄顿启，六月十五日。

《申报》，1925年6月17日

27. 浙方和平代表之覆书

盛竹书致邓孝先等书

盛竹书君昨致函南京总商会邓孝先等云,南京总商会转邓孝先,甘仲琴,苏民生,张汝芹诸先生均鉴,昨日量才兄转奉惠书承示,根据缓冲划线前议,再向两省军事当局要求停战,以纾民困,足见诸公关怀大局,酷爱和平,无任钦佩。溯此次调停和平,实因风云紧急,由炳纪发起,向浙省当局哀求,幸蒙浙当局容纳,先将收容臧杨原因明白宣布,复徇两省绅商之请,派参谋来沪,会商缓冲办法。乃苏省参谋未到,而前线业已开火。彼时浙方尚责炳纪为诸公所愚,几乎贻误戎机。炳纪耿耿热忱,无非为江浙两省同胞免受荼毒,为东南菁华免遭蹂躏,为全国保留元气,功罪毁誉,本非所计,然事既决裂,戎首谁归,中外各报均有记载,天下后世,亦有公论,我江浙人民,尤必有秉公之表示。现在双方鏖兵,业已旬日,洵如尊函所谓两省人民之生命财产,直接间接之牺牲于此役者,不可数计。若再相持,恐两省人民将无噍类。昊天不吊,罹此鞠凶,可胜怆悼。说者谓双方战争,果能利国福民,则江浙人民,素明大义,纵有牺牲,诚何足惜。但民国以来,若粤若川若湘若皖直之战奉直之争,不特于国无利,于民无福,且各省分裂,国家失其威严,养兵自卫,人民徒增负担。况此次战争,实狙于睚眦之怨,不惜拂民意以为孤注之掷,试问利于国者何在,福于民者何在,谁无父母,谁无妻子,而必黩武穷兵,逞其意志,人道远,天道迩,因果循环,报施不爽。为戎首者,清夜扪心,亦知有所悔悟否耶。诸公酷爱和平,不后炳纪,诚能就近向苏省当局,首先切实劝告,以冀激发天良,得有彻底停战之表示,而无强人难能之要求,则炳纪对于浙方,虽失信用,为大局计,为两省计,仍当追随诸公之后,尽其棉薄,再效驰驱。如其徒托空言,终必旷日持久,转令两省人民,入水益深,入火益热,不独问心不忍,且亦愧对于两省父老兄弟矣。掬诚奉复,诸维垂鉴,盛炳纪启。

《申报》,1926 年 9 月 13 日

28. 红会时疫医院开幕纪

天津路中国红十字会时疫医院昨日下午三时行正式开幕礼，院长盛竹书、王一亭、庄得之、牛惠霖，医生吕守白、黄子静、李景畴、陈邦兴、鄞仲恩等均在院招待来宾。到者计有荷兰总领事，工总局卫生处西员，新闻记者方菊影等，外国新闻记者鲍威尔等，暨邢士廉，常之英代表，及俞凤宾，哈少甫等百余人。当经该院职员鲍康宁，沈金涛领赴各病室参观。该院病室其分三等，可容二百余人，布置甚为清洁，中西来宾咸加赞美。嗣经院长款来宾以茶点，摄影而散。该院经费纯赖慈善家捐助，昨日已有捐款千余元，惟用费浩繁，尚赖慈善家源源补助云。时疫医院去年江浙战役收容之伤兵，现尚有数十人未痊，今皆移入红十字会南北市医院医治。

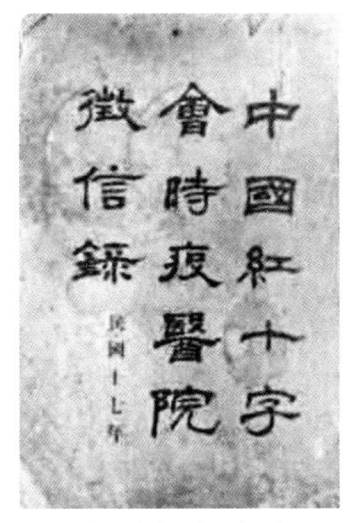

中国红十字会时疫医院征信录

《申报》，1925年7月5日

29. 修能学社之改组

本埠海宁路钱庄会馆内修能学社于癸亥秋季由钱业公会总董秦润卿发起开办，聘请慈溪冯君木、无锡杨宗庆为正副社长，教授学科，注重国文、英文、算学、经济、商业各科，迄今数年，颇著成绩。现闻冯、杨两君因事辞职，已由秦君改聘陈布雷为社长，社中教职员除少数仍旧外，更聘前宁波市教育局局长杨菊庭、前宁波商业学校校长董贞柯、第四中山大学商学院毕业生魏友新、洪通叔担任各科，陈、杨诸君皆教育界知名之士，明年该社之发达，可以预测云。

《申报》，1927年12月29日

30. 修能学社厘订专修课程

海宁路钱庄会馆修能学社,自陈布雷长社以来,社务颇有起色,日前该社董事秦润卿,在社召集社务会议,议决从本年秋季起,厘订课程,适应社会之需要,定为国文、英文、算学、专修,学社延聘专家充任教授。该社下学期定于九月八日开学,开学前闻尚须招生一次云。

《申报》,1928年7月15日

31. 济生会年会纪事(节选)

本埠中国济生会于昨日举行年会,到会董会员数十人。首由该会会长王一亭君主席报告会务经过情形,嗣由经济振务医务学务各主任,将经手办理各事分别报告毕,公议各项,分刊于后。一、经济科提议,自会董盛竹书君出缺后,应请遴补,公推秦润卿君继任。一、振务处提议,本年办理平、鲁、皖、浙各省冬振,灾重款巨,预计不敷十余万元,虽由某银行等热心筹垫,先济眉急,宜速设法筹募,以便归缴。公议由本会全体同人群策群力,负责办理。

《申报》,1928年12月8日

32. 修能学社力图刷新

海宁路修能学社为钱业总董秦润卿君所创办,采用特种教授方法,灌输社会专门学识，成立迄今，业已七载，历年成绩颇复不恶。兹闻该社社长陈布雷君鉴于陶冶人才之殷切，决定自十八年起，加倍刷新，厘订科目，添聘教授，并以本人未能常川住社，已聘定袁守卿君为事务主任，杨孟昂、洪通叔二君为主任教员，俾得负责处理一切，并闻杨洪二君对于教务上革新各点，已在积极规画中云。

《申报》，1929 年 1 月 24 日

33. 华洋义赈会开职员会

上海华洋义赈会前日下午五时半举行职员会议，到中西各会员由会长宋汉章、饶家驹主席，闻议决对于豫陕甘三省拨洋万元，交由各该地华洋义赈会施放，其支配办法依据捐助方面意旨，陕甘各三成半，豫省三成，并决定嗣后遇有收入仍照此分配陆续拨汇灾区。至齐鲁方面，一俟款项集有成数，决定仍拨交济南华洋义赈会施放云。

《申报》，1929 年 2 月 23 日

34. 济生会昨开改组大会（节选）

本埠中国济生会创立以来，已十三寒暑矣。于创办重要善举，如各省水旱兵匪等灾，十余年来，急振、工振以及冬春各振、粥厂、难民及幼孩收容所等等，并医院、学校、施医、施药、施棺、施米、施衣，凡种种有益社会者，无不竭力进行。故历年以来，海上慈善同志，闻风加入，为东南名誉素著之慈善机关。去冬改组委员会，内设六科，特设振务处，并设白十字旗救护队，总赖热心慈善同志，主持振务。已聘胆识俱优之救护人才，故其内部振务，学校、医院均已推举主任有人。昨为该会改组委

员制之第一大会，共到王一亭、黄涵之、王晓籁、秦润卿、吴蕴斋、刘玲生等六十余人，公推会长王一亭君为主席。首由主席宣布开会议程：一、欢迎热心慈善之同志委员入会就职；一、报告公推常务委员情形；一、报告新订办事规则；一、报告去年办理赈务及各种慈善事业情形。

《申报》，1929年3月4日

35. 济生会常委常会纪

本埠济生会昨日开常务委员常会，到会秦润卿君等十余人，公决豫振办法。南阳附近灾劫奇重，灾孩饿毙尤惨，电致驻宛办振员邱君问清，调查灾孩，扩充灾孩收容所，除已收三百名外，加收极贫待毙孩童千名，催运振粮，赶办急振。南阳栗河工振，已在汉口四明银行支付四万元，按日散放，勿稍迟误。本会豫振主任张君贤清偕同陆君书臣等，即于下星期四出发南阳，以救民命。某君提议，陕西灾劫不亚于豫省，我辈处于江浙安乐之地，对于各处灾区，不能漠然于怀，虽本会经济万分困难之际，亦应勉为其难，如何设法救济之处。公同议决，即时由交行拨款二万购粮，汇寄天津，由该会驻平办振主任周君敬甫佘君桂笙，请托朱子乔将军购粮，并遴选精干振员前往陕西，合办陕振，刻日进行，以救眉急云云。

《申报》，1929年3月12日

36. 蓝十字会昨开临时董事会

蓝十字会谦益伤科医院，昨在陈炳谦君宅内开临时董事会。到杜月笙、王晓籁、秦润卿、李寿山、沈联芳、尹邠去、王彬彦等，一推陈炳谦君为主席，张主任善为招待。多番讨论结果，由杜月笙君首先慨允每月常年费洋三百元，陈炳谦君等各慨允每年经常费洋五百元。每年共助洋六千六百元，以杂医院于久长。该院中秋节之亏负一千五百元，先由陈炳谦君暂行代垫，候收取再还，一面将院址扩充为医院，间壁之一百四十一号租赁自用，以为病房，庶几病者有着，始以尽欢而散云。

《申报》，1929年9月10日

37. 银钱业水灾临时集捐会成立

上海银行公会、钱业公会为联合进行劝募水灾振款事，特于昨晚，举行联席会议，决议改定名称者"银钱业水灾临时集捐会"，推举叶扶霄、胡孟嘉、徐新六、秦润卿、胡熙生为干事，林康侯为执行干事，一面向各银行、钱庄、信托公司等，催集振款，以资急振并请集有成数，即由各该行庄公司垫出银行，交由银行公会代收，钱庄交由钱业公会代收。闻银行公会收到振款后，将交由中央、中国、交通三行保管，钱业公会则交由福源钱庄代为保管。

《申报》，1931年8月29日

38. 明华银行奖励交大工科学生

每年奖学金一千元

本埠明华商业储蓄银行经理张炯伯，鉴于吾国工业之幼稚，与建设人才之缺乏，特于该行每年提出奖学金一千元，专以奖励交通大学学行优良而家境清寒之工科学生，每班一人，每人二百五十元，藉以引起社会人士协助工业之发展，并激励学生促进工业之本能。

《申报》，1933 年 3 月 19 日

39. 各校消息·华华中学

本埠愚园路华华中学开办以来，业经十有一载，新近更添聘市商会主席俞佐庭及王伯元、黄延芳、刘聘三、徐懋棠、毛和源、陈润水、朱世恩、吴经熊为校董，共同筹划建筑新校舍，以从事于扩充。

《申报》，1934 年 7 月 23 日

40. 垦业银行经理王伯元发表创奖学金

大学名额已增三倍以上　如有成绩将再办第二期

新声社云，中国垦业银行常务董事兼经理王伯元氏，前以国内经济凋落，失学青年，日见众多，每有成绩优异，素极勤奋之学生，一经中学毕业，即无力继升大学坐使良材废弃，不能深造，至可惋惜，不独牺牲个人，且于国家社会损失尤巨，因于前年，由其独斥巨资，创办奖学金，凡在公立或立案之私立中学毕业，成绩优异，有志升入大学，而苦于家境困难，不能供给学费者，不论何地何人，概可前往申请，一经审核，即由王氏无条件颁给全部学费，至其大学修业期满为止。此种义举，实为国内仅见，不独嘉惠清寒子弟，抑且为国家育材，厥功甚伟。闻此项奖学金，原定名额，以二十名为限，后以申请者多，王氏概允扩充，现在已较原额，增至三倍以上。此外

王氏复每年拨助四明大学金五千元，资助许性初赴意留学，津贴各地中小学生巨额学费，其原籍慈溪长石桥之植本小学，举凡常年经费及建筑校舍等巨万之数，几尽由王氏一人担任，复另拨助该校小学奖学基金万元，藉以造就贫寒儿童，慈城普迪学会，亦由王氏年捐巨款。综其各种奖学之举，范围甚广，每年所耗，数在不赀，其热心仁爱，殊不多见，诚可钦佩。新声社记者为求更明了事实起见，昨特赴中国垦业银行访问，探志详情如下。

王氏谈话：据王氏谈，本人举办奖学金，纯为养成人材起见，目前我国正在积极建设，各项均赖专门人材，故本人于专门人材之养成，尤为注重。现在领取奖学金者，多在各大学攻习理科，机械，化学，此辈以前成绩，均极优异，足见现在国内优秀分子，皆已注重实际学问，与本人之旨实相符合，至为可喜。上学期各学生成绩均佳，足慰本人平日期望，将来学成之后，于国家社会，定多贡献，则余所费虽巨，殊所欣愿云。记者询以现在大学名额，是否将再扩充，答谓现在名额已多，不拟再事扩充，余意此届学生毕业之后，如果确有成绩，当再续办第二期，现望国内贤达，共起举办，以惠青年云。

学生名录：黄新民，福建清流，清华大学化学系，瞿钰，江苏武进，交通大学电机工程二年级，吕友生，浙江上虞，浙江大学土木工程系（因病休学），于正纬，四川仪陇，交通大学电机工程科二年级，徐承德，江苏江宁，大同大学电机工程科，祝寿昌，江西上饶，南通纺织学院工程系，华道一，江苏无锡，清华大学化学系，陈斯恺，湖南新田，新华大学化学系；张万楷，四川华阳，交通大学电机工程科；张镇德，浙江鄞县，金陵大学农科，陆铸半，浙江嘉兴，浙江大学理科，姜乙楳，浙江余姚，浙江大学工学院，夏襄寿，浙江鄞县，约翰大学土木工程系，林乃熏，福建闽县，唐山交通大学土木工程系一年级，庄标文，浙江镇海，交通大学电机科二年级，谢天辅，浙江镇海，交通大学土木工程系，黄定，福建闽县，交通大学，张龙翔[①]，浙

---

① 张龙翔(1916—1996)，浙江吴兴(今湖州)人。1937年毕业于清华大学化学系，1942年获加拿大多伦多大学哲学博士学位，1944年回国。1946年起，历任北京大学化学系、生物学系教授、博士生导师，副校长，1981—1984年任校长。

江吴兴，清华大学理学院，瞿保滋，江苏武进，交通大学机械科，许邦友，辽宁，浙江大学机械工程学系二年级，冯克鑫，安徽滁县，中央大学工学院，陆伯勋，江苏川沙，交通大学科学院，程舜年，浙江桐庐，北洋大学土木科，王志锴，江苏无锡，约翰大学化学系，张传忠，江苏宝应，清华大学电机工程系，顾振军，江苏无锡，浙江大学化学工程系，吴友三，浙江余姚，金陵大学植物病理科三年级，郁锺正，江苏上海，清华大学物理系三年级，郭大智，广东潮阳，浙江大学理学院，郑槐，浙江金华，金陵大学农业经济系三年级，钦关淦，江苏上海，复旦大学，李英灏，浙江鄞县，交通大学电机科，高景昆，江苏无锡，南通学院纺工程系二年级，顾应淮，浙江嘉善，大同大学理化科，史家麒，江苏六合，中央大学理学院，孙以惠，安徽寿县，交通大学电机工程系，关亮九，江苏崇明，唐山交通大学采冶科，郭成举，浙江杭县，交通大学土木工程系，王小鲁，湖北污阳，唐山交通大学采冶工程系，费鹤年，浙江镇海，交通大学土木工程系，朱伯禄，江苏吴县，交通大学电机科，刘锡尧，四川成都，武汉大学，陆筱丹，广东三水，浙江大学土木工程系，丁锡社，浙江吴兴，清华大学化学系，杨东渊，浙江新昌，武汉大学理学院，孙瑞珣，江苏崇明，大同大学理化科，李挺芬，湖南攸县，山东大学机械工程系三年级，张耀章，江苏常州，中央大学农科，陶家淦，浙江嘉兴，清华大学理科，杨祚德，江苏扬州，交通大学电机科，王汝骏，江苏南通，南通学院纺织科三年级，孙善庆，江苏六合，交通大学土木科，万德庆，江西丰城，复旦大学经济系（尚未入学），金之杰，江苏嘉定，复旦大学教育系，王持，广东梅县，复旦大学土木工程系，赵玉娥，江苏兴化，复旦大学化学系，戴士福，江苏上海，复旦大学土木工程系，周一卿，浙江奉化，复旦大学土木工程系，宋百廉，浙江绍兴，武昌华中大学物理学系，沈作枚，浙江桐乡，复旦大学教育系，支才庸，浙江镇海，复旦大学教育系，沈鑫生，浙江吴兴，复旦大学化学系，李传基，江苏吴县，清华大学，李竞雄，江苏吴县，浙江大学农业植物系三年级，唐雄俊，江苏川沙，大同大学。

《申报》，1935年5月29日

41. 俞母寿仪筵资移助冬振消息

二十五年元旦，为俞佐庭先生之母周太夫人七十寿辰，佐庭先生，敬承亲志，国难民愁，不敢踵事增华，本市商会同仁，以俞母淑德令则，钦仰已久，定欲特为筹备，藉伸庆祝。原拟敦请名伶，若梅兰芳、程砚秋，几位彩舞博欢，俞母已严谕佐庭先生婉词谢绝，未便有所举行，并闻将此次所有寿仪筵资，移助冬振，为诸戚友造福，今正在分配，不日可交各义会发放，俾灾民同登春台云。

《申报》，1935 年 12 月 29 日

42. 华洋义振会——二十四年一年工作
宋汉章

华洋义振会发表去年一年工作云，本会为中外人士所组织，在沪上成立最早，数十年来所办急工各振，俱有报告书奉达各界，毋待赘陈。去岁因东南大旱，致今年春荒尤甚，其积极进行者盖皆上届未竟之工作。惟当四五月间青黄不接之际，一般灾民正在生死关头，本会已至募无可募，悉索敝赋，罗掘俱穷，欲罢不能进退维谷。幸赖会董诸君或各自解囊，或设法筹募始克将春振一役弥补结束。方期涸鲋昭苏，同人等亦可籍此稍息，不料入夏以来，江河互浸，忽又存告。自秋徂冬，迨江水渐平，而河水复涨日肆蔓延。区域扩大，人民之淹毙，物产之损失，为数殊堪惊人，设非我海内外仁人君子引为己任，惠济源源，则灾情之惨，更不知伊于胡底。敝会例有年刊，因编辑付印，既待各分会赈目，又须经过会计师审查，故出版必在来春，向蒙各界关怀，兹先将一年振务之经过概略，报告如下：

振款拨出之统计，本年陆续拨出振款共为三十万零零七百十元，计支配各灾区分

会办理情形如下：

山东：在济宁特设分会，计拨款五万二千元，办理鄄城、郓城、鉅野、菏泽、鱼台、金乡、东平、寿张各区急冬两振，并设医院收容所各五处，以救生命。而查放员尤抱大无畏之精神，每于狂风巨浪中，冒险前进，其勇于为善，深堪敬佩。

江苏：共计拨款十四万一千二百元，始济赤旱春荒，继以黄灾急冬二振，设分会于徐海两属，南部则施振于宜兴、溧阳、溧水、句容、六合、丹阳、常州一带各区，北部则施振于徐州、海州、沛县、邳州、宿迁、沭阳、淮阴等县，举如救济院粥厂收容施诊疵寒各所均与焉。

长江流域：首推湖北湖南灾情最重，计拨款五万八千元，特派专员分投进行急冬两振。惟据西员报告中有云，前于秋间目睹水势奔腾，堤岸溃决，农田村镇片刻陆沉，现在北风又起，遍地哀鸿，无衣无食，啼饥号寒，抚今忆昔，尤令人刻难释怀。

闽粤灾区：本会计已拨款万元，先施急振，闽则于泉州组设中西委员会，专任查放，粤则聘请广州扶会会员协助进行，款设不敷，当再接济。

浙江：春间旱荒，计拨款九千五百十元，施振于海宁、海盐最重灾区，并补助嘉兴粥厂之不继。

安徽：查皖北独患旱荒，本会限于力棉，就可能范围，对霍邱拨款三千元，择尤

华洋义赈会主持修复水利工程

施振，希望各界注目及此，普济群黎。

除承海外侨胞及内地捐助振衣九十八箱，另一千九百件，均立转上述各区外，复拨款两万七千元，制新棉衣三万件，以补不足。所有拨运款服，均蒙银行及轮船公司热忱辅助，概予免费。至散放手续。悉由各地中西人士监视一切，通力合作，永矢勿谖。顾急冬两振虽竭力推进，然水涸之区，农事已失，绝非短时期所能恢复，故春振亦不得不预为筹及，否则万难救澈，恐我灾胞不毙于冬必毙于春，功亏一篑，此又为同人莫大隐忧。本会宗旨，向视防灾较救灾为更重，值斯严寒天气，雨雪交加，饿莩载道，尤应先济燃眉。倘承乐善士女或解衣推食，或锡以捐款，委代布施指定振区，无不愿效驰驱，请随时向上海仁记路九十七号中孚银行隔壁四楼本会接洽可也。

《申报》，1936年1月1日

43. 郑征香君移礼充援绥捐

镇海宿儒郑征香君，现任华安水火保险公司文牍主任。本月三日，为其尊人彤阶君九十仙寿，特分函至亲好友，决将亲友礼款，连同筵资，充援绥捐款，拟俟收齐礼款，即汇送代收捐款机关，取到收条，分别送还送礼人。移私人应酬之费，作前敌慰劳之用，实足取法也。

《申报》，1936年12月3日

44. 各界捐输踊跃

保险业

本市保险业同业公会，昨日（九月三日）举行会员当会，议决组织劝募救国公债分队,当即选出胡詠骐、丁雪农等负责进行向同业劝募救国公债。各同业公司认购救国公债,系以其实收资本额为标准,提酬百分之二、五以上认购,愈多愈好。该会会员中国保险公司一家,即已认购一百五十万元,其他各会员员等亦踊跃认购。逆料保险同业,最少当能认购一百五十万元以上。

《申报》,1937年9月5日

45. 商民认缴公债款额继长增高

严成德经募

中一信托公司严成德,对劝募救国公债,非常努力,已募得善长公所一万元,共募一万二千零八十五元,昨已向市民劝募第一特区组报缴,并将继续劝募。

《申报》,1937年10月19日

46. 协会续聘委员

同乡团体协助劝募

上海难民救济协会宁波旅沪同乡会劝募分队,自成立以来,工作积极推进,兹悉各队员先后将捐款缴会者,计乐汝成二千七百零二元,刘聘三一千三百八十元,董建侯一千二百零五元,顾雪芩一千二百元,林镜庭一千一百二十元,冯以圭八百九十元,金宗城八百二十四元,应苏舲一百五十七元七角五分,刘渔门二百八十五元,盛蕃甫二百九十元,王伯元二百十二元,陈忠皋二百二十二元,傅其霖一百元，乌崖琴七十元，共一万零六百五十七元七角五分，并悉该会于昨日汇解难民救济协会云。

1939年5月上海难民救济协会第一医院庆祝兰丁格尔诞辰大会合影。第一排中间为理事长虞洽卿

《申报》，1938年12月2日

47. 难民救济协会同业组昨改推主委

上海难民救济协会同业组劝募委员会，昨日举行首次常务委员会议，首由主席报告主任委员金润庠，因事将离沪，函请辞职。金以金氏热心公益，沪人厚望，未便遽予去职。故经公推俞佐廷继任主任委员，并推金氏担任常务委员，以后随时继续负责，并通过核定预算，增聘设计委员，规定常会日期，积极进行劝募工作等案。

《申报》，1939年2月14日

家乡情结

1. 开办女学 / 503
2. 绅商兴学 / 503
3. 宁波同乡紧急会议为甬江钱业暂停收付事（节选）/ 504
4. 慈溪保黎医院之新建筑 / 504
5. 宁波效实学会鸣谢 / 505
6. 慈溪普迪学校之成绩 / 506
7. 办赈出力士绅之谦辞 / 507
8. 钱业助振浙灾之踊跃 / 507
9. 旅沪浙商联袂赴浙 / 508
10. 甬人开会筹募培才学校基金 / 509
11. 四明医院开会记 / 509
12. 甬人关怀桑梓（节选）/ 510
13. 盛竹书回籍办善后前日返镇海 / 511
14. 镇邑地方善后会议记 / 511
15. 旅沪甬人集商乞丐教养所问题 / 512
16. 甬同乡会议筹设教养所 / 512
17. 镇海六校联欢会记事 / 513
18. 秦润卿继续提倡蚕桑 / 514
19. 便蒙校长辞职已打消 / 515
20. 宋氏小学改办工业 / 515
21. 便蒙校近讯 / 515
22. 便蒙校董事会之组织 / 516
23. 虞洽卿发起创办四明大学 / 516
24. 旅沪镇绅关怀桑梓 / 517
25. 四明大学奖学金实现 / 518
26. 热心教育 / 519
27. 富人王养安捐助石板兴修石步至叶家道路 / 520
28. 慈溪县长来沪筹赈 / 521
29. 阮行长捐资筑造余姚培公桥石级 / 521
30. 慈丈亭农民借贷所办理冬季借贷 / 521
31. 林县长赴沪筹募春振振款 / 522
32. 慈绅王伯元购地兴筑公墓 / 522
33. 姚金融恐慌中林县长电省呼吁 / 523
34. 姚金融恐慌 / 523
35. 姚惠爱医院 / 524
36. 华洋义振会董事会纪 / 524
37. 教育经费困难中 / 525
38. 慈溪县立中学募捐 / 526
39. 运米粮接济桑梓 / 526
40. 余姚同乡联欢会 / 526
41. 姚旅沪绅商宋汉章发起恢复阳明医院 / 527
42. 姚旅沪同乡宋汉章等组织国教协进会 / 528
43. 余姚的阳明医院 / 528

家乡情结

1. 开办女学

城中樊绅于勤稼别墅之旁设女学堂一所,因名曰"勤稼女学堂"。现已布置齐备,定于本月二十日开校,学生除樊氏外,兼收异性。科目则注重国文、算术、手工三项,余俟程度酌加,不可谓非吾邑女学之发达也。惟学额只定三十名,似欠扩充,学龄限十三岁以下,亦嫌不能普及,或者将来办有成效再行推广,亦未可知,嘉惠女界,是所望于创办者。

《四明日报》,1910 年 7 月 18 日

2. 绅商兴学

镇海城中私立困勉第一第二国民学校开办迄今十有余载,颇为发达。该校系私立性质,历年开支各费均由本城绅商周星北、史晋笙、盛竹书、胡芑水诸君,遍向津汉上海各埠劝募而来,热心毅力十余年如一日云。

《申报》,1918 年 3 月 23 日

3. 宁波同乡紧急会议为甬江钱业暂停收付事（节选）

宁波旅沪同乡会，昨接甬江钱业公电，因平现风潮停止收付，殊与市面大局有关，即于当下午日三时，特别紧急会议，筹议维持办法，并邀请本埠同乡金融界领袖到会，公同讨论。到会者，除各职董外，有贝润生君代表张兰坪君，上海钱业董事秦润卿君，顺康庄李寿山君，志诚庄俞聘三君，同孚庄邵子建君，周德甫君，敦余庄楼恂如君，永亨银行总理杨汉汀君，滋康庄方景耀君。首由会长张让三君宣告，今接甬江钱业来电，停止收付，本会对于桑梓市面重要之事，谊应出而设法，请到会诸君讨论妥善之策。次杨汉汀君提议，甬江钱业停止收付，全埠商业势必牵动，而多单者又纷纷汇出，外埠市面益形空虚，应急筹回复之法。次秦润卿提议，甬江钱业此次停市，事实复杂，调处非易，本会顾全商业，不能坐视，不如速推代表赴甬，邀集双方妥筹根本解决之法，众赞成。次张兰坪君提议，甬市钱业停市关系中国银行，应先电致杭州中国银行蔡君，请其派员赴甬互商，众赞成。次方椒伯君提议，本会既派代表明日方可动身，事关紧急，今日应先电致甬江钱业，俾资接洽，众赞成。次经众公推赴甬代表七人，决定准于星期一赴甬，议毕五时散会。

《申报》，1918年9月9日

4. 慈溪保黎医院之新建筑

慈溪保黎医院开办有年，声誉卓著，宁波社会事业此为最着成效，院中设备一切年来力求完全。前由医会理事冯芝汀君等协力募集巨款，向美国定购爱克司光镜一具，业已起运，明年春初可到。该院以慈城无发电机关，拟在院内建筑电机室三间，并添建医士住宅三间。本届常会议决通过，约估建筑需费约五六千元，除会中略有存储外，不敷尚巨，已由各会员分认向各界捐募，并议决添举董事若干人，以利进行。

《申报》，1918 年 12 月 5 日

保黎医院旧址

5. 宁波效实学会鸣谢

谨启者，敝会开办效实中学于今九载，同人等惨淡经营，薄著微效，历届毕业学生多入国内外大学及专门学，以宏造就。惟校中向无的款，维持为难，辱荷诸同乡慷慨济助，铭感奚似。兹将已收捐款开列于后，诸希公鉴：王养安君自八年份起年助经常费洋二百元；秦润卿君经募种德堂规元二百五十两，合洋三百四十元；敦余庄洋五十元；滋康庄，振华纱厂，元昌纱号，慎思堂，致远堂各二十元；冯受之君洋十元；何旋卿君经募虞挺芳君，虞凌芳君，虞莲芳君各一百元；叶秉良君八十元；何其枢君洋四十元；叶棣莘轩洋二十元；陈麟书君，王本祥君，贺圣谟君，林绍楷君，毛启寰君，赵子任君各十元；李熙春君洋七元，王元斌君，虞达君，徐芳庭君，王光埏

君，胡霁林君，蔡同瑜君，朱竞烈君各五元；邬国霖君，王景谟君，陈裕如君各三元；袁瑞琛君，沃北宸君，楼翼然君，虞中烱君，张和琴君，张有为君，孙吟君各二元；虞复生君洋一元；钱吟苇君经募隐名氏思义堂各五十元；陈钦记洋三十四元；隐名氏，彝叙堂各廿五元；隐名氏洋十六元；李寿山君经募隐名氏洋一百元；冯芝艇君经募南洋烟草公司洋五十元；舒承德君洋廿元四；达利转运公司洋十五元；孔复兴君，宋云瑞君，孙景福君，周贞叔君各十元；倪挺枝君，石运乾君，周林生君各五元；盛冠中君，罗丽卿君各二元；冯芝艇君洋六元；梁光第君洋四元。

《申报》，1920年7月2日

6. 慈溪普迪学校之成绩

慈溪县私立普迪国民学校，为秦君润卿、李君寿山、王君荣卿等所筹设。成立于民国五年，迄今已六载，举行毕业四次。凡贫寒子弟之入学者，书籍学费一概免收，为纯粹的义务性质。本年开学人数已达三百名以上，内部分春始秋始两组。预计一年以后，当满足四百名定额。其经常开支年费四千余元，悉由普迪学会指拨。学会设沪上，与该校同时成立。会员初仅十余人，年来旅沪同乡之热心者，逐渐加入，已增至

普迪学校旧址

七十余人。其捐资尤巨推为董事者，计二十一人。现会中财产，截至十年度，已积有三万余元之巨。惟愿此后积极进行，他县闻风继起，当不仅一邑蒙惠也。

《申报》，1922 年 5 月 13 日

7. 办赈出力士绅之谦辞

慈溪士绅费绍冠、翁兆圭、秦祖泽、秦斯忠等，于十年分办理灾赈，异常出力。经杨知事开具姓名，约叙事实，呈请道尹，汇案请奖在案。旋奉道电，应取具详细履历，以凭汇核等因，奉经杨知事以费君等谦不任功，无凭取具详细履历，备文呈复道尹。略谓案奉钧尹迭电，备将办理十年分工振出力人员，开折呈送，以便汇集该奖等因。奉此，遵查职县十年分工振事宜，系由工振协会总核办理。该会正会长翁兆圭、副会长秦祖泽，会计秦斯忠，不辞辛劳，始则劝募振捐，继则勘估工程，分配赈款。四明银行行长费绍冠，亦随同奔走沪甬劝募，并经理存发赈款，均属异常出力，应请从优核奖。所有详细履历，屡经查取。乃该绅等以办理工赈，系地方人民应尽义务，讵不任功，坚请知事转呈力辞奖叙。是以无凭呈送，惟有仰恳钧尹，准照知事前次折报约历，汇案请奖，免再查取，致延时日，理合呈请鉴核施行（下略）。

《时事公报》，1922 年 11 月 4 日

8. 钱业助振浙灾之踊跃

五分钟筹成四万元

上海华洋义振会组设浙灾征募大会，内分三十五总队，曾请钱业公所担任一总队，

当经王鞠如、盛筱珊、钟飞滨三君于前日下午在该公所开会讨论此事。本埠钱帮汇划庄七十四家全到，因征募团一总队目的数四万元，每家随时担任劝募五百元，共得三万七千元，其不足之三千元由王盛钟三君立时承认，只经过五分钟之久，四万元之数完全组织就绪，可谓踊跃之至。华洋义振会当推定王盛钟三君为陕西队总队长云。

《申报》，1922 年 11 月 26 日

9. 旅沪浙商联袂赴浙

为镇海塘工开会事

交通银行沪经理盛竹书，上海总商会会董傅筱庵，宁绍商轮公司经理袁履登，华洋义振会王一亭于前晚（星期六）同乘轮船赴浙，闻因镇海塘工开会事，约有三四日勾留，事毕即返沪云。

《申报》，1923 年 8 月 7 日

1923 年出席镇海后海塘工程落成典礼的镇海绅商合影

10. 甬人开会筹募培才学校基金

前晚旅沪鄞江乡同乡，假东亚酒楼会餐商议筹募该乡培才学校基金事。先由主席徐可陛君发言，略谓本乡培才学校，为徐公原详独力创办，苦心孤诣，成绩大著。不幸徐公于月前因病弃养，鄙人痛悼之余，对于培才学校前途更为心忧。为特邀集诸君讨论，筹募基金七千元维持该校办法，想诸君热爱桑梓，嘉惠青年，久著声誉，此事关系吾乡教育前途，当必更蒙赞助，尚乞各抒伟见，慷慨劝募，以竟徐公未竟之志。嗣经出席各同乡慷慨认捐，当场竟足定额七千元，计亨得利应启霖君、庄鸿泉君一千元，周炳文、徐永炎二君一千七百五十元，徐祯祥房七百元，徐康年君六百元，徐英乾君二百元，徐文卿君五十元，上海培才学会一千九百元，鄞江培才学会八百元云。

《申报》，1923年11月29日

11. 四明医院开会记

本埠爱来格路四明医院昨开年会，到者董事会正副院长朱葆三、葛虞臣、周湘云，董事盛竹书、虞洽卿、严子均、方樵苓、方椒伯诸君，公义联合会董事洪贤钫、孙梅堂、陈蓉馆、楼恂如、石运乾、陈良玉、秦润卿、张延钟诸君。三时开会，由葛院长主席，报告经过情形，略谓，自壬戌九月开幕，迄癸亥年终止，计共院诊病人一千五百七十四人，内治愈者八百五十八人，自去者二百七十九人，在院病故者一百八十一人，来院即故者一百五十四人，实计留院度岁尚有一百十人，门诊计达三万四千二百七十六号之多。院中开支共洋六万零四百八十六元，除以捐款贴费抵支外，尚不敷洋二万六千二百零三元，均由四明公所暂垫。近来求治者日益加多，药品食品尤为大宗要需，必须筹定常捐，出入相衡，方可持久，应请诸君尽力维持，广为劝募等语。闻该医院成绩颇佳,同乡咸称利便云。

20世纪20年代上海四明医院内景

《申报》,1924年2月29日

12. 甬人关怀桑梓(节选)

宁波旅沪同乡会昨日下午四时,开紧急会议。到者虞洽卿,方椒伯,盛竹书,袁履登,洪雁宾,邬志豪,陈良玉,应季审,何梅轩等四十余人。由理事长李征五主席,首先报告连日各同乡来沪报告甬地自潘军开到后情形毕,当公决致电宁波总商会,就近陈请军署,严行约束兵士,以维治安。原电云:宁波总商会鉴,卅电悉,惟近据来申同乡诸友报称,宁属各地,分驻军士,无故擅入民居,购物强勒钱价,或因言语隔阂,遇事生衅,时有所闻。所述情形,如果属实,廛市惊心,妇孺侧目,尚何望有安枕之日。宁波军队,既由贵会推田陈代表接洽妥善,何以尚有发生上述情事。

应请贵会向军署就近陈请，令各地带队军官，严行约束，毋恣骚扰，以免后患，而安人心。宁波旅沪同乡会冬。

《申报》，1924年10月3日

13. 盛竹书回籍办善后前日返镇海

旅沪甬绅盛竹书君，为解散驻剳镇海招宝山之木壳枪队，及办理城厢各区善后事宜，特于前日乘新江天轮赴镇海，并定于昨日在镇海县商会开会讨论云。

《申报》，1924年11月26日

14. 镇邑地方善后会议记

甬属镇海县参教农商五团体，昨会衔函请各区自治委员，于二十四日在参事会开地方善后会议，讨论地方善后办法，到者除县参教农商会等各代表暨各区自治委员外，又有旅沪镇海同乡会代表盛竹书列席。公推盛竹书主席，其议决办法如下：（一）请求军警长官，每夜各组军警为若干队，彻夜梭巡。（二）由各省自治委员在本区内劝令各村赶办冬防。（三）凡已办冬防各村落，请各绅董加意防护，一面将本区内各村冬防，先行联络，再由甲区冬防联络乙区，以期一致，而壮声气。议毕各用茶点而散。

《申报》，1924年11月29日

15. 旅沪甬人集商乞丐教养所问题

宁波旅沪同乡虞洽卿，方椒伯，袁履登，董杏生，钱雨岚，孙茂堂，盛竹书，邬志豪，王才运等以时局不靖，谋生维艰，甬地游民乞丐日渐加多，为嘉惠桑梓起见，特于去年发起创办宁波七邑游民教养所，同乡中赞成此举者均慨然捐募款项，数达四五万金，嗣因江浙事起，暂告停顿。今则战事平息，正可从事休养，爰约同志多人，定今日下午六时假座宁波同乡会四楼开会，讨论进行办法，以便早观厥成云。

《申报》，1925 年 5 月 3 日

16. 甬同乡会议筹设教养所

宁波旅沪同乡为创办宁波七邑教养所事，于三日下午六时，在宁波同乡会四楼开会。到者有虞洽卿、傅筱庵、方椒伯、袁履登、董杏生、李祖夔、项松茂、童诗闻、陈良玉、孙玉仙、康锡祥、吴梅卿、张继光、朱世恩、徐可陞、任矜苹、袁祖怀、袁庆云、陈景塘、何耿星、邬志豪等四十余人。其秩序如下：一，开会。二，聚餐。三，方椒伯君宣开会词。略谓同人等当去年秋间，为嘉惠桑梓维持治安起见，发起创办宁波七邑教养所。筹备以来，略见端倪，方期积极进行，早观厥成。奈因江浙战事发生，遂尔延搁。今则战事平息，疮痍之余，正宜休养生息，而教养所一端，尤为当务之急。自宜再接再厉，继续猛进，庶几为山九仞，不至功亏一篑。但独木难支，众擎易举，为此邀请同乡诸公到会，讨论办法，想诸公谊切桑梓，勇于为善，必能各抒宏议，协力策进，而乐于输将也。四，邬志豪君报告经过情形，略谓去年同乡诸公，鉴于宁属七邑各乡之游民乞丐，日益众多，于地方治安，极有关系。若为之代谋生活，亦不胜其烦，所以公议创办教养所，以资容纳。待宁波总所成立后，再行分设于各县各乡，凡各地无业游民，强项乞丐，均可由地方绅商或就地官厅，送所习艺，学成后，再行分送吾同乡所办之工厂，此发起教养所之原因也。筹备以来，曾开会七次，认捐总数已达四万余金，募捐队长亦达七十余人。又曾与袁履登，孙梅堂，徐芹香诸君，到甬开会，蒙宁波绅商暨官厅认募四万余金，合之沪上所捐，几达十万。至常年经费，可将甬地原有商店之乞丐捐，数约三万余金，及卷烟特税项下拨助二万余金，悉数扩充，亦足敷用。将来该所成立，则分利之人，化为生利之人，无业之民，化为有业之民，福利地方当非浅鲜，无论乡居或旅外之同乡诸公，亦必乐予捐助也。五，演说，首由虞洽卿君演说，略谓此事关系乡邦贫民之生计，与桑梓之治安，应请同乡诸君，积极进行，俾得早观厥成云云。次童诗闻君谓，教养所将来成立，凡宁属之游民乞丐，及流落沪上之同乡均可介绍入所习业，俾能自立云云。次项松茂君谓办理教养所，可取强迫工艺教育之态度，将来可为全国之模范，惟名称上与同乡人入所习业者体面有关，似应再加研究云云。次陈良玉君谓宁波教养所成立后，沪上可设分所，凡流离沪埠之同乡，可由警察署，工部局送分所收容，再送入总所，如此办理，成绩必着云云。六，讨论收款日期及收款处，议定旧历四月二十六日起缴款至闰四月二十六日止，指定上宝南通商北通商劝工四银行，敦余恒隆两钱庄，为收费处，并当场推定楼恂如，陈子埙，钱雨岚为会计，以保存捐款云。

《申报》，1925 年 5 月 5 日

17. 镇海六校联欢会记事

由校董盛竹书召集

镇海官绅盛竹书君慷慨好施，对于教育，尤称热心，数年前曾创办城立第一校，并先后被推为便蒙、勤稼、困勉、文泰等校校董。奈盛君旅居沪上，年虽回里一二次，但为期短促，未能与各校教职员畅谈一切。兹闻盛君日前适因事返乡，特于二十二下午召集各校职员在梓山公园开联欢会，事前由城一校长乐世祥莅场布置。下午一时许各职员连续到会，计便蒙校朱贤绍、张茂勋、胡复村、方西耕、范松卿、张筱亭、戴辛农、何封鄋、徐棘臣、潘耀枢、王志元、胡三多十二人，勤稼女校乐克明、城立一校乐世长、赵天培、袁雪阶、王孟来、支家英、宣兆峰、张之青、戴小僧、王某、谢某计十人，西困勉金复笙、周少白、汪兆南三人，东困勉钱仁荣、周克宽、陈柄权计三人，文泰周锡庭、张采南计三人，此外尚有校董向凤楼（文泰校董）、葛槐清（教育局长）、盛竹书，共计不下三十余人。一时三十分开会，由盛君详述镇海教育之沿革史，并十年前后教育之比较；次由便蒙校长朱贤绍君提议组织联合会，以资团结，而利教育；次盛君指定每年春秋两季，集会一次，以作联欢一次。用末茶点，并摄影以散云。

《时事公报》，1925 年 9 月 24 日

18. 秦润卿继续提倡蚕桑

慈城旅沪绅商每年购办蚕种桑秧，分送合邑农民养育栽种，迄今已有数载，成效卓著。兹闻秦君以时值栽桑育蚕之际，特向嘉湖一带购办最佳桑秧数万株，每株约需钱六十文，本拟一律作为赠品，惟闻上年领去之家，多有不从事栽种者，殊有负一番提倡之苦心，故自本年起每株定为最低价钱十文，俾领种者，不致再有任意抛弃不种之弊云。

《时事公报》，1926 年 4 月 13 日

19. 便蒙校长辞职已打消

盛竹书竭力调停

镇海后大街,私立樊氏便蒙乙种商业学校,校长朱吟香因与校董方面意见不洽,于前日提出辞职一节,已志本报。兹闻该校长现经该校董事盛竹书再三挽留,故朱校长已打消辞意,照常供事云。又函,旅沪巨绅盛竹书日前来镇,实因调解樊氏私立便蒙校长朱吟香辞职事,后经盛君查悉,双方俱系误会,已劝朱校长供职如初。昨日下午复往公善医院开董事会,筹议一切进行事项,现以各事妥洽,故定于今日转甬返申云。

《时事公报》,1926 年 4 月 14 日

20. 宋氏小学改办工业

余姚西区峰溪乡宋氏小学,为旅沪商绅宋汉章(中国总银行行长)出资创办,历有年所,教员杨爱谦等,尚称勤职。近来该校董宋汉章,因现时工商两界,逐鹿人多,非藉引荐,殊难图进,不若劳工界之神圣,且其势力日渐澎涨。若有一艺一技者,都可自由糊口,定将该校改办工业学校,添加经费,物色专门工业者为之教授,使将来学生得以技而谋生活,可谓得培植子弟之良法也。

《时事公报》,1926 年 4 月 6 日

21. 便蒙校近讯

镇海樊氏私立小学校校长朱吟香迭向校董辞职,日前由董事会盛竹书自行来镇,

诚恳挽留，朱已允继续办理，并拟有改革事宜。于昨日开教员会议，接洽下学期教员职务，多数蝉联，并推教员张茂勋为教务主任，以归专责，惟教员方西畔拟脱离教育界，已辞去下年职务云。

《时事公报》，1926年6月27日

22. 便蒙校董事会之组织

镇海县樊氏私立便蒙小学校，开办多年，学生成绩卓著，为全邑冠。兹悉该校董盛竹书拟于本年下学期组织董事会，以便议决一切事宜，现已由该校董函请葛槐庆、周星北、朱吟香、乐世长、史晋生等为董事，拟下月初旬正式开会云。

《时事公报》，1926年7月6日

23. 虞洽卿发起创办四明大学

拟设工商法三院　募集经费三百万

本市商界领袖虞洽卿久有创办四明大学之议，蓄意已久，昨特邀集宁波绅商假联华总会开预备会，到有孙衡甫、周骏彦、张寿镛、刘鸿生、胡孟嘉、秦润卿、魏伯桢、孙梅堂、方椒伯、郑澄清、吴经熊、李孤帆、盛同孙、李权时等二十余人。首由主席虞洽卿报告开会主旨。次由孙衡甫发表意见，谓鄙人对于创办四明大学极端赞成，愿竭力促成云云。魏伯桢报告所拟办法，大致设立工学院、商学院、法学院三院。次由方椒伯、张寿镛、邬志豪、吴经熊均相继发表意见。结果如下：（一）募集经费三百万元。（二）推虞洽卿、孙衡甫、张寿镛、秦润卿、胡孟嘉、刘鸿笙、周骏彦为发起人。(三)推魏伯桢、吴经熊为筹备主任,盛同孙、方椒伯、邬志豪、李权时、李孤帆、张申之、乌崖琴、郑澄清为筹备员。(四)筹备处设三北公司,即日起积极进行云。

《申报》,1931 年 7 月 19 日

24. 旅沪镇绅关怀桑梓

组织成立整理委员会……

复兴公善医院中医部复诊

内外科医师均已聘定昨日先行开诊

西医部俟捐募成数再行开办

镇海公善医院,创办迄今,已达数十年,近因入不敷出,前由各委员议决停办,以资整理,曾志本报。兹闻旅沪诸同乡以慈善团体不宜久停,于本月三日由俞佐廷、向凤楼召集各同乡,组织镇海公善医院整理委员会,业于九日下午四时假上海钱业公会开临时会,出席者有虞洽卿、俞佐廷、史晋生、向凤楼等廿三人,主席史晋生,记录葛槐清,(一)讨论本院组织大纲案,议决由向委员潜图拟定本院组织大纲,计分临时经常两纲,临时为整理委员会,分经济、事务两部,经济分清理、募捐两股,事务分设计、理事两部,经常之组织为委员分会,执行、监察委员两会,由执行委员产生常务委员,并执监委员产生基金委员,并聘请院长一人,院长以下分总务、中医、西医三部,部设主任一人,总务部分庶务、会计、药剂、挂号四职,各部主任以下,均为有给职。上列组织大纲经出席委员详加讨论,准照向委员潜园所拟定先行成立整理委员会,俟整理就绪,再行组织经常委员会。当经公推史晋生先生为会长,周星北、向凤楼两先生为副会长,俞佐廷先生为驻沪经济部部长,江在田先生为驻宁经济部部长,范莲舫先生为事务部部长,陈锡田、车可陶、朱富宝、邬履祥诸君为清理

股股员，以陈锡田为主任，乌崖琴、薛润生、陈正翔为募捐股股员，以乌崖琴为主任，黄夔卿君为设计股主任，朱础立为理事股主任，各股股员不限人数，由各主任视事务繁简于旧有委员及整理委员中延聘之，均为义务职；（二）本院中医部拟先暂行开办案，议决，准先暂行开办并定国历三月十五日开诊，其所请医士等事，即请事务部办理一切，暂照旧章，俟整理就绪后，再行照章更变，西医部俟捐款募有成数，再行开办。又闻有中医部分，业已聘定内科包杏畊、于之高、吴杏涛、程尚宇，外科张子坪、汪友畊、王秋士，眼科严钦华、叶桐仙，并于明晚由该院负责董事范莲舫、朱础立、邬履祥、陈锡田、朱富宝诸君，设宴公请各该医士，并推定日期云。

《上海宁波日报》，1934年3月16日

25. 四明大学奖学金实现

甬绅虞洽卿等嘉惠后进　首届奖学金一百念五额

四明大学发起人虞洽卿、孙衡甫等发起，办理奖学金，拟在本年秋季开学时实行，各节曾志本报。兹闻该项奖学金已组织委员会，专责办理，即以四明大学发起人及筹备员充任。该委员会委员，计虞洽卿、张寿镛、孙衡甫、周骏彦、秦润卿、刘鸿生、王伯元、胡孟嘉、厉树雄、刘吉生、魏伯桢、吴经熊、张申之、方椒伯、李权时、邬志豪、李孤帆、乌崖琴、郑澄清等十九人，推魏伯桢为主任。内部组织，分财务、审核两组，财务组推秦润卿为出纳，厉树雄为会计，分别负责办理。现决定第一届奖学金一百二十五额，每额年给四百元，每年共需奖学金洋五万元，已由四明银行孙衡甫君、三北公司虞洽卿君及刘鸿生、王伯元诸君分认足额。第一届之第一年，计四明银行二万五千元，三北五千元，虞洽卿君、刘鸿生君、王伯元君各五千元，厉树雄君二千五百元，刘吉生君、魏伯桢君一千二百五十元。所收奖学金，指定存入四明银行，以备上下学期分期给领。闻此项奖学金，凡甬籍学生毕业高中无力升入大学者、已入大学无力继续肄业者，及毕业大学无力升入研究院者，均可具书请领。现已定期八月十三日起，开始登记，连日甬籍学生由宁波同乡会探询情形者，纷至沓来，已有应接不暇之势，想实行登记时，必更踊跃。并闻该会预定计划本年办第一届，明年起连续办二三四届，预计办至第四年，奖学金至五百额，需费二十万元。第四年以后周而复始，每年均为五百额，似此大规模之奖学金，在国内尚属创见云。

《申报》，1934年8月12日

26. 热心教育

慈绅秦润卿倡设藏书楼

慈溪绅士秦润卿（祖泽），热心教育，为便利地方学子起见，不惜巨资，发起创立慈邑县立初中。近又鉴于慈地尚无藏书楼，乃慨然愿以私有之抹云楼及前后房屋，悉数捐作藏书楼之用，并捐巨款以为添购图书等之基金，兹录其具呈县政府之原文于后，以见秦氏之热忱公益，而有望于各地绅富之闻风兴起也。窃祖泽（即润卿）早岁失怙，赖母氏辛勤鞠育，以教以养，稍克树立。比以慈荫失庇，老境日增，窃欲以衰朽之躯，预筹百年之计。念地方教育，为立国之本，吾邑学校林立，幸未落后，即祖泽频年补助教育，亦复薄著成绩。惟是全邑图书馆之设备，尚付缺如，以致各界人士，偶思浏览图书，博考典籍者，辄兴望洋之叹。用敢不揣绵薄，稍思为地方教育，弥补缺憾。查祖泽在本城内学宫侧，置有抹云楼三楹，用钢骨水泥筑成，内藏图书若干架，东傍有廊，廊前有亭，后有小屋二楹，前后莳梅百本，兼植其他花草树木，占地约二亩有奇。祖泽夫妇在日，以此为休憩之所，将来夫妇百年之后，即将上项全部房屋园林书籍器具，悉数捐作设立藏书楼之用，仍用抹云楼原名。每星期开放，供人阅览，并由祖泽另行捐助中国天一保险公司股份五千元，即以每年股息作为常年经费。惟祖泽在日，所有经常各费，统由本人自付，以便腾出上项股息，逐年添置书

抹云楼藏书楼南门

籍。所有上项房屋地契股票等，先行缴出，永远不准变卖，即聘地方绅士五人，旅沪绅商三人，连同家属三人，合组管理委员会，负责保管一切。又抹云楼中间，原悬有祖泽先母肖影，走廊内并有石刻，长留纪念，永远不得移动。所有预立捐助房屋股票，设立藏书楼经过，理合具文呈请备案云云。

《宁波旅沪同乡会月刊》，第134期，1934年9月

27. 富人王养安捐助石板兴修石步至叶家道路

慈溪石步至叶家计长二十里，为慈县西乡要道，每日乡人往来甚多，惟该处道路因年久失修，崎岖不堪，行人苦之。现经该乡富人王养安大发宏愿，捐助石板七千块，作为修补，其余经费由叶家兴负责募集。该路已于前日起开始雇工修筑，闻在废历年底可以竣工云。

《宁波民国日报》，1934年12月19日

28. 慈溪县长来沪筹赈

慈溪县长成应举日前来沪,寓三马路惠中旅馆,因今岁慈溪旱灾奇重,特来沪筹募赈款,到沪后,连日遍访慈溪旅沪各界领袖李思浩、孙衡甫、徐懋堂、叶家兴、王养安、秦润卿、徐伯熊等多人,商讨筹款救灾办法。兹闻赈款已募有相当数额,赈灾决分工赈、普赈二种,成氏因公已毕,昨乘宁兴轮转甬返慈。

《申报》,1934 年 12 月 12 日

29. 阮行长捐资筑造余姚培公桥石级

宁波中国银行之阮霞仙,与旅沪巨商裴云卿等,鉴于余姚五车镇之培公桥,因公路桥面高出东面河塍,相差丈余,特捐费筑造路旁石级,使化崎岖为廉庄,并致函余姚县长林泽,请为协助。林县长即于昨日复函阮君,以该地公路,系由省公路局主办,现已录案咨请省道周曹段工程处,转饬该地督办路工员役,予以尽量协助云。

《宁波民国日报》,1934 年 12 月 22 日

30. 慈丈亭农民借贷所办理冬季借贷

由王养安加资五千元　已定一月十六日开放

慈第四区丈亭镇农民薄利借贷所主任胡轩隐昨呈县府云:呈送冬季借贷暂行办法,暨申请书及借据等,仰祈鉴核备案事。窃本所去年办理第一期借贷,成绩尚称满

意。第二期放款依照农民耕种时期，拟在四月间，惟鉴于秋收歉薄，食量短少，贫民冬季生活在在堪虞，爰特商请本所创办人王养安先生，慨许加斥资本五千元，办理冬季借贷（换给食米）定一月十六日开办，仍假丈亭小学为所址，凡在规定区内之贫民小贩及手艺工人等，均得依照暂行办法，前来借贷。除函知各乡镇，暨通告周知外，理合备文呈请鉴核准予备案等云。

《宁波民国日报》，1935年1月19日

31. 林县长赴沪筹募春振振款

余姚农村经济，因受去岁亢旱，收成微薄之影响，益形艰窘，尤以山陬之二区及濒海之六七区为甚。自坎墩连续发生饿民结队对索食风潮后，地方人士，咸认办理春振为目前切要之举。盖当此青黄不接之际，乡民之饔飧不暇，庚癸频呼者，比比皆是，不有急振，无以存活。县振务分会成立以后，除曾向申戌救灾会拨振米四百袋发放二区外，因无的款，振务处几陷停顿。县长林泽，特于昨日下午，偕同邑人黄纽生、张星枢、朱敏人乘一时五十分车转甬搭轮赴沪，向旅沪同乡宋汉章、史久璇等筹商劝募举办春振振款事宜。闻林任沪约有一星期勾留，业已电奉民厅准予给假，所有假期内县府政务，由秘书吴泽维代拆代行，兼总团长职务，由副总团长赵勉雄代理云。

《宁波民国日报》，1935年3月14日

32. 慈绅王伯元购地兴筑公墓

地点在文溪十字路

慈溪县东长石桥镇旅沪巨绅王伯元近鉴于长石桥镇、河头镇二镇奉令勒迁浮厝，一般贫民无力购地埋葬，乃在文溪十字路地方购地一百亩，建筑公墓，供两镇人民埋葬先人场所，现已嘱该镇士绅朱恒黼赴沪参观上海万国公墓及上海市第一二公墓，以资借镜，朱绅去已数日，日内即可回慈构图动工云。

《宁波民国日报》，1935年4月2日

33. 姚金融恐慌中林县长电省呼吁

向中交两行商借五十万
拟以不动产作抵以济燃眉之急
并电宋汉章向沪行接洽

余姚城区自志大、资丰、惠通、马明记等四钱庄相继倒闭后，金融市面，顿告恐慌。县政府对此极为重视，除于前日布告各钱庄暂行停止各户拨取定期存款，以暂维现状外，林县长以各钱庄周转不灵，势将危及百业停顿，复于昨日（二十七）电呈省政府黄主席，请转商杭州中交两行放款五十万元，批以不动产作抵押，以济眉急，而安定市面，同时电请上海银行界巨子姚人宋汉章，现任中国银行总理，即日向沪中交两行接洽，转饬本县中交两分行放款救济云。

《宁波民国日报》，1935年5月28日

34. 姚金融恐慌

宋汉章主组银团
中行姚处当嘱加入　　详情派员返姚面述

余姚县林县长，因鉴姚城金融发生恐慌，曾电邑人宋汉章（现任上海中行总经理）请设法维持。兹悉宋已回复林县长，探录原函如下：迳复者，顷奉感日台电，具悉一是，姚地钱庄纷纷停业，亟待救济，兹经在沪同乡公同集议，佥以钱业公会改组之后，应即组织银团，敝姚处除据黄纽生兄面称业经维持外，届时当嘱加入，酌予赞助，其详情由张星柜兄本日返姚面述，尚祈赐治为荷。

《宁波民国日报》，1935 年 5 月 31 日

35. 姚惠爱医院

一万五千元代价　收买为县立医院

余姚北城东门外淡竹村二十年前由耶稣教友惠灵创立惠爱医院。今因乏力维持，由旅沪巨商宋汉章、史久敔、潘久芬、洪元初等商得该县政府同意，收买为县立医院，早志本报。兹探悉该医院前日已与宋君等在该政府订立合同，以一万五千元之代价，收买为县立医院，定八月一日实行改组云。

《宁波民国日报》，1935 年 7 月 22 日

36. 华洋义振会董事会纪

仁记路华洋义振会，以黄水南下，苏北极危，前由西会长饶家驹司铎躬亲赴徐视察灾情，返沪后，特召集中外董事紧急会议，订昨日下午五时开会，到者宋汉章、顾吉生、饶司铎、王一亭、陆伯鸿、朱吟江、黄涵之、严成德、秦润卿、张贤清、陈良玉等诸君。即经饶会长报告出发情形：（一）此次赴微山湖一带视察，待振灾民，至少在十五万人以上，其苏北酿灾原因，黄水无路宣泄，鲁愿排出，苏则阻止，亟宜设

法宣泄入海，否则南下，苏北尤虞，水面浮尸，屡见不鲜，被水灾民，死守屋顶不愿逃出，转瞬风寒，衣履急需，似此情形，恐须延长五六月，下种必致失时，后顾茫茫，不堪设想。（二）应速拨款，以资急振。（三）灾民云集，疫疠丛生，尤非速运（奎宁西药名）药水，万难救其生命。（四）民房冲毁，农产遭淹，风浪再见，屋创更多。（五）现在黄水东移至沓河各支流，所有旧黄河堤槽，地势均高，或不致南下云云。全体闻之，极为动容，经众讨论，公决，苏北拨洋二万元，推饶司铎担任，主持施振事宜，并对于山东灾区，公推陆伯鸿君担任，暂定振款五万元。又长江灾区，暂定以三万元散放。又闻粤灾区亦拟以一万元，至振款有无增减之必要，统俟出发放振人员查核后，再为核定云。

《申报》，1935年9月12日

37. 教育经费困难中

沪中行汇到四千元
姚教育经费有着以教育公债万元为抵
县府分两年分别还清

余姚县长林泽，因教育经费困难，致上期补助费未发，乃将教育公债一万元向上海中国银行宋汉章氏抵押四千元一节，曾志本报。兹悉林县长以需款甚急，日前致函沪中行催汇。兹宋氏接函后，昨已将四千元抵押款交由中国银行汇姚，并函林县长云，接展大函，以教育借款省债抵押，拟每年偿还一半，分二年还清一节，既荷一再谆商，自应遵照办理，前由潘□芬君交到省债票面一万元及填来中央信托公司借款据一纸，均经交由所有该款洋四千元。兹由敝沪行汇姚，至祈查制给收据为荷，此复。

《宁波民国日报》，1935年9月25日

38. 慈溪县立中学募捐

慈溪县中因另建校舍，月前戴县长偕同该校校长陈谦夫君向旅沪绅商劝募建筑经费，成绩良好，有徐文卿、冯作舟、王养安、郑秉权、盛筱珊诸君分别捐建礼堂、教室、男女生宿舍等四座，合需费洋三万元，此外应建之办公室、图书馆、会食堂、教职员宿舍等，尚需洋二万余元。闻旅沪及各埠同乡闻风兴起，踊跃捐输，不难早日观成。

《申报》，1936年5月13日

39. 运米粮接济桑梓

旅沪士绅秦润卿对桑梓公益事业，备极关怀，近以慈境粮食不敷，特在沪筹购大宗食米，以资接济。昨电致本县党部委员周聘三，探询全县共需若干，盼电复俾便决定。周委员接电后，即与章县长一度商洽，咸以本县缺粮至巨，当然多多益善，惟关于款项之垫付等，尚须从长商讨，将电复秦氏采购，并候复电进行一切云。

《时事公报》，1938年5月28日

40. 余姚同乡联欢会

谋增进桑梓福利

余姚旅沪耆绅宋汉章，昨日下午三时，假中正东路崧厦街浙江劝工大厦，召开全体余姚同乡联欢会，欢迎新近来沪之余姚县长詹世骦及士绅姜伯成、卢素晴、朱伯宁等，到王鞠如，严成德等百余人。宋汉章致欢迎词后，詹县长即起立报告：余姚沦陷多时，虽在胜利之今日，元气未复，民困未纾，请予救济云云。姜伯成，卢素晴亦次第致词，请旅沪同乡协助。当由徐佐良，高培良，张一渠，杨一顺等相继演说，劝同乡奋起，经众议决，组织余姚地方协会，协助余姚地方事业，增进全县民众福利，一面并创办特种企业公司，资本总额定为二万万元，定股息二分，遇有红利，提百分之八十捐助公家，经全体赞同，推定罗怀凯，洪佐尧，高培良，沈锦洲，夏杏芳，史久鳌等十一人，为干事部负责人，徐乾麟，宋梧生，朱斯煌，黄雨斋，徐佐良，张一渠，周学湘，王品藻，杨一顺，郑子褒，陈一鸥，童泉如，邵觉民，吴善赓等三十五人为评议部负责人，当场均踊跃认股，詹县长深表感谢云。

《申报》，1946 年 4 月 21 日

41. 姚旅沪绅商宋汉章发起恢复阳明医院

（新潮社余姚讯）余姚旅沪绅商宋汉章关怀桑梓卫生事宜，发起恢复余姚阳明医院。宋氏于九月间返里，曾与余姚士绅商议，择定西水阁为院址，并与省卫生处长徐

阳明医院沪董事合影

世纪商妥。宋氏赴沪后,即召开募捐大会,由宋汉章担任总队长,徐寄顾、王晓籁、裴云卿、秦润卿、金润泉、王鞠如、王延松等七人为副总队长,开始募捐,未及三月,竟告厥成。是项捐额认募数为四亿五十八百万元,截至十一月二十三日止,已缴总数为四亿七千四百七十六万二千元,超过一千六百七十六万二千元,足见余姚旅沪绅商对于故乡卫生事业之热心,并悉阳明医院将于明年二月间可开设云。

《时事公报》,1946年12月3日

42. 姚旅沪同乡宋汉章等组织国教协进会

捐款支持二小学

(正义社余姚讯)本县南城镇中心国民学校校长陆宠裕,为南城子弟前途,于本月七日偕,本校基金委员张启钊,专呈赴沪筹款,逗留一周,已于十四日联袂返姚。据告:由旅沪同乡宋汉章、潘久芬、洪佐尧诸氏,召集在沪热心教育同乡,在中国银行会议室,商讨助学大计,即席通过决议数起:一、为珍念故乡城中教育,设置国民教育协进会,于沪姚分别成立总分会,统筹一切。二、关于南城镇中心国民学校下学期所需经常费,决由协进会负责拨给,每月最低拨给国币二百万元,北城小学三百万元。闻该会拟于最近期内,筹足基金国币五千万元至一万万元。

《宁波日报》,1947年1月18日

43. 余姚的阳明医院

(余姚通讯)当你奔驰杭甬道上,经过"文献名邦"的余姚城时,一览城区雄伟巍然矗立的四层回型洋房，投入你的眼帘。告诉你，这是余姚旅沪同乡宋汉章先生等为谋地方贫病造福，并纪念先贤，而集资创设的阳明医院。诞生虽然不到一年，但规模却很宏大，有宽大的广场，种植整齐花木，有健身的体育场，公余比赛球类，自己可以发电，自己可以供给自来水。位居城北候青门，南有龙山，北溯云江，青山绿水，风景宜人。怡居休养，心旷神怡，确实诊疗病患的好地方。它在浙东已有重要的地位。毋怪浙省当局将它定名为浙东第一医院。

假使把阳明医院比作为周岁的婴儿，那照它的受孕时期，早在民国二十六年春，当时因战事发生，东南半壁，到处烽烟，全部计划，暂告停顿。胜利后续夙愿，分头集资，终于有志者事竟成，三十五年七月组织筹备会，九月开始建筑院舍，十月十日由宋汉章先生躬亲莅姚举行奠基典礼。经过姚地董事刻苦经营，至三十六年五月院舍全部落成。八月应事实需要先设门诊部，施诊二月，计病患七五〇余人，且远道而来自乡村者占百分之六〇强，一时声誉卓著，闻名遐迩，工作人员精神至为兴奋，卅七年三月二十一日，各项设备筹措就绪，于是开始收容住院病患，迄目前止，测量全院面积，计十六亩强，大都系地方热心人士赞助的。一片荒地，经过一番整理，竟能开出灿烂的花朵，怎不叫人钦敬。房舍建筑，水电工程，系李培德工程师设计，复兴新营造厂承包，全部水电及卫生设备，系委由国际水电行办理。在卅六年一月四日签订合同时，仅仅建筑费已需国币四亿四千五百元，数目不能不算惊人。

有了雄伟的院舍，自然需要医务人才和医药设备，这些，在人事上已由国立上海医学院谷镜汧教授（余姚籍）协助调派医师来院服务。当前的阵营是这样的：院长宋梧生，他是法国里昂大学医学博士，服务医界三十余年，学识经验俱优，苦心孤诣，义务任职；医务主任兼副院长篮彝，系国立上海医学院教授，擅长外科手术，内科主任郭□然，产妇科主任朱□玉，夫妇一对，

宋汉章与院长宋梧生合影

均系国立医学院出身，继有外科医师戚天昌，自青岛南来，开刀手术至为高明，先后有邢兆琪的盲肠炎、龚元春的脾脏由车顶堕地跌破、陈桂清的砍柴被野猪咬伤全身十余处，肺脏颇多外溢。以上三人生命，当时均极危机，而该院医生们，不问病人经济能力，专以救人为目的，漏夜自动发电，施行手术，现在都已先后痊愈出院了。他（她）们视医学为仁业，不求利益，只问能否治得痊愈的精神，的确令人敬佩。

医疗设备，除由行总拨发外，经常适应需要，力求置添。目前有病床一五〇张，靠背架六只，睡衣、床枕、绒毯、床垫、被单，和蚊帐幔等等，布置齐全，每床并装有电铃，因为房舍较高，病房和厨房特别装备对讲机二架，护士小姐可以随时指挥膳食。开刀时巨型电灯，光芒甚强，四灯齐启，照亮满堂。这里装有 X 光机，每逢星期二、五开放，城乡男女，前往透视者，极为拥挤自然，仅仅化了十斤米的代价，就可检查内脏肺腑，且可摄影子检验，还不争先恐后吗？

走进实验室，五光十色，炫人眼目，有烤箱、烘箱和冰箱的设备。病患入院，先来一次化验，不论细菌、血清、寄生虫，样样都能在显微镜下看的清清楚楚。他们组有输血团，经常化验输血者的血液，A 型、B 型、AB 型，标帜排列，如有病患输血，按照登记传应灌输，价值每 100CC 为白米七斗，较各地便宜多多。

内科、外科和妇产科，都有应有的设备，诸如注射器，穿透器、人工气胸、直肠镜、消毒器开刀、接产等，都是最新标准。那些输血管通气器，子宫颈扩张器，子宫刮术用具，给乡村妇女看了，不禁目瞪口呆，茫然不知所以然。

确是慈善事业，医药收费，非常低廉，所以门诊特别多，全年统计一万七千余，平均每月一五〇〇余名，以七月份最多住院病患全年有八百余，其中以产科最多，免费人数占总数百分之一三强，其他还有住院声请免费的设置。凡确为病贫经医师诊断乡保长证明，始准免费，但医师却不轻易奉送。听说有一天有位手戴钻戒的家属，苦求免费，直截了当的给医师拒绝，这是公正的表现。

展望阳明医院，它正在配上巨轮，勇猛前进。门诊部护士学校的房舍，正在大兴土木，相信二个月后，将和北向的美式活动房子遥遥相对。

《宁波日报》，1949 年 5 月 4 日

其他

1. 留美浙人在纽约开会 / 533
2. 史晋生冤诬昭雪之督批 / 534
3. 路劫五十万公债票之骇闻 / 534
4. 婚礼新志 / 535
5. 秦润卿丧母 / 536
6. 张孟令博士学成回国 / 536
7. 旧仆潦倒投函主人索诈 / 537
8. 建中银行总经理陈恂如竟枪杀 / 538
9. 金宗城定期为其母领帖 / 539
10. 金宗城为其母设奠 / 539
11. 证券交易所理事尹韵笙昨被绑 / 540
12. 证券交易所理事尹韵笙已脱险 / 541
13. 肇泰水火保险公司沪行徐可陛启事（节选）/ 541

1. 留美浙人在纽约开会

欢迎欢送许王二君

纽约为美国全国教育中心点，全世界金融总机关，以故留美浙人在此独多。平时因考察道出此地者，亦通年不绝。今年暑假自美国他州来纽约入哥仑比亚大学、纽约大学两校之夏季学校者共有三四十人。而前浙省教育会会长及浙省工业专门学校校长许炳堃从东方考察工业及教育过此，现正小作勾留。纺织专家王荣吉方实习葳事，亦将从纽约返国。纽约浙人因于八月十日下午六时，在中国餐馆设筵开欢迎欢送会。到会者除许王两先生外，有施赞元领事、屠楚余主事等约三十人。由哥仑比亚大学中国文化史教员董时主席，大致谓吾辈离乡数千里，兹得聚首一堂，为乐何如，以后还希互通声气，时相联络，以便他日回国共济时艰，而图桑梓之发达。许王两先生俱富经验学识，热心教育实业，吾辈对两先生于欢迎欢送之下，固深寓蕲望颂祝之意云云。是夕许王与施领事均有演说，至十时始散会。兹将所到之人名录后：许炳堃、德清、教育、浙省工业专门学校校长，王荣吉、杭县、纺织，施赞元、杭县、纽约副领事，屠楚余、杭县、纽约领事馆主事，金子玉、杭县、银行，董时、杭县、教育、哥仑比亚大学中国文化史教员，袁通、杭县、采矿，赵乃传、杭县、教育，孙珊、海盐、商业，张绍镐、嘉兴、铁路机务，张孚文、海盐、商业，张鑫海、海盐、文学，朱扬炎、海盐、银行，金宗城、宁波、银行，叶起凤、宁波、银行，陈文沛、宁波、纺织，郑钟珪、宁波、银行，樊干庭、镇海、银行，程志颐、绍兴、矿冶，傅耀诚、萧山、商业，程经远、黄岩、矿冶。

《申报》，1922年9月7日

2. 史晋生冤诬昭雪之督批

汉口浙江兴业银行总经理及宁绍商轮公司经理史君晋生廉明笃厚，颇负时誉。前因宁绍商轮公司伙友为李永兴藏有药箱一案，致被牵累，嗣由汉口总商会及其他各会代为伸雪，冤诬始白。兹录鄂督原批如下：呈悉，该经理在汉多年，忠厚老成，尽人皆知。公司向伙为李永兴私藏药箱一案，系属个人秘密行为，当然与该经理无涉。至该经理对于事实督察难周，亦是真情，所以汉口总商会及其他各会主张公道，均为刊登启事，代雪冤诬。现在该伙既已拘送烟禁大员行署，除咨请严行讯究依法重惩并分咨省署查照俾免牵累外，仰仍尽心职务，益隆声誉，毋庸气愤致稍抑郁，是所厚望，此批。

《申报》，1923年9月20日

3. 路劫五十万公债票之骇闻

总商会之紧急会

通易信托公司被劫后，即经银行公会、钱业公会会长盛竹书、秦润卿要求总商会开紧急会议。当由盛竹书出席报告，谓鄙人于今晨十时半接通易信托公司电话，报告被劫公债票五十万情形。认为此案关系全市商业治安，非谋彻底查究不可。爰特会同钱业公会会长，要求本会开紧急会议。据通易信托公司报告，今晨遣练习生持票坐包车往华商证券交易所交割，归途突被形似小工之暴徒多人将包车撞翻，扼住车夫及练习生咽喉，禁其声张，将纸包内公债票全数劫夺而去。除立报该管捕房外，应请妥筹办法，务求破案。鄙见此案与前日路局解款被劫不同，一系钞票一经到手即可通用，一系公债票有号码可查，断不能实时流通。在此光天化日之下，探捕密布之租界中，胆敢公然劫夺，且所劫者非现银而为公债，是不能以普通匪类视之，显系有巨大组织为所欲为。捕房为治安机关，应负相当责任，务请其赶紧破案。一方面应请工部局为彻底的防范，澄清匪类，以维治安，究应如何办法，请予讨论。经各会董研究之下，提出以下疑点：①匪类何从知两公司于今日为交割之期。②匪类何以知纸包中之物为巨额之公债票。③公债票不能如钞票之流通，而匪类劫夺为何用。④出事在白天，而地点又在较为热闹之处，匪何胆大如此。总合种种疑点，认此案关系全埠治安，应由本会根据通易公司函报劫夺情形，函致工部局令着捕房赶紧破案，以维治安，并由本会推定代表二人，会同华顾问，访工部局总董及麦总巡，陈述善后意见，以免后患云。

《申报》，1923年11月30日

4. 婚礼新志

交通银行行长盛竹书之长孙君延定阴历二月二十四日结婚，盛君因鉴时局未定，举动概从节俭。君延学业于杭州交通银行，其坤宅系同里陈君鹤亭之第六女公子。盛竹书君又因公善医院事，拟日内旋里云。

《申报》，1925年3月2日

5. 秦润卿丧母

本埠银钱业领袖秦润卿君，其母氏颜太夫人，于本月九日，在慈溪原籍去世，享寿八十五岁。秦君以阴历年关伊迩，秉入土为安之训，即欲卜葬，以妥幽灵，已定本月二十日成主，二十一日在慈溪城中大轿衖本宅祭奠，二十二日发引。惟秦君仰体母太夫人遗言，不敢惊动亲友，故对于沪慈等处姻戚友好，概不讣告，但秦君一般知交日来均纷纷乘轮赴甬，转慈吊唁矣。

《申报》，1932年1月15日

6. 张孟令博士学成回国

哈佛大学经济学博士张孟令君，为明华银行总经理张䌹伯先生长公子，自民国十七年赴美留学，在支加哥大学肄业，次年得商学士，十九年冬，以最优等毕业，得硕士学位，在校获大小奖金数次，旋复转哈佛大学，二十年冬，得经济学硕士，今夏得经济学博士，其博士论文，为该校经济学教授布洛克威廉士所赞许，称对银价有特殊之贡献。兹闻张君于今夏离美，赴欧洲各国，考察经济，近自巴黎来电，已趁康脱凡特号船，起程返国，约十一月初旬，可抵沪。张君学成回国，对于祖国经济建设，必将有所贡献也。

《申报》，1933年10月23日

7. 旧仆潦倒投函主人索诈

以自杀及宣布隐事为要挟
主人李祖超报捕将仆拘获

中国天一保险公司副经理甬人李祖超，家住沪西武定路一百零四号门牌，家道丰富，婢仆众多。有常州人陈金宝者，亦为李家之仆役。于四年前，因故被歇，赋闲无事，潦倒沪滨。近更拮据，致穷途末路，铤而走险，于上月二十六号，辟室于浙江路大牲里尚宾旅馆五十三号，一面以电话通知李家，希图借口索诈，奈李置之不理。陈遂于本月一号上午，书就恐吓信一封，投入李家。该信内容，语多要挟之词，略称陈因失业已久，无法生活，故特致函告借数十元，并指李母有不名誉行为，如不允许，彼将自杀，并书写绝命书，详述李家历史，以便登载报章等等。倘或有意接洽，则可至尚宾旅馆，信末并书有该旅馆之电话号码及陈金宝之名姓。李接函后，即据情投报该管戈登路捕房，由华探长蔡流，包探高辉先冒充李祖超，先以电话致尚宾旅馆询问，果有陈金宝其人，且陈适在电话机旁，即上前接听，与探员约定当晚八时前来接洽，交款八十元。陈不疑有变，即坐守房中欣然自得。讵届时李祖超会同探员突然而至，乃将陈逮捕带入捕房收押。昨晨，解送第一特区法院刑八庭。捕房律师甘镜先陈述以上情形，谓对被告依刑法三七〇条恐吓诈财未遂罪起诉请究。继据李祖超投称，年二十四岁，镇海人，被告前在我家当差，于四年前停歇。近来被告屡次来电话欲告贷数十元，否则有相当手段对付，我都不理。至本月一号，被告具名来信，约在尚宾旅馆接洽，如不允诺，须将我家隐事宣布于报纸上。我乃报告捕房，由探与被告接洽谈妥，乃往拘获云云。又据见证高杏生投案，供明在李家为佣，被告打来之电话，均由我接听，先问太太在否，我答不在。后又问少爷（即李祖超），我仍答其不在情形。诘之被告供称，前在李家为佣，被歇已四五年，赋闲无事，因不能维持生活，故于上月二十六号，在尚宾旅馆以电话致李，告借数十元。嗣因无结果，乃又写信前去。如李不允借款，我亦无其他办法，惟有自尽，并书绝命书登报，使众知悉。我因此而死，而对于李之名誉，亦有相当关系等语。末由捕房律师甘镜先起而辩论。刘毓桂推事核供，谕被告还押，候本星期宣告判决。

《申报》，1934 年 4 月 4 日

8. 建中银行总经理陈恂如竟枪杀

祸缘梁晨岚欠债三万元
捕房须侦查自杀抑谋杀

建中银行开设在宁波路天津路口第一四四号，由湖州人陈恂如任总经理之职，陈本为湖州望族，而数年来在本埠金融界中，亦颇负时誉。会有宁波人梁晨岚者，曾任乾一银公司经理，因交往甚繁，彼此得成莫逆。年前乾一银公司倒闭，梁亦负债累累，以各方追索急迫，无法应付，乃徒商于陈恂如，向陈本人借得国币三万元，得以过渡难关。当时梁并允即于半年内归还，不谓到期梁竟不理，虽经陈一再催索，先则敷衍搪塞，继即避匿不面，致陈无法可施。最近以废历年终，陈亦需款孔亟，周转欠灵，乃不得不重提旧案。爰于昨日午时十二点半左右，私向建中银行司阍捕马祺寰，借得公务手枪一枝，独赴河南路第三百十六弄二十五号乾一银公司旧址内，向梁索述，谁知梁对之一无诚意，仍旧游约其词，陈当时感于本人环境与乎对外信誉前途，未免情急，竟即拔枪向梁开放一枪，但以梁躲避得快，未曾击中，陈乃反手用枪，向自己脑部开放一枪，应声倒地，脑血迸流，立时气绝身死，斯时该乾一银公司右邻英商炼乳公司内职员，因忽闻枪声，误为盗劫，乃急往按捺警铃，因此未及片刻，探捕咸临，经查勘之下，始悉发生命案，并非盗警，而梁尚留房内，呆若木鸡，当即将其逮捕，带入捕房，经研询之下，据供如上述，但捕房方面，认为陈之枪杀，是否自杀，抑或谋杀，尚有侦查之必要，爰令暂将梁晨岚看管，一面将陈之尸体，车送验尸所报验，并通知尸属，认领棺殓云。

《申报》，1937 年 2 月 7 日

9. 金宗城定期为其母领帖

上海银行营业部经理兼本埠分行管辖部经理金宗城君之母氏袁太夫人，于上月六日，在宁波原籍逝世。因太夫人生前热心兴学，乐善好施，口碑载道，举殡之日，哭者盈门，备极哀荣。兹闻已定于国历四月十一日，在本埠牯岭路净土庵开吊。惟金君以谨守遗训，毋事铺张，诸亲友处概不遍讣。但以金君交友之广，届时往吊者必极众多也。

《申报》，1937年3月14日

10. 金宗城为其母设奠

昨日（十一日）上海银行金宗城君，为其母氏袁太夫人，在牯岭路净土庵设奠。太夫人乐善好施，贤声素著，益以金君为银行界巨子，在工商界中，朋交尤广。是日沪上闻人杜月笙，王晓籁，唐寿民，杨介眉，邹秉文，林康候，徐新六，徐寄庼，尤菊荪，贝淞荪，薛笃弼，奚玉书，顾馨一，陈炳谦等及各界人士之前往吊奠者达千余人，并有新新公司，华美烟公司，五和织造厂，光中染织厂，沙市纱厂及上海银行全体同人等公祭十余起，一时牯岭路上车水马龙，倍极哀荣。

《申报》，1937年4月12日

11. 证券交易所理事尹韵笙昨被绑

在愚园路被匪架走　所乘汽车业已发现

昨晨八时许，沪西愚园路发生绑案一起，被绑者为华商证券交易所常务理事甬人尹韵笙。兹将各情志后：

被匪觊觎：现任华商证券交易所常务理事宁波人尹韵声，字韵笙，年五十五岁，厉沪西愚园路五三二弄柳林别业五十号，置有二三二六号自备汽车一辆，雇苏州人王顺兴司机，每晨九时，每至汉口路四二二号该所办公，二月前，司机王顺兴因病请假，乃另雇南通人阿二者充王替工，驾驶该车。

弄口遭绑：昨晨八时五十分，尹由家步出该别业，至弄口，拟登车厢，不料路旁已伏有绑匪四名，三匪手持手枪，将尹拦住，出枪威吓，先行上车，然后二匪随尹而上，分坐两侧，一匪则持械威迫阿二下车后，驾车疾驰，连人带车一并绑架无踪。阿二呆立弄口，目送车影渺然，乃奔返家中报告尹之家属，据情转报静安寺捕房，请访下落。

汽车发现：捕房据报后，以事关绑架，乃派员赴出事地点勘察，并将阿二传讯一过，业已饬派干探严侦中，迨至上午九时三十分左右，该被匪架去之二三二六号汽车，始在小沙渡路上被岗捕发现，当由捕房通知尹家具领，至尹被架后，迄今尚无踪迹。

《申报》，1941年2月9日

12. 证券交易所理事尹韵笙已脱险

被绑后拘禁于新加坡路

救出肉票拘获男妇四名

英文大美晚报云，华商证券交易所常务理事尹韵笙，上星期六晨被绑，监禁于新加坡路七十五号，旋市警接报当晚前往搜查，救出尹氏，并在该屋拘获绑匪嫌疑犯男妇各两人。查尹氏年五十五，星期六日将近九时，甫离寓所，登自备汽车（照会二三二六号），即遇绑匪四名，各出手枪，将尹氏强行架去，汽车旋即发现，被弃于普陀路，尹氏被禁匪窟约十二小时，始经救出，重获自由。

《申报》，1941年2月11日

13. 肇泰水火保险公司沪行徐可陞启事（节选）

敬启者，鄙人现受肇泰水火保险公司沪行之聘，订于国历九月四日就经理之职，专营水火保险业务。该公司为上海保险公会会员，在国民政府注册，资本雄厚，信用卓著，如蒙各界赐顾，不胜欢迎之至。此启。广东路十三号，电话一七八六四号。

《申报》，1931年9月3日

附录

一、旅程琐记[①]

金宗城　毛志祥

一九三二年四月二十四日

上午十时登"泳平"轮船往海州,预约久大精盐公司经理陈沧来君同行。陈君为拟赴新浦、归德一带调查碱盐情形者,是时已先至坐候轮中。与之谈及星期五向大振公司购定船票时,该公司办事人员即询是否须舱装货,告以非装货而为搭趁轮船,则谓此须向船上接洽,并询欲往海州何事。吾乃询及该公司经理陆隐耕君,始蒙向船上代定舱位。盖此项商轮,均以运货为主,载客极少,约计现在驶行于上海、海州间之商轮共有七艘,招商局之"嘉禾""同华",合众公司之"海州""徐州""郑州"及大振公司之"泳安""泳平",皆重在载货,并无一定班次,有时四、五日竟无一轮开驶,又有一日连驶二船者,全恃货物之多寡以定行期。

目前商业萧条,土货出口既少,而内地购买力尤形薄弱,船运

[①] 1932年4—5月间,为了解日军发动的上海一·二八事变后各埠分支行情况,时任上海商业储蓄银行分行监督金宗城与襄理毛志祥(奉化人)一起考察江苏、山东、安徽等地,并留有《旅程琐记》。

货物随之大减，即如"泳平"轮船可装一千吨者，现止装五百余吨，且在沪候货已达一星期之久。据云，自战事起后，损失已属不赀，且战时曾避往宁波以免扣船，但货运既减，亟宜另求出路，如鉴于沪宁铁路之不通，自可酌添船位，招徕乘客，或会商同业，酌减船只，改走航路，均为正当办法，当较坐听亏损为愈也。闻该轮下水甫历两年，然已破旧不堪，窗户同于虚设，不能启闭，似公司于保护船身方面事项，尚少注意。

二十五日

因船身窄狭，动荡不定，据船员称明晨可到奶奶山，十时可抵大浦。查海州地居重要，中山先生计划，列为二等四港之一，前有重山障蔽，可避飓风，与日本隔洋相对，为中、东间之捷径，日人窥伺已久；时有兵舰驻泊其间。惜港岸水不甚深，尚须加工开筑，以需费颇巨，至今尚未兴工。海州为陇海路之终点，乃一转口码头，土货荟萃之所，其出口物品，类多来自沿陇海路各埠，以棉花、花生米、瓜子、鸡蛋、高粱、小麦、杂粮为大宗；进口货则为糖、纸、香烟、洋杂货等。每吨运费自上海至海州之新浦，约计五元至七元之谱，其体质大者，则以每四十五尺为一吨。轮公司有正式提单，可供银行押汇，惟据"泳平"之管货者言，有时亦可通融提货。

二十六日

上午十时抵岸，徐州国民银行薛少山君接沪电后，已来相候，并蒙代为雇车，甚感。十一时半至新浦之徐州国民银行，下午徒步至新浦市镇。该处市面不大，居民朴实而繁盛，商店均位于东西大街，地临东海之滨，土性松而带盐，无植物之出产，蔬菜等均来自距新浦十五里之海州，即饮水亦须向海州肩承而至。洋货杂货均由上海载来，故价格较之上海为高，其间亦有一部分食用品系来自青岛。以前日货畅销，自东北事件发生后，日货销路乃大形减少。新浦水路北通青岛，南至上海，皆为洋货之来源，此种洋货，大抵走销青口、板浦、海州、宿迁、窑湾、睢宁等附近各市镇，陆路则陇海路沿西各地，均可直达。

新浦既为转口码头，故土货、洋货进出甚多，因之当地营业，遂以转运业为最盛，统计大浦一带有三十余家之多，惟并无优良堆栈，比较以大振公司堆栈、陇海铁路堆栈及豫海仓库（现归中行管辖）为稍佳，普通客货均以露天堆置者为多。

二十七日

时雨时晴，新浦市街，因无沟渠之设备，街道泥泞，吾辈原拟乘汽车赴板浦，而雨后土松泥滑，车不能行。下午天已放晴，一时始赴汽车站购票，乘车出发，车中适遇新由宁行派来之吴钟伟君，同车赴板。沿途一片荒原，不见树木，草长不盈一寸，进板浦界乃稍见树木，亦有植小麦者，土性较新浦为优，则离海较远之故也。闻近来天旱已久，乡民盼雨甚急，否则麦价不能看低，尚须仰给于洋麦。

板浦街道中，以新民大街为最盛，东大街及鱼市口次之。该处为产盐之区，设有淮北盐务稽核所，征收盐税，故为盐商荟萃之地。平时有盐号二十余家，办盐时期临时立牌者，亦有百余家之多。淮北产盐，共分四区，即板浦、中正、临兴、济南四场是也。本年盐价步跌，清江浦一带，金融不动，存盐亟待销售，因之淮北盐坨屯积各盐，难于起运。板浦除产盐以外，其余豆、麦、高粱、鸡蛋等，则均至附近之杨家集、中正、大伊山、响水口一带采购，进口之洋杂货亦与新浦相仿，类多糖、纸、布疋、呢绒、药材等，由沪、青两埠运大浦进口，转口从新浦而来。

去年板浦有钱庄六家，今均闭歇，只剩厚康一家，因银行拆息低，钱庄无铺户放款可做。银行除我行外，尚有中行经营亦甚力，并兼代收盐税。板浦因交通不便，各货全由新浦进出，惟盐河可通西坝，除运盐外，亦有时兼运麦及杂粮，惟为数不多。当地商业，以镇、扬两帮为最占势力，金融尤赖新浦接济，遇多缺款时均向新浦调拨。本地无堆栈，除做大浦盐坨运照押款外，其他无大数押款可做也。

二十八日

乘十一时长途汽车返新浦。该处现驻有五十八师及三十二师之九十五旅，常有向地方借款之事。日前九十五旅令商会代筹给养五万元，竟将商会主席徐敬甫扣押旅部至两日之久，经公安局向旅部担保，始得开释，而旅部仍派人在商会坐索，有非借不可之势，仍由商会其他委员出面，允筹洋二万元，由各业按照以前成例摊捐，新浦之徐州国民分行计被摊洋五百六十四元。九十五旅以为未足，又向板浦商会，令同样筹借二万元，正向我行及中行商谈垫款。惟板浦市面不如新浦，商号甚少，始终无法筹款，幸由淮北盐务稽核所出面解纷，核准在盐税内每包加一角，以偿清为度。目前借款，由收税之三银行，中国、我行及徐州国民银行分垫，数目尚未商定，大约中行垫一万五、六千，我行及新浦国民银行合垫四、五千元。

下午一时，乘车至海州，距新浦约有十五里，汽车及人力车均可直达。该邑四周筑有城垣，滨临山麓，泉水下流，环城而注，入于支临洪河，惟目下水涸泉干，河中黄沙与山上青石，比比皆是。该邑以前近海，为繁盛之城市，惟以临洪口之黄沙，时时淤塞，始为沙阜，继成新堆，日久即渐成陆地，今之新浦、大浦，均为海水所冲积而成，或谓系往昔黄河挟泥沙而下，渐次堆成者。自陇海路于大浦通车后，海州商业，即移至新浦，今则成为住户之区矣。当地有天主教堂及西人创设之义德医院等，街道垣墉，均以石砌成，取其便利而价廉也。

二十九日

晨六时起。七时与许树璋、朱午庄、钱逖先诸君，包定汽车一辆，赴距新浦约六十里之墟沟。墟沟位在云台山北，即陇海路拟筑港之地，俾水陆联运，由陇海路分配于中国中部各地，直达西安为止，以期发展西北各区。汽车行一小时半始达，即往谒该处富绅王君，由王君嘱其家仆为吾辈向导。吾等徒步沿海滩西行，地为一长带形，背山面海，扩不过一、二百步，沙石荦确，战壕甚多，沿海岸绵延数里，此为防海最近所筑者。前行七里，至孙家山，再前行即抵老窑。闻该地水深可容泊万吨之舰，即为陇海预备开筑码头之所，惟是日因天雨未往。在孙家山休息片刻，即仍返王家，承王君备餐相饷。

饭后天晴，王君亲自向导，参观市镇。当地居民，只有二、三百户，大部以捕鱼为业，运销浏河一带，当地无批发行号，故无商业可言。旋至前海州护军使白宝山住宅，为白氏驻军该地时所筑，面临黄海，风景颇佳。据王君云，白前在墟沟置地甚多，如今日仍为白氏驻军于此者，则墟沟早已繁盛矣。参观既毕，登车返新，途经盐圩，略事参观，见沟洫纵横，有如棋局，另有卤塘，为天雨储卤之所。其制盐法，大概先由海水制成为卤后，将卤放入晒格，如日暖天晴，当日即可成盐，惜时值天阴，不能工作耳。

三十日

拟乘轮由海道至青岛，已定妥"同济"轮船舱位，约十一时乘潮开驶。凡轮船之赴青者，均泊大浦，故九时即乘车先至大浦，登轮后安置行李，而船仍不开，询之船员，则谓青口有鸡子四百箩刻正装来，须装妥后方开，今日不开矣。吾等以大浦为荒僻之区，如留宿船中，事殊不妥，只得雇车折回新浦。大浦距新浦十八里，一往一返，徒费宝贵之光阴，而耗去精神与金钱，犹为余事。盖该轮船等均以载货为主业，而以旅客为无足轻重，致顾客饱受无谓之损失，不能不认为缺点也。明日拟改道先赴徐州，再由济南、青岛而赴平津，俾免再误时日。

五月一日

今日准由陇海路至徐州。晨六时，余握别新浦国民银行诸同人后，即徒步行抵车站，见车已抵站，正在装货，购票后即登车。七时既届，汽笛一鸣，车即向西南开行，离新浦而去矣。

同坐樊君，为陇海路局查账员，相与接谈，悉陇海路逐年亏损，致比国垫款之本息，均无着落。乘车者非当地军人，即路局局员，购票者寥寥。现虽以运货为主，然仍入不敷出，故近来自新浦至徐州一段，每天只开一班，尚系客货混合；沿途停站装货，殊觉闷人，兼之首都迁洛，政府人员，类多免票，非特车资不收，且大餐、啤酒等费，均不收费，路局尚须赔贴云云。

新浦至徐州，约距二百公里，车行九小时可达，途中间小站十余处，以运河站为最大。车抵阿湖镇，离镇不远，即俗名落马湖在焉，由此以西至八义集一带，均为土匪出没之所，路车时有被劫者，故现在由新至徐，行车改在白昼，并有军警随车护行，较前已妥善多矣。

下午四时半，车抵徐州，已有徐国民行之钱明斋君，及旅行社之吴尧叔君在站候接。下车后至徐国民行之东关办事处及中国旅行社略事参观，即乘车进城，至徐国民行接见诸同仁。晚间钱君在公园宴请英美烟公司同人，吾等亦同往，席散业已九时矣。

二日

早出东关，考察中国旅行社账目情形。该社近来营业，每天约售出两路车票八百元左右，与两处路局所售之票相仿，人民均乐向旅社购票，惟近以沪宁路不通，故售出联运票颇少。旅社房屋，与徐国民行东关办事处相距不过数武，原拟租赁间壁书局房屋，与国民银行合用，楼下为银行，楼上设旅社，该行亦极赞同。惟近来营业竞争，国民银行如移入新址，他行必租其旧址，添设东关办事处，殊于国民行不利。现拟由旅社先租得间壁空屋，布置楼上一切，楼下则另觅相当租户，亦未始不可，已函致陈湘涛君接洽矣。

国民银行之东关办事处，账目极为简单，内部不过三人，并兼管栈，一切账目，悉由城内转账。营业大半为杂粮，及转运业暨零星汇款，收支尚可相抵。堆栈有一、二两栈，其中货品以糖、纸、杂货、杂粮为多，均在行做有押款。惟第一堆栈，堆有桐油五百余箱，系危险品，业请钱明斋君，设法移堆他地，以免危险。

三日

查徐国民行之堆栈货物保险，向由赖安仁及金城银行之太平公司承保，已嘱改向本行现有之大华宝丰保险。旋至海丰面粉公司察视，又至云龙山参观一周。该山古迹甚多，有戏马台、饮鹤泉及大佛寺等，闻大佛寺之佛像，乃刻石而成者，寺中现有驻军，未能一窥全豹，但见墙垣倒塌，门窗破损，往年胜迹，今已堙废殆尽，良可惜也。山麓有革命军北伐烈士墓，徘徊半晌，遇雨即归。

六时后赴海丰面粉公司俞性初君之约，座中并有利兴公司之杨鹤声君、新浦商会主席徐敬甫君、本地公安四区之周君，并钱明斋、杜玉山、赵宗鲁诸君，席散已九时矣。

四日

赴各处参观一周。查徐州即铜山县，为淮北重镇，当津浦、陇海两路之冲。春秋时为宋之彭城，楚汉之际，项羽即建都于此。商业尚称发达，尤以南关（即今之中山大街）及附近之买卖街、道路街等处为最，所有糖及杂货，暨棉纱、皮号，均以此为聚集之所，则往时黄河通畅，铁路未成，水道便利之故也。自铁道告成，门市商业已渐移于东门大街，转运公司、旅馆及粮栈，均集于沿铁路之津浦大马路附近，而批发字号仍在南关，其他各地，不过零星小商号而已。当地商店，统计不下二、三千家，其荦荦大者，不过十分之一。近受水灾及东北影响，商业清淡，各门市商号每日交易竟不能维持开支，以故闭歇者时有所闻，所欠银钱及申、徐两地之款，除押款外，尚有百万元未能清偿。本地四乡多匪，富户均移居来此，本年沪变既起，首都人心不安，沿津浦南路而移居徐州者亦伙，房屋已有人满之患。

交通方面，除铁道外，有长途汽车可通睢宁、宿迁、清江、丰、萧各县，水路因近来黄、奎两河淤塞，故不能通行，有本地之人力车、小车、牛车及驴马，以便行人或装货之用。土产以生仁、小麦、红粮、牛羊皮为大宗，芝麻、瓜子、金针菜、山芋等次之，进口者多为香烟、棉纱、布定、洋广货、杂货、火油、茶、米、木料等，除销本地而外，余均转销徐属八邑。居民以麦食为多，往年一、二号面粉销路最旺，本年则以三、四号粉为合销，贫苦者兼以豆饼、山芋充饥，市面萧条，于此可见。

至该处辅币，系行用双铜元，而市面上甚罕见，因之各钱号如天保、育公裕等皆发行钱票，分五十枚、一百枚、五百枚三种，更有以零星找头无筹码，竟以百枚票中裂为两，作为五十枚，此亦徐地之一种怪现象也。现经官厅取缔，只许平市官钱局一家发行，此外一律加以限制。现在通用于市上者，尚有二百万串

（每串百枚，每五串合洋一元），平市票占其多数。币制以大洋为本位，站人、造币、北洋、孙袁币均可通行，英洋、毫洋不用。钞票以中、交、中央为最通行，中南次之，其他各申钞，银行为便利存户起见，亦可收受，惟市上则不易通行。

街道则天晴尘土飞扬，遇雨则除一、二大道外，泥泞四溅，较三年前之徐州，并无进步。晚六时赴申新公司尤廷坤君之约，明日即北上赴济南矣。

五日

晨五时半，乘人力车赴车站，候二十分钟，车到，与送行诸君握别登车。六时四十五分，车已开驶，该车为平浦通车，坐位舒适，光线充足，与陇海东段之徐新间车位比较，实有天壤之殊。车中与中央银行送钞赴济之王君杂谈。车过柳泉驿，贾汪煤矿公司在焉。再北行为临城、滕县、兖州等处，兖州有支路可通济宁，由兖州稍北，即为曲阜，孔子之故乡也。再上至泰安，遥见泰山，过泰安后，沿路丘陵络绎。

下午六时，余车抵济南，下车即遇龚祥霖兄、郑晴川兄及鲁行其他三、四同仁。因是日为非常大总统就职纪念，适放假也，旅社同人代为照料，极周到。当迳至鲁行，与同人谈共同合作情形，并互勉努力行务。九时就寝。

六日

早餐后，偕龚祥霖兄赴各堆栈参观一周，各栈所堆货物，尚为整齐，惟存货均不甚多，据云近日确在闲时，须俟土产登场，方有起色。

三时与龚君赴胶济铁路饭店，晤方自青岛来济之刘曼若君，旋同赴千佛山开元寺参观。返济行已六时，检查济行账目后，于十二时就寝。

七日

八时半即赴钱业公会，见正在开市卖买规元。台上置有竹签，签上书有行名，据云系代表成交数目，每签作一千计，由卖者交与买者，以资凭信。以前济南钱业开市，恒在清晨六时左右，今则逐渐改迟，须接得津、青两埠行市后，方能开市也，成交处喧声四达，与上海情形相同，迄不思有以改良之。当地入公会之会员，计四十余家，是日成交数极少，仅例期规元二万五千两、电汇一万两。据云，因公会成交每千两须纳费九分，津、青洋票须每千纳费四分，故有一部分未经公会记账者，然数目极少，交易殊清。

济南在以前钱业繁盛时，钱业有一百数十家，规元买卖，有四处公开行市，城内及商埠各二处，开价各不相同，现已较为改善，只剩商埠之小纬五路一处矣。当地钱业明松暗紧，市面现金缺乏，通常规元买卖，均以拨码为准，松时拨码可酌换现金（目下拨码可取现金二成），紧时则拨码非贴水不可，此项贴水，又系暗做，因当局禁止故也。譬如市面银根紧时，倘持拨码一千元，向甲庄兑现，甲庄谓无现金，即出一支乙庄之支票，嘱持票人向乙庄兑款，持票人至乙庄时，乙庄亦如甲庄之例，出一支丙庄之支票，如此轮流，终于不得现金。如向出票人交涉，则钱庄答以存入本为拨码，持票人无法，只得向钱庄商明贴水，掉取现金。至今当地银行，亦无法可以对付，此济南钱业之特情也。

出公会后，旋返济行，偕龚君往城内院前街，即以前拟在该处设立办事处之新址也。该屋在去年"九一八"以前，即已租定，地当城内商业之中心，为城内赴商埠及火车站必经之路，且邻近省政府及各机关住宅。如在该地添设办事处，兼办旅行社事务，甚合社会需要，当可吸收一部分存款及汇款交易，且城内现在银行只有山东商业及平市官钱局，此外钱庄三、四家，与各业不甚接近，我行似可以小范围在该处先行试办，以免空付房租；且旅行社之购票者，现以限于商埠一隅，每日只售一千五百元左右，而车站能售三千元，如城内添设旅社，其售票数合计逐日当在二千五百元之谱。兹已请龚君缮具意见，并制预算，候再定夺。

济南城分内外两层，城内商业不如商埠，而住宅较多。城北为大明湖，占地颇广，中有历下亭，据称为七十二泉水汇集之所。内城之城墙上，有环城马路，汽车可以驶行，尤为特色。城南有趵突泉，见泉水由池底涌出，如沸腾然，大约因济南城四郊地高，而城中之地独低，故水经地底而能涌出也。

旋至广智院，为西教会中人所办，院内陈列各种模型标本，举凡人类所习见者，大约无不具备，又如各种道路之比较、各国人种之区别、森林之利益、黄河铁桥之模型，旁及各种社会进步之程序，其不甚明了者，更佐以图说而表现发挥之，不分古今中外，毕集一堂。视察之余，获益匪浅，是真能造福吾国社会，而提高平民学识者，甚望吾国热心人士，能起而效法之也。

八日

星期。上午八时与龚祥霖、郑晴川两君乘津浦车至泰安。龚君系往泰安调查商情，兼兜揽该地商号往来户，藉以扩充汇兑；郑君则以济宁办事处多日未派人前往核查，故乘机同行也。沿途小麦一碧无涯，因前二、三日得雨，故似有欣欣向荣之概，农民喜溢望外，若得黄金。

车抵泰安，龚君下车而去。车再前至兖州，吾辈即相率下车，转登支线之兖济车，行一小时即抵济宁，与办事处主任吴寅伯兄在车站相遇，即先视察繁盛区域之各街道。有振业火柴工厂，闻与济南为联号，专销当地及四乡；济丰面粉厂之面粉，则专销济南等地；另有天成、同生祥两蛋厂，办装上海。济宁人口三十万，务农者多，城南有运河，在铁路未成之前，运河商业繁盛，为运粮必经之地，海运既通，即渐衰落，迨津浦铁路完成，则商业上更无足言矣，惟因地当铁路终点，故附近四乡均汇集于此。

街市以南大街南关为最繁盛，各大商号及批发行均在其地，次为东关，为药材行所在，小闸口则杂粮号所在也。当地出产小麦、牛羊皮、鸡蛋、莞豆、芝麻、瓜子等，年约出口一千余万元，进口则为香烟、糖、纸、杂货、洋广货、棉纱、布疋、煤、火油、茶、盐、药材等，年约一千二百万元，而香烟乃占其半数。

银行有中国及本行，钱庄有隆昶、济源、协记、干兴、同泰等五家。本地长年多款，现金无法用出，均系随时装赴济南，运费每千一元八角四分。查该处专以承做汇款为大宗，故收款较多，下半年土产发动，亦可承做杂粮押款。计该处办事人员，连吴君止有四人，吴君前曾在懋业及交通办事，于银行已有根柢，其他三人均为初级行员，内部人事似尚可改善也。当地汇款以泰昌、德祥两烟号，汇交青岛英美烟公司者为最多，少则每月三十万元，最多时每月竟达五十万，济南次之，此外上海、天津、南京、北平等处，为数极有限云。

九日

晨七时半，仍视察各处街市。当地通用之钞票以印有山东、上海地名者为多，青岛、天津只能少数。现洋以孙袁币及北洋、站人为限，此外不用，均自曹州及各处装来，终年不绝。辅币除中、交、中央角票外，山东平市局角票亦可通行。铜元通行当二十之一种，每元合八串四百（每串五百，即每元四千二百），尚须九八扣，实值四千一百十文，当地名为九八铜元，与济南相同。

九时至车站，在站长室憩谈，知靳云鹏、潘复等均为济宁人，然对其本乡之建设甚为漠视，商业前途，殊为暗淡也。济宁昔年有四大富户，俗称之曰"四大金刚"，举凡当地之大商业，如洋杂货、粮栈、当店、蛋厂等，均为彼等四人所经营。银钱业及地方各界，信任太甚，致账面极阔，挥霍无度，且将现款多置不动产，无术流通，至于失败，其所经营之各种事业，现归债权团管理，闻中、交及山东商业共受亏三十万元，故济宁商业元气至今尚未恢复也。

九时半登车至兖州，入城匆匆一览，见其城垣辽阔，然商业不盛，大商号甚少，以零卖为多，且大部房屋，均已破坏不堪。十二时平浦车到，即登车返至济南。

十日

拟于明晨由胶济车赴青岛，各事皆筹备结束，仍以余暇视察济南区域。查济南为省城而兼商埠，商埠在省城之西、铁道之南，为吾国所自辟者。马路依天津之例，以纵横为经纬，纵者曰经路，共有七路；横者为纬路，共有路十二。以经二路之商业为最繁盛，道路宽广，俱以泥石筑成，颇能表示其建设上之精神，而其市面之蒸蒸日上，尤为吾南方人意想所不及。

土产丰富。去年水灾，山东并未波及，本年"一二八"事变骤起，虽受上海银根骤紧之影响，营业萧条，惟当地并未抵制日货，故商业上未受巨大之变动，倒闭者罕有所闻。该地进口货为棉纱、绸缎、匹头、颜料、杂货、五金、煤油、香烟、海味等，出口为生仁、生油、黑枣、棉花、草帽缏、发网、麦、烟叶、茧绸等，进口货多运销四乡，土产则多由青岛出口。城内及商埠共有警士及保安队三千七百余人，沿途密布，治安可以无虞。

华银行共有八家，竞争颇烈，所幸感情尚称融洽，对于外商如美孚、英美等之汇款，颇能合作。汇价由中、交及本行共同议定，悉归一律，听凭外商向何家做汇，以免彼此跌价，徒利外人，此亦华商银行最近之一种好气象也。

十一日

登七时十五分之胶济车向东行驶，沿途小麦繁衍，森林普植，与津浦沿路比较，迥乎不同，人称山东为富庶之乡，其即胶济路一带之谓乎？中以周村、潍县两处为最，其富庶甲于山东全省。该路长三百九十余公里，沿途经五十一站，车行十一小时半可达。沿途各地出产，以生仁、烟叶为大宗，其他有潍县之布，博山之煤矿，均遐迩驰名者也。

午后六时半，抵青，黄恂伯、经春先、唐渭滨诸君，皆到站相迓，相偕步行至行，互谈一切。我行行址，偏于中山路之南端，地位狭窄，不敷分配，且无储支现金之库房。旁为中国旅行社，中间与青行隔一出入之道，惟各有边门，可以相通，气脉尚能联贯。

十二日

早餐后即赴景昌隆号。因该申号与虹行素有往来，与济、徐各行亦有交易，营业颇大。当晤该号经理黄汉墀君，得悉山东全省生仁产数，约有六、七千万元之谱，在青岛收购者以广帮为多，约有十余家，逐年运销出口，当在四千万元以上，景昌隆约占一千余万元，内有三成系生油，七成系生仁，以装往广州为多数，香港亦有二、三成，由太古"怡和"轮直运港粤。此项生仁，广帮均系用制生油，行销当地，以每一英两合二十八粒为最优，普通均系四、五十粒者，除销广东外，兼销国外。景昌隆在大汶口、泰安、济南、徐州，均设有分庄，收购生仁。其在开封、汉口、大连等埠，则归其联号裕和祥购办，裕和祥为广帮各杂粮号所合组。据黄君云，去年景昌隆曾向中行做生仁押款元四百万两，利息按月九厘，其他装广州之押汇亦甚多，惟中行押汇利息系以年息八厘计算云云（以前另加手续费每千七角,今已取消)。

嗣至大港,见本行所购堆栈栈基,地位颇佳,面临大港及车站,轮轨相接,前后均临马路,水陆咸称便利。查青岛居胶州湾口,为鲁省门户,前德人租此,开港筑路,经营颇力。当地多山,马路随山势以高下,如过桥然,因滨临海岸,气候特佳,夏令西人避暑者尤众。马路以中山路、天津路等为最繁盛,鲁省土产,类多由青岛出口,故大批发之行号甚多。

下午与黄恂伯君同作崂山之游,由沈尧卿兄开车前往。崂山在青岛之东,约四十五里,山脉绵延,峰岚重叠,汽车由山中狭径盘绕而上,道路均依山凿石而成,德人经之营之,颇费心血,吾人坐享其成,思之实有无限之感慨。汽车行一时余,止于南九水,旋步行登山,至柳树台,群山环绕,风景至佳,其上有崂山旅社在焉。在柳树台坐谈片刻,业已四时余矣,即下山乘原车返青,行经沧口之四方公园,略观即返。

十三日

晨五时一刻,至钱业会馆静候刻许,各钱庄及土产行等人员均陆续而集,五时半左右即开做买卖规元交易。该项行市通常以津、沪行市为准,兼以本街申票供求之多寡为定,入会之银行号、钱庄等约三十余家,其他杂粮土产帮等,均可自由入会,加入买卖,逐月缴会费洋二元,买卖时并无佣金,惟对于退票,公会并不负责。开市时先以卖方为准,若买方少则抑低之,反之则增高矣,迨卖买双方相平时即为本日之行市。交易毕后,八时余即再做电汇交易。该日申票开价一千另三两,成交八万,电汇七钱,成交十三万。钱业会馆内兼有货币市场、棉纱市场、土产市场,因去年抵制日人之取引所而成立者,与上海之交易所相仿。

旋至大港观察码头堆栈,该项码头共有四处,均伸出海中。第一、二码头系碇津、沪客船,并堆普通客货;第三码头为危险品堆储及起卸之所;第四码头则伸出作半圆形,专以供起卸及堆储盐、煤之用。各码头上咸通路轨,以便海陆转装,计划极为精密。该码头及邻近地带均为公有,归港政局管辖,极有组织,且港口佳良,巨大轮船亦可停泊。大港之旁为小港,内地民船装青之土产均停于此,民船及小轮之集中地也。

　　旋经海滨公园浴场而至炮台，见巨炮四尊，依然犹在。山内筑有穴道及居室，极为宽敞，且可通行，足见德人经营炮台魄力之雄厚。

　　返行仅九时许，偕恂伯兄至宝隆洋行晤见罗叔义君。宝隆专营生仁一项，年约七、八百万元，均运销欧美各地。在汴、徐、济南各地，咸有罗君自设之普丰字号，收购生仁，由罗君将市价报告宝隆，如宝隆价合，即将货售与宝隆，故罗君除宝隆外，亦兼自做买卖。谈至本行所购大港栈基事，罗君拟照原价加倍，向本行转购，因该行堆栈散在各处，且距车站、港口较远，搬运耗费甚巨。据黄恂伯君言，上年总经理在青时，见此项栈基地位适宜，已决定不出售，因告以本行拟将此基自建堆栈，不致出售，惟建筑之际，可建为三层式之堆栈，而以楼上之两层租给宝隆堆货，或者可以办到也。

　　青行行址，偏于青岛之南端，而旧式贸易商，咸在东北，旅行社设在该处，亦甚不便利，现已由当地各银行在中山路合置行基，亟图建筑。而工务局对于建筑，取缔甚严，中山路一带尤为中外观瞻所系，不宜苟且，限令须各行同时兴工，且须同一式样。中行已决定造价念万，本行及其他各行如金城、大陆、山左及中国实业等，亦皆在进行中，已议定建筑三层楼屋，门面用石砌成，青行业经呈报，现尚未奉到总经理核准。

　　下午偕经春先兄参观新生及新兴二制杆厂及振业火柴厂。火柴所用之木料，分椴木及松木两种，椴木均来自安东等处，该厂自往购运，用机锯成木杆，供给国内各大火柴厂之用，行销各处。查该项火柴杆，以前均由日人供给，自抵货后，国货销路甚旺，如上海永源庄专办运广东各地，系向我行商做押汇。临淮之淮上公司亦向该号批购磷质，以前此项磷质，亦用日货，目下已改向德国谦信购办矣。嗣又参观土法制油厂，因当地生仁出产丰富，故土法制油厂颇多，其制法分轧扁、蒸熟、压油三步，惟工作殊缓，甚费人工也。

十四日

　　查阅广东路本行堆栈，见其保险手续，未尽妥善，与徐、济两行情形相同。

照例向别家加保，应在保险单内批注，而并未照办；又本行代客户保险，保险单均系本行抬头，而栈单均以客户抬头，两单之抬头人户名不符，他日恐生枝节。已向太古公司西人一再交涉，允将批注一条取消，对于本行之客户存货保险，亦允与本行押货同样负责，如其他各保险行能照此办理，即可无虑，惟今日为星期六，须俟星期一与各保险行交涉妥洽后，再行赴津。照此情形而论，认为我人宜速编堆栈及保险手续须知，分发各行，以资参阅，并请检查部于查账时格外注意及之。

此间私有堆栈极多，一因全省土产大都集中于此，候船出口，二则工厂林立，出品亦多，故当地经营保险业者不少，宝丰似可在此筹办，中国保险公司已积极进行。闻此间每年保险额约在一万万余元之谱，保险费可收七十万元云。

十五日

青行同人吕绚德兄假第一旅社结婚，上午九时余行结婚礼，十时半来宾入席，礼节参酌中西，简捷醇朴。

下午偕黄恂伯兄参观青岛附近各地，其形势三面环水，陆地伸入海中，两旁为台东及台西镇。台东附近之四方，胶济路之四方铁厂在焉，专事修理机车。厂站南北有日商之大康纱厂、内外棉株式会社、隆兴纱厂等，有工人约二、三千。沧口之日厂，有富士、公大、宝来等，华厂则止有华新一家。此外，零星小工业之工人，合计亦有万数千人。该两处均为纱厂所在地。台西镇则市街不见繁盛，以零卖之小商户为多。经此两镇而折回寓所，业已五时，又至海滨水族馆参观，各色海产鱼类甚为完备，观者亦多。

十六日

因昨接龚祥霖君函云，由济来青，晨七时半，即至车站候接，下车后偕赴寓所第一旅馆早餐。旋偕黄恂伯兄参观青岛宰畜公司，该公司为中日合办，规模宏大，设有宰牛、羊、豕等各场，并有冷气房以备储藏、研究室以检视肉类害虫，其运销日本者，以牛肉为大宗，并须经过日人之检验，此项检验员由市政府派四人，日本领事馆派十人。一切设备，均以供牛商借地宰畜之用，公司本身不宰牲畜，宰畜人亦由牛商派来，每牛取费三元，豕一元七角五分，羊七角五分，如有大宗，尚可折扣，市政府派有驻厂员征收屠宰税及许可费等，去年约宰牛六万四千头、豕四万四千头、羊七百余头。

参观后即往访中国保险公司经理宋聿青君，宋君前为巴勒保险公司之青岛代理人，现经中国聘去，而仍兼办巴勒事务。当向接洽昨与太古洋行所谈之保险单事，宋君极表赞成，允于接洽后函复。

至青岛市政，办理极佳，每年经费四百万，全恃码头捐及地租税等收入。土地分公有及私有两种，私有者与江浙各私有地情形相同，公有地则为出租性质，由人民向市府承租，每期三十年，由市府规定租价，约当私有地价四分之一，期满续租，再另办手续。现在市府经费不足，即以此项租价挹注；该地经人民承租后，规定须于六个月内建筑房屋，该屋图样，亦须经市府核准，方可兴工，青行中山路之新行基即为公有地也。

今日原欲乘轮赴津，因只有日轮开驶，故于晚饭后偕龚祥霖君，同乘九时半之胶济车赴济。

十七日

晨八时即抵济南，转至津浦站，蒙龚祥霖君及旅行社之郝君接待登车，于十时车即开行。济南旅行社办理成绩颇佳，该社主任郝君，年四十余，曾任津浦路济南站长十余年，于路局人员尤多相熟，济社得益不少，且郝君能处处躬亲办事，精神极佳，不染一毫世俗习气，殊为济社庆得人也。

午后天雨，终日坐卧车中，沿途所经各镇，以德州及泊头镇两处为较巨。晚十时半抵津，下车晤天津旅行社之潘墨冰兄，及津行陈济唐、华士源两兄，以北马路办事处之同人，现均移寓津行，遂至国民饭店暂寓。

十八日

晨至津行，与陈际唐、潘步韩二兄晤谈，即偕至各堆栈查阅存货。午间赴宝成纱厂刘仲融君之约，互谈棉纱情形，知目下日货畅销，因津地附近高阳一带，需要细纱，故皆用日货。华商纱厂，普通皆纺粗纱，以前行销关外，今以关外战事，销路极滞，将来恐须运申求售。惟当地棉价极廉，因上海美印棉到津甚多，存底丰厚，津棉不易出口故也。去年晋花因运费昂贵，不能运出，致该地棉价惨落，闻该地今年多已改种鸦粟，言之殊为痛心。

下午与黄俭翊兄杂谈各行合作情形，并对外营业各事，十一时始回寓所。

十九日

上午九时，偕黄俭翊兄会同永和（利）制碱公司之余啸秋君往塘沽视察该制造厂。九时半车行，十一时半抵塘沽，下车即至该厂，参观其制造顺序，约言之可分三部：第一部，将粗盐溶解为水，澄去污泥，用帮浦打入桶中；第二部，制造阿母尼亚气，用石灰加水蒸热，注入肥田粉之浓液中，即有阿母尼亚气发出，乃将此气导入盐水桶中，使之尽量吸收；第三部，将青石置铁桶中，加热燃烧十余小时，使成石灰（石灰即供制造阿母尼亚气之用），于燃烧时，青石中有炭酸气发出，即将炭酸气导入第二部已成溶液之中，即变成浓白液质，乃使之结晶，更取出加火，使之干燥，即成为纯碱粉，可以装袋行销。此项纯碱，为工业造纸及玻璃等必需之原料，逐年进口，以卜内门之货为多，永利厂出数，始极有限，今已由每日二十吨加至一百吨左右矣。

又观其附设之机器厂，内有翻砂等工程，制造普通机件锅炉，以供永利本厂之用。午间即在该厂进餐，餐后又参观久大精盐公司，其制法即以粗盐用科学方法，加水置入坑中，坑下加火发热，盐即融化，时时搅动之，见有结晶时即以器取出，干后即成精盐。其所留之水分，如加入纯碱及香料使干，即为牙粉原料，并可制造牙膏，其制法甚为简单。又参观其化研室，则由永利与久大合并出资办理，兼由文化基金辅助，专注意于发酵等种种之化学研究。

又次察视其工人寄宿舍及员工住宅，均为永利、久大所合办。对于工人部分之设施，均采用新式方法，颇称完美，而于工人之生活，及卫生疾病等等，尤多注意。其中设有工人食品处、图书馆、运动场及消费合作社（工人，职员，每人出资二元作为股本）等，务使工人身心愉快，计永利有工人六百余，久大有工人五百余，合为一千一百余人。

归途经过塘沽码头，目前塘沽至天津一段，海河水道淤塞，轮船不能进口，遂咸泊于此。二时半乘车返津，抵津已在四时而后。

永利厂创于民国六年，资本二百万，至民国十四年，试验成功，方能出货，惟出品极少，不足供给社会，而在开办试验期内已耗去洋九十余万元。十九年股东会议决发行公司债二百万元，由中国、兴业及四行承募，募得债券一百万另七千元，以须负担月息一分，其余债券，遂未发出。计该厂至民国二十年底止，负债总额连同公司债在内约一百七八十万元。所有机器，按照账面估值，尚有一百六十八万元，闻系按照机器寿命历年打除者。该厂基地约三百亩，连同厂屋，账面估值八十六万，并自有海滨盐场，占地二万亩，值十二万元。存栈之原料出品，各地合计，值约一百十二万元，已足为公司债之担保品而有余。该厂滩地自产之盐不足供本厂之用，仍须另购三分之一，因该厂附近即为长芦盐产之区，收价极廉，每担只二角左右。

塘沽市面颇赖永利、久大两家之维持，于该地民生，裨益良非浅鲜。该厂在去年共销纯碱二万吨左右，销于日本者有七千吨。东北事起，日本销路停顿，故现在尚须设法推销两广及南洋一带。我国纯碱进口，每年约一百十余万担，最近永利已能年出六十万担，如我国实业发达，该厂销路自无问题，且政府特准免税，每担可减少成本一元二角，加之原料低廉，每担售出约可净盈二元有余，较之舶来品自占优胜。惟其原料中所用之肥田粉，为卜内门厂所出，故该厂不得不仰卜内门之鼻息。

该公司于十七年间始发周息四厘之股利，十八九两年均发五厘，二十年营业较佳，账面结盈三十万元，故拟发九厘，然因流动资金缺乏，故议定而尚未颁发。该厂近更拟应社会之需要，附制烧碱，凡制造肥皂、石油精、蓄电池、造纸，均在所必需，人造丝、丝光布、旧橡皮染色及制炼纯铅等，又在需用烧碱。中国每年行销之烧碱约十二万担，均为舶来品，因其制法简单，且厂基附近本有空地，可以添设工场。据称配置机器等各费约需三十余万元，八个月内即可布置就绪。

此为吾国工场中之能努力奋斗者，特不厌烦琐，表而出之。

二十日

上午至宝成纱厂事务所，晤刘仲融君。据云宝成资金原为三百万元，历年亏累，并结欠慎昌洋行等约二百万元，乃转移于大同公司接办，大同出资行化四十五万两，并向中国、兴业及我行押借行化一百万两，将慎昌等负债折扣了结。本年因宝成早已预将棉纱抛出，故目下纱花价低，颇有盈余，近已盈余二十余万元云。

旋至该厂略事参观。该厂面临海河，占地颇广，有锭子二万七千五百只，另有粗线者二千五百只，合为三万锭，有工人一千八百余名。所用以美棉为多数，华棉价虽较廉，而水头太大，每担有十二斤之多，加以搀杂花籽、泥沙，更须亏耗四斤之谱，美棉则每担水分在六、七斤之间，棉花纯净。按之现在市价三十两与三十一两五钱之差，美棉尚为合算。

在厂午餐后往钱业公会参观，共有会员五十家左右，以银号为限，银行不能加入。其行市自上午九时至下午五时，终日买卖，以一千元为单位，如外行、银号托会员银号代为买卖，每千取佣二角。现在每日交易约二、三十万，其申汇买卖则另有跑合经做，每万向卖方取佣三元。

嗣至平井洋行，则取引所在焉，该行经做老头票，在所约有三十余家，以大连老头票行市为准，逐日买卖三、四十万至百万元左右，每万取佣一元五角。

嗣于回行后应本行董事金伯屏先生之招宴，同席者有华北实业股份公司常务董事张周新君。张君为小吕宋华侨，该公司为华侨李清泉、杨永保及国内之金伯屏、朱庆澜诸公所创办，资本二十万元，先收足十万元，专经营西北垦牧事务。张君并在绥远购地畜牧，亲历其境，不辞劳苦，诚不愧为中华民国之国民也。年来毛织品如哔叽、地毯、羊毛线等，需要增加，因之羊毛、驼毛原料，亦为重要出口商品之一。天津一埠，以前每年出口者价在千万两以上，惜频年内战，加之国外不景气，以致此项贸易，逐年退步，去年一年中之出口者，只值银数百万两也。

廿一日

参观天津各街市。以前以日租界最称繁盛，自天津事变以后，因日租界不能营业，故均移向法界，现在新式之大商号均在法界一带。然津事既平，日人复思繁荣其市面，因天津向无夜市，乃首先提倡夜市之举，法界遂亦效法，故至今日租界旭街一带之市面，仍未恢复旧观。

就银行业而言，各银行对其他租界或特别区支行均已先后复业，而对日租界之支行，则淡然置之。在天津未辟租界之前，商业均在城北一带，因有河道贯注，运货便利故也。自城垣拆除，改筑东、西、南、北四马路后，商业更形发达。其东马路估衣街、北马路河北大街等处，凡棉纱、绸缎、布疋、药材、茶叶、洋杂货等之批发字号，均集中于此，与上海之小东门相仿，为放款主要之地。现在大陆、中国、交通、浙江、兴业等均已先后在北马路附近开市复业，惟本行之北马路办事处，则业已收歇矣。

廿二日

上午参观立仁纺毛公司。因华北皮毛业均集天津，故在津纺织羊毛，颇属合宜，津埠纺毛公司之大者有四、五厂，小者亦有二、三厂。羊毛种类甚多，惟均掺杂泥沙，每羊毛百斤市价约念余两，洗净之后只能得纯毛四、五十斤。立仁因系初办，故现在只纺羊毛线，其工作原理与循序，与纱厂相仿，惟比较简单多矣。去年羊毛出口业不振，只一千万元左右，约及往年五分之一，故毛价低廉，因之纺毛厂颇有盈余。至羊毛线售价，每磅约九角五分云。

下午参观南开大学，为华北著名学府，校长张伯苓君名闻中外，南开即为张君与严范孙君合创。溯南开最初发轫之时，仅一私塾，迄今蒸蒸日上，自小学、男女中学以至大学咸备，内有木斋图书馆，藏书甚富，思源堂则为数理化学试验及教室所在，以上两屋，均系个人捐资所建。南开课程注重于数理化学，故设备极为齐全，现有大学生四百余人。旋至中学部参观一周，屋虽较次，而地甚宏，学生约一千余人。六时回行。

廿三日

上午至海京洋行参观。该行与上海之海京相连，专售机器，惟该津行则兼设毛毯、呢绒等厂，逐年销路尚广，出品亦佳。最近创办时，成本不及手工业之低廉，故亏累甚巨，近年以美国进口税更改，销路骤增。该行工场，亦有纺线部，与立仁厂相仿，而机件较新。织呢部专织驼绒呢等毛绒品，毛毯部则专制毛毯。此项毛毯以人工制造，工程甚巨，其法先将粗纱线依排直悬之，线上划有花纹，逐一将各色羊毛线依次置入扣结，工人每日可织一方尺余，售价每方尺二元五角。另有绘图部，专代顾客绘纺定制货物。

正参观间，接黄俭翊兄电话，谓平行来电话，谓陈总经理廿四日到郑，嘱即赴郑相晤。即于下午二时半偕金仲藩兄同车赴平，宗城即于八时半乘京汉车转郑，志祥暂留平行。晚与金仲藩兄杂谈，至十二时始寝（以下二十四至二十七四日乃毛志祥君所记）。

二十四日

上午周行北平各街市，地面辽阔，殿阁翼然，黄瓦红墙，璀璨耀目。旧时为皇室宫殿，为政治中心，今则只供游人之凭吊赏玩而已。宫内古物极多，不胜枚举，马路较各埠为广，惜两旁行人道上，均走大车，且土质干松，一出门则风沙扑面，此其极大缺点也。

当地商业并无集中地，均散居全城各处，各成一市，共有六、七市之多：（一）前门区：前门外东西；（二）东城区：东四牌楼、王府井大街、崇文门大街等；（三）西城区：西四牌楼、西长安街等；此三区最为繁盛。因各市相距咸有三、五里之遥，故银行除非在各商市地添设办事处，乃可吸收存款。现在中行在北平设有分支行五处，大陆三处，金城二处，中国农工三处。本行之北平分行自以前收歇后，至去年方始复业，故落于他行之后，且平行所在地即在各银行左右，欲言发展，恐不易也。目前平行存款约七十余万，放款二十余万。

当地货物大半系零卖性质，向天津批购者，故无商业可言。然北平旧为政治中心，故大商号颇多，其历史之悠久，往往有一、二百年者。银钱业放款即趋重于此等铺户，均为信用放款，押款极少，即有之，在商人心目中，亦以向银行抵押为耻，故银钱业信用放款太多，一旦倒闭，往往亏累甚巨。但北平富庶之户极伙，且向为多款地，游人来此者，经年不绝，各地汇来款项甚多，吸收存款，尚非难事，且钱业对普通存款均不给息，储蓄尤有推广之可能。金融极为简单，无买卖规元行市，全仰鼻息于天津。

下午与旅行社胡君晤谈，谓北平经售车票者，有通济隆、运通、日本观光局，及车站与旅行社，共有五处。西人交易未能做到，华人方面则逐日可售车票七百元左右，如平汉有特别快车时，则可售至二千余元。但路局限制售票极严，且往往以已无铺位之言相告，故希望此后对于路局人员，尚须格外加以联络，否则办事殊感困难也。

二十五日

与宁立人兄互谈平沪情形。北平通用钞洋，与天津相同，钱业公会专做铜元买卖，逐日开有行市，银元每元合公砝七一另五，固定不变。外商银行，因国外汇兑及票据交易极少，竟有不敷开支者。而中外银行间，尤少联络，双方均不开户往来，以免取巧，故归收票据，即非取现不可，亦有托钱庄代办者。

当地生活程度较低，近来关外之移居北平者极多，故人口渐增，失学者亦日众，学生有五、六万人，大学部分以客籍来此求学者为多。当地有证券交易所，以九六交易为较多，其他公债库券为数较少。工厂多以织毛毯为业，因西北皮毛进口，北平为必经之地也。晚餐后八时登平汉车赴郑。

二十六日

晨六时车抵石家庄，为产棉之区。往年秋季棉花登场，营业颇盛，去岁以美棉价跌、车运费昂，致棉花无从出口。该地有纱厂三家，因棉价既低，成本节省，颇有盈余，闻去岁股息，曾发至三分之多，其亦地利之关系乎？同车王君系万十字会派赴开封一带调查赈务，对于旅行社之服务颇多赞许，谓"车站对于车客偶有询问，不能推诚答复，旅行社能注意及之，定能得民众之欢迎"等语，闻之殊令吾人发生努力之心。嗣又谈及赈务，据称归德南鹿邑一带，去年洪水为患，今岁又受旱荒，迄今未雨，加之土匪遍地，人民无术谋生，只得出其子女求售，当地立有人市，买卖人口，计斤论价，每斤售洋二角。嗟乎，生计逼迫，骨肉分离，谁无儿女，闻之令人酸楚也。

晚八时车抵郑州，晤蔡墨屏、毕丹屏、彭正柏三君，及旅行社同人。知总经理已由开封转赴徐州，金宗城君则在开封相俟，当即同赴郑行，见蒋学栋君卧病在床。蒋君为随同总经理出发者，以在汉感冒，不能偕往开封，故在郑行调理也。

二十七日

步行郑州市街，以大同路、福寿街及德华街为最繁盛，各大商号均在焉。郑州为陇海与平汉两路交会之点，国府迁洛，郑地尤占重要。该处为棉花集中地，花行较多。陇海西段之陕州、灵宝等处产棉，均集于此，观申、汉、津三地市价之上落而定。装运地点，当地有豫中打包公司及豫丰纱厂，营业尚不恶。

十时登陇海车赴徐，十一时半车抵开封，金宗城君由汴登车，晤汴行经理马菊年君后即行握别。火车继续而行，经过牧马集、黄口、砀山一带，均为土匪出没之地。八时余抵徐，在车站晤钱明斋、萧炳星两君，偕至徐国民行，会谈济行托徐行归票调款之解释，并郑、汴、陕三行对徐国民之联络及互相扶助之必要，于十二时就寝（以下仍为金、毛两君所记）。

二十八日

上午九时四十五分登津浦车赴南宿州，十二时抵站。宿州只东门、西门两大街，为商店集中之地，然不过二百家左右，若局面少宏者，则只四、五十家矣。四乡多匪，离城三、五里即有危险。当地产鸡蛋、麦及芝麻等，为数不多，市面平平。旋至徐州国民分行与同人晤谈。

下午至义记堆栈，见堆货甚少，月收栈租止三、四十元。幸栈房之半租给永裕堆盐，每月收租一百另八元，可资抵补。因当地有元成、汇通等转运公司货栈，及路局货站，均不收栈租，藉以吸收货运，故非在本行押款之货，迫不得已之外，其他均不愿堆存该栈。

宿州受去年水灾之厄，农产歉收，农民购买力异常薄弱。商市营业清淡，只及往年十分之一，总须麦市上场，商业方能起色也。

二十九日

上午与汪作人兄杂谈。据云该地匪势披猖，虽在日间，离城二、三里，即为危险区域，晚间九时，城门即关，路鲜行人，城外稍能温饱之家，均不能居住。四乡兼种罂粟，集市于此，业此者咸以买卖土产为商标，实际则买卖烟土也。此项交易，闻年达一千万元以上，惟携登火车，则搜查至为严密，非在该地之特税处缴捐不可。

十二时登津浦车至蚌埠，下午三时抵站，即至蚌行晤李济民兄，又晤程欣木、许良怀两兄，乃昨日由徐来蚌者。谈及蚌行情形，因各埠中国分行所做蚌埠归票，每千贴费四元，较之蚌行略少，已商得蚌行同意，将各分支行蚌埠归票之贴费，每千酌量减收，以收互助之精神，俾各行能尽量收做。现在麦市已临，现洋需用渐起，能按照最低贴费计算，亦即所谓分工合作也。夜间一时半，程、许两兄登津浦车往宁，去后乃始就寝。

三十日

上午步行蚌埠各街市间，以大马路、二马路、华昌街等处较为繁盛。大马路西岸可直达新船塘，沿塘为纬四路，由塘出口，即为淮河，河运杂粮即集于此。尚有老船塘，则地位较小。

沿纬四路而行，宝兴第二厂在焉，入厂晤杨树诚君，略与接谈。该厂新建堆栈数所，厂屋宽大，日可出粉八千包。近进美国赈麦六千余吨，进价甚廉，故颇有盈余。但近日麦已告罄，遂暂行停工，须俟新麦上市，再行开工。按宝兴近来情形尚好，杨君事无大小，咸能躬亲治理，有条不紊，成绩斐然，此该厂之所以制胜也。

在宝兴厂午餐后，下午至振兴盐号晤杨超伯君，杨君为徐国民行之监察人。

据谈目下盐业渐有起色，蚌埠业盐者，均带做杂粮，故称为盐粮行，各号将盐运销四乡后，即换贩杂粮到蚌，因而盐、粮遂成连带关系。蚌地业盐者分盐号与盐行两种，盐号自产地板浦、新浦等处运盐来蚌，盐行则专代销取佣。因蚌埠可以自由缴税认销，故以前盐号极多，近来营业不振，只十余家矣。

闻去年因存货急于销售，各盐号乃放与盐行数达四十余万元，盐行则转放于客户，至七十余万。今盐行以账款难收，无法归还盐号，盐号觉放账危险，乃集议以现款出货，公定售价，并向盐粮公会依次排号销售，惟售价不能高出公定价格之外，俾可随到随销，免生阻碍。现闻每担约可盈洋一角至四、五角，如每一列车（五百吨）计五千包，合七千五百担，约可盈余千元左右，有时可至三千余元。在以前销路最畅之时，每担可盈一元余也。嗣查阅蚌行账目，竣事后始寝。

三十一日

上午八时，杨树诚君来访，偕至大通煤矿公司，晤顾松龄君。谈悉该矿最初系中兴与大通合办，嗣因亏耗停顿，由新大通出资十万元，接并开采，每吨酌给老大通洋五角，第一年盈十八万元，第二年盈二十万元，均未分股息，故合为资本五十万元，始能周转。该公司在本地销数不多，均运至浦口，转销长江上下游及镇江、无锡、常熟等处，近以销场不畅，又值农忙之际，遂将工人酌裁若干，以减少出货，现尚有工人一千四百余人，每日出煤二、三百吨。

嗣至同丰油厂参观，因蚌埠附近产豆甚丰，故设厂于此。惟去岁水灾奇重，黄豆歉收，故现在所用者，均由上海运来，由我行押汇。该厂于十七年开始筹备，资本原为三万四千元，因时局关系，并未开工，大半资产均移之于厂基机器中，以致原有资本，不敷周转，旋于去年归夏云庆君接办，资本陆续增至五万七千元，而现在周转之间仍形拮据，我行为之代做押汇，该厂似甚感我行之辅助也。该厂之榨油部分，仍用人工，因之黄豆每担，只能取油九斤左右，而工作方面尤见艰苦。

蚌地出口，以麦、豆、鸡蛋、芝麻等为大宗，进口则以糖、纸、盐及香烟、煤油为多。各业中以盐、粮及糖、纸为最盛，资本雄厚，势力亦宏。以前之转运业，亦甚盛，惟路局自规定客户可以直接索车装货，该业已日形衰落矣。当地四乡以去年淮河泛滥，受灾甚巨，农产歉收，致麦、豆等转由上海、天津等地输入，反乎以前状态，而红粮、豆饼销路乃见奇畅，亦可见民生之困苦矣。近来正阳关沦于匪手，损失甚重，虽大军纷集，而失地尚未收复。四乡既多匪患，稍有资产者无不移居来蚌，现金陆续调集蚌埠，致该埠长年多款，不得不向外装运。明晚准起程转宁回申，闻宁沪火车已通，不致搭乘江轮矣。

《海光》四卷八、九、十期，1932 年 8、9、10 月

二、游日纪略[①]

宋汉章

民国二十四年十月六日，随同中华民国经济考察团于上午九时乘坐上海湾出发赴日。团长吴君达诠团员、黄君文植、陈君光甫、邬君敏初、周君作民、钱君新之、俞君佐廷、刘君鸿生、钟君秉锋、徐君新六、唐君寿民、胡君筠庵、南君经庸、祝君士刚秘书长刘君铁城、秘书周君文彬、周君季纶，船中并不寂寞。沿途风浪平静，该船走率甚速，每时可行二十一海里也。

七日下午二时半抵长崎，偕同团员拜访领事柳君汝祥。柳君曾在中行服务，本系素识，相见言欢。继即出署，偕友人游览一周，觉长崎风光颇与青岛相似，盖日本亦山地居多也。长崎产玳瑁，商店中陈列玳瑁所制物品甚多，遂略购一二件回船。方上岸之时，曾雇汽车一辆，计往返约二小时半，迨回船时，询车夫以

[①] 1935 年 10 月间，作为当时金融界重要人物，宋汉章参加了由全国各地各业著名人士组成的中国赴日经济考察团，该团阵容颇为强大，几乎囊括当时中国工商界著名人士。考察团 10 月 6 日从上海出发，21 日宋汉章因故提早返回。尽管日本之行相当匆忙，但做事一贯认真的宋汉章还是不辞辛劳，于劳顿之余记下此次考察日记，于是我们得以了解当年考察团在日本的活动情况和宋汉章本人的观感。

车资若干？答云：日金五元，即如数付讫，而车夫并不需索酒力。所最奇者，不佞在购物之时，车夫即立于店外阅报，足证平民教育之重要矣。五时船复起椗，次日三时十分抵神户，戴蔼庐兄早在码头照顾，相见之下，两人步行至东方饭店，茶餐点饥，由蔼庐兄给以日金一元（未给小账，因日本习惯，虽不给小账，亦绝不索要）。五时半赴神户商工会议所会头冈崎忠雄（商会会长）及神户日华实业协会会长泷川仪作之宴。座中遇神户华商马聘三君及同乡潘锦尧君，潘君系神户总领事馆副领事。由冈崎忠雄主席，与泷川仪作君相继演说，嗣由团长吴达诠君致答辞。至八时五十五分乘普通快车赴东京，睡于车中，颇得安眠。车中有日华实业协会书记长油谷恭一君，系该会会长即正金银行头取儿玉谦次君派赴神户来迎者。

次晨八时，驶抵东京总站，欢迎者蒋大使外，其他日本工商业领袖甚众。儿玉君为二十年前在沪老友，相见握手言欢，同行出站，即赴帝国旅馆，住三百十号室。又承前三井银行上海分行经理土屋计左右君殷勤招待，允为介绍参观保险信托事业。即与蔼庐兄及王月亭君在旅馆中进午膳，略为休息，即践儿玉君之约，二时半前往正金银行访之，携往字画各一，以为赠。坐定，纵谈甚畅，予告以中行改组情形，继即请其介绍参观日本银行国库，承其电询日本银行，据云参观国库，向无其例，须请示总裁后，方能答复。并由儿玉君介绍参观保险公司。别正金后，转赴铃木三荣会社，答访土屋君略谈。因儿玉君介绍第一生命相互保险会社，即由土屋君伴往见该公司专务董事石坂泰三君，承其领导，参观各部事务，并与其直接谈话，询以保险公司种种问题，承其详为解释，俱足以供参考。六时许辞归旅社，七时蒋大使在本旅馆开欢迎晚餐会，宾主百余人。席间蒋大使致欢迎词，吴达诘（诠）君答辞。继由日本外务大臣广田弘毅演说，大意谓中日经济提携，在于民间之结合而非政府之力所能致。座中尚有町田工商大臣及山崎农林大臣以及其他官民，济济一堂，相与谈笑，尽欢而散，已十时余矣。

十日为国庆日，原定于十时赴大使馆，十时半赴银行俱乐部，应日本经济联盟会日华实业协会之访及中华民国经济视察团招待恳谈会之招，而八时半蔼庐兄告以儿玉君有电话，谓日本银行已允参观国库，约于九时半前往，遂约唐寿民君准时而去。至日本银行门前，见儿玉君已先在相候。儿玉君介绍该行文书局长井仓和雄君后，即自去。乃由井仓君导往参观，询以日本银行目前发行准备状况，知现金准备虽有，得以银币及银块在金额四分之一之范围内为现金准备，而目前现金准备，则完全为金块及金币。至于保证准备于其兑换银行券条例规定之公债、大藏省证券（库券）及其他确实证券，或商业票据（大都为日本银行承兑支付之票据），凡在条例范围以内者，均可作为保证准备，而未尝有何成分之规定。旋参观金库在地下一层二层，并有保管箱库，其库房之上下左右前后，除外层防火砖以外，各方面均夹有铁板三层，其库门为美国约克公司所造，启闭用电，其如何启闭，仅司其事者知之。其中小库启闭，亦分司其事，各不相谋。其二层与一层情形相似，并有种种防盗装置，如有盗贼潜入，各处电铃即自动报警，且其库门之坚重，据云尚非现在世界专门劫库之盗贼所能破坏云。该库尚系新建，原有旧库一，在旧址地层，亦极坚牢，大地震时，均未遭损。其库房之基础工程，在距库之平面下六十英尺建造，可谓坚固之极。辞出后，即赴大使馆庆贺国庆。旋又离馆，与唐君寿民同赴银行俱乐部所开之恳谈会，双方讨论结果，决定由中日双方组成一会，以资联络。下午三时外务大臣广田弘毅在其官邸茶会，因而导观官邸庭园。是晚日本经济联盟会及日华实业协会之晚餐地点，在工业俱乐部。宴毕，由双方推举代表各三人组成委员会，讨论组织协会之事，我方为钱新之君、周作民君及俞佐廷君，日方为安川雄之助君，儿玉谦次君，铃木鸠吉君。

十一日上午，与蔼庐兄赴三井信托会社，访土屋君所介绍之色川君，知日本之信托事业，亦与我国大同小异，以存款事务为最发达，其次为不动产信托，又其次为证券投资；至于遗嘱财产管理信托，则极为幼稚。该会社历史尚不久远，仅十二年，而营业之发达，已在其他信托公司之上，据云其进步之速，为从来所未有也。因与徐新六君约往第一银行答访其头取明石照男君。经徐君询其人事情形，据云：其总行人员，计五百余人，其全体分行合计，亦有二十余人，于总行设人事课，由董事一人专司其事，大致不外乎采用迁调等事。在日本采用行员，大都须经诠衡委员决定，其薪金大都相似。例如帝大出身者七十元，庆大出身者六十元，采用之后，随时注意其品性，大约在百元以下之行员，每年加薪大约为五元乃至十元，至百元为止；以上则视其成绩酌量之。惟高级行员有役名与职名之分，如参事、支店长，则支店长为职名，而参事为役名。凡加役名者，例有津贴，该行最高级为役员，即如董事、监察人之类；其次为职员兼役名者；又次为普通职员。其采用时另填有调查表，凡其生活状况家族情形等，均须随时详细记录之。谈话完毕，即参观该行之董事室涩泽纪念室等。据明石云，该行重役大都在该行服务甚久，除涩泽子爵为创办人于明治六年迄大正五年均当要职外，其他如佐佐木勇之助在行服务达六十九年，现已退为该行顾问。明石本人亦已任二十五年，与本行关系，均极深切。在董事室晤涩泽子爵之孙名敬三，其貌宛然乃祖。又晤佐佐木修二郎，乃佐佐木勇之助之次男，二人可谓有后矣。参观各部，其整洁静穆，颇足模楷。该行设有饭店，上自役员，下至杂役，均由行供膳，一菜一汤之外，仅盐茶少许，极为简单，且均一律。至因时间迫促，匆匆参观，承持赠各种纪念册而告辞。乃赴东京商工会议所欢迎午餐会，是日为长崎菜，其中有东坡肉一品，完全我国烹调法。下午三时偕王月亭君赴朝鲜银行，访总裁加藤敬三郎君。四时半往访太阳保险公司东京分公司 Bull 君，寻之许久，始于汇丰银行大厦中访到 Bull 君，尚未出公事房，与之略谈即别。盖因其上海分公司有介绍函，故往访之耳。是晚应友人之约，赴帝国旅馆对面之东宝剧场，观少女歌剧，十时始散，冒雨而归。是晚横滨商工会议所欢迎晚餐，以道远未及往，闻其主人为吉忠一君，乃现在驻华日本大使有吉明之兄，且闻儿玉谦次君亦来迎接，未往参与，殊觉抱歉。

十二晨，与吴达诠兄谈话，因不佞在沪约定拟于十五日乘长崎丸归国，即欲先行，赴大阪转神户乘船，而吴君以此次日方招待殷勤，似不便有始无终，嘱照日程，继续团体行动，不得已允其暂不先归。是日中日小委员会已决定用中日贸易协会名称，章程亦已起章，计有草章二十条如下：

中日贸易协会简章草案

  第一条　本会在中国、日本称中日、日华贸易协会。

  第二条　本会以共同研究两国间之经济状况，促进两国贸易为宗旨。

第三条　本会以从事两国实业，及其有关系者为会员。

第四条　本会会员之入会者，须有会员二人以上之介绍，在日本者并应经日本理事会之认可，在中国者经中国理事会之认可。

第五条　本会设总会于日本东京及中国上海，但经各理事会之决议，得设分会于中日各重要商埠。

第六条　东京及上海两总会各设二十五人以内之理事，各就会员中分别选举之，任期三年，得连举连任。

第七条　理事中互选七人以内之常务理事。

第八条　东京及上海两总会各设会长一人，东京总会会长由常务理事中互选日本人充之；上海总会会长由常务理事会中互选中国人充之。两总会各设副会长二人，由常务理事中互选中日各一人充之。

第九条　各总会得设评议员若干名，由理事会推荐之。

第十条　本会每年开会员大会一次，于中国或日本轮流举行之。开会日期及地点，由两理事会协定之。

第十一条　本会遇有特别事件，经两理事会之协商，得召集临时会员大会。

第十二条　各理事会每月开常会一次，由会长召集之。

第十三条　本会为分别执行会务起见，得设各种专门委员会。

第十四条　本会经费以会员会费及特别捐款充之。

第十五条　会员会费每人每年十二圆，一次缴纳。

第十六条　本会预算决算由两会理事会提交会员大会审定之。

第十七条　本会之分会章程及各项细则，由两理事会协商订定之。

第十八条　本章程经会员大会决议后施行，如有修改之必要，由两理事会提请会员大会议决修订之。

附则

第十九条　第一回会员大会以发起人会代行之。

第二十条　第一任理事由发起人中选举之。

该项章程拟俟重返东京时，于二十二日中日双方开会决定，且于是日回请东京各团体，以谢其招待之盛意。上午九时半，全体赴东京株式取引所参观，该所大都为股票交易，近因意阿战争关系，所有钢铁等股票均趋涨势，其国债市场，较为狭小。询其情形，除现货外，亦有期货交易，其现货交割期为十四天，而期货则以二十天为一期。例如自本月五日至本月二十五日为第一期，自本月二十五日至下月十五日为第二期，自下月十五日至再下月五日为第三期，故最远期为两个月，与其他股票之最长三个月，略有不同。惟交易视股票所差太大，据云一日交易额，最高者为五千三百余万元。日本公债计有一百万万元，其交易额殊小。该所设备尚属完全，其理事长为尾原仲治，曾任劝业银行总裁，由其亲自招待，并享茶点。辞出后，又至日本银行参观，先导观营业局、出纳局、国库局、株式局，其中株式局除管理本行股票事项外，并代保管各种证券事务。以上四局系对外而设，故有营业柜台，适在该行之中央部。继参观该行建筑，据云该行行址不大，仅两千坪，惟六层楼房，其总面积计有一万两千坪，所有各层均有自动防火设备，设遇火灾热度至二百度时，即有铁板自动阻塞，故建筑极为坚牢，防火防震均甚注意。继又导观其热气冷气通风等设备，据云该行有男行员六百，女子五百，尚有不在行员之雇员等三百人，故一切设备，均为全体行员之安全计也。该项设备均在底层，谓之心脏部，大都为电气装置，有烧毁旧钞电炉一具，系日本机械制作所特制者。水之供给，除饮料之外，另开一井为洗涤之用，亦节省经费之一道也。所有打扫均用电器吸收机，既可省事而清洁，又可保护扫除工役之健康。据云其全部建筑费为一千万元，而其心脏部之设备则为该项支出之三分之一，计三百万元云。参观完毕，即赴银行俱乐部之欢迎午餐会，并承儿玉谦次君赠予耳器一件。下午二时分两班，一班参观东洋纺织株式会社，一班参观王子造纸株式会社。不佞往观王子造纸厂，该厂规模宏大，各地均有分厂，在北海道尚有制造纸浆工厂，其原料为破布，每天需消费百担。据云完全用破布者，出最良之纸，故为成本计必须混以纸浆，破布抹去灰尘，复行煮洗，经干燥后，又泡洗并漂白之，乃可制造大卷纸，然后再切成小卷，亦有切成方形者，以五百张为一令。所用机器，种类不一，有美国制者，亦有比国制者，亦有日本自制者。该厂所出之纸，大都为印刷书籍杂志之用，其他各种则由其他分厂制造，承其持赠说明书而告辞。出该厂后，即顺道至旧涩泽邸，名暖依村庄，现已由涩泽子爵后人捐赠东京市。庭院幽邃曲折，花木葱郁，式非古旧，合衷和洋风趣。是处有日本屋一，为涩泽宴客之所，有西洋馆一，为其晚年起居之室，其临终之卧室即在此。故所有陈设，完全如旧，机上满载书籍，可知其平日手不释卷，涩泽享年九十二岁，平时最爱《论语》，故所藏各种版本之论语甚多。全国人士，咸钦服其理财而好学不倦，故有一手持算盘，一手执论语之佳话，流传至今。其门人子弟组织龙门会，于其八十八岁大寿时，捐购图书馆一所，题额青渊文库四字，乃涩泽亲笔。该邸面积约有五万坪，每年管理修缮，需费一万余元云。该邸内尚有由朝鲜平壤迁来君子亭一座，完全朝鲜旧式建筑，七旬称庆时，其门人子弟所赠者。又陈列其遗品一所，其中学生时代之法文生字簿，及自法归来时所用之肥皂，亦均陈列在内，藉为纪念。归旅馆后稍息，又赴红叶馆，应日华恳谈会之招，系完全日本式，有日妓歌舞，以为余兴，十时而归。

十三日，天气尚佳，八时与杨雪伦君、蔼庐兄同乘汽车出发，至水户太田町西山瑞龙山谒余姚朱舜水先生之墓。沿途风景幽绝，自东京起程，汽车行四小时，路约百英里，因路途不熟，询问再三，始至藩主德川墓地，已十二时矣。舜水先生系先三代德川公号梅里先生之师，故同葬于此。由该处守卫人导往拜谒，见有"明征君朱子之墓"一碑，碑阴为梅里先生所撰传记，略载征君姓朱氏，讳之瑜，字鲁玙，号舜水，明浙江绍兴府余姚县人，崇祯屡征不就，弘光元年又征，即援重职。而因马士英当国，不欲累于奸党，固辞不受。台省劾其偃蹇，不奉朝命，遂夜逃舟中。时清兵渡江，直来日本，转抵交趾，复还舟山，鲁王召见，亦知大事不可挽回，又复来日本，时为日本宽文五年。（距今二百七十年前）。先住长崎，贫无以生。水户潘主闻其贤，聘为师，在水户讲学。迄其终生，服明代衣冠。天和二年四月十七日（距今二百五十三年前），卒于江户（即今东京第一高等学校旧址，有碑存焉）。梅里先生谥曰文恭先生。乡里有男子两人，大成、大咸，叶氏所出，女高继，陈氏所出。据守卫人云，尚有塑像一尊，遂又诣往拜观，追怀往昔良久之。归途因汽车停滞，乃改乘公共汽车至水户市，复乘二时五十五分火车回东京上野，即赴旅馆略坐，又赴筑地歌舞伎座，系大仓所招待，观贱机带及三人形二剧，因不甚了解而归旅舍。

十四日上午九时，蔼庐兄先回大阪，因大阪我行请客，须先布置一切也。正午赴外务次官重光葵午餐会，三时半又赴大日本制糖会社藤山氏邸茶话，因游观其园林之胜，至晚九时半同全团乘卧车赴大阪。

次晨十五日八时半抵车站，日华方面，均有人来迎接，遂赴新大阪旅馆，略为休息。偕同蔼庐兄到行一观，并即在行与同人午饭。下午二时与团员赴贝塚大日本纺织工厂参观，该厂第一工厂始于今春落成，一切设备最为新式。其第二工厂尚在建筑中，全部面积占五万四千坪。第一厂已装六万三千二百锭，现开工者约五万锭。其未完成之第二工厂，可装七万六千三百锭，另装布机七百九十二架。据云第一工厂大都纺粗纱，而第二工厂大都纺细纱。现在有女工一千三百人，男工八十人，职员三十人左右。大日本纺织株式会社共有十九厂，内二厂在华，一在上海，一在青岛，厂名大康纱厂，全体合计，有纱厂十五处，计有纱锭一百十三万〇五百四十四锭，线锭二十二万三千六百九十四锭，布机一万二千七百〇六基；丝两厂，二计丝锭五万八千三百八十八锭，线锭二万四千八百锭，织机六百〇四基；人造丝两厂，丝锭三万六千二百锭，织机三百六十基，人造丝纤维每日出七吨；毛织一厂，毛锭一万一千二百锭，线锭五千六百锭；另有漂白染色厂，该厂创设于明治廿二十年六月（一八八九年），资本金五千二百万元，公积金四千一百八十七万元三千三百四十六元六十六钱，滚入后期利益金一千四百七十万〇八百〇九元三十八钱，全体男工二千〇八十七人，女工两万一千四百十人，在华两厂，另有华工男三千七百四十四人，女四千八百六十人，每年用花一百七十万担，出纱四十九万两千九百七十一捆，出布七百五十二万六千三百二十二匹，另出丝毛丝人造丝漂白布染色布等，该厂规模之大，在日本为第二位。其第一位为东洋纺织株式会社。其第三位为钟渊纺织株式会社。闻最新式者为钟渊，惜未克往观。此贝塚工厂，不仅规模宏大，而其设备，据云亦为最新式善良。其三分之二为学校讲堂、宿舍、病院。浴室、洗衣坊、运动场、卖店等。参观毕，由厂方包一电车，遄返大阪天王寺站，即赴大阪棉业会馆联合会诸团体之宴，主宾相继演说，最后尚有歌舞余兴，十时余始散。是晚接梧生电告内子轻痾，促早日归沪。

十六晨，决定于十九日乘上海丸由神户启程返沪，即拍去一电告知之。上午与王月亭君出外购物，正午在本旅馆三楼应大阪商工会议所欢迎午餐会之招。饭后接沪电知，内子病痾已愈。又与王君至道顿倔心斋桥一带购物，并在阪急食堂便餐，归已九时。

十七日上午，同团体乘火车向京都进发，九时十分抵京都车站，随至京都饭店。小息后，即往岛津制作所参观各种化学机械。毕后由京都商工会议所派来三人向导，分乘三船，游玩保津川，得见岚山胜景。正午十二时，团员出席在美耶古饭店京都商工会议所招待之午餐。下午二时往谒御所入车寄门，此门乃日本三等官以上之敕任官高等官之由道，瞻拜紫宸殿，是殿乃日皇登极之所；清凉殿，是殿为日皇皇后会客之所。其间有右近之桥，左近之楼，庭极清幽。及出，即驱汽车沿琵琶湖岸游览，至琵琶湖饭店休息，然后返归京都站。承站长之美意，特为一行利便起见，增挂客车一辆，下午六时十分遂安抵大阪矣。是夜又赴川口天华俱乐部，应神户领事任家览、耿善飏、潘锦垚之招宴，九时余归寓。

十八日九时，与王君月亭同往界町水族馆，不意该馆已遭回禄①，怅然而返。正午赴大阪俱乐部，应银行公会午餐会之宴，饭后略为休息，复至行中稍坐。是晚因我行宴请日本工商界、访日经济团团长团员、领事任耿藩三君及大阪神户华商马聘三等。不佞致辞，略为：今晚辱承诸公光临，无任荣幸，敝行在阪设立支行，迄今四年有余，诸荷诸公援助，实深铭感。在此短时期内，差幸敝行业务上，渐趋发展，要不外乎最近中日关系恢复之机运已至，鄙人所引为欣幸者也。今晚惠临诸公，日方有工商界巨子，金融界泰斗，华方有阪神总领事诸君，经济视察团诸君。阪神侨商重镇，换言之，双方人士之中，在我行为主顾为同业，要皆为我行之指导者，希望时时承教。惟鄙人常驻上海，平时与诸公极少亲近，此次追

---

① 意为火灾。

随经济视察团来日,为千载难遇之机。得令教益,实不胜其荣幸之至。今晚招待不周,淡酒粗食,聊表谢忱。惟鄙人初次东渡,会在东京与从前在沪二十年前老友言欢叙旧,殊觉异常欣喜。上星期日曾前赴仿木县水户市太田町瑞龙山德川家墓,谒朱舜水先生之墓。舜水先生籍浙江绍兴府余姚县,于明末清初,即贵国宽文年间渡来,曾为水户藩王德川光国公所聘,以师事之,在江户讲学,而勤王攘夷之学说,本诸阳明学派,风靡一时,所以立明治维新之基。鄙人添居乡晚,向往其为人,并知贵国人至今尊崇其人。询诸守者,迄今每年扫祭不绝。鄙人徘徊墓道,追忆古人之余,实不胜感慨系之。盖此次敝国经济团来日,其目的无非所以谋两国经济提携之道,换言之,即所以谋为中日两国之亲善。但所谓亲善之者,经济上之提携,固不待言;而精神上之结合,更为重要。回忆在两三百以前,舜水先生只耳来日,怀抱学问,被聘国师,双方亲善精神,永垂不朽,此其最显著者。故目前经济上之相互扶助,固属重要,而精神上之结合,似更有切要。于此者古人之相互亲善可为万古师法,在座诸公,谅不以鄙言为迂阔。尚希今后本此互助精神,互相携手,不仅敝行之幸,抑亦两国前途之福。今晚招待不周,且席次凌乱,尚祈宥恕。此后敝行在此,尚非在座诸公加以切实援助不可,请诸君共饮一杯,祝诸公康健。继由神户市长胜田银次郎演说,略谓今日得以中国经济考察团诸位同蒙招待,吾等所认为最光荣之事。诸君为中国经济界第一流人物,不辞远涉,特地来到日本视察,此为日本实业界所认为最欣快之事。甚愿在此机会,互相开诚,交换意见,然后日本亦组织一考察团,前往贵地,实际策进中日两国间之亲善。顷聆宋君之演说,谈及贵国朱舜水先生来日为日本之文化尽力之事,吾等迄今尚未忘其恩也。今日既得尝山海之珍味,又得与中国经济考察团诸位有恳谈之机会,吾等不得不由衷心感谢,即此代表诸人道谢。随即欢散。

十九日上午八时,由大阪新大阪旅馆,与王月亭君乘汽车循阪神国道而行,八时四十分抵神户,即参观大楠公神社。内有宝物殿,供置朱舜水先生书"存养"横披额,大楠公之宝剑,及其他珍奇之物甚多。又往参观大丸商场等处。十时半登上海丸轮船,葛庐兄、潘锦垚兄均来送行。十一时船即起椗,二十日上午九时〇五分至长崎,柳理事汝祥及东京朝鲜银行总加藤敬一郎派之代表已在埠迎候。乃登陆参观长崎繁盛之区，又答别柳领事，至十二时五十五分回船归国。沿途风浪恬平，甚为舒适。惟此行先期而归，致团体之中预定参加之工场视察，大阪神户华商团体有志欢迎晚餐会，及朝鲜银行主催晚餐会，均不能赴，引为怅怅。二十一日下午三时半，即安抵上海。爰就此行十余日之事，择要而为之记。

《保险季刊》第 1 期

图书在版编目(CIP)数据

近代宁波帮金融史料汇编 / 宁波博物院（宁波帮博物馆）编；丁悠初，陈名扬，孙善根编著. -- 上海：上海社会科学院出版社，2024. -- ISBN 978-7-5520-4594-9

Ⅰ. F832.95

中国国家版本馆 CIP 数据核字第 2024L3Z158 号

近代宁波帮金融史料汇编

编　　者：	宁波博物院（宁波帮博物馆）
编　　著：	丁悠初　陈名扬　孙善根
责任编辑：	周　萌
封面设计：	黄婧昉
出版发行：	上海社会科学院出版社
	上海顺昌路 622 号　邮编 200025
	电话总机 021-63315947　销售热线 021-53063735
	https://cbs.sass.org.cn　E-mail: sassp@sassp.cn
照　　排：	南京理工出版信息技术有限公司
印　　刷：	上海颛辉印刷厂有限公司
开　　本：	710 毫米×1010 毫米　1/16
印　　张：	36.5
字　　数：	582 千
版　　次：	2024 年 12 月第 1 版　2024 年 12 月第 1 次印刷

ISBN 978-7-5520-4594-9/F·780　　　　　　　　　　　定价：118.00 元

版权所有　翻印必究